R

45527

HEGEL

ET

LA PHILOSOPHIE ALLEMANDE.

PARIS. — IMPRIMERIE DONDEY-DUPRÉ.
rue Saint-Louis, 46, au Marais.

HEGEL

ET

LA PHILOSOPHIE ALLEMANDE,

OU

EXPOSÉ ET EXAMEN CRITIQUE

DES PRINCIPAUX SYSTÈMES DE LA PHILOSOPHIE ALLEMANDE

DEPUIS KANT,

ET SPÉCIALEMENT DE CELUI DE HEGEL,

PAR A. OTT,

DOCTEUR EN DROIT.

PARIS.
JOUBERT, LIBRAIRE DE LA COUR DE CASSATION,
RUE DES GRÈS, 14, ET PLACE DAUPHINE, 29.

1844

AVANT-PROPOS.

La philosophie allemande tend à prendre en France une autorité de plus en plus grande. C'est sans doute parce qu'elle n'y est que très-imparfaitement connue. Si l'enveloppe mystérieuse qui la dérobe encore aux regards de la plus grande partie de nos concitoyens était levée, le prestige qui l'environne tomberait bien vite, et il serait possible d'apprécier à leur juste valeur ces idées que tant de personnes prônent sans les avoir suffisamment étudiées. Cet ouvrage a pour but d'en donner une notion plus véritable, et de mettre le public français à même de les juger en pleine connaissance de cause.

Notre intention n'est donc pas de propager parmi nous la philosophie allemande, mais seulement de la faire connaître. Nous ne voulons nullement ravaler les travaux scientifiques de l'Allemagne, ni méconnaître la puissance de ses penseurs. Mais autre chose est d'admirer la hardiesse d'un système, l'effort intellectuel qui l'a engendré, l'enchaînement rigoureux des parties dont il se compose ; autre chose est d'en accepter le point de départ, la méthode et les résultats. La philosophie allemande n'est pas un fait isolé dans l'histoire moderne ; elle est l'expression de l'esprit même du peuple allemand, de ses croyances religieuses, de ses tendances morales. Ces tendances ne sont pas celles de la France. La France est une nation catholique ; chez elle, prédominent les sentiments d'unité, les idées sociales ; dans les croyances françaises, l'individu est subordonné à la société, le moi n'est qu'un point de la circonférence, la raison de chacun doit se soumettre à la raison de tous. L'Allemagne, au contraire, est la patrie du protestantisme, de l'esprit de division et de séparation ; chez elle le moi s'est fait centre, la raison individuelle ne reconnaît aucune autorité supérieure, le point de vue individuel domine le point de vue social. A ces deux tendances répondent deux philosophies, mais deux philosophies opposées, contradictoires, que jamais on ne parviendra à concilier. Or c'est à l'avenir de décider quelle tendance prévaudra, de la tendance française ou de la tendance allemande. Ce sera l'une ou l'autre, mais certainement pas toutes les deux. Pour nous, qui croyons notre patrie dans la bonne voie, nous lui souhaitons d'y persister et de rester fidèle à sa tradition, dont l'abandon serait une renonciation au principe même de sa nationalité.

Pour initier le lecteur à la philosophie allemande, quelle était la meilleure méthode? Fallait-il écrire une histoire de cette philosophie et analyser avec le même soin tous les systèmes qui ont paru depuis Kant? nous ne le pensons pas. La plupart de ces systèmes, après avoir brillé un moment, ont disparu et n'offrent plus aujourd'hui qu'un intérêt purement historique. Les maîtres de la philosophie allemande, ceux qui l'ont conduite au point où elle se trouve, sont en petit nombre : chacun les a nommés, c'est Kant, Fichte, Schelling et Hegel. Or, la valeur personnelle de ces hommes étant mise de côté, leurs doctrines n'ont plus, à l'époque actuelle, une importance égale. De Kant et de Fichte, il n'est resté que les principes généraux, les données qui ont servi à leurs successeurs. Schelling a soumis son système à une refonte complète. Hegel est le seul qui soit debout aujourd'hui; il est le seul aussi dont l'école manifeste encore de la vie et de l'activité et dont les idées exercent une influence directe sur le mouvement actuel de la philosophie. C'est donc le système de Hegel qui forme le sujet principal de notre travail.

D'autres considérations encore nous ont porté à exposer ce système aussi complétement que possible. Pour bien se pénétrer de la philosophie allemande et en saisir l'esprit, il ne suffit pas de connaître les affirmations générales de chaque système, la manière dont il a résolu les questions les plus importantes. Il faut entrer dans le détail même des raisonnements, il faut s'approprier la méthode des auteurs, il faut poursuivre leurs déductions jusque dans les plus petits détails. Or, pour cela, une monographie était nécessaire; et une seule monographie suffisait; car le terrain sur lequel se meuvent toutes ces doctrines est le même, et en connaissant bien l'une d'elles, il est facile de se rendre compte des autres.

Voici donc la méthode que nous avons suivie :

Dans une introduction, divisée en deux chapitres, nous exposons d'abord la partie substantielle des doctrines de Kant, de Fichte et de Schelling, ce qui en est resté dans la philosophie allemande; nous examinons ensuite l'ensemble des principes de Hegel, de manière à donner en même temps une idée générale du système et à préparer le lecteur à l'analyse proprement dite des ouvrages de l'auteur. De là, nous passons à cette analyse même, en suivant l'ordre et les divisions adoptées par Hegel dans son Encyclopédie. Nous terminons enfin par un coup d'œil général sur la situation présente de la philosophie en Allemagne.

Dans la partie analytique nous nous sommes efforcé de rendre aussi exactement que possible la pensée et les expressions de notre auteur. Pour atteindre ce but, nous avons été obligé le plus souvent de faire violence à la langue française. Nous en demandons pardon. À moins de renoncer à donner une idée vraie des raisonnements de Hegel, nous n'avons pu éviter ce défaut, la plupart des déductions de ce philosophe reposant sur de purs artifices de langage. Nous n'avons fait d'ailleurs que reproduire en français des formes également barbares en allemand.

Afin de nous assurer parfaitement du sens de l'auteur et de nous mettre à l'abri de toute chance d'erreur, nous nous sommes aidé des principaux travaux relatifs à notre sujet qui ont été publiés dans ces derniers temps en Allemagne [1].

Nous avons accompagné notre exposé de remarques, en partie critiques, en partie explicatives. Dans l'introduction, elles sont mêlées à l'exposition même, de manière cependant qu'il soit toujours facile de distinguer nos propres affirmations de celles de nos auteurs ; dans l'exposé de la Lo-

---

[1] Notamment de l'*Histoire des derniers Systèmes philosophiques en Allemagne, de Kant à Hegel*, par M. C. L. Michelet, professeur à l'Université de Berlin, l'un des chefs de l'école hegelienne. Berlin, 1837-38, 2 vol. in-8°; et de l'ouvrage intitulé : *Développement historique de la Philosophie spéculative de Kant à Hegel*, par H. M. Chalybœus. 2ᵉ édit. Dresde, 1839, 1 vol. in-8°.

gique de Hegel, elles sont nettement séparées de la partie analytique; le reste, à l'exception de la Philosophie du droit, n'est pas accompagné de remarques. Nous avons eu pour but, dans cette partie critique, d'un côté, de rendre plus intelligible la pensée des auteurs, en la mettant en regard de l'opinion commune, et de la compléter par certains détails déplacés dans l'analyse; de l'autre, de combattre des doctrines qui ne sont pas les nôtres, et dont nous ne voulions pas nous faire l'interprète sans protester en même temps contre elles.

On nous taxera peut-être de présomption, d'avoir osé nous attaquer corps à corps au plus profond penseur de l'Allemagne moderne. Je serais bien audacieux, en effet, si je ne cherchais mes forces qu'en moi-même. Mais dans ma critique, comme dans mon exposition, je ne suis que l'interprète d'idées qui ne m'appartiennent pas en propre, qui forment le bien commun d'une école, à laquelle mes convictions sont acquises, et dont je ne suis qu'un des plus faibles organes. Qu'il me soit permis, en terminant ces lignes, d'exprimer au chef de cette école, à M. Buchez, ma vive reconnaissance pour l'instruction que j'ai puisée auprès de lui, et pour l'amitié qu'il n'a cessé de me témoigner.

INTRODUCTION.

CHAPITRE Ier.

KANT, FICHTE ET SCHELLING.

La philosophie, ainsi que les autres sciences, dépend des circonstances historiques au sein desquelles elle se développe. Si les problèmes qui lui sont posés dérivent de la nature même de l'homme et de l'ordre des rapports universels, les solutions qu'elle y apporte sont un fruit du temps et portent l'empreinte profonde de l'époque qui les a vus naître. De toutes les influences qui la dominent, la plus puissante et la plus directe est celle de la religion; car le terrain des questions religieuses est le même que celui des questions philosophiques. C'est ainsi que les cosmogonies et les théories métaphysiques des anciens décèlent les souvenirs des traditions primitives de l'humanité; c'est ainsi que de nos jours la philosophie ne fait que reproduire et expliquer les dogmes essentiels du christianisme. Lors même qu'elle prétend s'affranchir des croyances révélées, elle tourne dans le cercle que ces croyances ont tracé à l'intelligence humaine; elle compte parmi ses plus hauts mérites de s'être rencontrée avec elles, d'avoir prouvé, par exemple, l'existence de Dieu, la Trinité, l'immortalité de l'âme; et quand elle leur est complétement hostile, quand elle tend à les renverser et à prendre leur place, elle n'a de puissance que pour détruire, elle ne parvient qu'à opposer des négations stériles aux affirmations pleines de vie dans lesquelles les nations chrétiennes puisent leur force et leur grandeur.

Les croyances chrétiennes constituent en effet la raison commune de notre temps. En elles est le principe de la civilisation moderne, la cause des progrès accomplis depuis dix-huit siècles, le germe des progrès futurs. En elles se trouvent la loi et la mesure de tout ce qui peut être bon et utile à l'avenir de l'humanité; c'est en elles aussi que nous chercherons la règle suivant laquelle nous apprécierons la philosophie allemande.

Loin de nous, cependant, la pensée de juger les doctrines philosophiques au nom des dogmes de l'Église, de vouloir que la raison se soumette aveuglément à la foi. Toute la vérité est dans le catholicisme sans doute; mais l'opinion générale exige avec justice et comme un droit des temps modernes que la foi porte ses preuves avec elle, et qu'elle s'établisse par une discussion libre et éclairée. Pourquoi nous engager, d'ailleurs, sur le terrain dogmatique quand les croyances communes nous en offrent un autre, parfaitement approprié au but que nous voulons atteindre?

Ce terrain est celui de la morale. La morale chrétienne, en effet, l'ensemble des règles pratiques de l'Évangile, n'est mise en doute par personne, pas même par ceux qui ne la croient pas révélée et qui veulent la reconstruire au nom de la raison; elle est le point commun où se rencontrent les opinions les plus divergentes, elle est la base inébranlable que nul n'ose attaquer. Les masses ne fondent leurs jugements que sur elle, et c'est à cause de la certitude profonde qu'elles y puisent que la voix du peuple a été appelée la voix de Dieu. Ce critérium du peuple sera le nôtre; il sera pour nous le principe premier, admis sans preuve, au nom duquel nous examinerons la philosophie allemande. Il peut paraître étrange que nous jugions des questions métaphysiques au nom de la morale; il serait bien plus étrange encore que la morale fût indifférente aux notions sur Dieu, sur le libre arbitre, sur l'immortalité de l'âme. Or, si dans cet ordre de connaissances la morale est d'un poids décisif, comment serait-elle sans rapport aux notions plus abstraites de causalité, de substance, d'infini, etc., qui servent de fondement aux premières? Tout ce qui peut être ramené directement ou indirectement à la morale tombe sous sa compétence, et nous aurons l'occasion de faire voir qu'il n'est pas une seule des questions importantes de la métaphysique qui ne trouve en elle sa solution[1].

D'ailleurs le sujet qui doit nous occuper est plus que tout autre de son domaine. La doctrine de Hegel est une systématisation du panthéisme. C'est encore, sous une forme nouvelle, cette ancienne doctrine de l'unité de substance, de l'identité de tous les êtres en Dieu, qui si souvent a envahi la philosophie. Or il est un fait qui doit frapper tout homme sérieux, c'est que cette doctrine, qui a été tant de fois reproduite, qui fut nettement formulée dès la plus haute antiquité, qui dans les temps anciens et modernes s'est représentée cent fois sous des aspects divers, c'est que cette doctrine a constamment été repoussée par l'humanité, qu'elle a le plus souvent soulevé contre elle l'opinion publique, que toujours ses auteurs sont restés isolés au milieu d'un petit nombre d'adeptes. Les progrès accomplis pendant les siècles ont été accomplis hors d'elle et malgré elle. Vis-à-vis des doctrines fécondes et productives qui ont successivement dominé l'activité des peuples, elle a été le principe éternellement identique à lui-même de la négation et de l'immobilité. Dans l'Inde, le panthéisme a anéanti toutes les forces actives de la nationalité indoue, dont tant de monuments attestent la puissance

---

[1] Nous n'avons l'intention ici que de déclarer notre critérium et non de le démontrer. Cette démonstration a été donnée avec tous les développements nécessaires, par M. Buchez, *Essai d'un traité de Philosophie*, t. II.

passée; en Grèce, les éléates n'ont abouti qu'aux sophistes, les néo-platoniciens à la négation du christianisme. A une époque plus récente, Spinosa a attiré sur lui l'indignation universelle. Ces jugements de l'humanité sont de quelque poids dans la balance, et le sentiment moral qui les a dictés y a fait éclater sa haute intelligence et son autorité.

Avant d'exposer le système de Hegel, nous devons parler de ses prédécesseurs; car dans la philosophie allemande moderne, les systèmes se sont succédé suivant un ordre logique et nécessaire, et chacun d'eux procédait en ligne directe du précédent. La clef de la doctrine de Hegel se trouve dans Kant, Fichte et Schelling; il importe donc avant tout de faire connaître les résultats où ceux-ci étaient arrivés.

Le système de Kant est un grand événement dans l'histoire de la philosophie; c'est le résultat de l'activité de tout un peuple, le résumé de la pensée de toute une religion. Ce peuple, c'est l'Allemagne; cette religion, c'est le protestantisme. Kant a été dans la haute philosophie l'initiateur d'un mouvement nouveau : il a transporté dans la métaphysique le principe du protestantisme; il a créé la philosophie protestante; il a fait plus : comme c'était un penseur profond et un logicien sévère, il a poussé aussitôt son principe au bout, il l'a élevé à la hauteur la plus périlleuse; tellement périlleuse, qu'il n'était plus possible de s'y tenir après lui, et que ceux qui ont voulu le suivre ont été entraînés dans l'abîme où la philosophie perd tout caractère historique, dans l'hérésie de tous les temps et de tous les lieux, dans le néant du panthéisme.

Ce qui distingue le protestantisme, c'est la négation de toute autorité supérieure à la raison individuelle. « Je ne croirai que je me suis trompé, que lorsqu'on me l'aura prouvé, » a dit Luther à la diète de Worms : nul n'était donc tenu d'accepter les croyances des autres, de se soumettre aux mêmes devoirs qu'eux; chacun était juge suprême et infaillible en toutes choses; le moi se faisait centre et coordonnait tout de son point de vue. Or, ce que Luther a fait en religion, Kant l'a fait en philosophie. Jusque-là il avait existé un fonds commun de faits acquis, de notions reçues; il était une base de la discussion hors de discussion elle-même; personne n'avait porté le doute sur les moyens mêmes du raisonnement; une partie des règles de la logique, les idées générales de la métaphysique, certaines données ontologiques et morales, étaient restées à l'abri de toute attaque; les nier, c'était nier le langage dont on se servait, c'était s'interdire la faculté de penser. Kant les jugea au point de vue du moi, et elles s'écroulèrent toutes comme un vain échafaudage. Descartes aussi avait fait du *cogito, ergo sum*, le commencement de la philosophie ; mais malgré sa prétention de faire table rase, il n'avait renoncé ni au langage ni aux notions métaphysiques qui lui sont inhérentes. Dans l'idée du moi il voyait celle de l'être et de la pensée, et il ne s'en servait que pour passer immédiatement à l'idée de Dieu, la véritable base de sa philosophie. La formule première de Descartes était protestante, mais le sentiment qui la développa fut tout catholique. Kant raisonna plus rigoureusement ; il s'est dit : J'existe et je pense ; donc je ne puis connaître que mon existence et ma pensée.

Le système de Kant est assez connu en France pour que nous puissions nous dispenser d'une exposition détaillée ; il suffira d'en rappeler les conclusions générales.

Kant reconnut qu'il existe des idées a priori, des idées générales et nécessaires, qui ne peuvent être fournies par l'expérience ; mais il voulut démontrer que ces idées n'étaient que des formes, des conditions de la pensée, et qu'elles ne prouvaient rien quant aux objets extérieurs. Il tenta, à l'égard de la métaphysique, ce que Copernic avait tenté avec succès à l'égard du système du monde. De même que celui-ci avait prouvé que c'était nous qui tournions au lieu du ciel, Kant essaya de démontrer que c'étaient les propriétés de notre propre esprit que nous attribuions aux objets extérieurs. Toutes nos idées a priori sont des modes d'activité du sujet pensant, toutes sont *subjectives* ; nécessaires pour que l'expérience soit possible, elles n'ont aussi d'autre but que de rendre l'expérience possible ; mais elles ne nous apprennent rien quant aux objets de l'expérience, elles n'ont aucune valeur objective.

Pour vérifier son hypothèse, Kant analyse toutes les notions a priori.

Ce sont d'abord celles qui accompagnent toute perception sensible, les notions qui résultent de l'espace et du temps. Tout objet est nécessairement dans un lieu, tout phénomène se passe dans un temps. Le temps et l'espace sont les conditions de toutes nos perceptions sensibles ; or, le temps et l'espace ne peuvent être des réalités hors de nous ; ils ne peuvent être non plus des résultats de l'expérience. Ce sont donc des formes mêmes de notre esprit, les formes du sens extérieur.

Viennent ensuite les notions inhérentes à notre faculté de juger. Le jugement a pour but de résumer sous une unité des apperceptions multiples. L'intuition d'une rose, par exemple, fournira une diversité d'impressions ; par un jugement, nous placerons l'unité dans ces impressions en les comprenant sous l'idée de substance : l'idée de substance est donc inhérente à notre faculté de juger même. Il est autant d'idées de ce genre, de *catégories*, qu'il est de formes du jugement. Kant le réduit à douze principales.

Aucune de ces idées n'est objective, car elles précèdent nécessairement les impressions des objets qu'elles sont destinées à lier. Toutes sont résumées dans ce que Kant appelle l'*apperception pure* ou l'*unité transcendantale de la conscience*, c'est-à-dire dans l'idée *je pense* qui accompagne toutes nos représentations, qui est le lien primitif, la synthèse véritable, et dont les jugements ne sont que des formes et des modes.

Par cette déduction, Kant niait donc la réalité extérieure des rapports métaphysiques sur lesquels reposent toutes nos connaissances, des idées d'unité, de pluralité, d'existence, de réalité, de négation, de substance et d'accident, de cause et d'effet, de possibilité, de nécessité, de contingence, etc.

Ce n'est pas seulement la perception sensible et le jugement qui fournissent des idées a priori que nous appliquons indûment aux objets; le raisonnement en produit aussi une partie, ce que Kant appelle proprement *idées*. La raison, dans son usage logique, a constamment pour but de ramener chaque principe sous un principe plus élevé, de ranger chaque connaissance sous une connaissance plus générale qui soit la condition de la première. Or, le raisonnement affecte trois formes, toutes trois soumises à cette loi générale: suivant l'une, on cherche un sujet qui ne soit pas lui-même attribut; suivant la seconde, une causalité qui ne soit pas effet; suivant la troisième, un être qui ne soit pas une subdivision d'un autre être, l'Être des êtres. A la première correspond l'idée du sujet pensant, de la substance une et immatérielle; à la seconde, celle de l'ensemble de tous les phénomènes, du monde; à la troisième, celle de l'Être absolu, de Dieu.

Or, ces idées sont aussi subjectives que les intuitions sensibles et les notions métaphysiques. Elles sont le produit de sophismes nécessaires, le résultat de la loi imposée à la raison de s'élever à des conditions de plus en plus hautes. Il est impossible d'affirmer la réalité objective de l'unité de l'âme, de la création du monde et de l'existence de Dieu.

Telle fut la méthode par laquelle Kant entreprit de renverser les fondements de la logique humaine. Le moi servit de point de départ; toute la déduction roula sur le moi; le moi se retrouve à la fin, posé seul en face de lui-même, après avoir détruit son unité, Dieu et le monde. Chacun était en droit de conclure de ce système qu'il n'était d'autre certitude que celle de son existence et de sa raison personnelle. Le sentiment qui avait guidé les maîtres du protestantisme était élaboré théoriquement.

Kant essaya, il est vrai, de reconstruire les idées de Dieu et de l'immortalité de l'âme sur des bases morales ; mais combien son édifice est peu solide! Le but que, suivant lui, la morale propose à l'homme, c'est d'arriver à une liberté complète, à un état où l'esprit ne se détermine que par lui-même, par le sentiment de sa liberté et indépendamment de toutes les impulsions étrangères. Or, suivant lui, c'est là un idéal placé à l'infini et qui suppose une vie infinie; et comme la nature est indépendante et que le bien suprême suppose nécessairement l'harmonie entre la vertu qui est de l'homme et le bonheur dont les conditions sont dans la nature, il faut pour établir cette harmonie un être qui soit en même temps cause de la nature et de l'homme, Dieu. Ces affirmations du système pratique étaient bien faibles à côté des négations de la théorie critique; les résultats étaient absolument contradictoires; et du point de vue philosophique, la raison du logicien devait prévaloir sur les convictions de l'honnête homme. Nous aussi nous croyons que l'ontologie peut être déduite de la morale; mais c'est en commençant par la morale, et non après l'avoir rendue impossible en ruinant la logique au profit du moi.

Le défaut du système de Kant, et, à sa suite, de toute la philosophie allemande, réside dans le point de départ même. C'est parce qu'on a supposé que la conscience de soi-même était un fait primitif, universel et absolu, un fait qui ne manque dans aucun homme, et qui emporte toujours sa certitude avec lui, c'est à cause de cette supposition, si bien en rapport avec le dogme fondamental du protestantisme, la suprématie de la raison individuelle, qu'on a concentré les recherches sur cette conscience, et qu'on s'est trouvé enfermé dans le cercle qu'on s'était tracé. Or c'était à tort; la conscience de soi n'est pas un fait de conscience plus primitif, plus certain que tous les autres faits de conscience; il est un résultat de l'enseignement; il dépend de conditions organiques, et peut manquer quelquefois. D'ailleurs la philosophie allemande l'a dépassé elle-même, et s'est vue forcée, comme nous le verrons, de revenir sur la valeur qu'elle lui accordait d'abord. Ce fait était donc dans le cas de tous les principes premiers qui servent de fondement aux systèmes philosophiques, il était accepté de foi. Une philosophie catholique aurait choisi une autre croyance pour point de départ.

Dans la pensée de Kant, son système était définitif; mais il était évident qu'on ne s'arrêterait pas à cette simple négation. Aujourd'hui que mille héritiers se sont partagé la succession, il ne subsiste qu'un résultat de son travail, c'est la question posée. Le criticisme pur a été repoussé; mais la direction qu'il avait imprimée a été suivie, la question a été maintenue rigoureusement dans les termes nouveaux qui en étaient la conséquence. C'est de là que le système de Kant tire sa grande importance; c'est par là qu'il a exercé une influence dominante sur la philosophie allemande.

Voici, en effet, les termes généraux sur lesquels la discussion ne cessa de rouler depuis :

1° La question du rapport entre le sujet et l'objet, de la subjectivité et de l'objectivité devint la question fondamentale, la donnée primitive dont on ne sortit plus.

2° Pour résoudre ce problème, il était nécessaire de pénétrer l'essence même des choses, et toutes les recherches furent portées sur ce point.

3° Le but pratique de la philosophie fut donc complétement perdu de vue, et la science absolue devint le but à atteindre.

4° On considéra comme non avenus tous les résultats de la philosophie antérieure, comme problématiques toutes les notions reçues par le langage universel; l'œuvre proposée fut de reconstruire *a priori* tout le système des connaissances humaines.

5° Le moi fut accepté comme la base nécessaire de ce nouvel édifice.

6° La seule solution possible d'une question ainsi posée était le panthéisme.

Chacun de ces points demande quelques mots d'explication.

L'attaque dirigée par Kant contre l'objectivité de nos connaissances était rude, et certes la force et l'habileté qu'il y avait déployées pouvaient porter le trouble dans les esprits. Cependant il était dur d'accepter ce résultat, et le sentiment naturel de chacun devait y répugner. On conçoit donc que cette solution ait soulevé de vives résistances; le tort qu'on eut fut d'accepter la question; il est évident que du point de vue moral et pratique elle ne peut même être posée. Il est vrai que nous n'entendons pas la morale exactement comme les philosophes allemands; ainsi que nous le verrons plus tard, la morale a un sens bien vague pour eux; c'est une *manière d'agir* conforme à la raison, et dont l'expression est dans les mœurs. Pour nous la morale c'est l'ensemble des préceptes sur lesquels nous devons régler notre conduite, c'est avant tout une *loi* qui nous *oblige*. Or il est impossible de concevoir une obligation sans admettre au moins deux êtres, l'un qui doit l'obligation, l'autre à qui elle est due; une obligation envers soi-même est un non-sens, et si la morale comprend des devoirs envers nous-mêmes, c'est que ces devoirs nous sont imposés par Dieu. Il suffit donc d'accepter la morale comme obligatoire, de concevoir qu'elle est une loi, pour être forcé de reconnaître l'existence d'un législateur placé hors de nous. Si, comme le veut l'école allemande, on en fait une manière d'agir, on la pose inhérente à notre raison même; elle cesse d'être loi morale, elle devient une loi fatale et nécessaire, une impulsion pour ainsi dire physique; mais ceci n'est possible qu'en théorie. De fait, la morale est toujours proposée à des êtres libres, on peut lui obéir ou lui désobéir, et la théorie fataliste n'a d'autre conséquence pratique que de faire croire à ceux qui l'admettent qu'ils ne sont obligés vis-à-vis de personne. La morale bien comprise pose donc l'objectivité en se posant elle-même; elle suppose aussi l'objectivité du législateur, de Dieu ; elle pose aussi celle de l'homme et du monde, car elle détermine des actes relatifs à un milieu donné; et si l'activité et le milieu n'existaient pas, ses préceptes seraient impossibles. Pour l'homme qui veut agir, la question de l'objectivité est donc parfaitement oiseuse. Aussi je ne sache pas qu'elle ait fortement préoccupé les esprits en France, quoiqu'on y soit familiarisé depuis assez longtemps avec la doctrine de Kant. En Allemagne, on s'y est jeté à corps perdu. Pendant près de cinquante ans on s'est épuisé en efforts contre ces barrières infranchissables ; tout le langage philosophique a été bouleversé dans cette stérile élaboration, et aujourd'hui encore, quoique les termes de la question aient tant soit peu changé, le problème posé est toujours le même au fond, on tourne toujours dans ce cercle sans issue.

La solution demandée poussait à s'enquérir de l'essence des choses. Le phénomène était donné, mais le substratum du phénomène était déplacé; au lieu du monde, c'était le moi qui le supportait, une incertitude complète remplaçait toutes les notions reçues sur les fondements de l'être. Il fallait donc creuser plus profondément ; il fallait s'attaquer aux substances mêmes et pénétrer l'être dans son essence la plus intime. Cette voie devait nécessairement se présenter, et l'on ne tarda pas à s'y lancer sans hésitation. Or, à notre avis, c'est là un des vices fondamentaux de la nouvelle école allemande. L'homme étant une activité libre et intelligente destinée à agir sur un milieu donné, il est indispensable qu'il connaisse ce milieu, il est absolument nécessaire qu'il ait la science requise pour accomplir sa fonction. Mais cette science n'est évidemment que celle des rapports dont il fait partie ; la science de la substance même des êtres lui est inutile, et il lui suffit, à cet égard, des certaines notions générales qui servent de fondement à la science même des rapports. Aussi un voile impénétrable lui cache les substances, et jamais on n'est parvenu à en soulever un coin, quelques efforts qu'on ait faits. Si l'homme connaît Dieu, le connaît-il en essence ? le voit-il tel qu'il est ? Non certes, il lui suffit de savoir que Dieu est l'être tout-puissant qui l'a créé et lui a imposé un devoir, que toutes les perfections relatives conçues par l'homme, Dieu les possède d'une manière absolue et infinie. Dieu ne nous est connu que dans ses relations avec le monde, et le reproche d'anthropomorphisme fait au sens commun est mal fondé, car le sens commun ne prétend pas pénétrer l'essence de Dieu. Si la religion nous donne quelques notions sur la nature même de Dieu, sur la Trinité, par exemple, c'est parce que ces notions expliquent des rapports dans lesquels nous sommes compris, comme la création, la révélation, l'action du Saint-Esprit. Si l'homme se connaît lui-même, c'est dans ses rapports d'activité et de passivité, dans sa relation avec Dieu, la société et le monde. Jamais il n'est parvenu à pénétrer l'essence de son être. La véritable sagesse est celle qui nous apprend à remplir nos devoirs, qui assure notre foi, qui fournit des moyens à notre activité, qui nous rend maîtres du milieu où nous sommes placés. Voilà l'esprit de la philosophie moderne, l'esprit de Bacon et de Descartes. Les Allemands sont retournés aux problèmes insolubles des Grecs et des Indous; ils se sont absorbés dans la question de l'Être; ils poursuivent une science qu'aucun esprit humain ne pourrait concevoir, qu'aucune langue humaine ne pourrait rendre.

Le but posé à la philosophie et, par suite, à toute l'activité humaine, fut donc de connaître l'essence des choses, d'acquérir la science absolue. C'est là encore un des caractères de tout protestantisme; la foi est placée avant les œuvres; la science est exaltée aux dépens de la pratique. Et, en réalité, pourtant la science ne peut être autre chose qu'un moyen, qu'un moyen d'agir. Qu'importe à la société que vous vous éleviez à la spéculation la plus haute, que vous vous délectiez à reconstruire le monde, et que vous veniez en aide à Dieu dans la création? Si votre science n'a pas une conclusion pratique, si elle n'entraîne pas des conséquences bienfaisantes pour la masse des hommes, si elle n'apporte pas une amélioration sociale, l'humanité la rejettera comme fausse et stérile. Or la philosophie allemande s'est tenue jusqu'ici presque exclusivement sur le terrain théorique; les questions pratiques ont été négligées complétement; et nous ferons voir, plus tard, combien le peu qu'on a fait sous ce rapport est faible et défectueux. Le but bien avoué est d'arriver à la science absolue, et chaque système terminé prétend l'avoir atteint. S'il en était ainsi, on ne voit pas ce qui resterait à faire, si ce n'est de faire connaître le système à ceux qui ne le connaissent pas encore, et après cela de se reposer pendant la suite des siècles. Heureusement on croit au progrès en France, et toute pensée immobilisatrice sera rejetée par cela seul qu'elle ment au sentiment pratique de notre nation. En Allemagne aussi la plus jeune génération philosophique essaye de pousser à la pratique; mais pour y réussir il lui faudra rompre avec toute sa tradition.

Nous avons fait voir comment Kant avait ôté toute valeur objective aux notions métaphysiques les plus importantes, aux idées de substance, de cause, de négation, d'existence, etc. Or, ces idées sont précisément les rapports primitifs sur lesquels se fondent tous les autres et qui forment la base de toutes nos connaissances. Sans l'idée de substance, par exemple, il serait impossible d'affirmer un rapport quelconque; car tout rapport suppose au moins deux termes; si ces deux termes sont des rapports eux-mêmes, il faut remonter plus haut et arriver nécessairement à des termes qui ne soient pas des rapports, mais des substances. Ces substances, nous n'en pénétrons pas l'essence; nous ne les connaissons que par les propriétés par lesquelles elles se révèlent, mais nous sommes forcés de les affirmer et de les distinguer; elles sont comme les lettres algébriques auxquelles se rapportent nos raisonnements, et qui n'ont pas moins une valeur réelle, quoique cette valeur ne soit pas déterminée. C'est ainsi que d'un acte nous concluons nécessairement à un être actif, d'un mouvement à un corps mu, d'une pensée à un être pensant, etc. Ces notions primitives sont tellement inhérentes à notre logique, que sans elles le langage n'existerait pas; il n'y aurait ni verbe, ni substantif, ni adjectif; la proposition grammaticale serait impossible, et la plupart des mots n'auraient pas de sens. Or, la philosophie allemande, tout en voulant pénétrer l'essence des choses, prétend nier ces rapports primitifs. A l'exception de Herbart, qui a essayé de se maintenir dans les anciennes données de la logique, toutes les grandes écoles ont commencé par en faire abstraction.

C'était la conséquence rigoureuse du système de Kant, quoiqu'il ne l'avouât pas lui-même. Or, qu'on se place, si l'on peut, sur le terrain intellectuel qu'un pareil procédé crée à la philosophie. Qu'on essaye de se mouvoir sur cette surface glissante, sans base, sans point d'appui, sans résistance. Quand vous aurez essayé de comprendre qu'il existe une action et rien qui agisse, qu'il y a du mouvement et rien qui soit mu, qu'il y a des idées, mais aucun être qui ait ces idées; quand vous vous serez transporté sur un nuage au milieu d'un monde fantastique, qui ne vient de rien, qui ne tient à rien, qui n'est qu'un composé toujours changeant de figures mobiles et d'ombres indéterminées; quand placé à cette hauteur vous aurez conçu l'absolu et vous serez identifié avec lui : si alors votre divinité nous paraît bien vaine et bien absurde, si les jeux de mots qui forment la trame de ce prodigieux tissu vous semblent bien fades et de bien mauvais goût, si votre bon sens se révolte contre ces contradictions liées en système, si vous refusez de croire enfin, on vous répondra par le mépris et l'injure, on prendra en pitié votre capacité intellectuelle, on vous traitera d'idiot et d'ignorant. Malgré sa souplesse et son indétermination, la langue allemande elle-même est impropre à exprimer ces affirmations qui nient sans cesse toute la logique humaine, et la science absolue est forcée, pour établir ses preuves, de recourir aux formes mêmes qui en sont la négation.

Ce fut le moi qui résuma en lui toutes les notions objectives; mais tout ce chapitre étant destiné à faire voir comment l'idée du moi servit de base à la philosophie allemande, et comme nous allons la retrouver élevée à son point culminant dans Fichte, il est inutile de nous y arrêter maintenant.

Il nous reste à prouver que le panthéisme était la solution nécessaire du problème posé. Après avoir attribué en effet toutes les formes de l'objet à la subjectivité, il ne restait qu'un moyen de ressaisir l'objet ou de détrôner le sujet, c'était de les joindre ensemble, de proclamer l'unité d'être ou de substance. L'identité du sujet et de l'objet étant proclamée, le nœud était tranché, sinon résolu; on comprenait comment ce qui paraissait essentiellement subjectif était objectif en même temps. Or, il est certain que le panthéisme est la conclusion générale et universelle de la philosophie allemande moderne; mais il n'est pas moins certain aussi que toutes ces écoles repoussent l'accusation de panthéisme comme infamante, et qu'aucune d'elles n'accepte cette dénomination.

Il serait puéril de jouer sur les mots. Dans le langage commun on appelle panthéistes toutes les doctrines qui affirment l'unité de substance [1]; et

---

[1] La formule du panthéisme est : *Dieu est le tout.* Ce qui ne

c'est à cause de certaines conséquences morales que ce principe entraîne infailliblement, que ces doctrines ont été frappées d'une juste réprobation. La substance en effet étant une, absolue et infinie, il est impossible de concevoir dans son sein des différences de valeur, soit qualificative, soit quantitative ; tout est elle, au même degré et avec la même vérité. Il résulte de là que la distinction du bien et du mal est effacée, que tout acte, bon ou mauvais, a une valeur égale, que le plus noble dévouement, le sacrifice le plus complet est assimilé à l'égoïsme dans ce qu'il produit de plus cruel et de plus abject. Voilà pourquoi l'accusation de panthéisme est infamante. Or, il est arrivé presque toujours que les philosophes panthéistes n'ont pas voulu avouer ces conséquences de leur doctrine. Mais qu'importe, elles n'y sont pas moins renfermées, et la logique de tous, ce bon sens moral du public, qui n'a aucun intérêt à se tromper, ne les en fait pas moins sor-

veut pas dire seulement que Dieu est l'ensemble extérieur des choses, l'univers ; car, sauf le nom, on ne verrait pas en quoi le panthéisme ainsi compris différerait de l'athéisme ; mais on suppose que Dieu est l'unité intérieure, l'essence une de toutes choses, et qu'ainsi chaque chose est ou bien Dieu tout entier ou bien une partie de Dieu. Or, quand on admet l'unité de substance, quand on affirme que toutes choses ne sont que des accidents, des phénomènes qui ont leur essence dans une même substance, qui ne sont que des manifestations particulières, des côtés isolés de cette substance, il suffit d'appeler cette substance Dieu, pour avoir le panthéisme le plus rigoureusement formulé.

tir. Les écoles allemandes aussi repoussent ces conséquences. Mais voyez, elles proclament le principe, elles en acceptent tous les développements métaphysiques, elles s'évertuent à obscurcir toutes les notions morales, elles nient le libre arbitre, elles démontrent la fatalité universelle (toutes ces assertions seront prouvées plus tard); et parce qu'elles refusent d'aller jusqu'au bout, parce qu'il leur répugne d'exposer dans sa nudité hideuse le dernier mot de leur système, elles se feront un droit de leur défaut de logique, et voudront imposer aux autres la limite où il leur plaît de s'arrêter ! On ne joue pas ainsi le public; un système n'a de valeur qu'à condition d'être franc et complet; la vérité ne connaît pas de réticences, et un principe dont on n'ose avouer les conséquences porte sa condamnation en lui-même [1].

---

[1] L'argument par lequel Hegel tend à écarter les objections faites à Spinosa du point de vue moral est assez singulier : le mal n'est pas en Dieu, tant qu'on considère celui-ci comme substance une, infinie, absolue; il n'arrive que lorsque Dieu se manifeste sous forme finie, pose la contradiction en lui, se scinde en moments isolés. C'est éluder l'objection et non pas y répondre. La question est de savoir si cette manifestation finie n'est pas le fait de Dieu, si le mal et la contradiction ne découlent pas de sa nature même, si le moment de la scission n'est pas aussi divin et aussi nécessaire que celui de l'unité. On dit : les manifestations finies de Dieu sont contradictoires, et, par conséquent, les unes sont bonnes et les autres mauvaises. Mais pourquoi? Les deux termes de la contradiction ne sont-ils pas divins au même titre? au nom de quoi préfère-t-on l'un à l'autre? de quel droit surtout

L'expérience sociale manque à l'Allemagne, et ses philosophes ressemblent à des enfants qui jouent avec des armes dangereuses dont ils ignorent les effets. Ils ne savent pas que lorsqu'une idée est déposée dans les masses, elle poursuit sa route logique jusqu'aux dernières conséquences, et que nulle force humaine n'est capable de l'arrêter. Qu'arriverait-il si tous les hommes croyaient au principe du panthéisme, à l'unité de substance? Il arriverait infailliblement que nul homme ne reconnaîtrait de supérieur ni au ciel ni sur terre; qu'il ne se croirait obligé à aucun devoir, à aucun sacrifice; qu'il aurait son but en lui-même; qu'il serait lui-même son dieu et sa loi; qu'il ne connaîtrait d'autre mobile que son intérêt; qu'il ferait le bien s'il y trouvait quelque profit, le mal s'il le pouvait sans danger; que l'humanité enfin serait livrée à l'égoïsme absolu, à un égoïsme sans frein et sans pudeur. Or, de telles conséquences jugent un système.

Nos lecteurs savent que l'impulsion donnée par

cette distinction si contestable en théorie deviendrait-elle une obligation pratique? Si je suis un moment, une manifestation de Dieu, le bien est pour moi ce qui me plaît; je trouve plaisant que d'autres moments, d'autres manifestations qui ne sont pas plus que moi, veuillent me soumettre à des devoirs, à des idées qu'ils peuvent avoir, et ne reconnais d'autre puissance au-dessus de moi que la force physique à laquelle je ne puis résister.

Kant, produisit en Allemagne un grand mouvement philosophique. Nous n'en suivrons pas tous les détails. Une foule de tentatives avortèrent; d'autres, tout en exerçant leur part d'influence, n'étaient pas appelées à un rôle dominant. Une seule tendance avait de l'avenir; c'était celle qui avancerait droit dans la route ouverte; ce fut celle qui, passant par Fichte et Schelling, aboutit à Hegel. Elle ne tarda pas en effet à se voir maîtresse du terrain; dans notre plan, c'est la seule dont nous devions nous occuper.

L'idéalisme absolu était contenu déjà dans la critique de Kant. Quoique celui-ci eût admis un objet extérieur sur lequel agissaient notre entendement et notre faculté de percevoir, cet objet, dont toutes les qualités et les propriétés n'étaient que des produits de la subjectivité, qu'il était impossible de déterminer et de connaître, cet objet devenait tellement vague et confus; ce substratum des phénomènes, qui n'avait aucune part aux phénomènes eux-mêmes, paraissait si peu nécessaire, qu'on pouvait très-bien conclure, dans l'esprit du système, que l'idée d'objet, aussi bien que celle de substance, de cause, etc., n'était qu'une forme de la raison, une manière de voir du moi. Kant semble avoir eu lui-même cette pensée d'abord; en tout cas, Fichte le comprit ainsi. Mais le maître recula vis-à-vis de la témérité de l'élève; Fichte eut seul le courage de pousser la conséquence jusqu'au bout.

Fichte commença par admettre purement et simplement les conclusions de la critique de la raison. La méthode usitée jusqu'alors ne pouvait donc conduire à la science; la science s'était proposé la connaissance de l'objet, et cette connaissance était impossible. Une seule notion restait; mais cette notion était absolue, c'était celle du moi. En effet, le moi qui s'affirme lui-même et n'affirme que lui-même, n'est soumis à aucune relation; cette affirmation se crée elle-même, elle jaillit de sa propre source, elle est indépendante de tout rapport. Nous avons donc en nous-mêmes et par nous-mêmes une notion absolue, l'affirmation primitive du moi; hors d'elle, tout est relatif, tout n'est connu que par rapport à elle; seule elle est le fondement de toute science possible.

C'est là le point fondamental de la doctrine de Fichte, la base que Schelling a assurée davantage encore et a exposée dans tout son jour, l'idée génératrice dont est sortie comme d'un germe toute la philosophie allemande. Ce moi, Fichte, fidèle à la critique de Kant, le posait sans lui attribuer d'abord une valeur substantielle; il créa le premier cet être flottant, cette essence qui est action et mouvement sans être substance, dont plus tard Schelling et Hegel firent un usage si abusif. Fichte ne considérait que l'affirmation même; il la trouvait active puisqu'elle se posait elle-même, absolue puisqu'elle se posait indépendamment de tout rapport; il en concluait à une connaissance absolue.

Nous avons déjà dit qu'à notre avis cette valeur absolue attribuée au moi était une supposition toute gratuite; que le moi est une idée enseignée et qu'elle suppose nécessairement des rapports; le *je* serait incompréhensible sans le *tu* et le *vous*; l'activité spirituelle est possible sans la présence actuelle de la conscience de soi-même; elle précède cette conscience chez l'enfant, qui apprend son moi de la bouche des autres, qui ne comprend que fort tard la valeur du pronom personnel, et qui très-longtemps parle de lui-même à la troisième personne en s'appelant par son nom propre. Or, le signe de la réflexion du moi sur lui-même est le *je*; et cette réflexion n'existe pas tant que ce signe n'est pas compris. Il y a certainement quelque chose de spécieux dans cette prétention du moi à l'absolu, parce qu'en effet l'activité s'affirme elle-même, le sujet, le verbe et l'attribut sont réunis dans le même être; mais la difficulté disparaît quand on réfléchit que le verbe est le même dans cette affirmation que dans toute autre, que le sujet et l'attribut sont dans le même rapport que dans toute proposition identique, dans toute définition, et qu'il ne résulte une connaissance de cette proposition qu'autant qu'un terme est connu déjà, c'est-à-dire qu'il faut que l'idée du moi soit comprise déjà. Or, comme nous l'avons vu, elle n'est comprise que par opposition avec le tu et le vous ou le non-moi en général [1].

Poursuivons notre analyse.

La connaissance première est donc l'affirmation de l'existence du moi. C'est la proposition d'identité $A = A$; remplacez A par le *je*, qui est le seul sujet possible puisé dans l'affirmation même, et vous aurez $je = je$, c'est-à-dire moi, c'est-à-dire *je suis*, c'est-à-dire l'être qui se crée en s'affirmant, l'activité pure, le sujet absolu.

C'est le *cogito, ergo sum*, de Descartes, élevé à l'absolu.

A côté de l'affirmation du moi s'en trouve une autre; elle dépend de la première quant au fond, mais elle est primitive comme celle-ci quant à la forme. Le fond, la matière, c'est le moi fourni par la première affirmation; mais la forme de celle-ci était le rapport d'identité, l'affirmation proprement dite, la *réalité*; dans la seconde, la forme est le rapport de non identité, la *négation*: — A n'est pas $= A$; c'est l'affirmation du *non-moi*.

De ces deux principes résulte un problème. Le moi et le non-moi, qui se nient et s'excluent réciproquement, sont posés tous les deux dans le moi. Comment est-ce possible? Ce problème est résolu par un troisième principe, posé a priori

---

[1] Cette question a été parfaitement éclaircie par M. Buchez, *Essai d'un traité de Philosophie*, t. III.

et d'autorité par la raison. Le moi et le non-moi ne se neutralisent qu'en partie; ils se limitent : A est en partie — A : la limite réunit l'affirmation et la négation; elle comprend les deux contraires dans le même sujet.

Il y a donc un moi absolu, illimité, infini; ce moi pose en lui-même un moi limité, divisible, auquel il oppose, toujours en lui-même, un non-moi également limité et divisible.

Ces propositions, qui forment l'introduction de la *Wissenschaftslehre* (*Théorie de la Science*, 1794), résument jusqu'à un certain point tout le système de Fichte. Le moi est pour lui l'être absolu, universel, unique, l'activité infinie; mais il suppose en même temps que ce moi n'a pas conscience de lui-même et de ses actes, qu'en vertu de son activité il crée des idées sans les connaître d'abord. Pour que cette conscience soit produite, pour que le moi se sente, il faut qu'il trouve une résistance, un point d'arrêt, un achoppement qui le force à se réfléchir sur lui-même. Cet achoppement, ce sont les idées créées d'abord sans conscience, ce qu'il croit être l'objet, le monde, en un mot le non-moi; ce n'est que vis-à-vis de ce non-moi que le moi se reconnaît et s'affirme. Mais le mouvement ne s'arrête pas là. En vertu de l'activité qui est essentielle au moi, de cette espèce de tension qui forme le fond de son être, il dépasse la limite qu'il s'est posée sitôt après l'avoir reconnue, en pose une nouvelle qu'il dépasse encore, et s'avance ainsi de limite en limite sur une ligne infinie.

Ce peu de mots suffisent pour donner une idée des contradictions que renferme cette doctrine. On ne saurait concevoir comment les deux principes directement opposés, directement contradictoires, le moi et le non-moi, peuvent être les manifestations d'une même unité, d'un même être. En supposant même que le non-moi, le monde, ne soit qu'une illusion, qu'une idée, conclusion à laquelle on est bien forcé d'arriver dans l'hypothèse générale, on ne conçoit pas que l'activité absolue et infinie produise une manifestation qui la nie si évidemment. D'ailleurs la théorie n'accorde pas que le moi soit une substance dans le sens ordinaire du mot; il n'est donc guère plus que le non-moi, il n'est qu'une idée comme lui, ils sont tous deux au même rang. Fichte prétend tout expliquer par la nécessité de l'achoppement; mais cet achoppement donne lui-même lieu à bien des difficultés, et c'est de ce point de vue surtout que l'école hégélienne a combattu tout le système. Pourquoi ces bornes que le moi se pose à lui-même, ces bornes que Fichte lui-même avoue être inexplicables? Comment une hypothèse, qui prétend à la science absolue et qui débute par l'unité de substance, peut-elle conserver dans son sein un mystère si énorme? C'est que ces bornes, c'est l'univers tout entier, c'est la société qui nous entoure, c'est le milieu où nous vivons, ce sont toutes ces circonstances si variées, si multiples, tous ces hasards si imprévus que chacun rencontre chaque jour dans le cours de sa vie. Pourquoi ces choses sont-elles ainsi et non autrement? Pourquoi ce jeu bizarre d'événements, où souvent tout lien échappe, où aucune prévision n'est possible? Il est certain qu'il y a plus d'une pierre d'achoppement dans le système de Fichte, et qu'une explication qui rend tout inexplicable est peu faite pour entraîner l'assentiment général.

Fichte avait tiré les propositions que nous avons énoncées, de la simple analyse de la conscience. Il s'agissait de prouver qu'en elles était donnée toute la vérité. Deux questions résultaient de la dernière proposition. Comment le moi détermine-t-il le non-moi? comment le non-moi détermine-t-il le moi? La première question, qui comprend la théorie de notre action sur le monde, est résolue dans la partie pratique du système; c'est de la seconde, de celle de l'action du monde sur nous, de la connaissance, que l'auteur s'occupe d'abord, car c'est en elle que réside le grand problème métaphysique, c'est elle qui engendre la partie théorique. Nous allons analyser rapidement cette partie théorique, afin de donner une idée de la méthode de Fichte. On verra que son raisonnement hérissé d'abstractions, malgré la rigueur mathématique qu'il affecte, ne parvient pas à sortir d'un cercle de subtilités ardues, et que toute sa souplesse dialectique ne peut couvrir la contradiction fondamentale qui est inhérente à son système.

La méthode par laquelle procède Fichte consiste dans une succession de thèses, d'antithèses et de synthèses. La thèse pose le problème, l'antithèse fait voir que le problème est contradictoire dans ses termes, la synthèse fait disparaître la contradiction en réunissant les deux termes opposés sous une idée commune; celle-ci devient thèse à son tour et donne lieu à une autre antithèse et à une autre synthèse, et ainsi de suite jusqu'à ce que toutes les contradictions soient résolues, jusqu'à ce que l'unité soit rendue complète et évidente. C'est cette méthode toute panthéiste qui commence par supposer que la contradiction n'existe pas, que Hegel a adoptée et développée, et c'est elle que son école proclame la méthode philosophique par excellence.

La première thèse posée par Fichte est celle-ci : Le moi *se pose* comme déterminé *par* le non-moi.

Il en résulte une première contradiction : Le moi activité absolue se détermine lui-même; c'est le non-moi qui le détermine.

Solution : Le moi se détermine en partie et est déterminé en partie. Supposons en effet que la réalité totale du moi soit représentée par une quantité qui contienne dix parties, par exemple : Le moi posant cinq de ces parties, pose par cela même cinq parties de négation en lui-même, et cinq parties positives dans le non-moi. Cette solution est encore incomplète, car elle ne fait pas voir comment le moi peut poser de la négation en lui; mais déjà elle nous avance d'un pas. La thèse ne contenait que l'idée de détermination, de quantité en général; par la synthèse qui résulte de la solution, la quantité de l'un est posée par la quantité de l'autre, et vice versâ. C'est l'explication de la catégorie de l'action réciproque.

Le moi est donc déterminé, au moins en partie, par le non-moi; il faut donc qu'il y ait de la réalité dans le non-moi; or, par hypothèse, toute réalité appartient au moi. Voilà une nouvelle contradiction qui découle de la thèse précédente.

C'est la question de savoir comment le moi peut poser de la réalité dans le non-moi, de la négation en soi. Dans la synthèse précédente on pouvait raisonner sur la réalité comme sur les quantités mathématiques, qui tantôt sont affectées du signe *plus*, tantôt du signe *moins*; mais on n'allait pas au fond des choses; il s'agit actuellement de voir en quoi consiste cette réalité même du non-moi.

La solution est que le non-moi ne possède aucune réalité, que sa réalité n'est qu'un état passif du moi. C'est la catégorie de la cause et de l'effet. L'effet, c'est la passivité du moi. De là résulte une nouvelle et grave contradiction : le moi est en même temps actif et passif.

Solution : C'est l'activité qui détermine la passivité et réciproquement. Qu'on suppose une sphère générale, la totalité absolue de la réalité; celle-ci est tout entière dans le moi et est une certaine quantité. Toute quantité moindre que cette totalité sera nécessairement négation, passivité. Pour qu'une quantité moindre puisse être opposée, comparée à la totalité, il faut qu'il y ait un point de rapport entre elles, et celui-ci réside dans l'idée de divisibilité. Dans la totalité absolue il n'y a pas de parties; mais cette totalité peut être comparée à des parties et distinguée d'elles. La passivité est donc une quantité déterminée d'activité, quantité comparée à la totalité. Vis-à-vis du moi absolu, le moi limité est passif; dans le rapport du moi limité au non-moi, ce moi est actif et le non-moi passif. C'est ainsi que l'activité et la passivité se déterminent réciproquement.

Nous sommes arrivés à la catégorie de substance. La substance, c'est la totalité de la réalité. Une sphère déterminée dans celle-ci est l'accident, et la substance se compose elle-même de la totalité des accidents. Il n'est qu'une seule substance, c'est le moi. (On voit que le mot de substance est complétement détourné de son sens ordinaire, et qu'il est pris dans l'acception que lui donne Spinosa.)

La catégorie de la substance entraîne une nouvelle contradiction. Nous disons que le moi se pose comme déterminé par le non-moi. Supposons la totalité absolue, l'activité seule pendant un moment donné, elle ne sentira que son activité ou plutôt ne sentira rien. Dans le moment suivant, elle se sentira déterminée, elle trouvera la négation en elle; cette négation viendra pour elle du dehors, du non-moi; elle ne l'aura pas posée elle-même en soi; ou bien supposons que l'activité sache que c'est elle-même qui pose un degré moindre en elle, qui se détermine, elle ne se posera donc pas comme *déterminée par le non-moi*. Il est donc impossible que le moi se pose comme déterminé par le non-moi.

Pour résoudre ce problème, il faut admettre une sphère plus grande, celle du moi indépendant, absolu, posé vis-à-vis de la relation réciproque d'agir et de patir. Cette sphère est déterminée par la sphère de l'action réciproque et la détermine à son tour. L'action alternative résulte de ce que le moi absolu pose quelque chose comme étant non posé, aliène quelque chose; ce qui est aliéné c'est *l'objet*. Le moi absolu se pose en partie comme posé, en partie comme non posé; voilà la source de la différence entre le sujet et l'objet; l'objet devient ainsi quelque chose de réel, une cause extérieure de passivité pour le sujet. C'est ce fait qui concilie le réalisme et l'idéalisme en les expliquant tous deux.

On voit que toute cette démonstration a pour but de faire comprendre comment le *non-moi* peut être extérieur, objectif relativement au sujet, sans néanmoins être autre chose que le sujet lui-même. Le procédé employé pour la solution consiste dans une distinction du moi en deux, distinction dont on tient compte ou dont on ne tient pas compte, suivant la nécessité dialectique ; c'est cette confusion incessante entre les deux moi qui jette tant d'obscurité sur la marche du raisonnement. Fichte poursuit.

Comme le moi et le non-moi ne sont que des parties d'une totalité indéterminée, il est impossible de les déterminer eux-mêmes. Nous ne pouvons avoir l'idée que de leur limite réciproque, de leur point de contact. Ce point de contact, c'est la résistance, l'arrêt, l'achoppement dont nous avons parlé. Le fait de cette résistance prouve que l'activité va à l'infini, autrement l'existence de la limite ne prouverait nullement que c'est une résistance qui lui est opposée. Par suite de cette faculté infinie, l'activité dépasse immédiatement la résistance ; de même qu'en se rencontrant avec elle, il se sentait fini et déterminé, il se sent infini en la dépassant. Une nouvelle résistance limite de nouveau cet infini, qui la dépasse encore, et qui ne cesse ainsi d'aller de l'un des termes opposés à l'autre. Cette puissance qui flotte entre le fini et l'infini, qui cherche sans cesse à réunir les contraires, qui se meut éternellement entre deux contradictions insolubles, cette faculté créatrice d'images, sources de l'objectivité, c'est le moi indépendant qui pose en soi la relation d'action et de passion réciproque ; on l'appelle imagination ; c'est le principe de toute intelligence.

Fichte prétend avoir déduit ainsi l'origine du fait intellectuel, de la conscience ; il poursuit cette déduction en analysant successivement l'intuition, l'entendement, le jugement et la raison. Nous ne le suivrons pas dans cette analyse, que nous trouverons plus complète chez ses successeurs.

La partie pratique doit justifier la partie théorique. L'activité absolue du moi resterait éternellement sans conscience et sans objet, elle se perdrait dans la profondeur de l'infini, elle ne se connaîtrait pas, et, en un mot, n'existerait pas, si la résistance ne venait fournir une matière à sa faculté de connaître, si la conscience ne jaillissait du choc du non-moi. Le moi doit être lui-même tout entier ; il doit se posséder et se savoir complétement. Pour cela, il faut qu'il développe ce qu'il contient en lui-même et s'assimile ce non-moi ; mais, comme on l'a vu, ce développement a lieu sur une ligne progressive, dont le terme est placé à l'infini, et ne peut, par conséquent, jamais être atteint.

Cette force expansive, inhérente au moi qui le pousse à se posséder lui-même, c'est, en tant qu'elle n'est pas réalisée, le but du moi ; c'est en même temps son devoir. (Le devoir n'est ainsi qu'une impulsion essentielle de l'être, et que celui-ci tire de son propre fonds; idée complétement contradictoire à la notion ordinaire du devoir, qui suppose une obligation morale, et vis-à-vis de laquelle il y a liberté d'obéissance ou de désobéissance.) Le monde, toute l'apparence phénoménale, n'est que le moyen de ce devoir; il constitue la série des déterminations que le moi parcourt pour arriver à la complète compréhension de lui-même, à la liberté absolue.

Le but du moi, c'est la liberté, c'est-à-dire la conscience de ce fait : qu'il n'agit que par lui-même et que pour lui-même. Les impulsions du sentiment, de l'instinct, sont primitivement objectives; elles sont, pour le moi intelligent et libre, le produit du non-moi; la liberté n'existe que lorsqu'elles sont dominées et réglées par la conscience du moi, que lorsqu'on s'y abandonne librement. Cette conscience de notre liberté dans nos actes, cette fierté de l'homme qui ne se détermine que par sa volonté, cette estime de soi-même, ce sentiment d'honneur qui en résulte, c'est la plus haute position morale où l'homme puisse arriver, c'est la véritable béatitude.

Par la liberté, la nature, d'abord posée comme un non-moi, est assimilée au moi, qui devient cause et activité vis-à-vis d'elle. De fait la nature est aussi un produit du moi, elle n'est que l'expression de sa raison éternelle. Dans la substance, l'instinct et le sentiment, la pensée et l'acte sont identiques. Il s'agit seulement d'établir l'harmonie entre l'activité libre et intelligente et l'impulsion aveugle. On serait libre aussi en suivant l'instinct naturel; mais la liberté réelle n'existe qu'à condition d'être posée par soi-même, de paraître indépendante de l'instinct. Nous devons tout faire avec le sentiment du devoir : boire et manger par sentiment du devoir, et non autrement ; voilà la condition *sine qua non* de la liberté.

L'homme ne peut se poser comme être raisonnable sans se poser comme un individu vis-à-vis d'autres individus, sans accepter d'autres êtres libres à côté de lui. Comme tous sont libres au même titre, le devoir de chacun est de traiter les autres comme des êtres qui ont le même but que lui. La liberté individuelle est donc le principe du droit et de la politique, principe dont découle immédiatement la théorie des droits inaliénables, du contrat social, de la garantie mutuelle de la liberté comme but de la société, etc. Cette partie du système de Fichte n'est que la reproduction, sous forme abstraite, des données générales de la philosophie française du dix-huitième siècle.

Cette harmonie entre le monde et la liberté, cet ordre universel de choses qui découle de la raison intime du moi, cet ensemble de phénomènes coordonnés dans un but moral, c'est Dieu, c'est la *chose divine*. Dieu ne doit pas être conçu comme une substance, comme un être ayant conscience, comme une activité intelligente ; la seule substance, la seule activité c'est le moi : Dieu, c'est l'éternelle harmonie des choses, c'est *l'ordre moral* du monde. La véritable religion, c'est la réalisation de la raison universelle. Que tous soient libres, tous seront un, car il n'y a qu'une liberté ; que tous aient la même conviction, la loi de chacun sera la loi universelle, car tous auront la même volonté ; c'est cette unité de tous dans la raison et la liberté qui est la véritable Église, la vraie communion des saints.

On ne peut pas dire précisément que Fichte ait été panthéiste, il fut plutôt athée ; ce fut l'accusation d'athéisme qui le força de quitter la chaire qu'il occupait à l'Université d'Iéna ; mais, plus tard, il modifia sa doctrine relative à la *chose divine*, sans cependant abandonner son principe général. — Les indications que nous avons données sur ses conclusions pratiques peuvent faire voir que la même contradiction qui sépare la philosophie théorique de Kant de sa philosophie pratique, est inhérente au système de Fichte. Après avoir admis du point de vue de la raison pure qu'il nous est impossible de connaître Dieu, on ne croira jamais que la raison pratique puisse nous le révéler ; de même, après avoir acquis par la théorie de la science la certitude qu'il n'existe que le moi, et que le monde n'est qu'une illusion, nous croirons difficilement à des devoirs à l'égard de ce monde ; nous nous élèverons difficilement au-dessus de la sphère de l'égoïsme. Si Fichte a conclu autrement, cela prouve seulement que son sens moral l'a emporté sur sa puissance logique. D'ailleurs, il faut l'avouer, elle ne l'a pas emporté trop loin; il est toujours resté assez conséquent. Qu'est-ce, en effet, que cette morale de Fichte; qu'est-ce que ce devoir imposé au moi de se chercher toujours lui-même, cette liberté qui n'a pas de but hors d'elle, cette exaltation de la personnalité? Est-ce l'esprit de sacrifice, de charité et de dévouement qui peuvent naître de pareils principes, ou n'est-ce pas plutôt l'esprit d'individualisme et d'orgueil? Ce caractère de personnalité si vivement prononcé dans l'Allemagne, qui se manifeste en tout ce qu'elle produit, dans la littérature, dans la science, dans la politique; ce caractère, né certainement du protestantisme, ne doit-il pas en partie son développement à la philosophie actuelle? Un principe est inexorable; toute théorie est suivie d'une pratique conforme. La pratique complète du système de Fichte, pratique nécessaire quoique nullement prévue par l'auteur, c'est l'égoïsme absolu.

D'ailleurs, si la véritable conclusion manque aux ouvrages du maître, elle se trouve dans ceux des élèves. C'est dans les premiers écrits de Fr. de Schlegel et de Schleiermacher qu'il faut voir se développer librement, sous le demi-voile d'un mysticisme romantique, la croyance morale de ce système dans toute son énormité. Pour Schlegel, le monde et la vie c'est l'ironie absolue, c'est le jeu fantastique de contradictions éternelles, c'est la bouffonnerie sérieuse et sentimentale. Que l'homme s'abandonne au cours de sa pensée vagabonde; qu'il cultive, au sein de doux loisirs, la plus vraie des divinités, la sainte paresse, qu'il renonce à toute pensée pratique, à toute activité temporelle, car celle-ci est toujours finie et par conséquent méprisable; c'est ainsi seulement qu'il vivra dans l'infini et trouvera la vraie béatitude; qu'il végète, plus il ressemblera à la plante, plus il sera parfait. L'amour n'est pas seulement la silencieuse aspiration vers un avenir infini, c'est aussi la sainte jouissance d'un délicieux présent. Est-il rien de plus fou que les moralistes qui vous reprochent l'égoïsme? L'homme qui ne sera pas pour lui son propre dieu, vénérera-t-il un Dieu différent? Le grave Schleiermacher, qui fut plus tard une des lumières du protestantisme allemand, développa, dans sa jeunesse, la donnée de Schlegel sur l'amour : il vit dans l'amour le but le plus élevé de l'homme, le mystère le plus saint de l'univers; dans l'union amoureuse de deux êtres, l'individualité disparaît, les deux se sentent un, la réconciliation de l'esprit et de la chair est accomplie, l'infini est atteint. Non-seulement les corps, mais aussi les esprits sont créés par l'amour. L'enveloppe romantique de cette philosophie sensuelle ne peut laisser aucun doute sur la pensée du fond.

Schleiermacher fut encore, sous d'autres rapports, l'expression du système de Fichte. Il mit en relief le culte de la particularité. Chacun est l'expression du moi absolu ; chacun en est une expression spéciale, déterminée : l'unité est au fond de tous, et chaque moi a pour but de bien garder et de cultiver cette particularité par laquelle Dieu se manifeste en lui. Que chacun tienne donc à sa manière d'être, à son caractère personnel, à son sentiment particulier ; chacun représentera ainsi un côté de toute l'humanité ; la liberté n'est qu'à cette condition. Que chacun aussi ait sa religion à lui, qu'il croie comme il l'entend. La vraie religion est infinie, elle est la somme de tous les sentiments individuels [1].

A la fin du dix-huitième siècle, un souffle général de panthéisme avait parcouru l'Allemagne. Tandis que la France terminait sa grande révolution, l'Allemagne se jetait dans les rêveries du mysticisme sentimental et dans les profondeurs de la spéculation qui devait donner à l'homme la

---

[1] Nous avons emprunté ces citations à l'*Histoire de la Philosophie* de M. Michelet, t. II, ch. 1, pour faire voir où conduisait le système de Fichte ; il n'est pas nécessaire d'ajouter que nous n'avons nullement eu l'intention d'exposer la doctrine complète de Schlegel et de Schleiermacher, qui d'ailleurs modifièrent plusieurs fois leur point de vue général.

science de Dieu. C'était une réaction semi-religieuse, passablement empreinte des idées du dix-huitième siècle, et se manifestant surtout dans une foule de productions littéraires et poétiques, aux formes romantiques, aux pensées creuses, mais sonores. Le fond général était le panthéisme; c'était la doctrine commune; Schlegel et Schleiermacher étaient panthéistes, ainsi que tous ceux qui prirent part à ce mouvement. Il fallait un homme pour revêtir d'une forme scientifique ces idées vagues encore et enveloppées: cet homme fut Schelling.

Schelling procède aussi directement de Fichte, que Fichte de Kant. L'activité absolue de Fichte contenait évidemment le non-moi aussi bien que le moi; seulement le non-moi était absorbé dans le moi, auquel on accordait une valeur exclusive; le non-moi était sacrifié au moi. C'était à tort. Pourquoi, en effet, attribuer plus spécialement le caractère du moi à cet Être infini qui pose vis-à-vis l'un de l'autre le moi et le non-moi? Cet être n'est-il pas plutôt neutre entre les deux; ne les contient-il pas tous deux dans son sein, et à titre égal? Appelons-le l'absolu, ou, comme unité du moi et du non-moi qui en découle, le sujet-objet; nous trouverons ainsi qu'il est la base du réel aussi bien que de l'idéel; nous trouverons que l'objectivité a des fondements aussi vrais que la subjectivité.

C'est ainsi que Schelling retourna, si je puis

m'exprimer ainsi, le moi absolu de Fichte. Ce caractère absolu, Fichte l'avait placé dans le moi, parce que celui-ci était l'affirmation de lui-même; affirmation indépendante de tout rapport. Schelling, dans la conversion qu'il lui fit faire, tint compte du rapport, de la relation entre le moi et le non-moi, mais en affirmant l'absolu du rapport lui-même, en réunissant le moi et le non-moi pour en faire l'absolu. A vrai dire, cette conversion était peu logique. Suivant Fichte, l'absolu tenait précisément à cette indépendance du moi, à cette affirmation qui n'avait qu'elle-même pour sujet et pour objet; nier cette indépendance, tout en conservant l'absolu, c'était renverser d'un coup tout le travail de Kant et de Fichte. Mais les nécessités de la question posée poussaient à cette solution, et si la logique manqua au raisonnement spécial, celui-ci se trouva bien à sa place dans la ligne tracée fatalement à la philosophie allemande. Lorsqu'on est engagé dans une voie absurde et qu'on veut la poursuivre jusqu'au bout, il faut bien se résoudre à tous les moyens pour franchir les obstacles qu'on rencontre à chaque pas.

Il est assez difficile de donner une exposition complète du système de Schelling, d'abord parce qu'il ne l'a pas fait lui-même; en second lieu, parce que le système paraît n'avoir jamais été terminé dans l'esprit de l'auteur, et qu'il le modifia à plusieurs reprises, suivant les lectures qui l'influençaient et les points sur lesquels il portait spécialement son attention.

La première préoccupation de Schelling fut l'explication de la nature; ce fut aussi la plus durable; celle qui le plus longtemps domina ses recherches. Il rompait ainsi avec la méthode de Fichte, et entrait dans une voie nouvelle qu'il était impossible de poursuivre en se tenant strictement aux résultats de celui-ci. Schelling partait du point de vue de l'identité absolue que Fichte avait démontrée être au fond du sujet et de l'objet. La forme de cette identité était un dualisme primitif, la relation entre le sujet et l'objet; Schelling voulut montrer cette identité et ce dualisme dans la nature entière. La nature c'est l'esprit éteint, c'est l'organisme visible de la raison. Il s'agit donc d'expliquer l'idéel par le réel; le dernier but des sciences naturelles est de reconnaître partout l'unité absolue qui embrasse tout et de tout coordonner dans cette identité.

Le principe au moyen duquel cette construction fut tentée ressortait encore des données de Fichte; c'était l'opposition entre la productivité et le produit, et en même temps leur identité; mais ce principe prenait déjà une forme qui rappelait Spinosa; il devenait la distinction entre la *natura naturans* et la *natura naturata*. La productivité, c'est l'activité en acte, c'est la force qui s'épanche en tous sens, qui développe et engendre toutes choses; le produit, c'est la limite, l'arrêt que trouve la productivité, l'acte solidifié pour ainsi dire momentanément, mais prêt à rentrer immédiatement dans le mouvement. Le monde phénoménal n'est ainsi qu'une série de mouvements, un balancement entre la productivité et le produit, substance seulement en tant qu'il est l'expression de la substance absolue et qu'il contient celle-ci en lui. Le principe de Schelling présente ainsi une réunion confuse de la substance nettement déterminée de Spinosa et de l'absolu de Fichte, substance qui n'est qu'activité et mouvement, et où le caractère substantiel disparaît.

Avec ces principes, Schelling essaya, comme nous le verrons bientôt, de déduire tout le système du monde. A partir de lui, cette déduction fut toujours un des grands problèmes de la philosophie allemande. Or, nous croyons que c'est encore là une de ces questions insolubles, sur lesquelles l'esprit humain s'épuise en vains efforts et qui ne laissent après de fatigantes recherches que l'impression pénible d'un long travail sans résultat. Il s'agit en effet de pénétrer l'essence même de tout ce qui nous entoure; il s'agit de construire avec la seule donnée d'une identité homogène et absolue toutes les existences réelles; il s'agit en un mot de créer le monde une seconde fois. Il est assez facile à la vérité, quand on a un monde créé sous les yeux, quand on a l'esprit ingénieux et qu'on ne s'effraye pas des contradictions, il est assez facile d'assujettir toutes choses à une forme déterminée, d'y retrouver la donnée générale qu'on désire y retrouver, par exemple, dans le cas présent, de faire voir partout l'identité absolue et le dualisme. Mais cette démonstration *a posteriori*, même en la supposant vraie, ne serait que la moitié de la solution ; c'est *a priori* qu'il faudrait la faire et réellement a priori, en supposant toutes choses inconnues et en se plaçant au point de vue de l'absolu. Lorsqu'on connaît la pesanteur, par exemple, on peut très-bien, en affectant une déduction a priori, descendre de l'absolu à la pesanteur ; mais il s'agirait d'arriver à l'idée et au fait de la pesanteur sans en avoir eu aucune notion auparavant ; il faudrait une épreuve sur les phénomènes encore inconnus pour démontrer qu'on possède réellement l'absolu, et qu'on a la science divine. Il est évident qu'une pareille déduction est impossible ; et ce qui prouve bien la vanité de celles qui ont été tentées, c'est qu'elles n'ont fait qu'appliquer leur hypothèse à la science déjà connue, c'est qu'elles ont dû accepter cette science dans ses données actuelles, avec ses imperfections, ses obscurités, ses lacunes ; c'est qu'elles n'ont fait découvrir aucun grand fait nouveau, et que malgré ces lumières d'en haut, ce qui était mystère est resté mystère. Si de pareilles questions étaient transportées dans la science sérieuse, dans la science qui produit et qui progresse, elles l'immobiliseraient; ce n'est pas une vaine satisfaction intellectuelle que recherche le savant véritable, c'est un résultat pratique, c'est une connaissance utile aux hommes. Le but de la science n'est pas de dévoiler l'essence de la nature, mais de nous en rendre maîtres. Ces travaux utiles portent, il est vrai, leur récompense avec eux. Il est beau sans doute de s'élever aux lois générales du monde et d'admirer la sagesse de Dieu dans ses œuvres, et la science remplit une double fonction, quand, non contente de nous donner la puissance sur terre, elle devient l'appui et la lumière des vérités morales et religieuses. Mais de là, à la considérer comme n'ayant d'autre but qu'une vaine délectation de l'esprit, il y a loin. Aujourd'hui, d'ailleurs, elle est loin d'être terminée; un nouveau mouvement semble s'annoncer, et toutes les formules admises peuvent être renversées du jour au lendemain. Que deviendra alors cette science absolue basée sur ces seules formules?

Les premiers ouvrages de Schelling sont consacrés exclusivement à ces recherches philosophico-naturelles; mais il s'agissait aussi de développer l'autre côté de l'absolu, du sujet-objet, le côté subjectif et idéel. Le *système de l'idéalisme transcendantal* (1800) dut répondre à cette nécessité. Dans la plus grande partie de cet ouvrage, Schelling suit Fichte pas à pas. Comme dans la *Théorie de la science*, la conscience du moi sert de point de départ, et l'on retrouve la distinction entre l'activité infinie et le moi limité et réfléchi. Le point capital de ce livre est la théorie du fait de conscience, déjà esquissée par Fichte, développée par Schelling, et devenue depuis une des questions fondamentales de la philosophie allemande. Nous devons en dire quelques mots.

Le problème consiste à résoudre en essence le fait de la pensée, de la conscience. Il ne s'agit pas seulement de savoir comment on pense, quelles sont les formes de la pensée, son origine, ses conditions; toutes les écoles philosophiques ont émis des hypothèses à ce sujet; il s'agit de pénétrer le fait intellectuel lui-même, de dire en quoi consiste la conscience, de déterminer l'essence intime de la pensée par opposition avec ce qui n'est pas elle. Or, ce problème est précisément le même que celui dont nous avons parlé plus haut; il est aussi difficile de déduire le fait intellectuel que les forces de la nature. Chacun sait ce que c'est que d'avoir des idées et des sensations, mais chacun sait aussi que cette connaissance n'existe que du moment où nous pensons, qu'elle est immédiate et ne peut nous être donnée par rien, si ce n'est le fait lui-même; pour la déduire il faudrait trouver une transition entre la pensée et sa négation, un passage de l'une à l'autre. Les sensations aussi sont des pensées ; or qu'un ordre de sensations manque à un homme, il est certainement impossible de lui faire comprendre ces sensations a priori. Si le problème était résolu, on pourrait donner à un aveugle-né l'idée de la couleur, à un sourd celle du son ; aussi les tentatives de la philosophie allemande n'ont-elles pas abouti à un résultat bien satisfaisant. Elle s'engage dans une voie hérissée de difficultés, tourne péniblement autour des lois et des conditions du fait, creuse un abîme d'abstractions et de subtilités; et puis, arrivée au fond même du problème, sommée de faire toucher au doigt cette essence désirée, elle le résout par une simple affirmation du fait, elle tranche le nœud au lieu de le délier. Autant valait s'en abstenir complétement.

Voici sur ce point la théorie de Fichte et de Schelling : ils commencent par supposer une espèce de pensée sans conscience, une intuition aveugle et dont l'être pensant ne se rend pas compte, et la pensée n'existe véritablement pour eux qu'à condition d'être accompagnée de la conscience du moi. Ils commencent donc par déplacer la question ; car si cette intuition existe, le fait intellectuel existe déjà ; il ne s'agit que de le fixer dans l'esprit, d'en faire une pensée réfléchie, ce qui ne serait qu'une question ultérieure ; et quant à cette seconde question, ils en préjugent la solution, en admettant que c'est par la conscience du moi que l'intuition est fixée, qu'elle devient idée, pensée persistante et réfléchie. Ils posent donc l'activité infinie, rencontrant l'achoppement ou l'objet. De cette rencontre naît une intuition complètement aveugle d'abord et sans conscience. Dans cette intuition, l'activité et l'objet sont confondus; ils ne peuvent être distingués l'un de l'autre. Mais pour que la pensée soit pensée, pour que le fait de conscience ait lieu, il faut que cette distinction se fasse; or, celle-ci a pour principe la puissance que possède l'activité de produire des intuitions semblables à celles que l'objet lui a données, sans cependant que l'objet soit présent, de se le représenter; dans cette représentation a lieu une première séparation de la pensée et de l'objet; la représentation est placée d'un côté comme appartenant à l'activité, l'objet de l'autre; l'intuition devient par elle une idée, ou pour traduire plus exactement le mot de *Begriff*, terme technique dans ce cas, un *concept* qui sert pour tous les objets semblables et dans lequel est impliquée l'idée de l'activité productrice. Cette activité est exprimée complètement dans le jugement, où l'affirmation, c'est-à-dire le moi, est bien distincte de la proposition affirmée. On voit que ce grand problème se résout en une théorie de l'idée et de la conscience du moi, théorie sujette, d'ailleurs, à bien des difficultés, et que pour notre compte nous croyons inadmissible.

Schelling a donné, dans les deux collections de son Journal de physique spéculative et dans son Journal de médecine, des fragments de l'ensemble de son système. L'influence de Spinosa y paraît prédominante et l'on ne se sert plus des formules de Fichte. La question de l'être remplace celle du moi et devient de plus en plus fondamentale. Au lieu du moi absolu, c'est l'être absolu qui est inscrit en tête; on affirme qu'à la hauteur de l'absolu, être et connaître est une seule et même chose, et au lieu d'une division en moi et en non-moi découlant du moi absolu, l'être absolu se développe en deux ordres, celui de la connaissance et celui de l'existence. On fait usage de la distinction en idées générales, idées particulières et idées individuelles. L'idée générale est prise dans un sens complétement réaliste, c'est-à-dire qu'on suppose des réalités générales, des essences universelles. Le particulier est opposé au général comme une détermination, comme une négation, une forme qui lui est imposée par le général. Le particulier contient donc le général, est la même chose que lui, en est l'expression comme réalité existante, mais le contient sous une forme déterminée, avec une négation. Le mot d'infini est employé dans le sens dans lequel Spinosa l'attribue aux attributs essentiels de Dieu, c'est-à-dire est infinie toute idée générale qui dans son genre ne peut être comprise sous une idée plus générale; telles étaient pour Spinosa la pensée et l'étendue; pour Schelling, toute idée générale de substance, tout concept proprement dit. Voici maintenant les points principaux du système de Schelling.

Les hautes vérités de la science doivent être comprises et non prouvées; tant pis pour celui qui ne peut les concevoir du premier coup pour ainsi dire; mais il n'est pas d'échelle intermédiaire pour y faire arriver les incapables. « On ne voit pas pourquoi la philosophie serait tenue à des égards particuliers envers l'impuissance; il est convenable plutôt de couper d'une manière tranchée tous les abords qui mènent vers elle, et de l'isoler tellement du savoir ordinaire qu'aucun sentier ne puisse y conduire. Ici commence la philosophie. Que celui qui n'est pas encore à ce point ou qui s'effraye de cette hauteur, que celui-là reste en arrière ou fuie au loin [1]. » La puissance philosophique, cette faculté qui fait comprendre et concevoir l'absolu, c'est l'intuition intellectuelle; l'intuition intellectuelle, c'est la faculté de voir le général dans le particulier, l'infini dans le fini, réunis tous deux dans une unité pleine de vie. Cette faculté il faut la posséder dès l'abord; on ne peut pas l'acquérir.

L'absolu, c'est l'unité de l'objet et du sujet, de l'être et de la pensée; penser et être, c'est une seule et même chose. Dans l'absolu, cette identité arrive à sa plus haute expression; toute distinction entre l'être absolu et la connaissance absolue est nulle et de nulle valeur.

Dans tout ce qui est, se trouvent réunis le gé-

---

[1] Neue Zeitsch. für specul. Phys., t. II, p. 34.

néral et le particulier, l'être et la forme. La forme, c'est ce qui fait que le général et le particulier diffèrent, elle répond à la pensée; le particulier, comme existence réelle, répond à l'être. Or, le général et le particulier sont un, à l'égard de l'absolu; il n'est pas de différence en lui entre la forme et l'être; l'absolu contient dans une même identité ce qui constitue l'identité et ce qui constitue la différence; il est l'identité de l'identité et de la non-identité.

L'intérieur de l'absolu, son essence, doit être conçu comme une identité pure, sans trouble aucun, sans différence aucune. Toute différence résultant de la forme, et la forme étant identique en lui à l'être, la différence est l'identité même, le particulier est le général. L'absolu, c'est un fluide transparent et homogène, une lumière sans ombre ni couleur, une harmonie parfaite, où toutes les distinctions sont effacées, où une seule unité contient et soutient toutes choses.

La pensée et l'être sont infinis tous deux. Le fini ne résulte que du rapport; l'être n'est fini qu'en tant qu'idéel; un autre fini n'existe pas. L'absolu est l'unité de l'infini et du fini. Le but de la démonstration philosophique est de faire voir l'identité de toutes les unités particulières dans l'absolu et l'absolu dans toutes les unités particulières. Les différentes unités que nous connaissons n'ont pas de réalité en elles-mêmes, ce ne sont que des formes idéelles, des images par lesquelles s'exprime le tout dans la connaissance absolue, et ainsi ils sont le monde tout entier. Il n'existe pas de plante en soi ou d'animal en soi ; ce que nous appelons ainsi ne consiste qu'en formes idéelles, qui acquièrent l'existence en tant qu'elles reçoivent l'image divine de l'unité et deviennent par là des universaux et s'appellent des idées. Le philosophe ne construit pas la plante, l'animal, mais l'univers sous la forme de la plante et de l'animal.

Telle est la théorie de Schelling sur l'absolu ; théorie posée ainsi par l'auteur sous forme simplement affirmative, et dont on chercherait vainement une explication détaillée.

Toute cette partie du système offre d'ailleurs de grandes obscurités. On ne conçoit pas en effet comment cet absolu, pur, limpide et homogène, peut contenir en lui des différences à l'état d'unité, et comment il peut les en faire sortir. Qu'on prenne les deux différences les plus générales, l'être et la forme, l'objet et l'idée. Suivant Schelling, ces différences ne doivent pas être considérées comme des éléments de l'absolu ; l'absolu n'est pas un produit de leur combinaison, une résultante. L'absolu au contraire doit être conçu d'abord comme unité identique, et l'idée et l'objet ne doivent être considérés que comme des conséquences, comme un résultat de la *diremtion* [1] de

---

[1] Scission, séparation en deux. Nous serons forcés de faire

l'absolu en lui-même. Mais à ce point de vue précisément la diremtion est impossible. Évidemment si on ne connaissait que cet absolu, ce vide universel, cette lumière sans ombre, comment le remplirait-on? comment serait-on poussé à des différences? comment concevrait-on le sujet et l'objet? Cette déduction a priori est impossible; et quoique Schelling en dise, son absolu n'est qu'un composé; cet absolu ne se serait pas scindé si naturellement en sujet et en objet si le philosophe n'en avait fait sagement une unité du sujet et de l'objet. Cette difficulté, grande pour le commencement, ne l'est pas moins pour la suite. Comment la pesanteur, la lumière, l'organisation, la raison, etc., sont-elles dans l'absolu? et pourquoi en sortent-elles précisément telles que nous les connaissons et non pas autrement? Voilà ce qu'on ne songe nullement à faire comprendre; et pour résoudre ces questions on est réduit à l'intuition intellectuelle.

Il faut donc admettre d'autorité le principe général afin de pouvoir aller en avant. La forme et le réel, la pensée et l'être, et en général toutes les choses que nous connaissons, sont donc dans l'absolu, mais à un état d'homogénéité parfaite, de complète liquidité. Or, voici ce qui s'ensuit.

Le développement a lieu parce que l'absolu

usage souvent de ce mot peu français, ainsi que du verbe dirimer, termes devenus techniques dans la philosophie allemande.

se divise en lui-même, détermine en lui deux côtés, dans l'un desquels est prépondérant le sujet, l'idée; dans l'autre, l'être, l'objet. En représentant l'absolu par une ligne droite,

A———a———C———b———B,

la ligne entière A B sera à la fois sujet et objet, elle sera l'absolu; mais de A en C le sujet sera prépondérant, de C en B l'objet; le point C représentera le point neutre, l'indifférence, l'identité, c'est-à-dire l'absolu.

En divisant à leur tour chacune des deux parties de la ligne A B en parties égales, A C en Aa et aC, CB en bC et bB, le même fait aura lieu : Aa sera le côté subjectif de AC, aC en sera le côté objectif, et de même pour les parties de C B; et ce fait se représentera à l'infini, quel que soit le nombre des subdivisions; seulement dans toutes les subdivisions de A C, le caractère général sera relativement la subjectivité; dans celles de C B, ce caractère sera relativement l'objectivité.

L'aimant, avec son pôle positif et son pôle négatif, offre donc une image très-compréhensible de l'univers. Dans l'absolu comme dans l'aiguille aimantée les pôles de même nom se repoussent; les pôles de nom contraire s'attirent. Comme dans elle, la neutralisation ne dure jamais, et sitôt qu'elle est faite il paraît de nouveau un pôle positif et un pôle négatif.

Les différences entre les êtres ne sont donc que

quantitatives et non qualitatives. Tel être exprime l'absolu à un plus haut degré que tel autre. Chacun des deux genres, l'objectif comme le subjectif, l'idéel comme le réel, offre ainsi une série de degrés, que Schelling compare à des puissances mathématiques, et pour lesquels le nom de puissances (*potentiæ*) est devenu technique dans son système.

Par suite de l'unité qui est au fond de toutes ces oppositions, de l'identité sur laquelle reposent toutes ces diversités, il y a tendance continuelle des deux ordres à rentrer l'un dans l'autre, et le but général est de rétablir l'unité. C'est ce que Schelling appelle, en jouant sur le mot allemand, *Einbildung*, *in Eins Bildung*, la formation de l'un dans l'autre, c'est-à-dire la pénétration de l'un par l'autre. Cette pénétration a toujours lieu dans les puissances les plus élevées, et c'est ainsi que l'absolu sort de la diremtion pour rentrer en lui-même.

L'absolu est à l'égard du monde réel, ce que la graine est l'égard de l'arbre, ce que l'idée et le concept sont à l'égard de toutes les conséquences que le raisonnement en fait sortir. Il est tout en puissance, et tout n'est que l'absolu en acte. La puissance et l'acte se supposent mutuellement; sans acte l'absolu ne serait qu'une possibilité, un fond ténébreux sans vie et sans pensée. L'absolu, c'est-à-dire Dieu, n'est complet que par son développement; il en est le résultat. Ce développement découle d'une manière fatale et inévitable de la nature même de son être : tout ce qui est, est nécessairement et par conséquent est bien.

Ce développement Schelling le décrit dans la série réelle et dans la série idéelle. Voici les puissances de la série réelle.

L'être primitif, le fondement de l'objet, la matière, est composée de deux forces contraires : la force expansive qui va à l'infini dans tous les sens, et qui, si elle était seule, ne produirait que l'espace vide et infini, et la force contractive qui arrête la première dans son activité, qui la détermine et la limite. La première c'est l'espace, la deuxième le temps ; comme forces positives, elles sont l'attraction et l'expansion, et leur résultat est l'objet à sa première puissance, A^1, la pesanteur, gravitation universelle entre les masses ; cohésion et répulsion, c'est-à-dire magnétisme, dans les actions moléculaires.

Dans ce résultat, à la fois positif et négatif, la polarisation se fait de nouveau, et l'élément positif apparaît comme la lumière qui perce les ténèbres. La lumière c'est l'intelligence de la nature, c'est la nature se regardant elle-même. La lumière entre en lutte avec la pesanteur, et détermine la seconde puissance de la nature, A^2. La force magnétique se généralise ; elle cesse d'être une propriété particulière à chaque corps isolé, met en rapport les corps divers, et devient l'électricité.

Les actions chimiques sont le produit d'un jeu

continuel entre le magnétisme et l'électricité. La nature cherche à établir l'unité dans son sein, mais n'y parvient pas dans cette modification incessante. Ce n'est que lorsque la lumière la pénètre à une puissance plus haute, lorsque le souffle vital est donné, que le processus chimique conclut à une réalité plus élevée. Ainsi la nature s'élève à la troisième puissance, A^3, à la vie, à l'organisation. Dans l'organisme, le principe positif est représenté par l'irritabilité, le principe négatif par la sensibilité. Tous les deux sont résumés dans l'instinct, la plus haute expression de la réalité objective.

Dans l'organisme le plus parfait, dans l'homme, c'est l'esprit, la raison, le côté idéel qui se présente comme dernier produit, et ainsi l'ordre objectif aboutit à l'ordre idéel et y rentre.

A côté des puissances de l'ordre objectif se place le système général du monde, qui n'est pas une puissance particulière, mais un ensemble de toutes. Il en est de même pour l'homme, qui est le microcosme.

Le système de la nature était l'objet de prédilection de Schelling, et il y revint à plusieurs reprises. Il ne consacra pas les mêmes études au côté idéel de sa philosophie, si ce n'est dans les derniers temps. Le système des puissances n'y fut pas transporté de la même manière; cependant on établit aussi une série correspondant aux puissances de l'ordre objectif. En voici les termes :

1° L'idée, la connaissance; elle a sa réalisation dans la science.

2° L'action, la volonté, auxquelles répondent la société et l'histoire.

3° L'art, qui constitue le point de passage idéel entre la subjectivité et l'objectivité; l'art qui spiritualise la matière et matérialise l'esprit.

Dans un ouvrage postérieur on donne pour premier terme la vérité avec la science; pour deuxième, la bonté avec la religion; pour troisième, la beauté avec l'art; l'histoire et la société sont placées en dehors, comme l'univers et l'homme dans le côté objectif.

Au-dessus de tout ordre, et dominant l'idéel et l'objectif, apparaissent la raison et la philosophie, expressions de l'absolu lui-même, moments du retour dernier, de la réunion suprême des parties dispersées de l'unité universelle.

Tel est l'ensemble de l'ancien système de Schelling. Une école nombreuse le développa et refit les sciences physiques et naturelles d'après ses données générales. Mais cette application ne consista qu'à soumettre toute chose à la formule de la polarité et des puissances; elle dégénéra en un schématisme vide et monotone qui finit par dégoûter ceux mêmes qui en avaient donné l'initiative. Quant à des applications morales et sociales il n'en contenait pas; c'était le fatalisme le plus rigoureux et le plus inflexible; toute pensée était reportée sur l'absolu, et les buts matériels de cette vie disparaissaient dans cette lumière de l'intuition divine.

Il est certain que ce système primitif de Schelling est le panthéisme complet, le panthéisme avec toutes ses conséquences : la personnalité de Dieu et l'immortalité de l'âme sont niées ; la nécessité préside à toutes les manifestations existantes ; la question du mal, cette grande question posée sans cesse à l'homme, la question du mal est effacée. Sous une forme différente, avec une apparence scientifique et une enveloppe sentimentale de plus, la conclusion en est la même que celle du matérialisme le plus vulgaire.

Schelling ne s'en tint pas là. Sous l'influence de la réaction religieuse et mystique qui se fit en Allemagne pendant le règne impérial, il revêtit son hypothèse d'une couleur chrétienne et mystique. Ses écrits de cette époque se ressentent de la lecture de Platon et du panthéiste allemand du seizième siècle, de Jacob Böhme. La manifestation actuelle de l'absolu se trouve précédée d'une manifestation plus pure, plus vraie, plus idéelle, qui rappelle l'idée archétype de Platon. La génération actuelle des hommes a été précédée d'une génération d'esprits supérieurs qui ont guidé les premiers pas de l'humanité. La manifestation de l'absolu dans la nature et dans l'humanité actuelle est une chute ; elle est la dispersion, l'aliénation de l'absolu ; celui-ci revient à lui-même par le développement spirituel de l'humanité, par les révélations dont tous les grands hommes sont l'instrument, et dont l'apparition du Christ est la manifestation suprême, l'expression absolue. En même temps Schelling commença à traiter les questions de la liberté, du mal, de la personnalité, et essaya de rattacher les affirmations fondamentales du Christianisme à son système. Ce système nouveau, qui, suivant l'auteur, est toujours le même que l'ancien, et où il prétend n'avoir sacrifié aucune de ses idées fondamentales, n'est pas encore connu. C'est celui qu'il expose actuellement dans les cours qu'il fait à Berlin. Depuis trente ans il l'élabore; certes ce n'est pas trop pour le but qu'il se propose, pour concilier l'inconciliable et lier la négation catégorique et l'affirmation catégorique en une seule unité.

Mais toute cette seconde partie du développement philosophique de Schelling n'est pas de notre sujet. Nous n'avons voulu faire connaître que les précédents de Hegel. La philosophie protestante, la philosophie du moi avait suivi l'impulsion donnée par Kant; elle aboutissait à l'affirmation du panthéisme, c'était sa conséquence dernière. Mais si par Schelling le panthéisme était posé nettement et franchement, il n'était que posé; c'était une affirmation sans preuve, établie seulement en vertu d'une intuition contemplative. Il fallait le démontrer aussi: ce fut l'œuvre que se proposa Hegel.

CHAPITRE II.

IDÉE GÉNÉRALE DU SYSTÈME DE HEGEL. — MÉTHODE ET TERMINOLOGIE.

Schelling avait posé le panthéisme, mais ne l'avait pas démontré. L'œuvre que se proposa Hegel fut de suppléer à l'insuffisance de Schelling, de prouver ce que celui-ci n'avait fait qu'affirmer, d'élever une science à la place d'assertions plus ou moins vagues, de lier systématiquement des principes qui, dans Schelling, étaient plutôt des aperçus. Les résultats généraux de la doctrine de Schelling et de Hegel sont les mêmes; des deux côtés est l'unité d'être, est l'identité de Dieu et de toutes choses, est le fatalisme; tous deux sont panthéistes, en un mot. Mais la méthode est fort différente; et dans Hegel, la méthode est tellement inhérente au système lui-même, que celui-ci présente un caractère de nouveauté et d'originalité qui ne peut être mis en doute.

La position où Hegel se place à l'égard de Fichte et de Schelling fera comprendre immédiatement son point de vue général. Fichte avait fait du moi le centre absolu de tout rapport; Schelling avait réuni le moi et le non-moi dans un troisième terme, l'absolu; mais cet absolu qui constituait l'unité n'était réalisé qu'au degré le plus élevé de l'échelle; et, tout en affirmant que chaque être le contenait, on conservait néanmoins la différence entre les manifestations, et le principe fondamental de l'identité en tout n'était pas démontré. Or Hegel voulut démontrer cette identité sur chaque degré de l'échelle, et faire voir en même temps comment s'engendrait la différence; et, pour y parvenir, il ne fit pas de l'absolu, comme Fichte, l'un des termes du rapport, il n'essaya pas, comme Schelling, de tenir les deux pôles à distance l'un de l'autre, tout en affirmant leur identité; mais il prétendit que l'essence de toute relation, ce qu'il y a de vrai et de positif dans tout rapport, c'est le rapport lui-même, et que les termes, les extrémités n'ont pas de valeur réelle. Par exemple, lorsque je dis : je vois cet arbre; l'opinion commune suppose qu'il y a un rapport entre le moi et l'arbre; que ce rapport est la vision, l'idée que je me fais et dont l'arbre est l'occasion; que cette idée n'est pas un être véritable, une substance, qu'au contraire, elle n'est qu'un mode du moi, et que sans le moi et l'arbre elle n'existerait pas. Fichte, dans ce cas, dirait que le moi existe seul, et que l'idée aussi bien que l'arbre ne sont que des modifications du moi. Pour Schelling, le moi et l'arbre seraient des existences également réelles ou également idéelles, mais seraient des existences, des manifestations de l'absolu. Pour Hegel, la seule chose qui existe réellement ici, c'est l'idée, c'est le rapport; le moi et l'arbre ne sont que des termes, des extrémités supposées par ce rapport, et ils n'ont de réalité que dans lui, dans l'idée même.

Du point de vue ordinaire, on peut distinguer deux espèces de rapports : ceux qui ont lieu entre les objets mêmes, par exemple, le rapport de cause à effet, les rapports de position, de grandeur, de qualité, etc., tous les rapports extérieurs enfin que nous pouvons connaître; et en second lieu, le rapport de notre connaissance aux objets, notre pensée à leur égard, nos idées. Or, Hegel non-seulement considère tous les rapports extérieurs comme étant la substance même des choses extérieures, non-seulement il rejette, avec Fichte et Schelling, l'ancienne idée de substance et fait du monde un jeu de rapports, où le rapport seul est la chose vraie; mais il identifie encore les rapports extérieurs avec la connaissance que nous avons; il pousse au terme extrême le principe de Schelling, qu'être et connaître sont identiques dans l'absolu; il reconnaît cette identité non-seulement dans l'absolu, mais dans tous les degrés de la pensée, et conclut ainsi à une seule espèce d'êtres, les concepts, les idées, êtres à la fois subjectifs et objectifs, et dont l'essence réelle est dans le point de rencontre, dans le rapport du sujet et de l'objet.

Il résulte de là que Hegel, tout en reconnaissant le fait, l'identifie toujours avec la pensée, et le confond avec elle ; et que, d'un autre côté, il reconnaît une valeur extérieure, objective à toute pensée, qu'il considère toutes les idées, même celles qui n'ont pas d'objet en dehors de nous, qui n'expriment que de simples rapports de notre pensée à l'objet ou des êtres entre eux (par exemple, celles qui sont exprimées par ces mots : ceci, ici, maintenant, ressemblance, différence, vérité, etc.), comme étant des faits réels, des êtres pour ainsi dire substantiels, placés exactement au même rang que les substances positives reconnues par tout le monde.

Voilà un premier aperçu tout superficiel de la position que Hegel a prise. L'étude de sa manière de concevoir l'être et les idées générales nous fera pénétrer plus avant dans son système. Mais ici quelques explications préliminaires sont indispensables.

L'idée d'être est une idée immédiate et primitive que chacun conçoit aussitôt qu'il est arrivé à penser, mais que nul ne peut expliquer ou définir. Dans le langage, le mot être exprime tantôt la simple affirmation, comme dans cette phrase : Pierre est grand; tantôt l'existence, par exemple : Dieu est, Pierre est, avoir l'être; tantôt la substance, par exemple : un être, tel être, les êtres ; tantôt enfin l'essence, par exemple : l'être de l'âme, de Dieu, etc.

Or ces formes de langage sont l'expression d'une hypothèse philosophique sur l'être ; elles supposent que l'être est un prédicat général qui appartient à tout ce qui est, mais qui n'a pas d'existence générale par lui-même, et qui ne peut être connu que comme appartenant à des choses déterminées. Dans cette hypothèse, l'être ne peut être opposé qu'au néant, il ne contient pas de degrés, n'est pas susceptible de plus et de moins, et appartient à même titre à tout ce qui est. Ce sens est évident dans tous les cas où le verbe ou le substantif être, exprime l'affirmation ou l'existence. L'affirmation ne peut avoir lieu que d'un sujet déterminé, et quoique le sujet et l'attribut soient susceptibles de plus ou de moins, l'affirmation est affirmation ou n'est pas ; il en est de même de l'existence ; il est toujours quelque chose qui existe ou n'existe pas ; il n'y a pas de milieu. Il en est de même quand l'être exprime la substance et l'essence ; dans ces cas, en effet, il résume deux idées : l'existence est jointe aux idées de substance ou d'essence ; c'est la substance existante, l'essence existante ; et, par conséquent, ces cas rentrent dans les précédents.

Mais il existe en philosophie une autre hypothèse sur l'être, hypothèse absolument contradictoire à celle que suppose le langage ; c'est l'hypothèse qui attribue une réalité positive à l'idée générale d'être, suivant laquelle l'être est quelque chose indépendamment des êtres particuliers, qui admet une plénitude de l'être et des degrés dans l'être, pour laquelle tel être possède l'être à un titre plus élevé que tel autre. De ce point de vue, Dieu est défini l'Être par excellence, qui seul possède toute la réalité, qui seul est l'Être proprement dit. Toute créature, tout fini ne possède que l'être amoindri, l'être affecté d'une négation, d'une détermination ; le véritable être n'appartient qu'à Dieu.

Il est certain que telle fut l'hypothèse généralement admise par les scolastiques, et qui d'eux a passé dans la philosophie moderne. Or, nous la croyons complétement fausse ; nous croyons que c'est un des mauvais restes de la philosophie antique et qu'elle a contribué en partie à faire avorter la philosophie scolastique. Il est évident en effet que cette idée conclut directement à l'unité d'être et de substance, et l'histoire prouve qu'elle a toujours été l'appui fondamental du panthéisme. Si l'être est quelque chose indépendamment des choses particulières, s'il est plus qu'elles, si les choses particulières ne sont que des négations de lui, il est la seule réalité vraie, la réalité une et homogène, l'unité qui est supérieure aux choses particulières et qui les absorbe ; les différences deviennent ainsi des négations, des apparences, la réalité vraie est dans le point d'identité, le panthéisme est établi. Que cette doctrine soit opposée à la logique universelle, le langage en donne la preuve. Comme nous l'avons dit, il est l'expression même de l'idée opposée. La proposition Dieu est, serait une tautologie dans l'hypothèse réaliste; les phrases Pierre est, telle chose est, seraient fausses; il serait impossible de dire un être ou des êtres.

L'erreur résulte d'une confusion dont il est facile de se rendre compte; on dit : Dieu possède une infinité de propriétés et d'attributs qui manquent à la créature; or, ces propriétés, ces attributs *sont*, ils ont l'*être*; donc Dieu a plus d'être que la créature. Or, ce raisonnement est faux; déjà les prémisses supposent la chose à prouver, c'est-à-dire que l'être est susceptible de plus et de moins, et que les attributs ajoutés ajoutent quelque chose à l'être; on y suppose en même temps le contraire, puisqu'on attribue l'être à chaque attribut en particulier. C'est précisément l'opposé de cette hypothèse générale qu'il faut admettre : une force, une propriété, un attribut quelconque est plus que l'être; l'être, c'est le prédicat le plus simple et le plus inférieur qui appartient à tout, mais qui ne peut exister par lui-même; entre les propriétés et les attributs il y a degrés, il y a possibilité de plus et de moins, mais non dans l'être lui-même; c'est par ses attributs infinis que Dieu diffère de la créature et non par l'être; ce qui est, est; sous le seul rapport de l'être, la plus infime des créatures est autant que Dieu.

Comme nous l'avons vu, la philosophie allemande accepte complétement l'idée réaliste. Les affirmations de Schelling sur l'absolu la supposent. Hegel part de ce point de vue, mais en renversant le résultat et le généralisant. La théorie de Hegel sur l'être, c'est la réunion des deux idées contradictoires que nous venons de développer. Hegel est réaliste; il admet l'être comme existence générale indépendante des choses particulières, et comprenant dans son sein les réalités particulières qui n'en sont que des négations, des déterminations; mais en même temps il lui assigne le rang le plus inférieur, il en fait la généralité la plus vide, la moins significative, il l'assimile au néant. L'être pur de Hegel, au lieu d'être comme celui de Schelling, la somme pour ainsi dire de tout, ne contient rien, n'est absolument que l'indétermination simple, l'être qu'on attribue aux choses quand on dit : cela est; et cependant il est une réalité générale par lui-même, toutes les autres réalités en sortent par voie de négation, toutes n'en sont que des déterminations de plus en plus déterminées. Cette conception est contradictoire dans ses termes, mais c'est le principe générateur du système.

L'être abstrait est identique à la pensée abstraite, au penser à rien. Toutes les existences extérieures sont des négations, des déterminations de l'être, déterminations auxquelles correspondent les déterminations identiques de la pensée. Or, l'hypothèse réaliste de l'être est appliquée de la même manière à ces déterminations ultérieures, et cela en vertu de la théorie des idées générales propre au panthéisme.

Qu'est-ce qu'une idée générale en effet? Dans l'ancienne logique, on appelait ainsi celles qui exprimaient une totalité d'êtres individuels, idée particulière celle qui n'exprimait qu'une des parties de cette totalité. Ce n'est pas des idées générales de ce genre qu'il s'agit ici. Pour Hegel, le mot de généralité ou d'universalité ne se rapporte jamais à la relation du tout et des parties. Par idées générales, il entend ce qu'on appelait jadis idées indéfinies ; or, de fait, ces idées sont générales aussi, puisqu'elles s'appliquent à tous les êtres compris dans la même idée, par exemple : l'homme, l'animal, le cercle, etc. Et il est vrai encore, comme le dit Hegel, que ces idées ne sont pas formées par abstraction ; on a l'idée générale de cheval aussitôt qu'on a vu un seul cheval, celle de cercle aussitôt qu'on a vu un seul cercle. L'idée naît de la conception de la chose, et cette idée devient générale par cela même que cette chose n'est pas unique, qu'il y a plusieurs choses auxquelles l'idée s'applique. Une idée quelconque est donc universelle du moment qu'elle s'applique à une multiplicité d'êtres ; mais remarquons qu'elle n'est universelle qu'à cette condition et non pas par sa qualité d'idée même. Évidemment les idées qui ne s'appliquent qu'à un être ou un fait unique, par exemple : Dieu, le monde, la matière, le soleil, Pierre, etc., ne sont pas universelles. Or, c'est ici que se présente le point de vue particulier à Hegel : pour lui, en effet, toute idée est universelle, par cela seul qu'elle est idée, et la condition de la multiplicité est négligée complétement : toutes les idées sont générales.

Si, comme nous le croyons, l'idée générale est celle d'une multiplicité d'êtres, il s'ensuit qu'un être général est inconcevable. On comprend fort bien une généralité d'êtres, mais non un être unique dans son genre et cependant général ; et il ne faut pas se laisser induire en erreur par une confusion qui se présente facilement à l'esprit ; il ne faut pas croire qu'il y ait des êtres généraux parce qu'il y a des êtres étendus et divisibles, ou des totalités d'êtres particuliers. Les idées de matière, de lumière, de chaleur, par exemple, ne sont pas des idées générales, et ce serait bien à tort qu'on attribuerait l'universalité à ces êtres, parce qu'ils comprennent une multiplicité de parties ; or, Hegel, en vertu de l'identité qu'il établit entre l'idée et l'être, et en vertu du principe de l'universalité de toutes les idées, attribue à toutes une réalité générale, les conçoit toutes comme des existences, des êtres généraux ; et ceci non-seulement pour les genres et les espèces qui existent dans la nature, mais pour toutes sortes d'idées. Ainsi, non-seulement la qualité, la quantité, l'homme, l'animal, etc., sont des réalités générales ; mais aussi la ressemblance, la différence, la forme, la vérité, etc.

Le monde n'est ainsi qu'un jeu, un mouvement d'idées générales qui sont des êtres généraux et qui naissent de négations, de déterminations posées dans l'être abstrait, dans la pensée pure. Chacun de ces êtres généraux porte en lui-même le principe de sa particularisation ; cette particularisation n'est pas le rapport de la partie au tout, de *quelques* hommes, par exemple, à *tous* les hommes; c'est celui de la différence qui distingue l'espèce du genre. Suivant Hegel, la différence est contenue dans l'idée générale même, et elle en découle nécessairement a priori. Ainsi l'idée générale de figure étant donnée, le carré, le cercle, le triangle, etc., s'ensuivent nécessairement. Or, ceci est vrai sans doute à l'égard d'idées générales incomplètes, indéterminées elles-mêmes; l'idée de figure, par exemple, peut être définie une détermination de l'espace; mais une foule de déterminations de l'espace sont possibles, et il se présentera immédiatement la question : Quelle détermination, quelle figure? Lors donc que l'idée générale suppose la particularisation, la différence, c'est qu'il y a en elle un défaut de détermination, quelque chose d'incomplet; mais dans toutes les autres, ou bien la différence n'est pas contenue, ou bien si elle y est contenue, elle est donnée a posteriori; nous ne la connaissons que par expérience. Ainsi, s'il existait une seule espèce de carnassiers, on aurait très-bien l'idée générale de carnassier, sans qu'il s'ensuivît l'idée et l'existence de diverses espèces; on a l'idée *homme* sans savoir que les hommes se distinguent par les caractères physiques qui constituent les races. Quoique les idées générales ne naissent pas de l'abstraction, comme certaines écoles le disent, il y a quelque chose de vrai dans cette considération; c'est qu'on n'a l'idée du genre relativement à celle de l'espèce, qu'après avoir vu plusieurs espèces. Tant qu'on ne connaît qu'une seule espèce, l'idée de celle-ci est en même temps celle du genre. Quoi qu'il en soit, pour Hegel l'espèce est nécessairement contenue dans le genre, et s'en déduit a priori pour toutes les idées quelles qu'elles soient.

Dans l'ancienne logique, l'idée individuelle avait été assimilée à l'idée particulière et avec raison; la relation de général et de particulier n'est en effet qu'un rapport de multiplicité, et les unités qu'il comprend ne sont, comme les *quelques* de l'ancienne logique, que des parties de la totalité. Ces unités, d'ailleurs, n'ont nullement besoin d'être des individualités. Les qualités, les mouvements, les rapports de toute espèce que nous offre le monde physique et moral sont bien des idées *unes*; chaque qualité, le rouge, le bleu, tel son, est une unité : elles peuvent être comptées, et cependant ce ne sont pas des individualités. L'idée d'individualité est une idée à part qui n'appartient pas au rapport dont nous nous occupons ici. C'est celle d'une unité, non dans le sens numérique, mais d'un être indivisible ou d'une substance simple. L'idée d'individualité nous est donnée d'abord par les êtres organiques ; nous l'appliquons à notre âme, à la force organique qui constitue chaque plante, chaque animal. Les objets inorganiques, les pierres, les meubles dont nous nous servons, ne sont pas des individus; c'est nous qui y transportons l'unité soit de forme, soit de but, et cette unité est toujours différente néanmoins de l'unité numérique. Or, Hegel confondant ces deux idées de l'unité numérique (un à l'égard de plusieurs) et de l'unité indivisibilité, fait résulter l'individualité d'une combinaison de l'idée générale et de l'idée particulière. L'individu, suivant lui, n'est que l'universel et le particulier posés comme unité ; il n'est que l'expression particulière de l'idée générale ; son être, c'est l'idée générale même combinée avec l'idée particulière, l'unité du genre et de l'espèce. Comme si, parce que l'individu contient nécessairement le genre et l'espèce, son unité n'était pas quelque chose de différent encore ; comme si le rouge était un individu parce qu'il contient le genre (la couleur) et l'espèce (le rouge). C'est ainsi que Hegel renverse complétement le point de vue commun ; pour tout le monde, l'individu seul a une existence réelle, et le genre et l'espèce ne sont que des idées; pour Hegel, au contraire, les existences réelles sont le genre et l'espèce, et l'individu n'est qu'une combinaison de la leur.

Du reste, la pensée de Hegel ne pourra être éclaircie complétement que dans le système même. Le vrai particulier, c'est pour lui l'individuel même, et l'individuel proprement dit n'a de plus que celui-ci que l'élément général. Ici il suffira de dire que tout est idée générale, être universel dans ce monde; mais qu'il arrive un moment où l'être général parvient à se poser comme individualité, comme idée d'un individu; et que c'est là son expression la plus parfaite, le moment du *concept*.

Mais quelle est la loi de l'engendrement des idées générales? Ici nous arrivons au principe fondamental du système de Hegel, au principe de l'identité de la contradiction.

Suivant Hegel, il est faux de dire que deux êtres contradictoires s'excluent réciproquement; chaque être, au contraire, est contradictoire en lui-même; la contradiction forme son essence; il la contient dans son sein; son identité consiste à être l'unité de deux choses opposées. Hegel a fort bien compris que la contradiction est l'argument invincible qui s'élève éternellement contre le panthéisme; il a compris qu'il n'y aurait rien de fait, tant que cette arme ne serait pas émoussée, tant que l'affirmation et la négation seraient opposées comme des réalités distinctes et incommunicables; il a senti que là était le nœud de la question. Sa méthode, qui suivant son école est sa grande découverte, son invention immortelle, n'est que la théorie de ce principe et la déduction par son moyen de l'univers tout entier. Voici sa doctrine à cet égard.

L'activité de l'être aussi bien que de la pensée a lieu selon un rhythme déterminé, un mode précis, et ce rhythme, ce mode, c'est la méthode universelle elle-même. Quand la pensée aura saisi cette méthode, quand elle s'en sera rendu compte, elle trouvera en elle-même la loi générale de l'existence, et son mouvement intellectuel sera identique au mouvement de l'univers et le reproduira. Or cette méthode consiste en ceci :

Supposons qu'il soit donné une idée, un concept quelconque. Ce concept contient quelque chose qu'il tend à développer par le fait de l'activité qui lui est inhérente. Ce développement a lieu en effet, et conclut à une division de l'idée en deux parties, à un partage primitif (que Hegel, jouant sur le mot allemand *Urtheil*, appelle un jugement). Le résultat de ce partage, c'est que le concept pose en face de lui-même un concept opposé, son contradictoire; au lieu d'une idée il en existe deux qui semblent se nier réciproquement; ce concept, en se développant, conclut donc à sa négation. Si le mouvement s'arrêtait là, l'esprit serait placé entre deux bornes infranchissables, et s'épuiserait en efforts inutiles sur une contradiction insoluble. Mais la méthode poursuit son mouvement; il faut que la négation du concept soit niée à son tour. Par cette négation de la négation, on retourne au concept primitif; mais ce concept n'est plus le même, il a développé tout ce qu'il contenait, il s'est montré renfermant son contraire, il est devenu l'unité entre la première affirmation positive et la négation opposée. C'est ainsi que la négation de la négation, en supprimant la négation, la conserve en même temps. C'est ce que Hegel exprime par le mot allemand *aufheben*, qu'on peut traduire par conserver, garder, aussi bien que par supprimer.

Nous jugerons plus tard la valeur de cette hypothèse. Donnons maintenant quelques exemples pour la faire comprendre. Ces exemples sont pris indifféremment dans l'ordre des faits et dans celui des idées; comme nous l'avons vu, Hegel les confond absolument.

Prenons l'idée d'être. L'être absolument abstrait, sans détermination, sans objet auquel on l'attribue, c'est la même chose que rien. L'être est donc identique avec sa négation. Mais la conclusion qu'il n'y a rien serait fausse; car le rien c'est en même temps l'être; il faut donc réunir les deux opposés, l'être et le néant; on arrive ainsi à une idée moyenne, à un balancement entre l'être et le néant, à une combinaison des deux : le *devenir*, le passage du néant à l'être.

Autre exemple : La force est considérée comme la puissance intérieure qui se manifeste par un produit extérieur. La manifestation lui est ainsi opposée ; mais la force n'existe qu'à condition de se manifester ; elle passe tout entière dans la manifestation ; elle est la manifestation. Supprimons encore cette négation ; nous aurons l'unité de la force et de la manifestation, l'activité existante, la réalité effective.

Autre exemple : Dans la clarté absolue sans ombre ni couleur, il est évident qu'on ne verrait absolument rien ; la clarté absolue est donc identique avec sa négation, l'obscurité absolue ; mais ni l'une ni l'autre ne sont complètes l'une sans l'autre ; en les réunissant, on arrive à l'idée de la clarté mêlée à l'obscurité, de la lumière proprement dite.

Autre exemple : La vie se manifeste subjectivement par le besoin, qui est un défaut, un manque. Niez le besoin en lui donnant satisfaction, vous rétablissez la vie ; mais la vie comme unité du besoin subjectif et du moyen objectif nécessaire à la satisfaction, comme unité du sujet et de l'objet.

Ces exemples peuvent donner une idée générale de la méthode de Hegel. Il n'est pas facile d'en trouver qui soient bien appropriés à cette démonstration ; car toutes les idées sont intimement liées dans le système, et on court risque de mutiler la pensée de l'auteur en les isolant ainsi. Quoi qu'il en soit, cette *trichotomisation* est le procédé général de Hegel. On peut voir qu'il en a puisé l'idée dans la thèse, l'antithèse et la synthèse de Fichte. Ici, il est vrai, les termes ont changé. Hegel considère d'abord le concept *en soi* (an sich), c'est-à-dire dans sa signification immédiate et propre, indépendamment du rapport; puis il le considère dans sa négation, dans sa différence, dans son *être autre* (anders seyn), suivant le terme technique; enfin, dans son retour sur lui-même, dans la synthèse, dans son *pour soi* (für sich seyn). Cette dernière dénomination n'est pas applicable du reste, ainsi que nous le verrons, à toutes les espèces de concepts. Par la totalité du procédé, on obtient le concept tel qu'il est, dans son *en et pour soi* (an und für sich seyn). On peut voir que cette trichotomisation répond à celle exposée plus haut, de l'idée, en idée générale, particulière et individuelle; elle se retrouve sur tous les degrés de l'échelle, et quoique l'école de Hegel ait beaucoup reproché à Schelling de schématiser à tort et à travers, elle doit nécessairement tomber dans le même défaut.

De la nature de cette méthode découle le système tout entier. Chaque idée, en effet, après avoir subi l'épreuve de la négation et de la négation de la négation, en sort plus étendue, plus réelle. Le mouvement universel consiste ainsi en une série à la fois successive et simultanée d'idées générales; successive logiquement, simultanée de fait. Chaque idée générale est un être général; la contradiction un être général aussi qui, par l'analyse, se montre le même que celui dont il est la contradiction. Réunis ensemble, ils forment un nouvel être général qui subit la même transformation. Le monde n'est donc qu'un *processus*, un mouvement en ligne droite, un développement dont la négation est le principe générateur.

Ce processus, Hegel le fait commencer à l'être pur et abstrait, à l'idée la plus simple, et le fait aboutir à l'absolu. Entre les deux se placent toutes les idées générales, tous les êtres universaux, toutes les catégories de la pensée et de l'objet. Les premières naissent de la simple négation, les suivantes sont engendrées par des négations successives de celle-ci. La trichotomisation se représente dans la division générale. Dans les catégories de l'être qui sont les premières, les déterminations, les négations affectent l'être tout entier; tout l'être devient successivement chaque catégorie de ce genre, c'est-à-dire qualité, quantité, fini, infini, mesure; c'est une transformation d'une réalité générale dans une autre. Les catégories de l'être aboutissent à celles de l'essence, ou la *différence* est prédominante, ou chaque idée est posée comme un rapport de deux idées contradictoires, comme une opposition; telles sont les catégories d'essence et de phénomène, d'identité et de différence, de cause et d'effet, etc. Celles-ci, enfin, concluent à l'unité des opposés, à l'idée à la fois générale, particulière et individuelle, au *concept*, qui donne la pensée déterminée et le monde déterminé, le sujet et l'objet, et leur unité, l'absolu, l'Idée, Dieu.

A ce terme, la négation s'arrête; tout est compris, tout est déduit, l'être a tout absorbé dans son sein. C'est ce dernier terme, qui résume en lui tous les autres et les contient tous, que Hegel appelle proprement l'*Idée*. L'Idée, c'est l'être revenant par son mouvement à l'être, c'est l'ensemble du processus se comprenant lui-même, c'est la science absolue se connaissant comme fait, c'est Dieu. Dieu n'est donc pas un commencement, une existence antérieure aux autres; il est un produit, il *devient* par le mouvement universel, et n'est complet qu'après s'être compris lui-même, qu'après avoir eu conscience de lui et s'être conçu comme négation absolue de la négation de l'être.

Certes, les systèmes de Fichte et de Schelling contenaient de fortes contradictions, prêtaient le flanc à bien des attaques, s'appuyaient sur des fondements bien fragiles. Cependant on y respectait jusqu'à un certain point les lois universelles de la raison; l'absurdité se cachait sous des apparences logiques; la forme spécieuse des raisonnements en couvrait les vices réels; des combinaisons ingénieuses, des rapports inattendus pouvaient séduire. Ici, au contraire, la contradiction marche le front levé, l'absurdité se pose comme méthode fondamentale. De toutes les systématisations du panthéisme, la doctrine de

Hegel nous semble la plus vraie jusqu'à ce jour ; si, de même que les autres, elle en désavoue les conséquences morales, du moins elle en accepte sans hésiter toutes les données métaphysiques, et pose des conditions tellement crues et tellement dures à la raison humaine, que le grand nombre prendra toujours pour folie la raison hegelienne, et s'en tiendra de préférence aux trivialités du sens commun et de la logique vulgaire.

Hegel fit son apparition dans le monde philosophique sous les auspices de Schelling. Camarade d'études de Hegel à l'université de Tubingen, moins âgé que lui, Schelling était déjà au faîte de sa renommée quand Hegel ne publiait encore que des dissertations et des articles critiques dont le système de Schelling formait la pensée fondamentale. Ces premiers travaux de Hegel, dont les principaux sont une dissertation *De orbitis planetarum* (**1801**), l'écrit intitulé Différence des systèmes philosophiques de Fichte et de Schelling (**1801**), les articles du Journal critique de philosophie (**1802-1803**), la Méthode scientifique du droit naturel (**1802-1803**), rentrent plus ou moins dans les données générales de la philosophie de l'époque, et ne dénotent pas encore l'originalité de l'auteur. Son premier grand ouvrage fut la *Phénoménologie de l'Esprit* (**1807**), la première base de son système futur.

La Phénoménologie de l'Esprit est un des ouvrages les plus difficiles et les plus obscurs de Hegel ; il avait entrevu le principe général de sa philosophie, mais ne l'avait pas encore maîtrisé ; son raisonnement se ressent de la confusion et de l'embarras qui affectaient encore ses idées. La Phénoménologie de l'esprit a pour but de décrire l'engendrement subjectif de l'Idée absolue. Elle devait servir d'introduction à tout le système, mais cette introduction aurait besoin elle-même d'une introduction qui la rendît complétement compréhensible. En voici l'idée générale.

Hegel analyse successivement les modes de la connaissance, l'apperception sensible, l'entendement et la raison. L'apperception sensible ne fournit que des idées très-générales et nullement des faits particuliers comme on le croit ; ces idées générales sont elles-mêmes très-vagues et très-insuffisantes. L'entendement, qui naît de l'observation et de la réflexion, engendre les catégories relatives sous lesquelles nous voyons l'objet, le moi et le non-moi, l'unité et la pluralité, la force et la manifestation, le phénomène et ses lois cachées, ce monde actuel où vous vivons, et l'autre monde, le monde caché et spirituel. Or, toutes ces conceptions ne sont que relatives, et la dialectique fait voir qu'elles passent l'une dans l'autre, qu'aucune d'elles n'est vraie hors de son rapport, et que les termes mêmes de chacun de ces rapports peuvent s'échanger mutuellement.

Ainsi, l'objet observé est *un*, comme lien commun, comme centre de ses propriétés; il est multiple comme multiplicité de propriétés. Le non-moi est tantôt considéré comme hors du moi, tantôt comme idée du moi, comme manifestation du moi; la force passe dans la manifestation, la loi dans le phénomène. Toutes ces idées sont contradictoires en elles-mêmes; or, le fait de l'entendement est de les maintenir à cet état, fixées, isolées; l'entendement place la cause d'un côté, l'effet de l'autre, et pour lui la cause est toute différente de l'effet, lui est contradictoire; de même il isole la force de la manifestation, la loi du phénomène, etc. Ce n'est que lorsque le moi s'est compris dans son infinité, lorsqu'il a su qu'il est le tout, que le règne de la raison commence. La raison, c'est la faculté suprême qui concilie les différences, qui efface les contradictions. Elle n'est pas complète encore quand le moi est arrivé à la conception qu'il est le tout; cette conception doit être raisonnée, doit être comprise scientifiquement, doit être appliquée à toutes nos connaissances pour que la vérité soit absolue, soit complète, pour que la raison ait tout maîtrisé. Ce développement, l'auteur en décrit la marche; elle est semi-historique, semi-psychologique et religieuse. La religion aboutit à cet état de foi, où l'individu se sent en Dieu, sent Dieu en lui; dans cette exaltation mystique, la vérité est acquise; mais elle n'est pas encore une science; pour le devenir, elle engendre sa négation, le doute, l'incrédulité, le règne des lumières, etc., et c'est à la philosophie de couronner l'œuvre, de réunir les deux extrêmes dans une même unité, de créer la connaissance absolue qui est notre but et notre destinée.

Il est ici quelques points à noter. C'est d'abord la distinction entre l'entendement et la raison. Cette distinction date de Kant; mais elle avait bien changé de caractère entre les mains de ses successeurs. Pour Kant, la raison (Vernunft) était l'ensemble des idées a priori, des catégories pures et des déductions auxquelles elles donnaient lieu; l'entendement, c'était l'usage de ces idées relativement aux impressions sensibles. Schelling avait placé la raison dans la faculté de concevoir l'absolu, dans la puissance de comprendre l'unité dans la diversité; à cette faculté éminente et spécialement philosophique, l'entendement (Verstand) était opposé comme une faculté inférieure et vulgaire; et l'entendement, c'était non-seulement l'observation sensible, mais on y comprenait tous les jugements, tous les raisonnements métaphysiques basés sur les règles anciennes, par exemple, sur le principe que A ne peut être en même temps non A, que deux attributs contradictoires ne peuvent être affirmés d'une seule et même chose, que deux propositions contradictoires n'admettent pas de milieu, etc., etc. La langue put à peine fournir assez de termes de mépris pour les malheureux philosophes de l'entendement, et Schelling se plaît à plusieurs reprises à accabler de son superbe dédain les intelligences bornées qui prétendent que l'être et la pensée ne sont pas identiques, parce que c'est fort différent de penser qu'on a cinquante écus dans sa bourse et de les avoir. Pour Hegel, la raison, c'est la puissance même de comprendre (*cum-prehendere*) les contradictoires, de les unir dans un même concept; l'entendement, c'est la faculté qui les tient isolés, qui les sépare et les considère chacun en soi. L'entendement n'est pas à rejeter absolument : il remplit une fonction ; il est pour la méthode humaine en général ce que dans la méthode philosophique est le jugement ; il sépare les parties du concept, il établit la négation entre elles ; mais s'y arrêter, c'est s'arrêter à moitié chemin, c'est ne vouloir qu'un des côtés de la vérité ; et l'école hégélienne n'est pas plus polie que celle de Schelling pour tout ce qui relève de l'entendement. Hegel lui-même avait dit, en parlant de la différence entre la représentation du moi donnée par l'entendement, et la conception réelle du moi selon la raison, le jugement infini : « Cette profondeur que l'esprit produit au dehors du fonds de lui-même, mais qu'il ne pousse que jusqu'à la conscience représentative et qu'il laisse là, et cette ignorance de la conscience sur ce qu'elle est elle-même, offre cette même union du sublime et de l'infime qu'exprime naïvement la nature dans l'organe où elle arrive à sa plus haute perfection, dans l'organe qui est en même temps celui de la génération et celui du pisser. Le jugement infini répond à la perfection de la vie qui se produit elle-même, la conscience de l'entendement répond au pisser[1]. »

La proposition *spéculative* est celle que fournit la raison, celle qui lie les deux opposés. Son produit est un *concept* (Begriff), c'est-à-dire une idée complète, et qui, dans son unité, contient la différence. Le concept, c'est pour Hegel ce qui, vulgairement, est considéré comme l'idée d'une substance, l'idée d'une chose qui est par soi, et qui contient toutes ses propriétés en soi : l'homme, l'animal, le beau, le bien (si, du moins, on considère avec Hegel le beau et le bien comme des idées substantielles), sont des concepts. Les simples qualités au contraire, les modes changeants, les propriétés spéciales, considérées isolément, sont de simples représentations, elles ne sont pas des concepts. De là les définitions de la vérité et de l'erreur. La vérité n'est pas la concordance de l'idée avec l'objet ; car l'idée est précisément l'unité entre le moi subjectif et l'objet ; la vérité, c'est le concept même ; tout concept, du moment qu'il est saisi complétement, que tous les moments qu'il contient sont compris dans son unité, est vrai ; chacun de ces moments pris isolément est

---

[1] *Phénoménologie de l'Esprit*, 2ᵉ édit., p. 263.

faux ; les propositions qui ne se rapportent pas au concept peuvent bien être justes, mais non vraies. Quand je dis : cette rose est rouge, cela est juste, mais non vrai ; rouge n'est pas la définition de la rose, quoiqu'elle y entre ; la rose est en outre odorante, elle est une fleur, etc. Ma proposition n'exprime donc qu'une partie de la vérité ; le concept de la rose peut seul la donner complète ; toute affirmation qui n'embrasse pas le concept est donc fausse, est donc erreur [1].

Tout concept est infini, idéel et général. Hegel entend l'infini dans le même sens que Spinosa et Schelling, c'est-à-dire est infini tout ce qui n'est pas limité dans son propre genre. Or, le concept embrassant toujours l'idée complète, tout concept est infini. Il est idéel, car il est l'idée même, il est l'unité qu'on pense, et l'extériorité, l'objectivité n'est que pour les parties, les moments du concept. Il est général, car toute idée est générale.

L'affirmation du *moi* est l'expression la plus pure du concept le plus général. C'est la pensée s'affirmant elle-même, et faisant abstraction de tout ce qu'il y a de particulier en elle, de toutes les idées spéciales qui peuvent la modifier. C'est

---

[1] Les termes d'*abstrait* et de *concret*, dont Hegel fait usage si souvent, découlent de la même idée. Est *concret* tout être dont tous les moments sont liés en une seule unité ; *abstrait*, chaque moment isolé de cette unité. Par exemple : l'homme étant l'unité de l'idée et de l'objet, du corps et de l'âme, l'homme est un être concret ; l'âme et le corps pris isolément sont des abstractions.

la pensée repliée sur elle-même dans sa généralité la plus absolue. C'est le premier concept, celui qui comprend tous les autres, le premier moment idéel, le commencement de l'esprit. L'Esprit, c'est ainsi le développement idéel, le développement propre de la pensée dans la réalité concrète. Il commence par un mouvement de la pensée qui se sait, qui s'est affirmée, mais qui ne se sait encore que comme généralité absolue, et qui veut se savoir complétement et en vérité. La pensée se détermine donc, se pose en se niant, et devient ainsi les idées générales déterminées. Toutes ces idées sont des réalités générales, ce sont les esprits sublimes dont les manifestations sont les sociétés avec leurs croyances, leurs lois et leurs mœurs, et qui par leur action réciproque, leur jeu, leurs combinaisons, produisent l'histoire, et confluent au retour de l'esprit à lui-même, à la science absolue.

L'activité par laquelle la raison détruit les notions de l'entendement est appelée *dialectique*. Cette dialectique, cette démonstration du contradictoire en toutes choses, est exposée dans toute son étendue dans la *Logique*, l'ouvrage capital de Hegel, qui parut quelques années après la Phénoménologie (1812-16). L'*Encyclopédie*, qui la suivit bientôt (1817; 3⁰ éd. 1 vol. 1830; édition posthume, non terminée, en 3 vol. 1840.), compléta l'exposition générale du système. Voici l'idée d'ensemble qui en résulte.

Nous avons dit que, suivant la méthode de

Hegel, chaque chose, chaque concept était considéré d'abord par rapport à lui-même, selon sa donnée immédiate, *en soi*; puis dans sa négation, sa différence, dans son *être autre*; puis dans son retour sur lui-même, dans le rapport proprement dit. Or ce qui s'applique à chaque concept s'applique à chaque réunion de concepts; que le terme soit général ou particulier, la division tripartite a lieu, et, comme la polarisation de Schelling, elle se représente dans chacun des termes de la subdivision [1]. Or, au point de vue le plus général, l'Idée absolue qui est être et pensée, doit être considérée sous le triple point de vue : *en soi*, dans son *être autre* et dans son retour à elle-même, dans le *pour soi*. *En soi* elle est la logique, dans son *être autre* elle est le monde et la nature, dans son retour à soi elle est l'Esprit (Geist), c'est-à-dire l'homme, la société, l'histoire, la religion et la philosophie.

Sous chacune des trois faces, l'Idée reproduit son processus complet, mais affecté chaque fois de la forme spéciale qui domine. C'est donc dans la logique que le processus s'offre de la manière la plus pure et la plus complète. C'est la pensée se modifiant elle-même, pure de tout contact étranger, se créant elle-même, pour ainsi dire, en même temps que l'être. La logique comprend

---

[1] Quelquefois cependant la division offre quatre membres, par suite du dédoublement du second terme, qui représentant la différence, l'être autre, se scinde en deux parties opposées.

donc tout le système métaphysique de Hegel, c'est-à-dire la partie la plus importante du tout. C'est la théorie de l'engendrement de toutes les idées générales; elle contient le système complet de la science, et les autres parties n'en sont que des applications. La nature, c'est l'ensemble des mêmes idées générales; mais en dehors d'elles-mêmes, extérieures à elles-mêmes, dispersées et sans lien. A cause de cette extériorité de l'Idée vis-à-vis d'elle-même, celle-ci est incomplète, fausse, illogique. La nature n'offre pas l'ordre et l'harmonie qu'on prétend y trouver; elle est le plus souvent un jeu du caprice et du hasard; dans cette expression l'Idée n'est pas elle-même, la pensée manque à l'être. L'Esprit, c'est-à-dire la pensée qui se manifeste subjectivement dans l'individualité humaine, objectivement dans les mœurs et les lois, c'est l'Idée qui revient à elle-même par la religion et la philosophie, après avoir tout ramené dans son sein.

Peu après la publication de l'Encyclopédie, Hegel fut appelé à Berlin (1818), où il professa jusqu'à sa mort (1831). Depuis son séjour à Berlin, il ne publia plus que les Éléments de la philosophie du droit (1821), et le commencement de la seconde édition de la Logique, mais développa les points spéciaux de sa doctrine dans des cours. Ces cours ont été publiés après sa mort par ses élèves. Ce sont les leçons sur la philosophie de la religion et les preuves de l'existence de Dieu, sur l'histoire de la philosophie, sur l'esthétique et sur la philosophie de l'histoire. Les œuvres complètes forment vingt volumes in-8°, dont un seul reste encore à paraître.

———

Il est temps de donner une idée plus détaillée des moyens dont se sert la dialectique de Hegel et de sa théorie du processus universel.

La science complète, de même que l'être concret, est un résultat médiat, est un produit de médiations que l'être pose en lui-même. Rien n'est donné immédiatement, si ce n'est la notion la plus vide et la plus générale, celle de l'être abstrait; pour arriver à la vérité concrète, il faut passer par des intermédiaires, des moyens; et ces moyens, ces intermédiaires sont les mouvements mêmes qui se passent au sein de l'être, et par lesquels celui-ci devient concret, se remplit lui-même. Nous avons décrit la méthode de ce mouvement. C'est l'affirmation posée d'abord, puis la négation posée par l'affirmation et identique à elle; enfin, la négation de la négation et le retour à l'affirmation, enrichie ainsi de sa négation.

Or, ce procédé et toutes les conséquences que Hegel en fait découler se fondent sur un fait vrai qu'il s'agit d'éclaircir d'abord. C'est dans la manière dont Hegel s'est servi de ce fait que réside toute son habileté dialectique. Si l'usage qu'il en a fait est légitime et véritable, on doit reconnaître que son système est fondé en raison; si, au contraire, cet usage est faux et abusif, tout l'échafaudage qu'il a élevé doit s'écrouler, toute son hypothèse doit être déclarée vaine et stérile.

Ce fait est le principe généralement admis, et que nous reconnaissons comme parfaitement vrai, que toutes nos notions métaphysiques et logiques, toutes nos idées abstraites, ne se définissent et ne se conçoivent que par leurs contraires. Ainsi l'idée d'être, ne peut être définie que par l'idée de néant, l'idée de substance par celle d'accident, l'idée de cause par celle d'effet, etc. Il en est de même des notions purement sensibles. On ne verrait pas la lumière si on ne connaissait les ténèbres, on n'aurait pas l'idée de telle couleur, si on n'avait l'idée de telle autre, une seule sensation toujours identique à elle-même ne nous donnerait aucune idée. C'est en vertu de ce fait que nous avons dit nous-même que toute connaissance humaine implique un rapport, et que nous avons combattu la prétention de la philosophie allemande à pénétrer l'absolu.

Or, Hegel accepte aussi ce fait, mais en tire immédiatement une conséquence que la logique ne concède pas. Conformément à son hypothèse générale de l'identité de la pensée et de l'être, il fait d'une condition de notre connaissance, une condition de la chose même. Quand nous disons que nous ne pouvons connaître la cause sans l'effet, et que ces deux idées sont intimement liées dans notre esprit, nous n'entendons pas que la cause et l'effet ne soient que des idées imaginaires, et qu'elles se produisent l'une l'autre; nous croyons, au contraire, que la cause et l'effet sont des réalités très-distinctes, qu'elles ne peuvent être conçues que dans leur rapport; mais que néanmoins elles ne peuvent être confondues ensemble; de même pour toutes les idées métaphysiques, et en général pour tous les rapports. Hegel se prévaut donc de cette opposition dont résulte notre connaissance, et de ce rapport nécessaire des opposés, et en arguë pour nier l'opposition réelle, pour établir l'unité des opposés. Le plus grand nombre de ses arguments repose sur cette confusion, dont le vice est si évident.

Mais il va plus loin. Parmi ces rapports, il en est quelques-uns dont l'un des termes est simplement la négation de l'autre, par exemple, le néant est simplement la négation de l'être, et ne contient rien de positif en lui-même; l'obscurité est simplement la négation de la clarté, et ne contient rien de positif en elle-même; mais il en est d'autres où les contraires sont tous deux quelque chose, contiennent tous deux du positif, par exemple, le rapport de substance et d'accident, de cause et d'effet, l'opposition du rouge et du bleu. Dans ces derniers rapports, la simple négation de l'un ne donne pas immédiatement l'autre; la négation de la cause n'est pas l'effet, la négation du rouge n'est pas le bleu; tous deux contiennent quelque chose de réel et de positif, et quoique cette réalité ne soit conçue que dans le rapport, elle n'en existe pas moins de part et d'autre. Or, Hegel confond absolument ces deux espèces d'opposition. Il traite tous les contraires comme de simples négations de leur contraire, et raisonne comme s'il en était ainsi. Quelquefois, il est vrai, le fait trop évident accuse l'affirmation au moment même où elle se pose; mais on en est quitte alors pour proclamer positive la négation même, et il n'y a rien d'illogique à cela, dans un système où l'on admet que la contradiction est partout.

Ce n'est pas tout encore : après avoir réduit tous les rapports à un rapport d'affirmation et de négation, Hegel fait jouer indifféremment le rôle affirmatif et négatif à chacun des termes du rapport. Que le point mathématique, par exemple, soit la négation de l'espace, l'espace à son tour sera la négation du point; ainsi la lumière est la négation des ténèbres, le bleu la négation du rouge, etc.; l'on raisonne comme s'il était indifférent de poser d'abord l'affirmation ou la négation, comme si de l'idée de ténèbres on pouvait conclure aussi facilement, la négation étant donnée, à l'idée de lumière, que *vice versâ*. Or la négation la plus claire en ceci, c'est la négation du sens commun, c'est le renversement de toute la logique humaine. Tout ce procédé repose sur un abus incroyable du principe que la négation de la négation vaut une affirmation. Il est certain qu'une affirmation étant donnée, on la fait disparaître en la niant et reparaître en supprimant la négation; mais il faut que l'affirmation soit donnée d'abord, il faut qu'il y ait quelque chose de positif qui soit connu et posé; c'est ce positif qui reparaît lorsque la négation est niée; mais il n'est pas créé, pour ainsi dire, de toutes pièces par la double négation. Or, c'est cependant là l'hypothèse de Hegel, hypothèse qui fait le fond de toute sa méthode. Suivant lui, toutes les idées, excepté la plus simple, celle de l'être abstrait (et celle-ci même), ne sont que des négations de négations. La double négation ne reproduit pas seulement le point d'où elle est partie; mais elle engendre une affirmation réelle, supérieure à la première. On commence par posséder la négation de la chose, et on n'arrive à la chose que par la négation de la négation. Or, c'est là une supposition toute gratuite. Qu'un homme n'ait que l'idée d'affirmation et de négation, il aura beau les ajouter et les combiner et les retourner en tous sens, il n'en fera sortir qu'elles-mêmes. Suivant Hegel, elles ont pour résultante l'idée de devenir; mais, comme nous le verrons, ceci n'est pas prouvé, il faut l'admettre a priori, la conclusion est tirée en vertu de l'hypothèse même que nous expliquons actuellement. Cette hypothèse devait donc être démontrée avant tout, et si on ne l'a pas fait, c'est qu'il était bien impossible de le faire. En effet, l'idée de devenir contient bien l'idée d'être et de non-être; mais aussi quelque chose de plus; cet x qui constitue le devenir, ce passage même qui a lieu entre le non-être et l'être, n'est pas donné par l'affirmation et la négation seule, et si Hegel n'eût eu d'avance l'idée du devenir, il ne l'aurait jamais tirée de ces données premières. C'est comme si l'on prétendait qu'un homme qui n'aurait vu que six des couleurs du spectre, pourrait en conclure la septième. Ceci est vrai à l'égard de tout le positif qui est dans nos connaissances, et certes il y en a beaucoup et de beaucoup d'espèces, et la prétention de le déduire tout entier d'une suite de négations ne sera toujours qu'une prétention absolument destituée de preuve.

On prétend, il est vrai, donner une déduction a priori, on prétend faire voir comment toutes les idées naissent a priori de l'affirmation et de la négation primitives. Mais, pour que cette déduction fût vraie, il faudrait qu'une intelligence qui eût tout oublié, qui ne sût rien absolument, qui fût table rase, arrivât en s'y abandonnant à tout apprendre, à concevoir toutes les idées générales. Or, que fait-on? on pose une affirmation, puis on la nie, et on nie de nouveau la négation; puis, à ce résultat supposé de la double négation, on donne un nom, on accole le signe d'une idée déjà présente dans l'esprit, et on prétend avoir créé ainsi cette idée. Nous ferons voir dans l'exposition détaillée de la logique que d'un bout à l'autre on n'a pas procédé autrement. Cette méthode tant vantée, qui doit nous faire assister à l'engendrement même de la pensée et de l'être, n'est qu'une classification et une explication de pensées déjà toutes formées.

Voici maintenant les phases générales du processus logique, qui est en même temps le processus universel.

Nous avons vu que pour Hegel l'idée générale la plus vraie, c'est le concept, c'est-à-dire celle qui suppose une individualité déterminée. L'individualité que Hegel a en vue est une individualité organique; l'organisme est en effet pour lui la forme suprême, le type sur lequel il a modelé son absolu. Or l'organisme conçu abstraitement est une unité qui comprend des parties diverses; les parties, les organes n'ont d'autre signification que d'être membres de l'unité, et l'unité à son tour n'a pour but que les parties. Cette idée de l'organisme est imparfaite sans doute, mais c'est ainsi que Hegel l'a comprise, et qu'elle se trouve être l'expression immédiate de sa méthode : le tout est donné d'abord en effet, c'est l'individualité en soi; puis cette individualité se montre par l'analyse contenir la différence, la contradiction dans elle-même : les parties, les organes; puis ces organes sont niés comme parties indépendantes, ils ne forment que le tout; l'individualité est rétablie et comprise par la négation de la négation.

Appliquant ce point de vue à l'*Idée* absolue, Hegel la voit d'abord comme unité primitive, comme *étant*, comme *être*, puis cet être se dirime, se scinde, devient rapport à lui-même, est l'essence, enfin l'être et l'essence sont liés en une seule unité, et celle-ci est le concept, l'*Idée*. L'être et l'essence ne sont donc que des parties du concept; mais comme le concept n'est composé que d'elles, c'est par elles que la logique doit commencer.

La logique comprend donc trois parties : l'être (Seyn), l'essence (Wesen), et le concept. Chacune de ces parties comprend la théorie de mouvements, de rapports spéciaux qui ont lieu dans l'être absolu. Pour les philosophes qui ne sont pas hegeliens, beaucoup de ces rapports n'ont lieu que dans notre pensée; mais suivant la donnée générale du système, tout ce qui se passe dans la pensée se passe dans l'être, et c'est là une des suppositions qui rend cette matière si difficile.

Dans la théorie de l'être, on considère l'être sous forme immédiate, c'est-à-dire tel qu'il s'offrirait à un homme qui percevrait ce qui se passe sous ses yeux sans y réfléchir aucunement[1]. Cette perception donnerait, suivant Hegel, non des faits particuliers, comme on le croit communément, mais des réalités générales. Ce serait l'idée

---

[1] C'est là le sens général du mot *être* dans le système de Hegel. Quand il dit *être*, cela *est*, c'est toujours de l'existence immédiate, sensible, qu'il entend parler. L'être est opposé ainsi à l'essence et au concept. Il résulte aussi de cette manière de concevoir l'être, que même lorsque ce mot est pris substantivement il s'agit de l'infinitif du verbe être.

de l'être d'abord, puis par déduction les idées de qualité, de fini et d'infini, de quantité et de mesure. A cette déduction que pourrait faire un homme correspond le mouvement qui se passe dans l'être même, mouvement dont voici les phases générales :

L'être pur et abstrait forme le commencement ; cette idée est donnée d'abord, et elle est la même que celle du néant ; or l'être et le néant se combinent, le néant passe à l'être et conclut ainsi au devenir.

Le résultat du devenir est la qualité, c'est l'être déterminé, mêlé au néant, entaché d'une négation, d'après le principe de Spinosa : *Omnis determinatio est negatio*. Ce qui constitue la qualité, suivant Hegel, c'est que la détermination est inhérente à l'être même, est confondue avec lui. Otez à l'être la qualité qui le fait tel, il cesse d'exister.

La qualité, comme être déterminé, est le fini. L'idée d'infini procède de celle du fini. C'est l'être qui est au fond de la multiplicité et de la variété du fini, c'est l'idée même de l'être présente dans toutes les manifestations finies de celui-ci, c'est le retour de l'être sur lui-même, la simple négation du fini.

L'être faisant retour sur lui-même, niant le fini, est *un* ; or l'unité suppose la pluralité, donc l'être infini est en même temps un et plusieurs, déterminations qui se nient réciproquement. Par cette négation la détermination est donc chassée hors de l'être, la qualité est détruite, et nous obtenons la quantité.

L'opposition entre la qualité et la quantité consiste en effet, suivant Hegel, en ce que la première est une détermination inhérente à l'être, tandis que la seconde lui est extérieure. Une terre, par exemple, est pré par sa qualité, a dix, vingt arpents par sa quantité; cette dernière limite est donc extérieure; or par la déduction de l'infini la qualité s'est résolue en quantité. La quantité va à son tour se résoudre en qualité: la quantité intensive en effet est identique avec la qualité; quinze degrés de chaleur sont en même temps une quantité et une qualité.

La quantité et la qualité sont donc identiques; leur unité c'est la mesure, c'est-à-dire une qualité quantitative. Mais la mesure porte en elle-même le principe de sa négation; une certaine quantité d'une qualité déterminée étant donnée, lorsqu'on augmente cette quantité, la qualité change : augmentez ou diminuez la température de l'eau (c'est-à-dire modifiez sa quantité), elle devient vapeur ou glace (vous modifiez sa qualité): la mesure passe au démesuré, à sa négation; cette dernière expression de l'être abstrait se nie donc elle-même, et l'être se montre comme n'étant qu'une négation de lui-même, un rapport de lui à lui, une réflexion, un rayonnement en soi. Or, c'est là l'essence.

A cette première partie correspondent dans la psychologie les apperceptions sensibles; dans la nature, les déterminations de l'espace et du temps, et de ce qui fait l'objet des sciences exactes.

L'essence, pour Hegel, est donc le fait de l'être de se dédoubler, de présenter deux surfaces qui rayonnent l'une sur l'autre, dont l'une n'est vis-à-vis de l'autre qu'une négation, qu'une apparence; c'est aussi le second moment du concept, celui de la diremtion, de la contradiction, considéré isolément. Cette partie comprend la théorie de ce qui, pour la philosophie ordinaire, constitue le rapport de l'essence au phénomène, les questions de substance, etc. On déduit ici :

Les rapports d'identité et de différence, de positif et de négatif;

de fond des choses et d'existence, de matière et de forme, de chose en soi et de phénomène, de force et de manifestation, d'extérieur et d'intérieur;

de contingence et de nécessité, de substance et d'accident, de cause et d'effet.

Ces déductions forment la partie la plus ardue du système, et il est impossible d'en donner un exposé sommaire. En voici le résultat général : dans les rapports de positif et de négatif, d'essence et de phénomène, de force et de manifestation, etc., chacun des termes est identique avec son opposé, et en outre chaque rapport engendre le suivant et est identique avec lui.

Tous ces mouvements de l'être concluent donc à la réalité effective, à l'ensemble des rapports qui existent effectivement. Or, dans cet ensemble chaque chose a sa condition d'exister dans les autres, et est elle-même condition des autres; ce lien qui lie les choses entre elles, qui fait que la chose entre en existence aussitôt que les conditions sont accomplies, c'est la nécessité; et cette nécessité considérée en elle-même, non plus comme simple lien des choses, c'est la substance, la puissance absolue, la substance de Spinosa, qui pose sans cesse en elle-même des accidents et n'est que l'ensemble des accidents. Cette substance, comme puissance absolue, se manifeste par une série infinie de causes et d'effets. Mais dans chaque action il y a réaction; chaque effet est en même temps cause; l'effet et la cause sont donc la même chose; il n'y a pas deux substances, l'une active et l'autre passive; c'est la seule et unique substance qui dans toutes ses manifestations finies est en même temps cause et effet, et ce rapport n'est lui-même qu'une relation de la substance dans son propre sein. Or, qu'est-ce que le concept (l'organisme)? C'est une même unité qui pose en elle des différences qui reviennent à l'unité; or c'est ce qui a lieu dans le fait que nous venons de décrire. La substance nous amène donc au concept; et la nécessité, qui, lorsqu'elle n'était qu'un lien entre les choses particulières, était fatale et aveugle, devient liberté, car elle est le concept, la substance qui ne se détermine que par elle-même.

C'est ainsi que Hegel réunit l'être et l'essence dans le concept. A la fin de cette déduction, d'ailleurs, il se rapproche tout à fait des anciens panthéistes. Le fond de toutes choses, c'est l'être pur, la substance absolue; cette substance est tout entière vie et mouvement, et elle se manifeste en posant sans cesse en elle-même des déterminations, des négations, des effets finis. Ces déterminations posées à chaque instant sont relevées, supprimées à chaque instant aussi, elles sont comme les vagues toujours mobiles d'une mer toujours agitée; elles sont le jeu éternel de l'être se niant lui-même, l'expression infinie de l'infini par le fini.

Aux catégories de l'essence correspondent, dans la psychologie, les facultés de l'entendement; dans la nature, les forces physiques et chimiques.

La troisième partie comprend la théorie du concept, de l'unité qui contient en elle-même ses différences. Dans la théorie de l'être, nous n'avions que l'être général et unique passant d'une réalité générale à l'autre; dans celle de l'essence, l'être se montrait partout double, différent, contradictoire. Ici l'idée est complète; le concept présente dans tous ses détails tous les moments de la logique : l'unité première, la diremtion et le retour à l'unité.

Le concept en soi, c'est l'idée dans le sens habituel du mot. Ici se place la théorie de la logique ordinaire, la théorie de l'idée, du jugement et du syllogisme. L'idée est le concept en soi ; le jugement est le concept dans le moment de la diremtion, de la différence; le syllogisme est le retour de l'idée sur elle-même, le concept dont tout le contenu est développé.

A tout concept répond un objet; le concept est l'âme même de l'objet, et l'objet n'est que la manifestation du concept. Or, on a considéré d'abord le concept en lui-même, dans sa forme idéelle, on doit le considérer aussi dans sa forme purement extérieure, dans l'objet. L'objet général, c'est d'abord, comme unité première, la totalité du monde extérieur, qui se compose lui-même d'objets particuliers dont le rapport n'est que mécanique ; ce rapport se détermine comme contradiction (moment de la diremtion) et devient rapport chimique. Enfin les termes du rapport s'unissent dans un but, deviennent des parties vis-à-vis d'un but un, qui n'est que l'idée, le concept de leur ensemble, et l'objet fait ainsi retour au concept, qui maintenant a un corps, qui est unité du concept et de l'objet.

Cette unité c'est l'*Idée*; son expression la plus inférieure c'est la vie, c'est l'être vivant qui a en lui son principe, ses moyens et son but, dont le concept est l'âme, dont la manifestation est le corps. Mais dans la vie, l'Idée n'est que finie et individuelle; l'élément de la généralité ne se rétablit en vérité que dans le second moment dans la pensée, la connaissance. Or, la connaissance possède un double mouvement : l'un théorique, la science, par lequel elle s'assimile au monde; l'autre pratique, la volonté, par laquelle elle assimile le monde à elle. Le but de la volonté c'est le bien, l'unité du fait extérieur avec la pensée vraie. Or, le bien n'est pas un but que nous ne pouvons atteindre. Le bien est complétement réalisé déjà, il a sa manifestation complète dans le monde moral existant.

Ici est le terme de la logique; nous sommes arrivés à l'absolu; toutes les contradictions sont résolues, toutes les unités sont établies; l'Idée se connaît elle-même, elle sait qu'elle n'est que le processus qu'elle a parcouru, et qu'elle ne consiste en essence et en vérité que dans sa *méthode* même.

« Quand il est question de l'Idée absolue, dit Hegel, on pourrait croire qu'ici seulement arrivera la grande explication, qu'ici tout va être éclairci. Il est sans doute possible de s'étendre en déclamations vides sur l'absolu, de l'amplifier en long et en large; mais quant à son contenu réel, il n'est autre que tout le système dont nous avons décrit jusqu'ici le développement. » C'est là en effet la pensée fondamentale de Hegel; nous verrons qu'il appelle l'absolu Dieu, mais évidemment si Dieu n'avait été connu déjà, Hegel ne l'aurait pas inventé; il n'a pas de place à lui dans ce système; ou bien, s'il en a une, il en a plusieurs, car on reconnaît que chacune des définitions de l'être, de l'essence, de l'idée, peut être considérée comme la définition de Dieu sous un certain rapport, est Dieu dans un de ses *moments*. Hegel prétend n'être pas panthéiste; suivant lui, en effet, le panthéisme c'est la doctrine qui s'arrête à la catégorie du tout et des parties, qui ne voit en Dieu que l'ensemble de tous les êtres particuliers. A ce compte là, il y aurait eu peu de panthéistes, en effet; mais c'est se moquer du public que de vouloir dissimuler par une mauvaise définition une pensée qui est réellement la sienne. Ne proclame-t-on pas l'unité d'être, l'unité de substance? Tout ce qui existe ne devient-il pas une simple idée, un simple mouvement de l'être absolu? Cette liberté dont on fait grand bruit n'est-elle pas la fatalité même? Toutes les conséquences morales du panthéisme ne découlent-elles pas aussi du système de Hegel? Il n'est qu'un moyen pour lui d'échapper à l'accusation de panthéisme, c'est de se proclamer athée. Pour lui, l'existence est tout; il n'y rien que ce processus qui se passe devant nous, que nous pensons et que nous voyons; le terme du processus est le point où la pensée se comprend elle-même; où en reconnaissant sa méthode, elle sait qu'elle est tout. Le terme absolu est donc atteint dans la pensée humaine et n'existe pas hors d'elle. Pourquoi attacher à cet absolu un mot qui dans toutes les langues signifie autre chose? pourquoi l'appeler Dieu? Ne serait-ce pas pour des raisons diplomatiques? ne serait-ce pas pour cacher le sanctuaire au public profane, par un voile qui tombe devant l'initié?

Le processus logique dont nous venons de donner une idée est la partie essentielle du système de Hegel, et je crois qu'il s'y serait volontiers tenu, s'il avait pu, sans nuire à sa réputation de philosophe encyclopédiste, ignorer la nature et l'histoire. Il est vrai que des faits de ce genre sont trop saillants pour qu'on puisse les laisser de côté, et il fallait les expliquer aussi. Or, s'il est besoin de beaucoup d'esprit pour classer dans un ordre déterminé d'avance toutes les idées métaphysiques, pour les décrire toutes comme négations de la négation l'une de l'autre, si par conséquent, quelque ingénieux qu'on soit, il reste des lacunes, des transitions brusques, des hiatus, à plus forte raison il est difficile de classer dans un ordre semblable les faits soit naturels, soit historiques donnés par l'expérience, et d'adapter ces cadres nouveaux au cadre logique. L'hypothèse sur le monde physique peut se déduire jusqu'à un certain point du processus logique, mais très-imparfaitement, comme on a pu s'en apercevoir; les correspondances sont mal déterminées; les lois mécaniques qu'on avait cru trouver dans les catégories de l'être, les lois physiques qui semblaient représenter les catégories de l'essence, reviennent dans une des catégories de l'Idée, dans l'objet. Hegel n'indique que très-vaguement ces rapports, ce qui peut faire croire que l'ensemble n'était pas parfaitement ordonné dans sa tête. D'ailleurs la réalité même du monde extérieur est douteuse dans son système, toute réalité n'étant que dans la pensée; Hegel ne s'est pas clairement expliqué sur ce point; mais, conformément au principe général, tout ce qui se passe devant nos yeux ne devrait être qu'une image idéelle, une illusion. Quant aux faits historiques et moraux, le processus logique n'y conduit nullement; on y parle bien de la raison et de la volonté; mais la société, le droit, l'histoire, la religion, n'y figurent en rien; et si l'on ne connaissait que le développement de l'idée *en soi*, on ne se douterait pas qu'ils existent. Ce sont pourtant aussi des catégories dont, même du point de vue de la seule pensée, on aurait dû tenir compte. Hegel donne à part la théorie de ces faits, et il s'efforce d'y faire voir la reproduction du processus logique ; mais évidemment ils sont hors de l'ensemble et ne s'y rattachent que forcément.

Malgré les assertions si souvent répétées de Hegel et de son école, son système ne conclut pas aux faits concrets, il ne les contient pas. Il se résout en une méthode ; le mouvement universel est la méthode même et rien que la méthode. Dieu et l'univers, c'est le rien déterminé par une série de non. L'idée déjà de faire engendrer ainsi tous les oui existants est au moins singulière; le fait est impossible.

Le grand point dont tout dépend en effet est la contradiction. Si on admet avec Hegel que l'être est égal au non-être, que l'affirmation est identique à la négation, que la contradiction forme l'essence de tout être, on peut passer sur les défauts accessoires et admirer la hardiesse de ses déductions. Si au contraire on repousse ce principe, le tout devra paraître absurde. Or, dans la manière de penser commune, une affirmation est déclarée absurde quand on y a fait voir la contradiction; ce principe est accepté universellement, sans preuve et comme formant l'essence de la raison humaine; le principe opposé est admis par Hegel et son école, sans preuve positive aussi, car la puissance même de la raison consiste à comprendre le contradictoire; on avoue que pour celui qui ne comprend pas, il n'y a pas d'explication possible, et on se contente de prendre en pitié sa capacité intellectuelle. Il semblerait donc qu'il n'y a pas plus de motif pour accepter ou le principe hegelien ou le principe du sens commun, et qu'il serait loisible de choisir l'un ou l'autre, suivant les convenances individuelles.

Mais néanmoins il y a une raison et une raison déterminante. Si en effet l'homme n'avait d'autre but que de savoir, et que la science ne fût qu'un amusement intellectuel, une jouissance offerte aux hommes de loisir pour leur plus grande satisfaction, alors sans doute on pourrait croire sans inconvénient que tout est contradictoire, on pourrait se donner le plaisir innocent de poser des oppositions et de les résoudre, de se balancer l'esprit entre le oui et le non, de se récréer aux images fugitives de réalités qui disparaissent en naissant, d'orner des noms les plus concrets les plus vides des abstractions. Mais ces jeux de l'imagination ne sont pas le but de l'homme sur terre. Il est quelque chose de positif ici-bas qui n'admet pas la contradiction, qui exclut le doute et la négation; c'est la pratique, c'est le commandement moral, ce sont les nécessités de la vie. La morale est catégorique; elle exige tel acte et défend tel autre; de l'un à l'autre il n'y a pas de passage, elle ne souffre pas d'accommodement. C'est en elle, c'est dans la distinction absolue et infranchissable qu'elle établit entre le bien et le mal, que gît la racine de cette opposition entre le oui et le non, entre l'affirmation et la négation, qui est le fondement de la raison humaine; et cette opposition s'étend sur tout ce qui est du domaine de la morale, c'est-à-dire sur tout ce qui est de l'homme. Conçoit-on un acte pratique qui ne soit ni oui ni non, ou qui soit les deux à la fois? Conçoit-on qu'un homme veuille en même temps une chose et ne la veuille pas? Revient-il au même de faire un sacrifice ou de ne pas le faire, de vivre de privations ou de se repaître de jouissances, de toucher un traitement ou de ne pas le toucher? Pratiquement il est impossible de prétendre que la contradiction est en tout; et si, comme nous en sommes convaincu, la destination de l'homme est avant tout d'agir, s'il est ici-bas pour accomplir un devoir que Dieu lui a imposé, si la science n'est qu'un moyen vis-à-vis de ce but, son instrument logique même, sa puissance rationnelle pourrait-elle être en contradiction avec ce but? Lorsque Kant essaya de prouver dans ses antinomies qu'il était possible, en certaines questions, de démontrer le pour et le contre, il attaquait la logique dans son but même, car on ne comprend pas quel peut être ce but, si ce n'est de donner une conclusion positive. Or, Hegel va bien plus loin. Pour lui non-seulement la logique aboutit à la contradiction en certains cas, mais elle y aboutit toujours et en vertu de sa propre nature. A ce point de vue, nous aurions une loi, la morale qui nous commanderait telle action, et un instrument, une méthode qui, donné pour accomplir la loi, produirait précisément le contraire. C'est pousser l'absurdité au suprême degré.

Hegel affirme, il est vrai, qu'en disant que l'être et le rien c'est la même chose, il n'entend pas que des propositions, comme je suis et je ne suis pas, cette maison est là ou elle n'est pas là, soient identiques. Accordons qu'en effet le sens qu'il attribue à l'identité de l'être et du non-être ne soit pas le même que celui qui différencie ces propositions, est-ce qu'il n'en est pas moins vrai que pour lui tout contient la contradiction, et qu'il n'est pas d'affirmation qui ne soit la négation d'elle-même? Si donc les propositions que nous venons de citer ne sont pas identiques en vertu de l'identité de l'être et du non-être, elles le sont en vertu du principe de la contradiction. De quel droit d'ailleurs va-t-on chicaner sur des applications particulières, quand la méthode est affirmée si généralement à l'égard de tout? La conclusion que chacun doit tirer de ce système, c'est que toute affirmation, de l'ordre le plus simple comme de l'ordre le plus abstrait, est égale à sa négation, et qu'il est indifférent de se servir de l'une de ces deux formes ou de l'autre, et cette conclusion serait légitime.

Il serait curieux de voir ce système mis en pratique, même du point de vue du simple raisonnement. Hegel n'a pas jugé à propos de le faire. À part les singularités de langage et les présuppositions nécessaires à sa démonstration, il a parlé comme tout le monde; il a toujours voulu prouver la chose à prouver et non le contraire; il a fait des arguments par l'absurde; il a averti souvent de ne pas confondre certaines idées alliées; il a supposé que quand il dirait oui on ne comprendrait pas non. Il s'est servi de la langue commune et de la logique ordinaire dans le plus grand nombre des cas; et s'il est vrai qu'il leur a fait violence bien souvent, c'est qu'il était impossible autrement d'exprimer des idées si peu concordantes avec la raison commune.

Ce qui précède fera comprendre les solutions de Hegel sur toutes les grandes questions posées éternellement à la philosophie.

La philosophie est la science absolue; elle est le but le plus élevé où l'homme puisse aspirer, le dernier terme de l'activité humaine. Ainsi se trouvent résolues en même temps deux questions, celle du but de la philosophie et celle de la destinée humaine. La connaissance, voilà l'œuvre à laquelle l'homme est appelé; se savoir identique avec Dieu et comprendre l'absolu en vérité, est pour lui le souverain bien. Là est la béatitude, là est l'éternité, là sont anéantis tous les sentiments, tous les intérêts particuliers qui font de l'homme un être individuel; il possède Dieu sur terre. Cette pensée a des rapports remarquables avec celle qui, à une époque bien éloignée, fut propagée par des protestants d'une autre religion, les philosophes du Védanta; eux aussi ils nièrent l'ancienne doctrine qui plaçait le but des hommes dans l'accomplissement des œuvres, et proclamèrent à sa place la béatitude par la science. Pour Hegel, la science absolue est le but; cette science c'est la philosophie, et la philosophie c'est le système de Hegel. Nous disons le système, ce mot n'est pas avoué par l'école hégélienne; la doctrine de Hegel est *la* philosophie, non *une* philosophie, elle est le dernier mot, le *nec plus ultra*. On concède qu'il pourra y avoir encore quelques améliorations de détail, que des déductions pourront être modifiées, des catégories déplacées; mais quant à l'essence même de la philosophie, quant à la méthode, elle est la découverte absolue et immuable. Aussi voyez quel saint orgueil respire dans tous les écrits sortis de cette école; quel dédain envers les malheureux qui osent s'élever contre la science absolue; quel mépris de la non-philosophie qui se permet de dénigrer ce qu'elle ne peut saisir! Toute opposition est une preuve d'incapacité et d'ignorance. Aussi la pensée libre ne s'en inquiète que médiocrement; elle poursuit son développement nécessaire, et se promet de triompher en dépit du sens commun!

On a vu la solution de Hegel sur la grande question de l'existence de Dieu. Il est clair que ce système nie Dieu, si Dieu est compris dans le sens vulgaire, c'est-à-dire s'il possède une personnalité distincte, s'il a conscience de lui-même et de ses actes, si ses actes sont libres, si la créature n'est pas une partie, un moment de lui-même, et s'il a une existence séparée d'elle, si Dieu est l'Être infini et tout-puissant, le Père que nous avons au ciel, qui a une volonté, qui nous remet nos dettes, qui nous délivre du mal, le Dieu du christianisme en un mot. Le principe de l'unité d'être et de l'identité de Dieu avec toutes choses aurait suffi en France pour démontrer que la doctrine de Hegel sur Dieu est inconciliable avec la doctrine chrétienne. Mais en Allemagne, où les idées et les sentiments sont si fortement enclins au panthéisme, cette raison ne suffisait pas, on a voulu savoir si la personnalité de Dieu était reconnue par Hegel. Or, celui-ci s'était abstenu de se prononcer positivement sur la question; dans ses vingt volumes il serait difficile de trouver un passage où elle fût catégoriquement résolue. Ce n'est qu'après sa mort qu'elle fut nettement posée. Alors une grave discussion s'éleva au sein de l'école et aboutit à une scission; les uns, arguant de quelques passages douteux et de quelques paroles contestées du maître, essayèrent de prouver que le Dieu de Hegel était personnel, que c'était le Dieu des chrétiens; les autres opposèrent passage à passage, tradition à tradition, et argumentèrent surtout avec force du point de vue de l'ensemble du système. Nous croyons qu'ils avaient raison, et que la personnalité de Dieu est inconciliable avec cette doctrine. Quels sont les signes de la personnalité? La liberté, la conscience. Or, Hegel attribue bien la liberté à l'Idée absolue; mais nous savons ce que c'est que cette liberté, c'est le développement nécessaire qui résulte de la nature même de l'Idée. Cet attribut appartient à chaque concept; il appartient à la plante et à l'animal ; la pesanteur même est libre jusqu'à un certain point ; un corps tombe librement. La liberté, en effet, n'est pas opposée dans Hegel à la nécessité, elle lui est identique ; elle est opposée à une détermination extérieure ; tout mouvement, quelque nécessaire qu'il soit, est libre, à condition qu'il ne vienne pas du dehors. Dans Hegel, le monde est une production libre, mais non dans le sens vulgaire de ce mot ; Dieu n'a pas eu le choix, il n'a pu produire le monde ou ne pas le produire, le produire tel qu'il est ou différent ; non, tout ce qui existe, existe nécessairement ; Dieu n'a fait que se manifester lui-même, et en vertu de sa nature il ne pouvait pas se manifester autrement. Nous sommes bien loin, comme on le voit, de la doctrine chrétienne, et ce n'est pas une liberté pareille qui peut constituer la personnalité. Quant à la conscience divine, elle est réalisée dans l'homme qui a la science absolue, qui est arrivé à posséder l'Idée. Il serait un être hors de l'homme qui possédât cette conscience, qu'il n'en saurait pas plus que l'homme, il ne serait pas plus que lui ; car la science absolue nous la connaissons, nous l'avons acquise ; elle est l'abandon même de la subjectivité, elle est la compréhension de l'identité de tout, et la conscience de Dieu n'est rien autre. Où chercher d'ailleurs un Dieu différent de la manifestation, du monde ? Dieu ne peut être que l'Idée absolue ; or l'Idée, ce terme le plus élevé du processus universel, n'est quelque chose que comme unité des manifestations, comme identité dernière de toutes les catégories. Enlevez-lui le monde, elle redevient l'être abstrait, la catégorie la plus vide et la plus insignifiante, le néant.

Hegel s'est beaucoup plu à combattre le déisme et à faire ressortir la nullité et l'inconséquence de cette doctrine. Qu'elle soit fausse et superficielle, qu'elle n'explique rien, qu'elle soit stérile, qu'elle fourmille de contradictions, que placée en regard du dogme magnifique que le christianisme nous a révélé, elle soit vaine et impuissante, nous l'accordons; mais après tout nous la préférerions au panthéisme athée de Hegel; elle est une demi-négation, il est vrai, mais Hegel est la négation entière; elle retranche de la Trinité le Verbe et l'Esprit, mais Hegel retranche le tout. Sa discussion sur le déisme porte sur la distinction affirmée par celui-ci, de Dieu et du monde. Or, cette distinction, le dogme chrétien la suppose aussi; du point de vue chrétien, Hegel est athée.

Et pourtant Hegel s'est dit chrétien; il a fait plus, sa philosophie de la religion est à la gloire du christianisme, qui y est déclaré la religion vraie, la religion absolue, et il s'est attaché à faire lui-même la théorie du dogme fondamental de cette religion, du dogme de la Trinité! C'est que Hegel a su conserver les noms en supprimant les choses. La méthode contient trois moments :

l'en soi, l'être autre, le retour à soi ; à ces trois moments correspondent dans la science, la logique, la science de la nature, la science de l'esprit ; dans l'Idée absolue, dans Dieu, Dieu le Père, Dieu le Fils, Dieu le Saint-Esprit. Dieu le Père, c'est l'Idée absolue en soi, c'est l'être absolu ; Dieu le Fils, c'est l'être dans sa manifestation, dans sa négation, dans le monde ; Dieu le Saint-Esprit, c'est l'être revenant à lui-même, la connaissance s'élevant à Dieu dans l'esprit humain. Cette théorie de la Trinité est aussi étrangère au dogme chrétien que le Dieu de Hegel est différent du Dieu chrétien. Il en est de même de ses affirmations historiques sur le christianisme. La révélation de Jésus-Christ a posé l'idée absolue *en soi* ; elle a formulé le grand principe que l'homme était Dieu et que Dieu était homme. C'était l'œuvre de la philosophie de lui faire faire son évolution et d'en établir la vérité complète. Bien entendu le mot de révélation n'a pas ici le sens que l'on y attache du point de vue chrétien. Hegel se sert souvent du mot de révélation, religion révélée ; mais il joue sur les mots, et profite du double sens du mot allemand *Offenbar*, pour dire religion révélée et entendre religion évidente. En supposant même que Hegel admît le fait historique de la révélation de Jésus-Christ, cette révélation ne serait toujours pour lui que l'intuition philosophique d'un homme. Mais il n'est pas même sûr qu'il ait admis le fait historique; dans la philosophie de la religion il présente la formation du dogme chrétien comme le produit de la première société chrétienne. Strauss s'est appuyé sur lui, non sans raison, et la plus grande partie de l'école a fini par se prononcer dans ce sens.

La scission se déclara dans l'école sur un autre point encore, sur la question de l'immortalité de l'âme. Tout le développement philosophique, depuis Kant, concluait à la négation de ce dogme. On ne peut le démontrer en effet que du point de vue moral; on n'est forcé de l'admettre que parce que sans une vie future la loi morale manquerait de sanction, et que pour l'individu l'obéissance et la désobéissance seraient indifférentes. Métaphysiquement il suppose l'existence d'une substance une et indivisible, indépendante du corps en tant qu'être, et durant après la destruction de celui-ci. Or, dans Kant même, la preuve morale n'était pas comprise véritablement; ses successeurs, tout préoccupés du côté métaphysique, la négligèrent complétement; et quant à ce qu'ils ont fait de la substance et de sa durée, nous l'avons vu. Pour Hegel, l'homme est un être concret, un concept où l'âme et le corps sont intimement liés. Le corps est la manifestation, l'existence extérieure de l'âme; l'âme est le germe, l'idée du corps. L'âme est l'homme en soi, le corps l'est dans son être autre; l'homme véritable est l'identité de tous les deux. La mort est la destruction même du concept, sa négation ; par elle le sujet et l'attribut sont séparés : l'homme est dissous, il rentre dans l'être universel, dans le tout absolu. On ne voit donc pas ce qui pourrait être immortel en lui ; et, malgré quelques passages louches, il faut croire, avec la plus grande partie de l'école, que pour Hegel il n'y a pas d'autre monde, que ni Dieu ni l'esprit ne sont dans un ciel imaginaire, que ce ciel est sur terre, que l'être passe tout entier dans l'existence, et qu'il n'y a que ce *côté-ci* et non *un autre côté*. La véritable immortalité est celle qui a été enseignée récemment par un des principaux membres de l'école : c'est l'éternelle incarnation de Dieu et l'éternelle déification de l'homme. Dieu serait éternellement l'être abstrait, le vide, le néant, s'il ne se déterminait éternellement. Ces déterminations, ce sont toutes les créatures, c'est la multitude des hommes qui naissent à chaque moment. Mais ces déterminations sont finies et changeantes ; elles disparaissent éternellement aussi, et sont reprises dans l'unité absolue de l'être. Il n'y a d'éternel que l'idée absolue, la raison ; celui qui s'y sera élevé possédera l'éternité ici-bas : en espérer un autre, c'est de l'égoïsme, c'est vouloir être quelque chose indépendamment du grand tout.

D'après ce qui précède on comprend que la grande question de la destinée morale de l'homme et celle de l'origine du mal, sont dépouillées de leur valeur, et apparaissent comme des questions purement accessoires. Comme elles sont très-importantes, nous nous y arrêterons un moment.

Suivant l'opinion commune, il faut pour que l'idée du bien et du mal puisse exister, qu'il soit donné une loi qui détermine l'un et l'autre. Cette loi, c'est la morale. Les actions que la morale commande sont le bien, celles qu'elle défend sont le mal. Hors de cette loi, ces mots n'ont aucun sens, si ce n'est qu'ils expriment le plaisir et la douleur, dont nous n'avons que faire ici.

Suivant l'opinion commune aussi les commandements de la loi morale seraient vains, si l'homme, qui doit les accomplir, n'était doué de libre arbitre, ne pouvait choisir d'y obéir ou d'y désobéir. Et vice versa, la liberté serait un don insignifiant et nul, si le choix n'était proposé, s'il n'avait un objet dans la loi morale.

C'est de ce point de vue qu'on dit bonne une volonté qui se soumet à la morale, mauvaise celle qui s'y refuse. Hors de la morale et de la différence du bien et du mal, ces mots n'auraient pas de signification.

De fait, la morale chrétienne nous ordonne de sacrifier à un but plus élevé certains de nos penchants, de nos désirs, nos sentiments personnels et égoïstes, quelquefois notre vie même. C'est à cause de ce commandement, que nous faisons le mal lorsque nous refusons ce sacrifice. Si le commandement n'existait pas, l'acte d'égoïsme pourrait être appelé imprudent, contraire à notre intérêt, irréfléchi, etc., mais le mot de mauvais ne lui serait pas applicable.

Ceci posé, quelle est la doctrine de Hegel sur ce point?

Le concept, l'idée qui constitue l'homme, c'est la volonté ou la liberté. Dans sa généralité, ce concept n'est que *la détermination par soi*, la puissance de n'agir que par soi; dans sa particularisation cette volonté se manifeste par les besoins, les instincts et les penchants, qui nous portent à n'agir que dans un but déterminé.

Comme unité primitive de la généralité et de la particularité, comme ensemble non encore distingué de la détermination par soi et des instincts, l'homme est dit naturellement bon.

Mais, suivant la méthode, il faut que la diremtion arrive; les deux côtés se séparent et se posent isolément l'un en face de l'autre. Cette diremtion est le mal, et comme elle doit nécessairement avoir lieu, l'homme est dit naturellement mauvais.

Le bien en soi et le mal sont donc considérés comme des manières d'être, nécessaires toutes deux, du sujet. Mais il existe, en outre, pour Hegel un bien absolu. La volonté, comme toutes les catégories de la pensée, est une réalité générale, dont toutes les volontés individuelles ne sont que des expressions diverses. Or cette volonté générale se manifeste dans les mœurs et les institutions, savoir : dans la famille, dans les relations de la société civile et économique, et dans les relations de la société politique, dans l'état. Dans ces relations, les besoins et les penchants de la volonté instinctive trouvent leur satisfaction, et cette satisfaction est réglée par le concept général de la volonté, par la liberté. Les déterminations logiques qui naissent de l'idée de la famille, de la société civile et de l'état, combinées avec le principe de la liberté et de la généralité, constituent les devoirs et forment ainsi l'objet réel de la volonté subjective.

Telle est la théorie de Hegel à ce sujet. Or il est facile de voir que cette théorie conclut directement à la négation de la différence du bien et du mal, à la négation de la morale même. Hegel appelle le mal la diremtion; mais en vertu de quel droit? Pourquoi le deuxième moment de la méthode est-il plutôt le mal que le premier et le troisième? Ce mot, Hegel l'a pris au dehors, il l'a emprunté à la logique ordinaire, où il a une signification bien déterminée ; il l'a fait entrer de force dans son système, où il n'en a aucune. La diremtion en soi n'est pas plus mauvaise que l'unité; une chose ne peut être mauvaise que du point de vue d'une loi qui la défend, d'un principe supérieur qui détermine ce qui est mal. Ici il n'est pas de loi, il n'est pas de principe supérieur. Le mal ne peut être que ce qui est défendu, et les actions particulières ne sont mauvaises qu'en tant qu'elles sont défendues; ici il n'y a rien de défendu, tout est nécessaire au contraire, et doit être, et on déclare mauvaises les actions particulières par cela qu'elles sont particulières. La signification ordinaire du mot *mal* est donc niée, et avec elle l'existence de la chose même. L'homme qui offenserait par ses actes ce que Hegel appelle le bien absolu, ne ferait donc pas le mal dans l'acception commune, il préférerait simplement le second moment de la méthode au troisième, ce pourquoi on ne pourrait lui en vouloir.

Hegel appelle *devoirs* les déterminations du bien absolu. Mais le mot *devoir* suppose une loi vis-à-vis de laquelle les individus sont obligés; ici on nous pose des faits sans nous dire d'où peut venir leur force obligatoire. Ils n'en ont aucune en effet, toute leur puissance réside dans la contrainte extérieure, et je leur échappe si je suis assez habile pour me soustraire à cette contrainte. La raison, dites-vous, veut que je m'y soumette; mais ma passion ou mon intérêt parlent bien plus haut que la raison, et ils veulent le contraire; ne sont-ils pas aussi des manifestations de la volonté, et pourquoi irai-je m'embarrasser du général, quand je me trouverai bien mieux du particulier? D'ailleurs vos devoirs sont des faits, c'est du fait que vous les déduisez; or si dans un cas particulier je fais le mal, si je viole, par exemple, la sainteté du mariage, le fait général du mariage n'en existera pas moins, il n'en subsistera pas moins d'autres ménages unis, un acte particulier ne détruit pas le bien en général. Si tous le violent, si le fait disparaît complétement, que deviennent vos devoirs? Ils cessent d'être, le mal devient le bien.

A quoi bon, du reste, cette distinction du bien et du mal, cette théorie embarrassante des devoirs? Liberté et nécessité ne sont-ils pas synonymes pour Hegel? La faculté de choisir n'est-elle pas une apparence trompeuse qui n'a pas de réalité? La liberté dans le système, c'est la subsistance en soi du concept, c'est la propriété qu'il possède de ne se déterminer que par les forces qui lui sont inhérentes, de ne pas être déterminé par une cause extérieure. Mais le développement de ces forces intérieures est nécessaire, elles manifestent fatalement leur contenu, et, suivant Hegel, c'est de la vanité de croire qu'on a la faculté du choix. Or, il est ridicule de proposer des devoirs à des êtres qui n'ont pas la possibilité du choix; il est cruel et injuste de flétrir du nom de scélérats des hommes qui n'ont obéi qu'aux lois fatales de leur nature en commettant des crimes; c'est une niaiserie d'honorer les hommes vertueux et dévoués, comme s'ils avaient pu ne pas l'être. En pratique comme en théorie, toutes les notions morales sont donc absolument ruinées dans ce système.

Si les conséquences morales de la doctrine de

Hegel sont désespérantes, trouverons-nous une compensation dans sa conception générale du monde et de la société? L'homme, courbé sous cette fatalité immense où il ne reste de la liberté que le nom, se consolera-t-il en songeant qu'il n'est que le rouage d'une œuvre magnifique, que sa petitesse doit disparaître dans les proportions colossales et sublimes du but universel?

Malheureusement non. Qu'est-ce que l'univers? C'est l'être abstrait, le néant, se manifestant par des négations posées en lui-même, suivant la méthode la plus sèche et la plus monotone. L'univers, c'est un mouvement de va et vient dans le vide. Il n'est pas question ici de but, de prévision, d'harmonie. Ce n'est pas une grande pensée qui a engendré tout ce monde a priori. L'univers est tel parce qu'il est tel; il est la manifestation d'un être qui ne pouvait que se manifester ainsi; hors de ce qui existe, de ce que nous voyons, de ce qui nous touche, il n'y a que le néant. Ce monde-ci est le seul, il n'est rien au delà. Tout le mal, toutes les douleurs, tout le dévouement dépensé ici-bas, n'ont qu'une seule récompense à attendre, c'est la philosophie absolue.

La nature et le monde intellectuel ne sont donc que de simples manifestations de l'Idée, manifestations parallèles à la logique, et partant comme celle-ci du point le plus inférieur pour arriver à l'Idée absolue.

La nature, c'est l'*être autre* de l'Idée. On a reproché avec justice, je pense, un défaut capital à la théorie de Hegel sur la nature. Le passage n'est pas établi entre cette théorie et la logique. Tout semble terminé en effet, lorsque celle-ci aboutit à l'Idée absolue; tout paraît dit, et cependant on retombe immédiatement dans le commencement pour parcourir une seconde fois la même échelle ascendante. C'est qu'en vérité on ne voit pas la nécessité de la nature dans le système, et si on l'y a fait entrer, c'est de force, comme un fait qu'il faut expliquer. La nature est donc pour Hegel la manifestation extérieure de l'Idée. Cette manifestation, tout en reproduisant les données générales de l'Idée, est très-imparfaite par cela même qu'elle est extérieure à l'Idée, que celle-ci est hors d'elle-même. C'est donc une bien grande erreur de chercher l'unité, la sagesse, le but, dans la nature. La nature est essentiellement capricieuse et désordonnée; tout y est marqué au coin du hasard et de la contingence; c'est la raison aliénée. Pense-t-on découvrir jamais pourquoi il y a tant d'espèces de perroquets, ni plus ni moins, tant de genres d'insectes, etc., etc.? Dans la nature, l'irrégularité est partout; les lois générales qu'on y découvre ne sont que des reflets affaiblis de la logique. C'est dans celle-ci qu'il faut chercher la vérité; la nature n'en offre qu'une image obscurcie.

Malgré cela, Hegel chercha à déduire les essences générales de la nature. Nous ferons connaître, en exposant cette partie du système, les résultats tout à fait singuliers où il est arrivé. Qu'il nous suffise de dire ici que chacune des idées générales de la logique devient ici un être général, une espèce particulière de mouvement-substance, et que la nature est l'ensemble de ces êtres. L'hypothèse de Descartes, suivant laquelle il n'y a que de la matière mue suivant certaines lois qu'il s'agit de déterminer, cette hypothèse, qui est encore celle de tous les savants proprement dits, est tout à fait abandonnée ; nous verrons si celle qui la remplace peut être plus fructueuse.

Nous exposerons dans des chapitres spéciaux la philosophie de la religion et de l'esthétique qui sont des formes de l'absolu, ainsi que la philosophie du droit. L'histoire est l'ensemble de tous ces mouvements particuliers de l'Esprit, elle est la manifestation de l'Idée qui sort de la nature et rentre en elle-même. Dans l'homme, tel qu'il sort des mains de la nature, l'élément naturel est dominant encore ; c'est encore le règne des lois fatales et contingentes ; l'esprit, le concept est bien loin de s'être conçu lui-même. Le but et la fin du développement historique est de rétablir l'Esprit dans sa liberté, c'est-à-dire le concept dans sa vérité ; c'est la réalisation de l'Idée absolue, le rétablissement de l'unité entre la logique et la nature. Le mouvement est parallèle à celui de la logique et de la nature. L'Idée se retrouve dans son commencement, et doit une troisième fois gravir l'échelle. De l'individualisme absolu, l'esprit s'élève au sentiment de la famille, et c'est une première unité ; les esprits des familles se réunissent entre eux et forment un échelon plus élevé, les esprits des peuples ; et l'histoire n'est que la dialectique à la fois simultanée et successive de ces esprits entre eux. C'est-à-dire on transporte le réalisme des idées générales dans l'histoire ; on fait de l'ensemble des caractères physiques, des mœurs, des croyances, des institutions d'un peuple, une idée générale à laquelle on accorde une existence propre, et qu'on appelle l'esprit de ce peuple. Cet esprit se manifeste objectivement dans les lois, dans les coutumes, dans les croyances de ce peuple, subjectivement dans les individus dont il se compose et dont chacun n'est qu'une manifestation particulière de cet esprit général. Ces esprits des peuples correspondent aux idées logiques, ils se développent, se nient, s'engendrent réciproquement. La surface du globe, préparée par l'Idée suivant la même loi, est le théâtre de cette dialectique. L'Orient présente le moment de l'en soi, de l'être, de la substance absolue ; l'esprit est dans sa forme immédiate, dans son identité absolue ; la diversité ne s'est pas encore fait jour, la liberté appartient à un seul, au maître, c'est le règne du despotisme. Dans le monde grec et romain, la liberté s'est fait jour ; mais elle n'est qu'à l'état de particularité, quelques-uns sont libres ; l'élément universel d'ailleurs est nié, la liberté apparaît sans lien et comme négation pure. La fin de l'œuvre est réservée aux nations chrétiennes et germaniques, c'est à elles de réconcilier la généralité et la particularité, c'est-à-dire d'appliquer la liberté à l'espèce entière, d'opérer la réalisation complète du concept. Elles sont la fin de l'histoire.

Il nous reste à dire quelques mots de l'histoire de la philosophie, suivant Hegel. C'est sur cette partie de son système que se fonde l'éclectisme français. Pour Hegel chaque système philosophique est un moment de l'Idée absolue; mais un moment isolé et présenté comme étant la totalité complète. Chaque système est donc vrai, mais en partie seulement; la vérité complète est dans l'ensemble de tous les systèmes, dans la philosophie proprement dite, celle de Hegel. Ainsi, par exemple, la logique fait voir que l'être pur est l'absolu sous un certain rapport; à ce moment de l'Idée correspond l'école éléate qui nie tout, sinon l'être; la logique fait voir que l'être est identique au rien; à ce moment répond la doctrine des Bouddhistes pour lesquels Dieu est le néant; c'est ainsi que le système des monades répond à la quantité discrète; le matérialisme du dix-huitième siècle, à la succession incessante des causes et des effets. Tous ces systèmes sont vrais, mais ils n'ont qu'un côté de la vérité; le droit du contraire n'y est pas reconnu; la philosophie absolue a pour but de démontrer l'unité de ces contraires. On voit que M. Cousin est parti de l'idée de Hegel, mais qu'il l'a arrangée à sa façon. Suivant M. Cousin, toute doctrine contient du vrai et du faux, il ne s'agit que d'y discerner le vrai, d'en retrancher le faux, et de bâtir un système entier avec les matériaux ainsi rassemblés. Cet arrangement, il faut le dire, ôte toute son originalité à la pensée de Hegel. Pour lui le grand problème philosophique était d'établir l'identité de la contradiction. C'est cette idée fondamentale de l'éclectisme hegelien que M. Cousin a négligé de transporter dans le sien. On en conçoit du reste la raison. Le sentiment pratique est trop profond en France, pour qu'on puisse lui présenter aussi crûment la contradiction érigée en système. Tous les emprunts que l'éclectisme a faits à Hegel sont dénaturés de la même manière. Ainsi l'on trouve dans l'éclectisme une raison éternelle, absolue, impersonnelle; c'est bien l'Idée absolue de Hegel; mais cette Idée absolue n'est plus un résultat de la méthode, elle n'est plus la pensée se comprenant elle-même; l'identité en elle de l'homme avec Dieu n'y est présentée que timidement et cachée sous un flot de paroles pompeuses. Le Dieu de M. Cousin semble bien être le même que celui de Hegel; mais on chercherait vainement à le prouver : les formes rhétoriciennes du philosophe français s'appliquent à toute espèce de panthéisme. Toute la logique de Hegel est remplacée dans M. Cousin par l'idée du fini, de l'infini et de leur rapport. Lorsque M. Cousin dit qu'une dialectique habile fait rentrer tous les rapports métaphysiques dans celui-ci, c'est sans doute de la dialectique de Hegel qu'il entend parler; mais nous ferons observer que pour Hegel le fini et l'infini sont des catégories très-inférieures, des catégories de l'être abstrait, et que sa dialectique, qui consiste à unir les contradictoires, ne se retrouve nullement dans M. Cousin. L'éclectisme a, en outre, fait abstraction de toute la partie psychologique de la doctrine hegelienne, partie si essentielle pourtant, et s'est tenue à Reid sous ce rapport. La méthode de Hegel devenait donc inapplicable. La seule partie qui en ait été calquée à peu près littéralement est la philosophie de l'histoire et la conclusion politique du temps actuel. Hegel aussi voyait dans le système établi en Europe, à la suite de la chute de Napoléon, la conciliation des éléments opposés et le commencement de la réalisation de l'Idée.

———

Telles sont les conclusions générales de la doctrine de Hegel. Ces notions préliminaires nous permettront d'aborder notre auteur, dans sa forme à lui particulière, et d'analyser ses œuvres en conservant ses propres expressions. On connaît sa méthode générale; mais, comme l'exposition particulière est hérissée de difficultés, nous croyons utile encore, afin de la rendre plus intelligible, d'indiquer les moyens généraux de raisonnement par lesquels Hegel établit ses déductions.

Ces moyens, c'est d'abord l'indécision et la flexibilité de la langue allemande qui les lui fournit, surtout la faculté qu'elle offre de substantiver tous les mots et de les composer. Hegel substantive non-seulement les adjectifs et les infinitifs, mais les adverbes et les prépositions, mais des phrases entières. L'*en soi*, le *pour soi*, *l'être* (infinitif) *autre*, *l'être* (inf.) *réfléchi dans un autre*, etc., offrent des exemples de ce procédé. Ces déterminations, qui n'indiquent que de simples rapports, deviennent ainsi par la forme du langage des réalités substantielles, et on les considère comme étant quelque chose par elles-mêmes, comme étant l'être, la substance même.

La langue allemande en outre contient une foule de mots qui offrent un double sens, comme, par exemple, le mot français livre, qui se dit d'une livre monnaie et d'une livre poids. Or, Hegel ne se fait pas scrupule de se servir des mots de cette espèce dans leur double sens pour exprimer un seul et même rapport. Nous avons déjà vu l'emploi de cette méthode dans le mot *aufheben*, qui veut dire en même temps conserver et supprimer, et dans le mot *offenbar*, qui signifie évident, et qui est presque synonyme de *geoffenbart*, révélé. Nous en trouverons d'autres encore; des déductions très-sérieuses reposent souvent sur des confusions de ce genre.

En vertu du même procédé, on décompose les mots et on leur donne un sens prétendu étymologique qu'ils n'ont pas. Ainsi on fait de *Urtheil* (le jugement), un partage primitif, et ainsi de beaucoup d'autres. La langue allemande, dit-on, est tellement philosophique, que ses formes mêmes expriment les données de la vraie philosophie. Malheureusement chaque doctrine peut soutenir la même assertion pour chaque langue, si, en la contournant, elle arrive à y trouver quelques points d'appui; ces étymologies forcées sont de faible poids si les autres langues les contredisent; la philosophie qui s'appuie sur elles abdique la raison pour s'amuser aux jeux de mots.

Mais il ne suffit pas à Hegel de tourmenter la langue allemande; son propre système lui fournit les raisonnements les plus singuliers.

Ce qui est prouvé de la pensée est censé prouvé du fait, et *vice versa* : par exemple, la pensée est générale, donc l'être est général; la quantité est une pensée générale, donc elle est un être général.

Toutes les idées qui se supposent réciproquement sont déclarées identiques : par exemple, le négatif suppose le positif, donc il est identique avec lui; la cause suppose l'effet, donc elle est identique avec lui; l'unité suppose la pluralité, donc l'unité et la pluralité sont la même chose.

Ce second raisonnement combiné avec le précédent donne des conclusions comme celle-ci :

tel être est en même temps cause et effet, unité et pluralité, etc.

Toute opposition est déclarée contradictoire, et du moment qu'un être est composé, on en déduit qu'il est contradictoire dans ses termes.

Tout ce qui peut se démontrer d'une idée particulière, comprise sous une idée générale, est censé prouvé pour l'idée générale (qui est en même temps réalité générale) : par exemple, il y a des jugements positifs et des jugements négatifs; donc le jugement (réalité générale) est en même temps affirmation et négation. Il y a différents *quanta* qui s'excluent réciproquement, donc le *quantum* (réalité générale) est contradictoire en lui-même.

De ce que deux termes d'un rapport peuvent s'appliquer à un même être, on conclut que le rapport n'existe pas ou que les termes sont identiques. Ainsi, de tel objet, on peut dire suivant le point de vue d'où on le considère, ceci et cela; donc ceci et cela sont identiques. Une seule et même chose peut être condition de l'existence d'une autre, et en même temps être conditionnée par d'autres, avoir ses propres conditions dans d'autres : la condition et la chose conditionnée sont donc identiques.

Lorsque l'identité des deux termes d'un rapport a été déclarée, le rapport n'en est pas moins conservé, mais comme détermination une et générale; ainsi, dans l'exemple précédent, le rapport des conditions à la chose conditionnée subsiste comme *nécessité*.

Quand il est démontré d'un être qu'il est contradictoire en lui-même, qu'il possède de la négation ou une relation en lui, on en conclut qu'il est deux ou plusieurs êtres qui sont en rapport. Ainsi, l'unité étant le résultat du retour de l'être sur lui-même, est pluralité. La chose contingente étant possible, elle est possibilité, condition d'une autre chose ; la volonté (dans le droit) étant rapport négatif à soi, est plusieurs volontés entre lesquelles le rapport est le contrat.

La copule *est* suppose toujours que l'attribut vaut définition. C'est là, suivant Hegel, le véritable emploi de la copule, l'emploi spéculatif, conforme à la raison. Aussi s'en sert-il dans ce sens le plus souvent possible; pas toujours cependant, car il est clair que si la copule ne remplissait quelquefois l'office de simple affirmation, tout raisonnement serait impossible. Pour Hegel, quand on dit qu'une chose *est* telle, que l'homme, par exemple, est bon ou mauvais, on n'exprime pas là de simples rapports, mais l'essence même du sujet. Il méprise profondément les philosophes de l'entendement qui distinguent les divers rapports d'une même chose, et suivant qu'ils la considèrent sous tel rapport ou sous tel autre, en affirment des propriétés contraires. Aussi pour lui le rapport affirmé d'une chose vaut définition de la chose même, et ce principe est entre ses mains un moyen puissant pour établir des identités et des différences. C'est ainsi que les catégories de l'essence sont déclarées contradictoires en elles-mêmes et identiques l'une de l'autre, parce qu'elles *sont* toutes *rapport à soi* et *rapport à un autre*; c'est ainsi que les mots *en soi* et *pour soi* dont on fait usage si fréquemment sont pris indifféremment et en même temps dans toutes leurs acceptions. *En soi* signifie en effet, 1° la chose en soi, indépendamment de ses rapports; 2° la chose avant qu'elle soit développée; le germe est l'arbre en soi, l'enfant est l'homme en soi; 3° la chose telle qu'elle est pour nous, telle que nous la connaissons au premier abord, et non telle qu'elle *est* réellement, sens précisément opposé au premier. Le *pour soi* se dit généralement d'une réflexion, d'un retour de l'être sur lui-même, retour dont résulte l'unité et la négation de la différence. La chose est donc *pour soi* quand elle est seulement en rapport avec soi, rapport qui le plus souvent suppose que la chose se connaît; la chose qui est *pour soi* est telle qu'elle est réellement et qui se sait telle. La chose *en et pour soi* est telle qu'elle est, pour elle et pour nous.

C'est par des raisonnements et des formules de cette nature que Hegel a prétendu renverser toutes les notions admises jusque-là par la raison commune. On a droit de s'étonner que cette tentative ait été faite sérieusement avec des armes pareilles. L'entendement est opiniâtre, dit Hegel quelque part; il faut donc lui porter des coups plus rudes; son triomphe serait trop facile s'il n'avait à lutter que contre des jeux de mots et des déductions qui sont la dérision de la logique. Il faut le suivre sur son propre terrain, le combattre avec les armes dont il se sert, attaquer une à une toutes les distinctions qu'il établit, toutes les contradictions qu'il prétend insolubles. Or, c'est ce que Hegel n'a pas fait; un examen plus détaillé de son livre nous fera voir que l'entendement peut braver encore d'autres périls.

LE SYSTÈME DE HEGEL.

PREMIÈRE PARTIE.

LA LOGIQUE [1].

La logique est la théorie de l'engendrement de toutes les idées générales. Elle embrasse tout ce que dans l'ancienne philosophie on comprenait sous le nom de métaphysique pure. Les explications que nous avons données dans l'introduction nous permettent d'aborder immédiatement ce sujet difficile. Nous exposerons la théorie de Hegel dans ses propres termes autant que possible [2], en prenant pour base l'Encyclo-

---

[1] *Encyclopédie*, 1ʳᵉ partie (tome I de l'éd. de 1840). — *La Logique*, 3 vol. in-8°. 1ʳᵉ éd. 1812-1816. 2ᵉ éd. 1831-34. — Hegel préparait cette seconde édition au moment de sa mort, mais il n'en publia lui-même que le premier volume; les deux derniers ont été réimprimés sur l'édition ancienne.

[2] La partie purement analytique est distinguée des observations critiques par des guillemets placés au commencement et à la fin de chaque division. L'*Encyclopédie* se compose d'une suite de paragraphes très-concis et affectant une rigueur mathématique, accompagnés le plus souvent d'appendices explicatifs. Nous traduisons les paragraphes quand c'est possible; nous analysons les appendices. De là les formes insolites et peu françaises dont nous avons dû faire usage. Ce ne sont pas des germanismes, car elles sont aussi étrangères à la langue allemande qu'à la langue fran-

pédie, où l'exposition est plus claire, plus facile et plus résumée que dans la Logique, dont nous ne nous servirons que pour suppléer aux obscurités de l'Encyclopédie. Les remarques critiques que nous joindrons à cet exposé auront principalement pour but de rendre la pensée de Hegel plus intelligible en la mettant en opposition avec les idées communes. Nous espérons que la critique de la dialectique hegelienne ressortira de cette opposition même; il suffira de déterminer nettement et de préciser les idées que Hegel a prétendu déduire pour faire voir que la déduction est fausse. Une dernière observation est indispensable. Il nous arrivera souvent de dire qu'une idée que Hegel présente comme déduite, comme conséquence, comme résultat médiat, que cette idée est immédiate, primitive. Nous serions fâché que l'on interprétât mal notre pensée. Nous croyons en effet qu'il est des idées immédiatement données par le fait même, c'est-à-dire que nous concevons aussitôt que l'esprit est mis en présence du fait et qui ne se déduisent pas d'une autre idée; toutes les perceptions de ce genre résultent immédiatement de notre faculté de percevoir. Mais nous ne prétendons pas dire que cette faculté de percevoir soit immédiate elle-même, qu'elle puisse s'exercer sans avoir été

çaise. Hegel s'est créé un langage à part, moins choquant, il est vrai, en allemand qu'en français.

apprise ; nous croyons, au contraire, que l'enseignement et la parole en sont les conditions indispensables, et que sans ces conditions extérieures nous n'aurions jamais d'idées. Un exemple pourra éclaircir notre pensée. La perception de la couleur, du rouge et du bleu, est une perception immédiate ; nous voyons le rouge et le bleu, parce qu'il y a du rouge et du bleu ; il n'est pas besoin de déduction pour ces idées; elles résultent immédiatement de la vision. Mais la vision elle-même a besoin d'être apprise ; on peut en faire l'expérience sur un enfant quelconque ; quoiqu'il voie dès le commencement, il n'aura une idée distincte des couleurs que lorsqu'on lui aura appris à faire la distinction, lorsqu'on lui aura montré et nommé les couleurs en regard l'une de l'autre. Il en est de même, à plus forte raison, de toutes les idées immédiates de la métaphysique, des idées de cause, de substance, etc. Quand donc nous nous servirons de ce terme, il est entendu que nous ne l'employons que par rapport à la source, à la cause des idées, et non par rapport à la manière dont nous les acquérons. Entrons en matière.

I. L'*ÊTRE*.

A. LA QUALITÉ.

(Être; Néant; Devenir; Qualité; Limitation; Fini et Infini.)

« a. L'*être*. Le commencement doit être pris dans ce qu'il y a de plus primitif et de plus immédiat, dans ce qui ne résulte d'aucune médiation, ce qui n'est engendré par rien qui précède. Ce commencement, c'est l'être pur et abstrait, ou, ce qui revient au même, la pensée dans sa plus grande généralité, la pensée sans rien de déterminé auquel elle soit arrêtée. C'est l'indéterminé même, non comme résultant d'une abstraction de la détermination, mais l'indéterminé immédiat, qui précède toute détermination.

L'être, ainsi considéré, appliqué comme prédicat à l'absolu, donne la première définition de celui-ci : l'absolu c'est l'être; définition encore tout à fait vide et qui n'apprend rien.

Cet être pur est l'abstraction pure, c'est-à-dire ce qui est absolument négatif; c'est le penser à rien, c'est le rien, le rien posé aussi immédiatement que l'être et identique avec lui. De là, une autre définition de l'absolu; celle des bouddhistes : l'absolu est le rien. Le rien, en tant qu'immédiat, homogène, est la même chose que l'être. La vérité de l'être aussi bien que du rien est donc l'unité des deux; cette unité est le devenir.

La proposition : être et rien sont la même chose, semble paradoxale. Rien n'est plus vrai cependant. On croit la chose incompréhensible ; mais de fait nous avons une infinité d'idées dans lesquelles cette unité nous paraît très-naturelle ; par exemple l'idée de *devenir* même dont il s'agit ici. Qu'on analyse cette idée que tout le monde comprend, on verra qu'elle tient de l'idée d'être, mais aussi de ce qui n'est pas, du rien, et dans cette idée une on verra ces deux côtés liés inséparablement. L'idée du *commencement* offre un autre exemple du même fait ; la chose n'est pas encore quand elle commence, cependant elle n'est pas non plus rien ; et ainsi de beaucoup d'autres.

Du reste, la proposition : être et rien sont la même chose, ne doit pas être prise isolément ; la proposition contraire : être et rien sont différents, est aussi rigoureusement vraie. Ces affirmations paraîtront toujours louches ; car, quoique chacune exprime bien la vérité, la première fait ressortir davantage l'unité, la seconde la différence. Nous disons qu'elles expriment bien la vérité ; car la différence est contenue aussi dans la première, puisque l'identité est affirmée de deux contraires ; de même à l'inverse pour la seconde. Malheureusement la langue n'offre pas le moyen de donner le sens vrai à la proposition, de faire ressortir également l'unité et la différence.

Ceci peut faire comprendre combien sont vains et futiles ces fameux principes dont l'entendement fait tant de bruit : rien ne vient de rien ; quelque chose vient toujours de quelque chose. Ces axiomes ne peuvent servir d'appui qu'au panthéisme ; suivant la doctrine chrétienne, le monde a été fait de rien.

Le devenir n'est qu'un mouvement, un frottement de l'être et du non-être, une non-quiétude de l'être. Il a pour résultat le point où ces deux éléments ont perdu leur caractère immédiat, où leur contradiction est effacée dans leur rapport. Ce résultat est une unité dans laquelle ils ne sont eux-mêmes que des moments ; il est lui-même l'être, mais l'être affecté d'une détermination, d'une négation ; c'est le *ce qu'il y a*, le *quod est* [1]. »

« b. Le *quod est*. Le produit du devenir est le *quod est*, ce qu'il y a, ce qui est, ce dont nous disons : ceci et cela. C'est une première détermination, une première négation posée dans l'être ; c'est la différence du *ceci* et du *cela*, la *qualité*.

---

[1] Le terme technique, le *daseyn*, dont se sert ici Hegel, est intraduisible en français. Il signifie ordinairement l'existence, dans le sens de ces phrases : avoir l'existence, je lui dois l'existence. Nous ne pouvons le traduire par ce mot parce que celui-ci se représentera plus tard. Au fond, c'est le synonyme allemand du mot existence ; mais Hegel lui crée ici un sens spécial, sens qui n'a de valeur que dans son système. Pour le comprendre, qu'on généralise si l'on peut cette idée : ceci est ; il y a ceci, cela ; et l'on aura ce que Hegel entend par le *daseyn*, et ce que nous traduisons par le *quod est*.

La qualité est donc l'être déterminé; comme détermination qui est, elle est la réalité, c'est-à-dire l'existence extérieure, positive, ainsi qu'on dit qu'une chose est réelle et non-seulement imaginaire. Cette détermination est tout à fait inhérente à l'être; en la modifiant, on modifie l'être même; la qualité diffère en cela de la quantité, qui n'est qu'une détermination extérieure, dont la modification n'entraine pas celle de l'être. Ce qui constitue la qualité est donc la négation inhérente à l'être, car toute détermination est négation. Le bleu n'est bleu que parce qu'il est la négation du rouge, du vert, etc.; un pré n'est pré que parce qu'il n'est pas vigne, champ labouré, étang, etc. Mais cette négation n'est plus un simple rien comme dans la catégorie de l'être abstrait; elle est elle-même quelque chose, une détermination, un *quod est* en dehors de la qualité. Or ceci donne lieu à la dialectique de la qualité.

La qualité n'est que par sa détermination, sa négation. Celle-ci lui étant extérieure, elle n'est que par rapport à quelque chose d'autre; elle n'est pas par soi, elle est le *pour un autre*; mais elle est bien quelque chose aussi par soi, elle est réelle, et n'est pas seulement par rapport à l'autre; elle est aussi l'*en soi*. Or, l'*en soi*, considéré au fond, ne serait autre chose que l'être abstrait, l'être pur et vide; l'*en soi* et le *pour un autre* doivent être réunis, et le produit de cette négation de la différence sera le retour à la qualité, mais à la qualité déterminée comme *quelque chose*. Le *quelque chose*, c'est l'être posé comme étant, et contenant la négation comme limite, comme borne. Cette limite, sa qualité, est tout à fait intérieure à lui, confondue avec lui; mais en même temps, comme négation, elle lui est extérieure; elle est l'autre de lui. On ne peut penser à *quelque chose* sans lui opposer immédiatement l'*autre*. Or, le même objet est tantôt le quelque chose, tantôt l'autre; il en est comme pour le *ceci* et le *cela*. Ceci ici est un arbre, cela là-bas est une maison; que j'aille à la maison, la maison sera le ceci, l'arbre le cela; que l'arbre soit le *quelque chose* et la maison l'*autre*, le même échange de termes peut avoir lieu. Le quelque chose et l'autre sont donc identiques. Le quelque chose porte son autre en lui-même; il devient continuellement l'autre; il est ce qui est toujours terminé, toujours limité par un autre; il est ce qui est toujours changeant, ce qui passe continuellement dans l'autre; il est le fini.

Ainsi se trouve déduite l'idée du fini. Celle de l'infini en résulte immédiatement. Le quelque chose en effet devient un autre, mais l'autre est lui-même quelque chose et par conséquent devient un autre, et ainsi à l'infini.

Cet infini est le mauvais infini, l'infini purement négatif, qui ne résulte que de la négation du fini. Le fini reparaissant comme *autre* chaque fois qu'il est nié, ce progrès à l'infini n'atteint pas son but, n'est pas l'infini véritable. La vérité est dans la négation de cette négation même, dans l'unité, l'identité du fini et du faux infini. Le quelque chose étant identique avec l'autre, il rentre en lui-même en devenant l'autre; le fini ne pouvant être conçu sans l'autre, le faux infini supposant de même le fini qu'il dépasse, chacun contient en lui son contraire; ils sont identiques. Le quelque chose et l'autre ne sont donc pas la vérité; ils sont l'être primitif même en rapport avec lui-même. C'est là le véritable infini, c'est l'être niant sa détermination, le fini se réfléchissant sur lui-même, rentrant en lui-même, l'identité du progrès à l'infini et du fini, le fini qui a son être dans sa négation, négation dans laquelle le fini ne disparaît pas, mais où il se retrouve lui-même. Le moi en offre l'exemple le plus prochain [1]. L'être ainsi déterminé est plus

---

[1] Les termes d'*infini* et de *général* étant presque identiques dans le langage de Hegel, le passage suivant peut faire comprendre en quoi consiste l'infinité du moi. « Rendre général quelque chose c'est penser cette chose. *Je* est le général et en même temps le penser. Quand je dis *Je*, je fais abstraction de toute particularité, du caractère, du naturel, des connaissances, de l'âge. *Je* est tout à fait vide, ponctuel (semblable à un point), simple, mais actif dans cette simplicité. La variété du monde est devant moi : *Je* suis en face d'elle, et dans ce rapport j'annulle l'opposition, je fais de ce contenu le mien. » *Philosophie du Droit*, p. 35. Cette abstraction, par laquelle le *Je* fait retour sur lui-même en s'affirmant, c'est l'infini.

qu'il n'était en son abstraction originaire; il contient en lui la négation de sa négation, la négation du fini; il est la réalité véritable, et le fini n'est qu'idéel vis-à-vis de lui. Nous sommes arrivés à la catégorie de *l'être pour soi.* »

Quelques explications sont nécessaires avant que nous allions plus loin.

La déduction de l'être abstrait offre peu de difficultés. Hegel prend l'abstraction de toutes les existences positives; il s'arrête au dernier attribut qu'on puisse enlever aux choses, à l'idée d'être; il attribue à cette idée une réalité générale, et il prouve que cette réalité générale est la même que celle qui lui est opposée, le néant. Ceci est bien vrai en effet si ces idées sont acceptées comme réalités générales; l'une n'est pas plus que l'autre; mais c'est là précisément l'argument par l'absurde qui prouve que cette réalité générale est fausse. Si on considère l'être comme simple attribut des choses existantes, il ne souffre pas cette négation en lui-même : une chose est ou elle n'est pas. Dans ces termes, les deux idées ne peuvent être confondues; l'être est quelque chose de réel; le non-être n'est plus une réalité, il n'est qu'une négation dans le véritable sens du mot.

Comment il peut se faire que l'être et le non-être étant identiques existent néanmoins séparément et que ces deux mêmes se combinent pour former le devenir, c'est une de ces conceptions de la raison qui ne peut être expliquée, mais que l'on comprend immédiatement, au dire des hégéliens, si on a l'intelligence assez spéculative; elle ne se réfute pas non plus. Le devenir cependant mérite une observation. Le devenir est sans doute une idée courante; mais cette idée n'exprime pas ordinairement un passage du non-être à l'être, mais une modification, un mouvement, qui se passe dans l'être. Quand on dit : ces cheveux sont devenus blancs, cet enfant est devenu grand, on indique qu'une modification s'est faite dans un être existant, modification dont on ne prétend pas déterminer le fondement essentiel. Cette idée n'est donc ordinairement que celle d'un changement, et le principe que Hegel traite si dédaigneusement, que rien ne vient de rien, y est renfermé. Mais souvent aussi la question du commencement réel, du premier commencement, est posée. Alors la question est une des plus graves de la philosophie; alors il s'agit de dire d'où viennent toutes choses, comment elles sont devenues. Or, les doctrines panthéistes et matérialistes disent que tout a toujours existé en essence, que tout découle d'un principe éternel. Le christianisme dit que dans l'éternité et avant le temps existait Dieu; que toutes choses proviennent de la création faite par Dieu; et que la création, cet acte par lequel Dieu, sans amoindrir en rien sa substance, a produit des substances nouvelles, est en même temps le mystère le plus incompréhensible. A cette grave question, que répond Hegel? Les choses sont passées du néant à l'être, elles sont devenues; c'est-à-dire il répond par la question.

Hegel accordant une réalité générale à l'abstraction la plus abstraite, l'être, il l'accorde aussi à l'abstraction qui vient immédiatement après celle-là, au *ceci* et au *cela*. Cette généralisation semble bien plus incompréhensible que la première; cet être général, qui est le ceci et le cela, semble inconcevable. C'est qu'en effet non-seulement le ceci et le cela sont, comme l'être, des attributs qui nécessairement appartiennent à des choses tout à fait déterminées et ne peuvent être conçus hors d'elles, mais ce sont en outre des attributs de pure relation, et qui ne vont pas à l'existence des choses. Le ceci et le cela ne sont que des rapports de la personne qui parle à la chose qu'elle montre; la généralité qu'ils contiennent est purement verbale, c'est celle du *mot* qui peut être appliqué à tous les rapports qui sont de même espèce. La généralisation de Hegel est donc aussi extraordinaire qu'absurde.

Du reste, elle est bien réelle dans son système, elle est pour lui la seule idée positive que nous donne l'apperception sensible et immédiate, après celle de l'être; il en donne une preuve détaillée dans la Phénoménologie de l'Esprit. L'apperception sensible nous donne les idées de maintenant, ici, ceci. Or, qu'est-ce que le maintenant? Je fais une affirmation à midi et je dis : le maintenant est le jour; je vérifie douze heures après, et je trouve que le maintenant est la nuit. Ma première affirmation est donc fausse en vertu de la seconde, et la seconde en vertu de la première; et le maintenant n'est qu'une idée tout à fait générale qui en comprend beaucoup de particulières en elle, un maintenant de beaucoup de maintenant.

Comme si dans aucune langue, en allemand plus qu'en français, on disait, pour exprimer qu'il fait jour actuellement : le maintenant est le jour; et que quelqu'un eût pensé définir le maintenant en disant (suivant la forme allemande) : maintenant il est jour!

La preuve se fait de la même manière pour le ici et le ceci. C'est en vain, dit Hegel, qu'on s'obstine à vouloir indiquer une chose particulière par ces mots. La langue, qui a partout l'empreinte de l'idée, de la généralité, s'y refuse. Quand je dis *ce* morceau de papier, je n'indique pas seulement le morceau de papier qui est devant moi; tous les morceaux de papier possibles sont *ce* morceau de papier. Le ceci et le cela n'expriment qu'une détermination tout à fait première, tout à fait générale.

La manière dont il établit l'identité du ceci et du cela (et de même de la qualité et de sa négation, du quelque chose et de l'autre), n'est pas moins extraordinaire. Après avoir accordé une réalité au rapport général du ceci et du cela, on concevrait que la négation se fît d'une manière générale aussi et qu'elle s'attaquât directement au rapport; car les termes n'ont un sens que par lui; mais voilà que Hegel abandonne aussitôt son point de vue général et qu'il tombe dans l'extrême opposé. Le ceci et le cela sont forcés de descendre de leur rang de réalités générales, ils deviennent des attributs positifs d'objets particuliers; et comme les deux termes du rapport sont également applicables à chaque objet particulier, on en conclut que le rapport doit être nié. C'est parce que cette maison peut être appelée cela aussi bien que ceci, que le ceci et le cela n'existent pas, qu'ils sont identiques. Ce qui n'empêche pas de conserver le rapport qu'on vient de nier ainsi à l'instant même, et de le recueillir dans l'être dont il devient une détermination intrinsèque.

Nous arrivons à la déduction de la qualité et de l'infini.

L'idée de qualité appartient à la philosophie ancienne, et exprime dans une unité confuse ce qu'on a distingué plus tard en propriétés essentielles des êtres et en modes. Métaphysiquement, la qualité, la *détermination de l'être*, ne peut être qu'une de ces deux choses. Dans le sens vulgaire, ce mot s'applique principalement aux impressions que font les objets sur nos sens.

Or, il faut distinguer entre les propriétés essentielles et les modes : les premières sont inhérentes aux substances mêmes, à tel point que nous ne pouvons concevoir les substances sans elles; les seconds ne sont en dernière analyse que les rapports des substances entre elles, et les formes particulières que prennent les substances quand elles sont en rapport. A ce point de vue, toutes les qualités sensibles sont des modes, car elles se réduisent toutes à des rapports matériels, rapports de mouvement de la matière elle-même, rapports des mouvements matériels à nos organes sensitifs.

Parmi les propriétés essentielles comme parmi les modes, il en est qui résultent de la perception immédiate; les autres s'obtiennent par déduction. Les modes sensibles, que Hegel a particulièrement en vue sans l'avouer, sont donnés immédiatement et ne peuvent nullement être déduits. Pas plus que l'être, d'ailleurs, la qualité ne peut être conçue comme réalité générale; tout le monde sait ce qu'on entend par les qualités, telle qualité; la qualité générale est inconcevable.

C'est cette réalité générale que Hegel a voulu déduire, et toute sa déduction repose sur ce principe posé par Spinosa : *Omnis determinatio est negatio*.

Mais ce principe est faux, car il suppose que l'être général comprend en lui toutes les réalités, tout ce qu'il y a de positif, et que les êtres particuliers ne sont que des déterminations, des négations, des séparations posées dans la substance absolue. Il découle très-rigoureusement, il est vrai, du point de départ de Spinosa, pour qui la substance absolue est parfaitement concrète, renferme toutes les réalités; dans le système de Hegel, au contraire, où l'être pur n'est que le néant, il est inconcevable. On ne peut comprendre comment, d'une négation posée dans l'être absolument vide et abstrait, il peut naître une réalité positive. Cette déduction est donc tout à fait spéculative, et nulle explication ne peut la rapprocher de l'entendement ordinaire.

Mais Hegel va plus loin. Spinosa distinguait parfaitement les propriétés essentielles des modes. Hegel les confond ou du moins attribue aux modes l'inhérence que ne possèdent que les propriétés essentielles. C'est par là qu'il distingue la qualité de la quantité, qui pour lui n'est qu'une détermination extérieure à l'être. Il s'éloigne en outre de Spinosa, en ce que pour lui la détermination est quelque chose de général qui s'étend à l'être tout entier, qui le modifie complétement en lui-même. Spinosa, raisonnant avec son principe que toute détermination est une négation, disait que toute pensée déterminée était une négation vis-à-vis de la pensée absolue, qu'elle laissait en dehors tout le reste de la pensée absolue; de même pour les déterminations de l'étendue. Hegel, qui se fonde sur le même principe, admet que la détermination affecte tout l'être, qu'elle ne laisse rien en dehors; suivant lui et en prenant, comme il le fait, des exemples dans les qualités sensibles, on devrait dire que l'être est successivement tout bleu, tout rouge, etc.; c'est précisément la négation du principe qui lui a servi pour sa déduction.

Or, toute sa dialectique de la qualité n'est que le balancement entre ces deux principes contradictoires : que la détermination est négation qui laisse quelque chose en dehors, et négation qui ne laisse rien en dehors.

Du premier, on conclut que la qualité est quelque chose en dehors d'elle-même, qu'elle est l'être *pour un autre* ; du second, qu'elle est en soi, qu'elle est par elle-même.

Conformément au premier, on affirme que la qualité n'est qu'une négation, que le bleu n'est que la négation du rouge, du vert, etc. Conformément au second, on affirme qu'elle est inhérente et intérieure à l'être, qu'elle en est une détermination totale.

En vertu du premier, la limite est extérieure, est l'*autre*; en vertu du second, elle est intérieure, elle constitue la chose même.

Du premier, on déduit l'idée du fini; du second, celle du changement qui affecte sans cesse tout l'être, de l'infini.

Le raisonnement est donc contradictoire dans ses termes; mais en supposant qu'il fût irréprochable, nous demandons si cette déduction nous apprend quelque chose sur la nature de la qualité, si elle serait capable d'en donner l'idée à celui qui ne l'aurait pas? Évidemment non. L'idée du mode était donnée à Hegel comme à tout le monde ; son explication a priori ne peut pas l'engendrer ; et au lieu de la faire comprendre, elle ne fait que la rendre plus confuse ; car elle confond le mode avec la propriété essentielle et pose comme inhérentes aux substances des existences qui ne sont que des rapports.

La déduction du fini et de l'infini est aussi peu satisfaisante. Déterminons d'abord nettement les idées, car la confusion est grande à ce sujet.

L'idée du fini nous est donnée par les faits qui nous entourent. Toutes les choses que nous connaissons sont finies. On a défini l'idée métaphysique de fini : ce qui exclut toute réalité ultérieure. Cette définition, si elle n'est pas complétement exacte, rend néanmoins les propriétés essentielles du fini; celle d'être renfermé dans une limite et celle de supposer quelque chose au delà, quelque chose qui la dépasse.

L'infini est de deux espèces. Il est d'abord au pouvoir de notre activité spirituelle d'aller toujours, d'avancer toujours sans arriver à une fin, de dépasser à chaque instant le fini, d'arriver à un fini nouveau, de le dépasse rencore, et ainsi à l'infini. Le temps et l'espace sont des milieux expressément appropriés à cette puissance de notre esprit ; ils la possèdent comme lui, mais passivement. Le mouvement offre la même propriété ; enfin elle se manifeste dans certaines méthodes humaines. Ainsi, on peut poser un but qui sera à l'infini relativement à certaines méthodes, à certaines manières d'avancer vers lui. On n'arrivera jamais au nombre 2, par la progression $1 : \frac{1}{2} : \frac{1}{4} : \frac{1}{8}$, etc.; 2 est l'infini relativement à cette progression, et on ne l'atteindra jamais, quel que soit le nombre des fractions qu'on entasse. Il en est de même de la divisibilité à l'infini du continu, de la matière. Cet infini n'existe donc réellement que comme pouvoir, comme faculté de notre esprit ; on ne peut pas lui attribuer une réalité positive comme but, comme terme à atteindre ; il est ce à quoi on ne peut arriver.

Cet infini est d'un ordre inférieur ; il est l'apanage d'êtres finis, il n'est pas l'infini réel. Pour le distinguer de ce dernier, on l'a appelé l'*indéfini*. De ce pouvoir indéfini de notre activité, Kant et Fichte ont conclu que la destinée de l'homme était d'avancer toujours sur une ligne de ce genre, et de se rapprocher indéfiniment de la Divinité sans l'atteindre jamais. Ce pouvoir est en effet une des conditions du progrès pour un être libre. Mais Kant et Fichte ont oublié que notre nature est finie aussi bien qu'indéfinie, et que sans le fini, l'indéfini qui ne consiste qu'à le dépasser sans cesse, n'existerait même pas. Si l'homme est capable de réaliser une infinité de buts, il n'en est pas moins vrai que dans chaque moment présent il faut qu'il ait un but déterminé, fini, devant les yeux. Or, ce but réel et fini, c'est sa destinée dans ce monde ; et rien ne prouve qu'il doive agir encore après avoir atteint les buts qui lui sont proposés ici-bas. Le dogme chrétien implique, au contraire, que sa mission est sur cette terre, et qu'après sa mort il n'y a place que pour la peine ou la récompense.

L'infini réel, c'est Dieu. C'est, contrairement au fini, ce qu'on ne peut dépasser, ce qui ne suppose rien au delà sous aucun rapport. Cette idée ne peut être déduite ni du fini ni de l'indéfini ; elle n'a rien qui lui soit égal dans le monde ; voilà pourquoi on a admis toujours qu'elle a été révélée, et qu'on a fait de son existence une preuve de l'existence de Dieu. Par la même raison nous ne pouvons en avoir une idée adéquate, et nous ne la concevons que comme *summum* de toutes les qualités positives, comme perfection suprême et absolue [1].

Or, pour Hegel, le fini, c'est, comme nous l'a-

---

[1] C'est improprement qu'on applique l'idée d'infini à l'être, à la substance, etc. Ces idées ne pouvant être opposées qu'à leur négation, n'étant pas susceptibles de plus ou de moins, ne sont ni finies ni infinies. Ce n'est pas par l'être, c'est par son activité et son intelligence que Dieu est infini ; c'est parce qu'il possède le summum de l'activité, que nulle activité inférieure ne peut le limiter, et qu'à plus forte raison il ne peut trouver de bornes dans la passivité ou la matière.

vons vu, une réalité générale, l'être entaché d'une négation et changeant sans cesse. L'infini n'est pas confondu avec l'indéfini, mais il n'est pas non plus l'infini réel de la philosophie ordinaire, il n'est pas Dieu. C'est une propriété, il est vrai, de l'Idée absolue, mais qui n'appartient pas à celle-ci seulement, qui est le propre de tous les concepts. C'est encore une idée empruntée à Spinosa. Pour celui-ci, en effet, une chose est infinie tant qu'elle n'est pas déterminée dans son genre; l'idée d'étendue est infinie; car cette idée, quoiqu'elle entraîne la négation d'une idée de genre différent, de la pensée, par exemple, n'est pas déterminée dans sa propre nature, n'est pas imparfaite en elle-même; dans l'étendue infinie, le fini est une étendue partielle, parce qu'il y a un au delà dans le même genre. Les attributs infinis de Dieu n'étaient que l'étendue et la pensée pour Spinosa. Mais cette idée pouvait s'appliquer à toute espèce de concept, à toute espèce d'idée générale, et c'est ce que Schelling et Hegel ont fait. Toute affirmation générale, substantielle, est donc infinie pour eux.

Il est facile de voir que cet infini ne répond qu'à ce qu'il y a de positif, d'essentiel, de générique dans le fini; c'est le fini même, et l'infini de Hegel ne diffère du fini tel que tout le monde le comprend, que parce qu'il ne s'applique pas aux individualités, mais aux genres et aux espèces. Or, en supposant même que les idées générales soient en effet des *êtres* généraux, n'en seraient-elles pas moins finies par leur limitation mutuelle, ne supposeraient-elles pas quelque chose au delà? Que devient donc cette idée si le réalisme n'est pas vrai?

Quoi qu'il en soit, Hegel l'accepte; c'est elle qu'il a en vue dans sa déduction, et elle résulte suivant lui du retour de l'être sur lui-même par une négation de l'indéfini. Cette démonstration a encore son origine dans Spinosa. Celui-ci affirmait qu'il était possible d'avoir l'idée immédiate, déterminée, d'une chose infinie, sans cependant pouvoir y arriver par une progression infinie; il le prouvait par un exemple. Qu'on suppose deux cercles d'inégale grandeur, non concentriques, et dont le plus grand enveloppe le plus petit. On peut déterminer la distance la plus grande, on peut déterminer la distance la plus petite qui sépare ces deux cercles; mais on ne peut déterminer le nombre même des distances intermédiaires entre la plus grande et la plus petite. Or, quoique cette détermination soit impossible, ces distances existent néanmoins sous nos yeux; cet infini qu'on ne peut atteindre, nous le voyons. Si l'on veut y réfléchir, on verra que la démonstration de Spinosa repose sur une idée confuse de l'infini : il transporte à l'objet fini une propriété qui n'est que dans notre esprit, celle de pouvoir subdiviser indéfiniment le continu. Hegel accepte la démonstration, et la développe à sa façon : cette progression à l'infini par laquelle nous nous rapprochons de la quantité voulue sans pouvoir y atteindre, c'est la succession des finis, des négations : le nombre voulu n'est pas 10, n'est pas 100, n'est pas 1,000, etc. ; il est toujours plus. Niez cette série de négations, faites le saut, et passez à l'objet même; vous aurez l'infini, et il sera la négation d'une négation.

Ces opérations purement intellectuelles sont donc présentées comme un mouvement de l'être lui-même, et ainsi l'infini est la réflexion de l'être sur lui-même. Nous voilà revenus à l'être abstrait du commencement, mais cet être possède maintenant en lui une négation niée ; sa définition est : l'être est le non fini. Le fini y est toujours contenu, quoique comme nié ; il forme, de même que l'infini, un des éléments de l'être. L'être en fait seulement abstraction, en se réfléchissant sur soi-même. C'est la pensée qui fait abstraction de toutes les pensées diverses dont elle se compose et se réfléchit infiniment sur elle-même en disant : Moi; c'est le cercle qui se replie sur son centre. Arrivé à ce point, l'être est *pour soi*; l'autre a disparu; l'unité est rétablie; la qualité a abouti à son expression la plus complète; l'être est revenu à son intégrité.

Le point essentiel à noter ici pour l'intelligence de ce qui suit, c'est que l'être, quoique rétabli dans son unité, quoique ayant nié sa négation, le fini, contient néanmoins ce fini dans son sein, se compose, pour ainsi dire, de sa propre contradiction. Revenons maintenant à l'exposition de Hegel.

(Être pour soi ; quantité ; degré ; mesure.)

« c. *Être pour soi*. α. L'être pour soi est la qualité complète, et contient en lui l'être et l'existence (le *quod est*). Il est donc déterminé ; mais ce n'est plus la détermination du *quelque chose* vis-à-vis de *l'autre*, c'est la détermination infinie contenant en elle la différence comme supprimée [1].

A l'égard de la réalité qu'il y a dans le *quod est*, *l'être pour soi* est idéalité, c'est-à-dire il a lieu sous la forme de la pensée ; sa première expression est le moi. On voit donc que l'idéel n'est pas différent de la réalité ; il n'est que le fond, l'essence même de la réalité [2].

---

[1] « Une chose est *pour soi* en tant qu'elle a nié son être autre, son rapport, ce qu'elle a de commun avec l'autre, qu'elle l'a repoussé, en a fait abstraction ; l'autre n'est en elle que comme quelque chose de supprimé, comme son moment. La conscience contient déjà comme telle la détermination de l'être pour soi, en tant qu'en sentant, apercevant, etc., un objet, elle *se le représente*, c'est-à-dire en a le contenu *dans soi*. Cet objet devient ainsi idéel, et la conscience en le possédant, par cela même qu'elle est *avec l'autre* dans la représentation de l'objet, est *avec soi*. » *Logique*, t. 1, p. 174.

[2] « J'ai des apperceptions, des représentations, c'est-à-dire un certain contenu. Cette maison, etc., ce sont *mes* apperceptions, *mes* représentations ; mais je ne pourrais me les représenter si je ne ramenais tout ce contenu en moi-même, si tout ce contenu

L'*être pour soi*, comme rapport à soi, est immédiateté, mais comme rapport du négatif à soi, il est quelque chose qui est pour soi, il est l'*un*, ce qui est sans différence en soi, et qui *exclut l'autre*, le différent.

β. Mais le rapport du négatif avec soi est un rapport négatif; l'*un* se distingue donc de lui-même, il se repousse, il pose beaucoup d'*uns*. Dans la pensée de l'un, en effet, il y a déjà la pensée des *beaucoup*, de la pluralité. L'un qui se pose n'est pas sans rapport comme l'être, il suppose un rapport comme le *quod est*; or, ce rapport n'est pas envers un autre; comme unité du quelque chose et de l'autre, l'*un* n'a de rapport qu'avec lui-même, et ce rapport en outre est négatif. L'*un* se montre donc comme quelque chose qui ne peut se supporter lui-même, qui se

---

n'était posé en moi d'une manière simple, idéelle. L'idéalité consiste à ce que cette existence extérieure, ces conditions de temps, d'espace, de matière, soient supprimées; en les connaissant, ce ne sont pas des représentations qui sont l'une à côté de l'autre, mais elles sont d'une manière simple en moi. » *Philos. de la Relig.*, t. I, p. 43. Le réel était d'abord la qualité, le quelque chose, puis il est devenu l'infini, vis-à-vis duquel le fini n'est qu'idéel; ici on affirme que le *pour soi*, l'infini, est idéel; c'est que pour Hegel le réel véritable c'est l'idéel. En vertu de cette idéalité du pour soi, toute la catégorie de la quantité est considérée comme idéelle, mais comme la catégorie idéelle la plus inférieure, comme celle qui se confond le plus avec l'existence immédiate « le nombre est une pensée sans doute, mais une pensée très-rapprochée du sensible, la pensée du sensible même. »

repousse lui-même ; et ce qui résulte de ce fait, c'est le beaucoup, c'est la pluralité.

L'être pour soi étant en même temps immédiat, chacun des beaucoup *est*, et la répulsion devient ainsi une répulsion mutuelle, une exclusion de l'un par l'autre ; ce qui ne veut pas dire que l'*un* est repoussant et les beaucoup repoussés ; au contraire, chacun des beaucoup est *un*, et en même temps repoussant et repoussé.

γ. Mais chacun des beaucoup est ce qu'est l'autre ; chacun est un ou un des beaucoup, ils ne font donc qu'un et sont le même. C'est-à-dire les *uns*, se repoussant, sont, par cela même, en rapport ; et comme ceux qui sont en rapport sont *un*, l'*un* dans ce rapport se rapporte à lui-même. La répulsion est donc aussi bien *attraction* ; l'un exclusif ou l'*être pour soi* se nie lui-même ; après s'être posé comme *être autre*, pluralité absolue, il se pose comme négation, comme unité de cet être autre. L'être autre, c'est-à-dire la première négation, la qualité, passe donc dans l'être lui-même ; la limite cesse d'être limite, se confond avec l'être, lui devient indifférente, et la dialectique de l'*être pour soi* aboutit à la négation de la qualité. La détermination est niée, elle est exclue de l'être ; or, c'est là la *quantité*, qui n'est autre chose qu'une détermination extérieure de l'être, une détermination indifférente qui n'en change pas la nature.

L'absolu, conçu sous le rapport d'unité et de

pluralité, est le point de vue de la philosophie atomistique. »

B. LA QUANTITÉ.

« a. *La quantité pure*. La quantité est l'être pur, dans lequel la détermination n'est plus posée comme une avec l'être lui-même, mais comme supprimée ou indifférente.

Le mot grandeur ne s'applique pas à la quantité pure, il exprime plutôt la quantité déterminée. Quelque imparfaite que soit la définition ordinaire de la grandeur (ce qui peut être augmenté ou diminué), elle est juste du moins en ceci, que la détermination est posée comme quelque chose de changeant et d'indifférent à l'être, de manière que, malgré une augmentation d'extension ou d'intension, celui-ci ne change pas : une maison reste une maison, qu'elle soit grande ou petite; du rouge reste du rouge, qu'il soit vif ou mat. La définition ordinaire semble plus plausible ; mais la difficulté gît précisément dans la signification des mots augmentation et diminution. Elle contient d'abord l'idée d'un changement ; mais quel est ce changement ? La qualité aussi suppose le changement, mais celui de la quantité doit être différent; or la différence consiste en ce que d'un côté le changement est inhérent à l'être, de l'autre il en est en dehors. C'est toujours une même chose, la détermination. Mais dans la qualité la détermination est intérieure, dans la quantité elle est extérieure. Dans celle-ci le changement est exprimé par les mots augmentation et diminution, ce qui suppose que, de quelque côté que la détermination soit modifiée, la chose reste ce qu'elle est.

La quantité dans sa réflexion sur elle-même, ou déterminée comme égale à elle-même par l'attraction, est *continue;* en tant qu'elle contient la multitude des uns, elle est *discrète.* La continuité et la discrétion ne doivent pas être considérées comme des espèces de la quantité. La continuité n'est qu'une continuité des beaucoup, elle est aussi la discrétion; la discrétion est aussi continue, sa continuité est dans l'unité de la multitude des uns. C'est le même tout, posé une fois sous l'une des déterminations, l'autre fois sous l'autre. Il n'y a donc pas de grandeur purement continue, ni de grandeur purement discrète. On dit par exemple : l'espace qu'occupe cette chambre est une grandeur continue, ces cent personnes qui y sont réunies forment une quantité discrète; mais chacune des deux est en même temps l'opposé. L'espace de la chambre se compose d'un certain nombre de parties discrètes, de pieds, de pouces; ce qu'il y a de continu dans les cent hommes, c'est leur unité, le genre homme qui se trouve dans tous les individus. »

« b. *Le quantum.* La quantité, posée en fait avec la détermination exclusive qui y est contenue, est quantum, quantité limitée. Le quantum est le *quod est*, l'existence de la quantité. Dans la quantité pure, la différence, comme différence de la continuité et de la discrétion, n'est qu'*en soi*; le quantum résulte de ce que la différence est posée ; il s'ensuit que la quantité semble différenciée et limitée en général. Le quantum devient ainsi une multitude de quanta, et chacune de ces grandeurs en soi est en même temps une unité et une pluralité.

Le quantum est ainsi le nombre, qui, d'un côté, par l'élément de la discrétion, est quantité numérique, pluralité, qui de l'autre par l'élément de la continuité, est unité. »

« c. *Le degré*. La limite est identique avec le tout du quantum même (c'est-à-dire, c'est par elle qu'il est quantum, il est tout en elle). La limite considérée comme multiple en soi, est la grandeur *extensive*, (par exemple le troisième, le quatrième ; la limite de la grandeur extensive de cent pieds est le centième pied ; elle contient en elle la multiplicité dont elle est la limite) ; comme détermination simple, elle est la grandeur *intensive*, le degré (15 degrés de chaleur, tel poids spécifique, telle intensité de lumière ; ici la limite est une détermination immédiate, une simple sensation qui n'exprime pas la grandeur qu'elle limite). Les quantités discrète et continue diffèrent des quantités extensive et intensive, en ce que les premières ont rapport à la quantité en général, tandis que les dernières sont considérées du point de vue de la limite. D'ailleurs, toute grandeur intensive est en même temps extensive, et *vice versâ*. A la sensation toute simple que produit un certain degré de chaleur, répond l'extension de la colonne de mercure du thermomètre. Cette grandeur extensive change à son tour avec la température, etc.

L'idée du quantum est posée dans le degré. Comme grandeur il est simple en soi, indifférent, *être pour soi*; mais la détermination qui fait que cette grandeur est quantum, est hors de celle-ci, est dans d'autres grandeurs (15 degrés de chaleur sont une sensation simple, indifférente en tant que sensation; mais ce qui fait que cette sensation est représentée par 15 degrés, est en dehors d'elle; c'est un rapport entre les degrés précédents et les degrés suivants). Le quantum est donc une immédiateté qui passe immédiatement dans la médiateté, et *vice versâ*. De là le progrès à l'infini inhérent au quantum, le nombre indéfini, qui n'est autre chose que l'expression de cette contradiction qui le constitue, la manifestation de ce fait que la quantité poussée à l'infini n'est que l'être pour soi, la qualité extérieure à elle-même. L'infiniment grand, en effet, existe aussi peu que l'infiniment petit; tout terme peut être dépassé, et l'infini du nombre est toujours extérieur à lui-même; le quantum infini est l'infini (l'être pour soi, la qualité) extérieur à lui-même.

La définition de l'absolu par le nombre constitue le système de Pythagore.

De cette extériorité du quantum, de ce que le quantum infini suppose toujours un quantum hors de lui, il résulte que le quantum est en rapport avec lui-même. Ce rapport, c'est la qualité du quantum, l'unité de l'extériorité, c'est-à-dire du quantitatif, et de l'infini, de l'*être pour soi*, c'est-à-dire du qualificatif. Ce rapport, considéré seulement du point de vue quantitatif, donne le rapport mathématique (2 : 4), où le moyen est lui-même un quantum (l'exposant 2); la valeur des deux termes n'est considérée que dans le rapport, aussi ils peuvent changer sans que le rapport change (si, au lieu de 2 : 4, on dit 3 : 6, l'exposant est toujours 2). Ici les termes du rapport sont encore des quanta, et la détermination quantitative est extérieure à la détermination qualificative. Mais le rapport vrai est celui du quantum considéré comme nombre, comme extériorité, au quantum considéré comme être pour soi, comme qualité. Sous forme simplement quantitative, ce rapport est celui du même quantum au même quantum, c'est-à-dire de l'unité aux puissances; en réalité il est celui de la quantité à la qualité, il est la *mesure*. La dialectique de la quantité nous ramène donc ainsi à la qualité, mais non à la qualité seule, comme si celle-ci était le vrai, et que la quantité fût le faux; mais à la vérité des deux, à l'unité des deux, à la quantité qualificative, à la mesure. »

C. LA MESURE.

« La mesure est le quantum qualificatif, donné d'abord immédiatement, un quantum auquel est lié une existence ou une qualité.

La mesure, comme unité de la qualité, est en même temps l'être complet. C'est l'être qui a atteint sa détermination totale. La mesure aussi peut être considérée comme une définition de l'absolu, et c'est conformément à cette idée qu'on a dit que Dieu est la mesure de toutes choses. Dans la religion grecque nous trouvons la divinité de la mesure présentée comme Némésis : toute chose humaine, la richesse, la gloire, la grandeur, et de même la joie, la douleur, a sa mesure, et la dépasser c'est courir à sa perte. — De fait, tout a sa mesure dans le monde ; cela est surtout vrai du système solaire ; mais aussi de la nature chimique et minérale, aussi de la nature organique.

En tant que, dans la mesure, l'unité de la qualité et de la quantité n'est qu'immédiate, la différence s'y fait jour d'une manière aussi immédiate. La quantité peut changer sans que la qualité change, sans que la mesure soit détruite. Ainsi la température de l'eau peut changer dans certaines limites sans que l'eau change d'état, sans qu'elle cesse d'être liquide. Mais cette indifférence ne s'étend qu'à une certaine limite ; il est un point où l'eau devient glace ou vapeur; il est un point où une tête dont on arrache les cheveux un à un devient chauve; où des grains de blé ajoutés un à un forment un monceau. Notre dépense peut varier d'un peu plus à un peu moins, mais si elle excède la mesure de la fortune, elle devient avarice ou prodigalité; quelques lieues carrées ajoutées à un état de mille lieues carrées ne nécessiteront aucun changement dans la constitution; cependant la constitution d'un petit canton suisse ne serait pas convenable pour un grand empire.

Le *démesuré* provient ainsi de ce que la quantité dépasse la détermination qualificative. Mais le nouveau rapport quantitatif, démesuré à l'égard du premier, est aussi qualificatif; le démesuré est aussi une mesure; de là un passage continuel de la quantité à la qualité, et de la qualité à la quantité, et ainsi à l'infini. C'est une continuité régulièrement interrompue, une ligne à nœuds comme la nature en offre beaucoup. Une qualité est donnée: sa quantité augmente pendant un certain temps sans qu'elle en soit modifiée, puis subitement elle devient une qualité différente qui offre le même phénomène. C'est ainsi que la glace se change en eau et celle-ci en vapeur; il en est de même des degrés d'oxydation des métaux, de même des différences des tons produits par des cordes vibrantes, etc.

Le fait réel qui se passe ici c'est que l'immédiateté de la mesure est niée. La qualité et la quantité sont d'abord posées en elle comme immédiates, dans une identité seulement relative. Or dans le démesuré la mesure disparaît ; mais on voit en même temps qu'elle n'y rentre que dans elle-même, car en lui l'identité de la qualité et de la quantité devient complète. Ainsi la mesure n'est dans sa négation (le démesuré) qu'un rapport à elle-même.

Nous avons donc vu l'infini dans sa dialectique. Ses moments étaient la qualité et la quantité ; la qualité a passé à la quantité, la quantité à la qualité ; toutes deux se sont montrées être des négations ; mais dans leur unité, la mesure, elles étaient différentes d'abord, et seulement l'une par l'autre ; cette immédiateté enfin a été supprimée, et cette unité est *posée* comme ce qu'elle est *en soi*, comme rapport simple à soi, qui contient comme niés l'être en général ainsi que ses formes. Or l'être ou l'immédiateté qui est rapport à soi, médiation avec soi, par sa négation de lui-même, qui est en même temps médiation se faisant immédiate pour être en rapport avec soi, cet être est l'essence. »

Nous avons vu dans la déduction du *quod est* comment la qualité devient le fini, et le fini l'infini. La déduction précédente a pour but de prouver :

1° Que l'infini, l'être pour soi, c'est-à-dire la qualité élevée au summum, devient quantité par le mouvement qui lui est propre ;

2° Que de même la quantité par un mouvement à elle inhérent redevient qualité ;

3° Que la quantité et la qualité, devenues ainsi identiques, subsistent néanmoins séparées dans la mesure ;

4° Mais que par le mouvement propre à la mesure, elles se nient réciproquement et nient par conséquent la mesure, et que celle-ci n'est ainsi qu'un simple rapport négatif de l'être à lui-même, rapport qui ici n'est plus appelé infini, mais essence.

Hegel fait résoudre la qualité en quantité, en prétendant déduire de l'infini l'unité et la pluralité.

Or, le rapport d'unité (un seul) et de pluralité est en effet la base de l'idée de quantité. Mais ce rapport est immédiat; il n'est pas dérivé. L'idée d'unité, de *un seul*, résulte immédiatement de la perception de notre personnalité, de notre existence séparée de celle des autres ; l'idée de pluralité est donnée en même temps que celle du fini et de la qualité. Quand nous voyons le fini, nous voyons que ce fini est plusieurs, est pluralité. Quand Hegel a dit le *quelque chose* et *l'autre*, il a dit un et deux ; la déduction n'était plus nécessaire.

D'un autre côté, l'idée de quantité ne peut être confondue avec les idées de fini et de qualité. Dans l'idée de fini, on considère la limite; dans celle de qualité, la manière d'être; dans celle de quantité, l'unité et la pluralité, le plus et le moins; celle-ci constitue donc un rapport *sui generis*, immédiat et primitif qui ne peut être déduit d'autres rapports.

Cette déduction, Hegel l'a essayée cependant. Il fait naître l'unité de la réflexion de l'être sur lui-même : l'infini est l'être se rapportant à soi, se ramassant pour ainsi dire dans son unité. Or, ces mots réflexion sur soi, rapport à soi, sont puisés dans les modes de notre pensée, dans les manifestations de notre activité une; ils supposent déjà l'unité. Il semblerait qu'on se figure cette réflexion comme un cercle se repliant sur son centre; le centre serait ainsi l'unité qui naîtrait de ce retour du cercle sur lui-même. Mais qui ne voit que pour qu'une telle image existe, il faut que le cercle soit déjà donné, il faut qu'on possède déjà l'idée de la pluralité, c'est-à-dire de la circonférence, et l'idée d'unité, c'est-à-dire du centre? Ou bien dans l'idée que vous vous faites de l'être, vous le supposez un, et alors votre déduction suppose la chose à déduire; ou bien vous ne le supposez pas un, vous le concevez comme quelque chose de continu et de divisible, et alors l'idée d'unité ne résultera nullement de la réflexion sur lui-même que vous lui faites faire, pas plus que l'unité de la lumière, par exemple, ne résulte de sa réflexion.

D'ailleurs, il y a une autre confusion ici. Le mot unité exprime plusieurs idées distinctes. Indépendamment de ses autres significations, il a d'un côté celle d'indivisibilité, de simplicité, de non composition ; et de l'autre, celle de l'unité numérique, de l'un opposé au deux ou au trois, etc. C'est cette dernière qu'il s'agissait de déduire ; mais tous les raisonnements de Hegel portent sur la première ; ce qui n'empêche pas qu'après sa prétendue déduction il ne procède comme s'il avait créé le un opposé au deux, le *un* du rapport d'unité et de pluralité.

Hegel fait engendrer la pluralité de l'unité, en vertu du principe : que l'*être pour soi* résulte d'une négation, que par conséquent il contient la contradiction en lui-même. Or, sans doute les idées d'unité et de pluralité se supposent réciproquement et ne peuvent être conçues l'une sans l'autre ; mais de là à conclure à leur identité il y a loin. L'idée d'unité seule n'engendrerait jamais la pluralité. Dans l'hypothèse que Dieu existât seul, que j'existasse seul, s'ensuivrait-il logiquement qu'il existât une pluralité d'êtres ? L'absurdité résulte de l'énoncé même de la question.

Que dire du nom de répulsion donné à la pluralité, du nom d'attraction donné au rapport des uns entre eux ? Prétend-on expliquer ce qu'on entend ordinairement par répulsion et attraction, par les idées d'unité et de pluralité ? Ou sont-ce ces idées qu'on explique par les premières ? L'un et l'autre sans doute. Nous laisserons au lecteur de juger si cette explication est satisfaisante. Mais l'intervention de ces mots a un autre but ici ; c'est d'arriver à nier de nouveau la détermination qu'on vient d'établir, afin de pouvoir poser l'idée de quantité telle qu'on l'entend. Cette négation se fait de la manière suivante :

L'infini est en même temps un et plusieurs, répulsion et attraction ; donc ces deux déterminations se détruisent réciproquement ; donc l'être ne contient ni l'une ni l'autre ; la détermination en est chassée, elle est *hors* de lui ; et comme on a opposé la quantité à la qualité, en tant que celle-ci est inhérente à l'être, tandis que celle-là lui est extérieure, il s'ensuit que la quantité se trouve déduite.

Il faut donc se figurer cette quantité de Hegel comme une réalité générale qui embrasse tout l'être ; mais cet être est indifférent en lui-même, non déterminé. La détermination existe cependant ; elle est aussi une réalité générale, mais qui n'affecte plus l'être, qui est en dehors de lui.

Que veulent dire ici ces termes de en dehors, d'indifférent, qui répondent à des idées toutes matérielles? La quantité suppose une pluralité d'êtres ; elle est un rapport entre eux, voilà pourquoi on peut dire qu'elle est en dehors de chaque être particulier, qu'elle est indifférente à la nature de ces êtres ; mais si c'est une réalité générale, si c'est une détermination générale de l'être unique, ces mots n'ont plus de sens. La quantité n'est autre chose que le rapport d'unité et de pluralité, de plus et de moins. Cela est tellement vrai que Hegel, aussitôt après avoir supprimé ce rapport dans sa définition, y revient pour faire la dialectique de la quantité, pour établir la distinction de la quantité discrète et de la quantité continue.

Nous ne suivrons pas l'auteur dans la déduction du quantum, déduction où l'on raisonne comme si l'idée de quantum supposait toujours plusieurs quanta, ce qui est vrai en effet, et où l'on conclut comme si le quantum était une seule réalité générale, tout l'être sous cette forme. Mais nous devons faire voir sur quoi se fonde le passage de la quantité à la qualité.

Ce passage se fait moyennant la confusion de deux idées bien simples et bien vulgaires : la quantité abstraite et la quantité concrète. La quantité en elle-même est toujours abstraite; comme elle n'est qu'un rapport idéel entre les êtres, nous la concevons indépendamment des êtres particuliers, et toute la science arithmétique n'a d'autre but que la théorie de ce rapport dans son abstraction; mais la quantité s'applique aussi aux êtres existants; considérée ainsi, elle est concrète; les êtres eux-mêmes sont affectés de cette détermination.

Mais est-ce à dire que parce qu'on peut considérer les êtres dans leurs rapports quantitatifs, la quantité soit ces êtres eux-mêmes? parce que je puis dire cinquante hommes, la quantité et l'espèce homme sont-ils identiques? Évidemment non; c'est pourtant là le principe fondamental de la déduction de Hegel.

Quels sont en effet les êtres auxquels la quantité peut s'appliquer et qui constituent ainsi des quantités concrètes? Ce sont d'abord des assemblages d'êtres finis de toute espèce, 50 hommes, 50 tables, 20 cailloux, 100 têtes de bétail, etc. Ici la quantité est simple pluralité; elle est discrète, de même que lorsqu'elle n'est considérée qu'abstraitement. — C'est ensuite le temps et l'espace, et de ce point de vue elle est continue. L'idée de continuité n'est pas engendrée par celle de la quantité; c'est une apperception immédiate, donnée avec celles de l'espace et du temps. La continuité, en tant que divisible à l'infini, en tant que sujette à des limitations continuelles, est par cela même susceptible de quantité. Mais elle existe indépendamment de celle-ci, et la quantité continue est une quantité concrète. — C'est enfin tout ce qui participe aux propriétés du temps et de l'espace, par conséquent la matière et le mouvement, et particulièrement l'intensité plus ou moins grande de certaines qualités sensibles, intensité qui au fond ne résulte que d'une vitesse plus ou moins grande du mouvement. Or, c'est précisément en vertu de ce qu'il existe des quantités concrètes de cette dernière espèce, que Hegel déclare l'identité de la qualité avec la quantité; parce que tel degré de chaleur, qui est une qualité, est représentée quantitativement, la quantité et la qualité sont la même chose. C'est comme si l'on prétendait que tout ce qui est susceptible de plus et de moins est le rapport de plus et de moins, que tout être auquel la quantité est applicable, est la quantité. Autant valait dire que la quantité est toutes les choses discrètes, est l'homme, le cheval, le caillou; ou toutes les choses continues, le temps, l'espace, le mouvement. Or, qui prouve trop ne prouve rien.

On conclut donc ainsi à la négation réciproque de la quantité et de la qualité; mais dans cette négation elles sont conservées comme différentes, et nous les retrouvons réunies dans la mesure. Celle-ci est l'unité de ces deux négations. Le mot mesure, dans Hegel, n'a pas le sens qu'on lui attribue ordinairement. Dans le langage vulgaire, on appelle mesure toute unité de quantité concrète, surtout les unités de l'espace et du temps, un pied, un mètre, une heure, etc. Pour Hegel, c'est une liaison intime de la quantité et de la qualité. Cette idée repose sur un fait vrai; c'est que toutes les qualités sont restreintes à certaines limites, fait qui n'implique nullement l'identité des deux, et qui, pour l'homme religieux, est une des conditions de l'ordre universel établi par le créateur intelligent. Hegel y rapporte en même temps un autre fait de l'ordre purement scientifique; c'est que certains rapports n'ont lieu que certaines quantités étant données; que tel acide, par exemple, ne se combine avec tel oxide que lorsque tous deux sont dans une proportion quantitative déterminée. Or, ces faits ne résultent pas de la déduction; la qualité et la quantité étant même considérées comme identiques, il ne s'ensuivrait pas que ces faits existassent; ils sont même directement contraires à cette hypothèse, car ils supposent une multiplicité d'êtres, et suivant la déduction précédente, il n'y aurait qu'un seul être qui serait à la fois quantité et qualité. Ces faits étaient donnés d'avance, et ils servent à la déduction au lieu d'être déduits eux-mêmes; or, quel usage en fait-on?

Le premier ne pouvait mener très-loin; on ne fait donc que le poser pour le confondre immédiatement avec le second, qui, en même temps, est complétement dénaturé; c'est-à-dire de ce que toutes choses sont limitées dans la nature, on conclut que toute qualité n'est telle que parce qu'elle est en telle quantité, et qu'en changeant la quantité on change la qualité. Or, les exemples cités pour expliquer cette conclusion prouvent seulement que certains *rapports* n'ont lieu que certaines quantités étant données, et rien de plus. On dit que l'eau, en changeant sa température, qui est quantitative, subit en même temps des modifications qualificatives; elle devient glace ou vapeur: mais l'eau et la chaleur sont des choses différentes; c'est l'eau qui change de qualité et la chaleur qui change de quantité. Pour que l'exemple fût probant, il aurait fallu faire voir l'eau devenir glace ou vapeur par sa simple augmentation ou diminution de volume; il aurait fallu faire voir la chaleur devenir autre chose que chaleur. Les autres exemples qu'on cite sont dans le même cas; il y a toujours rapport entre des êtres de diverses espèces, entre le métal et l'acide, entre les vibrations de l'air et nos nerfs auditifs. On ne prouve nullement pas là le passage d'une qualité à l'autre, pas la seule augmentation ou diminution de quantité.

Mais le fait serait vrai, entraînerait-il la conclusion de Hegel? Qu'une certaine chose en telle quantité offre telle qualité, qu'en quantité plus grande elle offre des qualités différentes, cela est bien possible, cela est nécessaire même, car les modes, les qualités, ne résultant que de rapports des êtres entre eux, il est naturel que les rapports changent lorsque les termes changent, même quantitativement. Donnez à un verre transparent une épaisseur assez grande, vous cesserez de voir à travers; augmentez le nombre de feuilles d'une brochure, vous en ferez un livre. Qu'est-ce que cela prouve? C'est que d'un côté on a donné des noms différents à diverses quantités concrètes de la même espèce; qu'il y a dans la même espèce des mesures différentes, comme cela a lieu dans le dernier exemple; et d'un autre côté, que la qualité résulte du rapport d'une chose avec une autre, du verre avec la lumière, rapport qui n'est pas le même si les quantités des deux choses changent. Mais peut-on en conclure qu'il y a passage continuel de la qualité à la quantité, et à la négation de l'une par l'autre?

Quoi qu'il en soit, Hegel raisonne ainsi : la mesure (réalité générale) est l'unité de la qualité et de la quantité (réalités générales); ces deux déterminations, qui sont elles-mêmes des négations, comme on l'a fait voir, se nient l'une l'autre; elles détruisent donc l'idée de mesure; celle-ci est conservée cependant, mais comme négation; elle est l'unité de la qualité et de la quantité, mais l'unité niée. Le résultat est que nous revenons à l'être déterminé comme négation de l'unité de ses deux négations premières. C'est une réflexion de l'être sur lui-même, comme dans le passage du fini à l'infini. Le changement indéfini du fini ayant été nié, on a appelé cette négation infini; ici le changement indéfini de la mesure est nié à son tour, et cette négation est appelée essence.

Qu'est-ce que l'essence en effet? Quand, dans le langage vulgaire, on parle de l'essence d'une chose, on suppose que l'être offre d'une part des phénomènes visibles, extérieurs, et que, d'autre part, il y a quelque chose au fond, qu'il y a un substratum intérieur, dont le phénomène est la surface. Les êtres sont donc considérés dans cette relation sous un double point de vue; ils sont décomposés en deux parties : l'une intérieure, fondamentale, l'essence; l'autre superficielle, extérieure, le phénomène, la manifestation. C'est de ce rapport qu'il s'agit ici ; il n'est pas question encore de l'essence comprise dans un autre sens, c'est-à-dire des propriétés essentielles des choses.

Dans l'essence donc, l'être a pour ainsi dire deux surfaces qui se réfléchissent l'une dans l'autre; on pourrait le comparer à deux miroirs lumineux se renvoyant la même lumière. C'est ainsi que Hegel l'entend en effet; c'est la mesure devenant mesure, c'est-à-dire l'être passant de lui-même à lui-même, se réfléchissant sur lui-même. La surface extérieure, la mesure est niée en effet; elle rentre en elle-même; elle se réfléchit sur l'être. Comme nous venons de le dire, nous avons déjà trouvé un rapport semblable dans le passage de l'indéfini à l'infini, et il est difficile de comprendre pourquoi dans l'un des cas la réflexion est représentée comme un tout se ramassant en une unité, un cercle se repliant sur son centre, tandis que dans l'autre elle est une réflexion de deux surfaces qui rayonnent l'une sur l'autre. Évidemment cette différence est tout arbitraire; au fond les deux réflexions sont également inconcevables, l'être étant unique et identique; et la dernière n'a reçu la forme que nous lui voyons, que parce que Hegel avait besoin de déduire l'essence.

La théorie de l'essence est une des plus difficiles du système. Toute la déduction repose sur l'usage des abstractions : rapport à soi, rapport à l'autre, prédicats qu'on attribue comme définitions à toutes les catégories et qui servent ainsi à établir l'identité de toutes. C'est ici surtout qu'on fait usage du sophisme qui consiste à faire naître l'une de l'autre deux idées qui se supposent réciproquement et à les déclarer identiques pour cela. Le mot d'essence est employé indifféremment de chacune des deux surfaces de l'être séparément, des deux surfaces réunies, et du rapport entre elles, du rayonnement même qui va de l'une à l'autre. C'est ce dernier sens qu'il a d'abord, car jusqu'ici nous n'avons que la réflexion, le rayonnement, la mesure niée et rentrant dans l'être.

II. L'ESSENCE.

« Quand nous parlons de l'essence, nous en distinguons l'être, qui est l'existence immédiate et que nous considérons comme une simple apparence; mais cette apparence n'est pas un simple rien, elle *est*, mais l'être qu'elle possède est nié, elle est l'être nié[1]. Le point de vue de l'essence est

[1] Cette apparence est celle des sceptiques, qui disent que les choses existantes *paraissent* être, mais ne sont pas. Il ne s'agit encore que du simple rayonnement, de la réflexion pure de l'être dans lui-même. « La réflexion est le mouvement de rien à rien; le rapport est *rapport pur*, c'est-à-dire rapport sans

en général celui de la réflexion. Le mot de réflexion est employé d'abord de la lumière, en tant que celle-ci, dans son mouvement en ligne droite, rencontre une surface polie et est rejetée par elle. Nous obtenons ainsi quelque chose de double, une chose immédiate d'abord, un être, et ensuite la même chose, mais comme médiatisée, posée. C'est exactement aussi ce qui arrive quand nous réfléchissons à un objet. Nous voulons connaître cet objet, non dans son immédiateté, mais comme résultant d'une médiation; l'essence donc étant l'être qui devient médiation avec lui-même par sa négation de lui-même, l'essence est le rapport à soi-même, rapport qui n'est rapport à soi qu'en tant qu'il est rapport à un autre, lequel n'est plus donné immédiatement comme être, mais est donné comme quelque chose de posé, de médiatisé. La négativité n'étant pas extérieure à l'être, mais étant sa dialectique même, sa vérité, l'essence, est l'être rentré en soi; l'être étant en soi, l'être n'a pas disparu, car d'un côté,

termes. » Ces termes, l'être les crée par son mouvement même. Il *suppose* celui dont il part, il *pose* celui contre lequel il se réfléchit; et en revenant sur le premier, il le *pose* comme étant réellement. C'est ainsi que l'*être* supposé d'abord immédiatement, devient médiat, réfléchi. — L'*être posé* est inférieur sous un certain rapport à l'*être* ; quand on dit d'une chose qu'elle *est*, on dit plus que quand on la *pose* simplement ; mais il lui est aussi supérieur, car l'*être* ne comprend que l'existence pure et immédiate, tandis que le *poser* donne des rapports, des relations de la chose. *Logique*, t. II.

l'essence, comme simple rapport à soi, est être; mais de l'autre côté, l'être est nié relativement à sa détermination d'être quelque chose d'immédiat, il est réduit à n'être plus qu'une simple négation, une apparence. L'essence est ainsi l'être, comme luire (*lucere*), rayonner en soi-même; c'est cette réflexion qui la distingue de l'être et qui constitue sa détermination propre.

Par suite de cette relativité qui dans l'essence remplace l'immédiateté de l'être, il n'y a plus de passage de l'un à l'autre, comme dans l'être, mais simplement des rapports. Quand dans la sphère de l'être le quelque chose devient l'autre, le quelque chose disparaît par ce changement. Il n'en est pas de même dans l'essence. Ici nous n'avons pas un véritable autre, mais seulement différence, rapport de l'un à *son* autre; rapport dans lequel les différents ne disparaissent pas. Dans la sphère de l'être, par exemple, être et rien sont chacun pour soi, on comprend l'un indépendamment de l'autre; mais dans la sphère de l'essence, le positif et le négatif qui y correspondent n'ont pas de sens par eux-mêmes; le positif suppose le négatif, et vice versa. Dans l'être tout est immédiat, dans l'essence tout est relatif.

L'absolu peut être considéré comme l'essence, l'Etre des êtres. Mais l'expression : il y a un Etre suprême, cette affirmation du déisme moderne et de l'entendement abstrait, est fausse. Dieu n'est pas *un* être, ni l'être *suprême*, mais il est l'être, l'essence; on place Dieu de l'autre côté, on conserve devant soi le monde comme quelque chose d'immédiat, de fixe, de positif, et l'on oublie que l'être des choses, l'essence, est précisément la négation de tout ce qu'il y a d'immédiat.

Le rapport à soi dans l'essence se présente sous la forme de l'identité, de la réflexion ; c'est elle qui remplace l'immédiateté de l'être ; l'apperception sensible dans son inintelligence prenait tout cet immédiat, ce fini, ce limité, pour quelque chose qui est ; maintenant ce sera l'entendement qui, dans son opiniâtreté, voudra voir chaque chose comme identique avec soi, ne se contredisant pas.

L'identité venant de l'être n'a d'abord que les déterminations de l'être, et semble en rapport avec quelque chose d'extérieur, qui, considéré comme séparé de l'essence, est le non-essentiel, ce qui n'a pas d'être réel. Mais l'essence n'est essence qu'à condition d'avoir la négation en soi, d'être rapport à un autre. Le non-essentiel est en elle comme son propre rayonnement. Cet autre, de son côté, est lui-même l'identité, et prend ainsi la forme de l'immédiateté de l'être. Dans l'essence tout est donc posé comme se rapportant à soi, et se dépassant en même temps ; l'essence est l'être de la réflexion, un être dans lequel rayonne un autre et qui rayonne dans un autre. C'est la sphère de la contradiction posée. Les catégories de l'essence vont reproduire celles de l'être, mais sous forme réfléchie. »

A. L'ESSENCE COMME FOND DE L'EXISTENCE.

(Identité ; Différence ; Positif et Négatif; Contradiction.)

« a. *La réflexion pure.* — α *Identité.* L'essence rayonne en soi ou est pure réflexion; elle n'est ainsi que rapport à soi, non immédiat, mais réfléchi; elle est identité avec soi.

Cette identité est formelle ou identité de l'entendement, en tant qu'on se tient à elle seule et qu'on fait abstraction de la différence. Elle est au fond cette abstraction même, puisqu'elle résulte de ce qu'on met de côté les différentes déterminations d'un être pour s'en tenir à une seule, ou de ce qu'on les résume toutes en une seule. L'identité, liée comme prédicat à l'absolu, donne l'affirmation : l'absolu est ce qui est identique avec soi. Cette affirmation est vraie; seulement il ne faut pas considérer cette identité comme quelque chose d'homogène, quelque chose qui exclue la différence. On n'aurait là que l'identité de l'entendement.

Les déterminations de l'essence donnent lieu à des propositions qui ont été déclarées les lois générales de la pensée. Celles de l'identité sont les suivantes : Tout est identique avec soi, $A = A$; et négativement A ne peut être en même temps

A et non A. Cette proposition, au lieu d'être une véritable loi de la pensée, n'est qu'une loi de l'entendement abstrait. La contradiction s'y trouve déjà dans la forme, car toute proposition par sa forme même promet une différence entre le sujet et l'attribut, et la proposition susdite ne répond pas à cette exigence de la forme. Quand on prétend que cette proposition ne peut être prouvée, mais que chaque conscience agit conformément à elle, l'admet aussitôt qu'elle l'a entendue, on peut opposer à cette expérience de l'école qu'il n'y a pas une seule conscience qui pense d'après ce principe, qu'il n'y a pas d'existence quelle qu'elle soit qui existe conformément à lui. Parler suivant cette prétendue loi de la vérité (une planète est une planète, le magnétisme est le magnétisme, l'esprit est l'esprit), passe à juste droit pour ridicule ; voilà bien l'expérience universelle. Le sens commun a depuis longtemps fait justice, aussi bien que la raison, de l'école qui admet sérieusement de telles lois de la pensée.

L'identité, c'est la même chose que nous avions d'abord comme être abstrait, seulement la détermination n'est plus immédiate ; elle est l'être, mais l'être idéel. Il est très-important de bien concevoir l'identité dans sa vérité, c'est-à-dire non pas comme identité purement abstraite, mais comme renfermant la différence en elle. C'est là le point par lequel la mauvaise philosophie se distingue de ce qui seul est digne du nom de philosophie. D'ailleurs l'identité bien conçue est une haute et importante détermination. C'est en concevant Dieu comme identique que nous voyons que toute la grandeur et toute la magnificence du monde tombe devant lui, et n'est qu'une apparence de *sa* grandeur et de *sa* magnificence. C'est par l'identité, comme conscience de soi, que l'homme se distingue de la nature et de l'animal, qui ne sont pas arrivés à se comprendre comme *moi*, comme unité pure de soi en soi-même. »

« β. *La différence*. L'essence n'est identité et rayonnement en soi-même qu'en tant qu'elle est négativité se rapportant à elle-même, c'est-à-dire répulsion d'elle-même par elle-même; elle contient donc essentiellement la détermination de la différence. Comme l'identité est avant tout rapport, et rapport négatif de l'être, elle est par cela même distinction d'elle-même; la différence n'a pas d'autre origine. L'*être autre* n'est donc plus ici une simple détermination, comme dans la qualité, mais il est la négation posée comme rapport, il est différence, médiation.

La différence est :

1° Différence immédiate, *diversité*; chacun des différents est pour soi, indépendant de l'autre. Par exemple, il y a la mer, l'air, la lune, etc.; chacun de ces objets est tout à fait indifférent en soi relativement aux autres, et, à cause de cela, cette différence tombe en un tiers qui com-parc. Nous ne nous arrêtons pas en effet à regarder les choses comme simplement différentes l'une de l'autre, nous les comparons. Cette différence extérieure, ce tiers, qui est la comparaison, donne les déterminations de ressemblance et de dissemblance : la ressemblance qui n'est autre chose que l'identité des objets comparés, la dissemblance qui est la différence elle-même.

La différence donne lieu à son tour à une loi générale de la pensée, que l'entendement accepte comme celles de l'identité, quoiqu'elle les contredise absolument. C'est la fameuse proposition de Leibnitz, que tout est différent, qu'il n'y a pas deux choses parfaitement semblables.

La ressemblance n'est qu'une identité de choses qui ne sont pas les mêmes; la dissemblance n'est qu'un rapport des dissemblables. Les deux ne sont donc pas posées chacune de son côté, indifférentes l'une à l'autre; elles se réfléchissent l'une dans l'autre, elles rayonnent l'une dans l'autre. La ressemblance et la dissemblance en effet sont en rapport nécessaire : l'une suppose l'autre; tout être qui ressemble à un autre en est en même temps différent; tout être différent de l'autre a en même temps un rapport avec lui. La différence se présente comme un rapport mutuel, comme deux contraires qui se supposent réciproquement. Elle est donc :

2° La différence déterminée, la différence en soi proprement dite, l'opposition, le rapport du positif et du négatif. Le positif n'est positif qu'en tant qu'il n'est pas négatif ; le négatif n'est négatif qu'en tant qu'il n'est pas positif. Chacun n'étant ainsi que parce qu'il n'est pas l'autre, chacun rayonne dans l'autre et n'est que par l'autre ; chacun des différents n'a pas *un* autre en général en face de lui, mais *son* autre ; chacun est l'autre de *son* autre. La différence est ainsi contradiction, rapport de contradictoires qui se supposent réciproquement.

Le positif est la même chose que l'identité, mais l'identité plus vraie, c'est-à-dire déterminée comme n'étant pas le négatif. Le négatif n'est autre chose que la différence même ; il est la différence avec la détermination de n'être pas l'identité. C'est là la différence de la différence en elle-même. On croit avoir une différence absolue dans le positif et le négatif ; mais les deux sont en soi la même chose, et on pourrait aussi appeler le positif négatif, et vice versa. Ainsi une même obligation est un bien positif pour le créancier, un bien négatif pour le débiteur. Une distance de six lieues peut être considérée comme positive vers le sud, négative vers le nord, et vice versa. Le positif et le négatif sont en rapport essentiel l'un avec l'autre et se supposent réciproquement. Le pôle nord de l'aimant ne peut être sans le pôle sud, le pôle sud sans le pôle nord. Qu'on coupe l'aimant, les deux pôles se rétablissent. De même, l'électricité positive et l'électricité négative ne sont pas deux fluides séparés, subsistant l'un sans l'autre.

La différence en soi donne lieu à la proposition : de deux prédicats opposés, un seul peut appartenir à la même chose, et à celle-ci : entre deux prédicats contradictoires, il n'y a pas de milieu. Ce principe de la contradiction contredit expressément le principe de l'identité, en tant que, d'après le dernier, la chose doit être simple rapport à soi, et que, d'après le premier, elle doit être rapport à son opposé. C'est par l'inintelligence qui lui est propre que l'entendement pose ainsi à côté l'un de l'autre deux principes contradictoires, sans même les comparer. L'entendement veut écarter la contradiction, et en le faisant il y tombe. On prétend que A est nécessairement $+A$ ou $-A$, et qu'il n'y a pas de troisième terme. Mais ce troisième terme, c'est A lui-même ; il est trouvé, par cela même, qu'on affirme qu'il n'existe pas. Si $+A$ signifie une distance de six lieues vers le nord, $-A$ une égale distance vers le sud, on peut effacer le plus et le moins, la distance n'en existe pas moins. En physique, l'idée de polarité est courante, et elle contient une détermination plus vraie de l'opposition ; mais si la physique, qui s'en tient pour l'idée à la logique ordinaire, entrevoyait la pensée qui est au fond de cette polarité, elle reculerait d'effroi.

Au lieu de dire qu'il n'y a pas de moyen terme

entre deux contradictoires, comme le fait l'entendement, il faudrait dire plutôt que tout est contradictoire. Il n'existe nulle part, en effet, ni au ciel ni sur la terre, ni dans le monde physique, ni dans le monde intellectuel, une opposition si exclusive que le suppose l'entendement. Tout ce qui est, est concret, et par conséquent différent, opposé en lui-même. Ainsi dans la nature l'acide est en soi en même temps la base, c'est-à-dire son être consiste en soi à être en rapport avec son contraire. L'acide ne s'en tient donc pas tranquillement à l'opposition ; sa tendance est de se poser ce qu'il est en soi, de se réunir à la base. La contradiction est l'essence de toute vie et de tout mouvement, elle est l'essor de l'activité universelle, elle meut le monde, et il est ridicule de dire qu'on ne peut la concevoir. Ce qui est vrai, c'est que la contradiction se nie elle-même, mais non pour revenir à l'identité abstraite, pour s'élever au contraire à une détermination plus haute et plus vraie encore.

Le positif est la chose différente, qui est pour soi, et qui, en même temps, est en rapport avec son autre. Le négatif est aussi pour soi, et en même temps, comme subsistant par soi, il n'est qu'un rapport avec son autre. Tous deux sont donc la contradiction posée, tous deux sont la même chose ; ils se nient donc réciproquement ; *ils vont à fond*[1], ils deviennent le *fond*. Ou, en d'autres

---

[1] Aller à fond, *zu grunde gehen*, est synonyme en allemand de

termes, la différence proprement dite est différence d'elle-même, et contient par cela l'identité. Leur unité est donc ce qui les contient tous deux, ce qui est en même temps l'un et l'autre, soi et son contradictoire ; c'est le fond des choses, le principe d'où naissent les choses. »

Les généralités relatives à l'essence sont assez faciles pour que nous puissions nous dispenser de remarques explicatives. Nous y reviendrons d'ailleurs. Ici nous ne voulons que dire quelques mots de l'identité et de la différence que Hegel rattache à l'essence, très-arbitrairement selon nous, puisque ces déterminations s'appliquent aussi bien aux existences immédiates, et ne supposent nullement que la question d'essence soit agitée.

Les idées d'identité et de différence dérivent immédiatement de la multiplicité des êtres. Chaque être est identique avec lui-même et différent des autres.

L'identité de chaque être, c'est donc d'être lui-même, de ne pas être un autre. Cette catégorie serait tout à fait insignifiante, si le doute ne s'élevait quelquefois sur la question de savoir

---

perir, être détruit, supprimé, à peu près comme le mot français *s'enfoncer* pris dans l'acception populaire ; cet heureux jeu de mots fournit la transition à la théorie du *fond*.

si tel être est le même que celui qu'on a en vue. C'est là le seul usage qu'elle ait dans la vie ordinaire; on déclare ainsi l'identité d'une personne, on cherche l'identité d'un criminel. On dit : Cet objet est bien le même que j'ai acheté, etc. On dit aussi: L'âme humaine reste identiquement la même, malgré toutes les modifications qu'elle subit dans la vie. L'identité dans ce sens n'entraîne pas l'unité, l'indivisibilité de l'être auquel on l'applique. On l'affirme de l'homme, qui contient certes des différences en soi, de tout être matériel, etc.

Ce furent les panthéistes allemands, principalement Schelling, qui détournèrent ce mot de sa signification originaire, et l'élevèrent à une hauteur suprême. Il s'agissait en effet de déclarer que deux choses différentes étaient la même, que toutes les choses étaient la même, qu'il n'existait pas de différence réelle. Or, une chose n'est la même qu'en tant qu'elle n'est pas, comme on le croyait, une autre. L'ancien sens ne pouvait être maintenu; on rattacha donc au mot d'identité le sens d'unité, d'indivisibilité, d'homogénéité, et on en fit ainsi une réalité générale confondue avec celle de l'être absolu même, une négation de toutes les différences.

Hegel combine à sa manière les deux idées. L'identité est une réalité générale : c'est l'unité de l'être, ce qui fait qu'il est le même, que toutes ses parties, tous les êtres sont le même être identique ; ce qui conclut à la négation de toute différence. Mais cette conclusion n'est pas admise, comme on l'a vu, et cet être dans lequel tous sont le même, où toutes les différences semblent effacées, contient en lui la différence, se définit par la contradiction.

Hegel déduit la différence de l'identité ; elle résulte de ce que celle-ci est un rapport à soi, et un rapport suppose déjà la différence. Sans doute, si on peut concevoir ce que c'est qu'un rapport à soi dans un être unique, indivisible et homogène. S'il n'est pas un et homogène, il est donc déjà différent, et la différence n'a pas besoin d'être déduite. Que veut dire ici cette déduction de la différence, quand depuis le commencement on se sert des mots négation, rapport, autre, beaucoup, etc.? La différence n'est-elle pas donnée depuis longtemps, et l'identité serait-elle rapport à soi, si elle ne l'était du point de vue de la différence?

La simple différence, ce qui fait qu'un être n'est pas l'autre, résulte du fait de la multiplicité. La dissemblance et l'opposition ou les propriétés contradictoires sont de même données par le fait, et ne peuvent être déduites l'une de l'autre. De ce que les êtres sont multiples, on peut conclure sans doute qu'ils sont semblables ou dissemblables ; mais l'idée de la multiplicité n'entraîne aucune conséquence relativement à la réalité de l'un ou l'autre de ces faits ; et en second lieu, de ce qu'ils sont dissemblables, il ne suit nullement qu'ils soient contradictoires. Hegel prétend déduire ces oppositions ; mais sa déduction est bien fragile. La différence se fait comparaison (autre réalité générale), et la comparaison devient, on ne sait comment, ressemblance et dissemblance, identité et différence proprement dite. En écartant même ce qu'il y a de louche dans ce tiers qui compare, en supposant même que ce ne soit que l'esprit humain qui opère cet acte, on ne comprend pas que la comparaison ait un résultat, si la ressemblance et la dissemblance ne sont données d'avance; ce n'est pas elle certes qui les créera. La dissemblance est un fait; elle résulte de la nature même des qualités diverses, et en comparant on la voit; mais on ne la fait pas. De même, de ce qu'il y a rapport entre les choses diverses, et en même temps différence, et de ce que la contradiction offre les mêmes propriétés, il ne suit pas que la dissemblance et la contradiction soient la même chose. Au contraire, la ressemblance suppose expressément que la différence ne soit pas contradictoire. La contradiction suppose plus qu'un rapport mutuel et une simple dissemblance, elle suppose l'exclusion mutuelle. Celle-ci ne peut donc en être déduite, quoique Hegel prétende le faire. D'ailleurs il dépasse immédiatement le but dans cette déduction. Non content de faire un seul être, une réalité générale de l'idée de différence qui repose tout entière sur une multiplicité d'êtres, il fait de toutes les idées contradictoires un rapport d'affirmation et de négation : or, nous avons déjà prouvé que deux idées qui se contredisent peuvent être positives. (Les idées d'unité indivisible et celle de continuité divisible, par exemple.) Il transporte au fait le rapport nécessaire de réciprocité qu'elles n'ont que dans la pensée ; nous avons déjà prouvé que c'est là un sophisme. Comme si, parce que nous ne connaissons Dieu que par la création du monde, Dieu n'existait pas indépendamment du monde! comme si, parce que nous ne pouvons concevoir l'unité que par la négation du continu, les unités spirituelles ne pouvaient être affranchies des conditions du temps et de l'espace !

Cette déduction offrirait peu d'intérêt si Hegel ne prétendait s'en servir pour renverser de fond en comble les lois générales du raisonnement. Heureusement que l'attaque est plus bruyante que sérieuse, et que l'entendement ne peut se tenir pour battu. Toute l'argumentation de Hegel repose sur le principe que l'identité et la différence sont des réalités générales; et de ce point de vue il déclare contradictoires les lois posées : A est A, tout est différent, entre deux contradictoires il n'y a pas de moyen terme. Si l'entendement en effet acceptait les prémisses de Hegel, l'argument pourrait avoir quelque valeur; mais il les repousse expressément : il admet positivement la multiplicité des êtres, et de ce point de vue il comprend parfaitement que chaque être soit identique avec lui-même et différent des autres.

Quelle est, d'ailleurs, cette objection contre le principe A est A, qu'il est ridicule de dire qu'une planète est une planète, etc.? Sans doute cela est ridicule, car c'est trop évident; une vérité semblable n'a pas besoin d'être exprimée. Mais qui croira que c'est faux? M. la Palice était très-ridicule, certainement; mais personne ne s'est avisé de dire qu'il ait eu tort. Quelquefois aussi ces propositions ont leur usage. Quand quelqu'un tend à prouver qu'une chose est l'autre, on lui répond fort bien qu'elle est celle-ci et non l'autre. Lorsqu'on reproche à Hegel de copier Schelling, son école répond fort bien que le système de Hegel est celui de Hegel, et non celui de Schelling. Quant au principe de Leibnitz, il n'est fondé que dans son système, et l'entendement universel n'a garde de le soutenir comme une vérité a priori. Nous avons déjà fait voir comment le principe de la contradiction est vrai a priori en vertu même de la morale. Mais si même la morale ne nous donnait pas cette certitude, les arguments avec lesquels Hegel l'attaque, seraient-ils suffisants pour le renverser? N'est-ce pas éluder la question que de choisir des exemples où le positif et le négatif ne sont que relatifs, comme dans le magnétisme et l'électricité? Le plus et le moins d'une certaine quantité sont-ils réellement des contradictoires? Évidemment non, s'ils n'expriment que des quantités diverses. Oui, s'ils expriment l'affirmation et la négation. Mais dans ce dernier cas, A n'est pas un moyen terme entre $+A$ et $-A$; A est par lui-même $+A$. De même, en supposant une distance de six lieues dans la direction du méridien, cette distance s'étend nécessairement du sud au nord ou du nord au sud; elle est inconcevable sans cela. Ces arguments ont l'air de plaisanteries. N'est-ce pas une assertion incroyable de dire qu'il n'y a nulle opposition contradictoire au monde? Comme si, parce que Hegel prétend établir un milieu entre l'être et le néant, le oui et le non, la vie et la mort, cette prétention valait preuve! Puisque Hegel soutient qu'il n'y a pas de contradiction sans moyen terme, en voici une que nous proposons à son école : Le principe général de Hegel est absurde ou il ne l'est pas. Nous lui laisserons le soin de déterminer le milieu; quant à nous, nous ne le connaissons pas.

Hegel fait disparaître par négation réciproque l'identité et la différence dans une seule réalité générale. Celle-ci est le fond des êtres, leur essence proprement dite, la matière indifférente au positif et au négatif dont ils sont faits. Le positif et le négatif deviennent identiques à la surface intérieure du rapport d'essence, et c'est ici seulement que commence la véritable déduction de ce rapport. Comme on le voit, la transition est assez singulière, et logiquement rien ne la justifie, si ce n'est que dans l'unité du positif et du négatif, ces deux termes sont dans un rapport de réciprocité semblable à celui du fondement de l'être et de son existence. Cette ressemblance, dont l'un des termes (l'unité du positif et du négatif) est de la création de Hegel, lui suffit pour déclarer leur identité, et la déduction doit être considérée comme faite. Ajoutons pour l'intelligence de ce qui va suivre que le mot allemand *grund*, qui rend le mot fond, signifie aussi motif, raison, et que par conséquent l'idée du fond des choses et celle de leur raison suffisante sont incessamment confondues.

(Le Fond ; l'Existence ; la Chose et les Propriétés ; la Matière et la Forme ; le Phénomène ; la Forme et le Contenu ; le Tout et les Parties ; la Force et la Manifestation ; l'Intérieur et l'Extérieur.)

« γ. *Le fond.* Le fond est l'unité de l'identité et de la différence, la vérité de ce qui est résulté des deux, c'est-à-dire la réflexion en soi, qui est aussi bien réflexion en un autre, et vice versa. C'est l'essence posée comme totalité.

Cette unité de l'identité et de la différence ne doit pas être considérée comme identité abstraite. On peut donc dire aussi qu'elle est autant leur différence que leur unité. Le fond qui naît de la négation de la contradiction est donc une nouvelle contradiction ; mais comme tel, il ne reste pas tranquillement en soi, mais se repousse de lui-même. Le fond n'est fond qu'en tant qu'il fonde, et il est lui-même ce qui est sorti du fond. Le fondé et le fond sont un seul et même contenu, et leur différence n'est que la différence de forme qu'il y a entre le simple rapport à soi et la médiation, la position. Lorsque nous nous enquérons du fond des choses, de leur raison, ce n'est que le point de vue général de la réflexion : nous voulons voir la chose double, d'une part immédiatement, de l'autre part comme médiatisée, comme fondée.

Le principe du fond est celui-ci : Tout a sa raison suffisante : c'est-à-dire la véritable essence du quelque chose ne consiste pas en sa détermination comme identique ou comme différent, comme positif ou comme négatif; mais en ceci, qu'il a son être dans un autre, qui en étant l'identité en soi en est l'essence. Ce principe n'est donc que l'expression de ce fait, que nous voulons voir une médiation en toutes choses, qu'il nous faut des raisons pour tout. A cause de la différence qui fait partie intégrante du fond, ces raisons sont différentes aussi; il y a mille raisons à trouver pour une seule et même chose. Au point où nous sommes arrivés en effet, le fond n'est pas encore cause finale; la raison suffisante n'est cause finale que dans le concept. Le concept a sa cause finale en lui-même; la croissance, le développement de la plante, par exemple, ne dérive pas des causes efficientes de chaleur, de lumière, d'humidité, etc., elle dérive du concept même de la plante, qui est ainsi sa propre cause finale. Mais nous n'en sommes pas encore là; nous n'en sommes qu'aux simples raisons, point de vue encore fort incomplet. C'est celui de l'ancienne école des sophistes. On peut tout défendre, tout attaquer par des raisons. Dans notre époque raisonneuse, il ne faut pas être fort pour ne pas trouver de bonnes raisons pour toutes choses, même les plus mauvaises et les plus absurdes.

Le fond n'est donc pas simple réflexion en soi, mais réflexion en un autre. Il est l'essence qui est en soi, et cette essence est fond, en tant qu'elle est le fond de quelque chose, d'un autre. Le fond est donc différent, médiat en lui-même; par la négation mutuelle de ses deux faces, par la négation de la différence et de la médiateté, il redevient totalité immédiate; l'être immédiat est rétabli, mais comme médiatisé par la négation de la médiation; il est l'existence. Celle-ci, comme étant sortie du fond, le contient; il ne subsiste pas derrière l'existence, mais il ne consiste précisément qu'à passer dans l'existence. Dans ce passage, il n'est encore ni contenu déterminé, ni but, ni activité, ni produisant; l'existence *sort* de lui; ce n'est pas lui qui la veut.

« b. *L'existence.* L'existence est l'unité immédiate de la réflexion en soi et de la réflexion dans l'autre. Elle est donc la masse indéterminée des choses existantes, réfléchies en soi d'un côté, rayonnant dans l'autre de l'autre côté, relatives toutes et formant un monde où tout est en dépendance réciproque, une série infinie de choses fondées et de choses servant de fondement. Chacune est en même temps fond et fondement; chacune a son fond ultérieur, et le fond est toujours quelque chose qui existe aussi ; ainsi la raison d'un incendie est dans la foudre qui a frappé une maison ; la raison de la constitution d'un peuple est dans ses mœurs, etc. Tout est relatif, et le monde présente un jeu varié de rapports qui n'offre nul point d'appui, nul moment d'arrêt.

Mais la réflexion dans l'autre de l'existant est en même temps réflexion en soi. Leur unité, c'est le fond dont l'existence est sortie. L'existant est donc réfléchi en soi comme fond ; sa relativité et sa liaison avec les autres existants a une base en lui-même ; elle est ainsi *la chose*. La chose est *en soi* tant qu'on ne la considère que comme substratum de l'existence ; c'est la fameuse chose en soi de Kant que celui-ci a déclarée ne pouvoir pas être connue. Mais ceci est faux ; toutes les choses sont en soi d'abord ; mais elles ne peuvent en rester là ; il faut qu'elles se développent; alors elles montrent, par leurs manifestations, par leur rapport avec les autres, ce qu'elles sont en soi ; la chose manifeste ainsi ses propriétés, elle devient la chose ayant des *propriétés*. »

« c. *La chose*. La chose est la totalité comme unité

du fond et de l'existence. Par l'un de ses moments, la réflexion dans l'autre, elle contient les différences qui en font une chose concrète et déterminée.

α. Ces déterminations diffèrent l'une de l'autre; leur réflexion en soi a lieu dans la chose et non dans elles-mêmes. Ce sont des propriétés que la chose a. L'avoir remplace l'être maintenant ; l'être *est* qualité, la chose *a* des propriétés. Cette locution nouvelle indique que la simple immédiateté est remplacée par un rapport.

β. Mais la réflexion dans l'autre est au fond aussi bien réflexion en soi; les propriétés sont donc aussi identiques avec soi; elles sont indépendantes, affranchies de leur lien avec la chose. Mais comme elles ne sont que les déterminations (différentes entre elles) de la chose, elles ne sont pas elles-mêmes des choses concrètes, mais des existences réfléchies en soi comme déterminations abstraites, des matières; aussi ne sont-elles pas appelées choses; on ne dit pas que la couleur, l'odeur, les fluides électriques, magnétiques, etc., soient des choses. C'est à tort qu'on veut faire de ces déterminations des corps, des objets indépendants, des parties qui composent la chose. Ce ne sont toujours que des propriétés, et elles ne sont indépendantes que comme déterminations abstraites.

Ces matières sont ainsi la réflexion dans l'autre tout à fait abstraite, indéterminée, ou bien la réflexion en soi comme déterminée; elles sont donc la *choséité* (Dingheit) existante, ce qui constitue la chose. La réflexion en soi de la chose a donc lieu *dans* les matières, contrairement à ce que nous avons vu plus haut, et la chose est le composé des matières, n'est que leur liaison superficielle, leur unité extérieure.

γ. La matière, comme unité immédiate de l'existence avec soi, est aussi indifférente à la détermination, c'est-à-dire les différentes matières dont se compose la chose sont en soi l'une ce qu'est l'autre, elles sont la même[1]; l'existence redevient donc identité, les différentes matières en deviennent une seule, *la matière*, pour laquelle les déterminations et leurs rapports sont *la forme*. Celle-ci est la même chose que la différence opposée à l'identité, mais la différence existante et totalité. La matière ainsi obtenue n'est autre chose que la chose en soi avec ceci de plus, qu'elle est ce qui suppose une forme, un être qui est aussi pour un autre, pour la forme.

Cette considération de la matière et de la forme est très-ordinaire. On suppose que toutes les choses ont une seule et même matière pour sub-

---

[1] Les matières constituent la chose; or la chose est *une*, c'est donc *une* matière qui constitue la chose. Les matières, en tant qu'elles subsistent toutes, qu'elles se pénètrent (ce que l'entendement croit expliquer par la porosité), s'excluent et se nient en même temps à cause de l'unité (négative) de la chose, et c'est ainsi que la chose se compose de sa contradiction même, contradiction que l'entendement affirme sans cesse, sans s'en douter. *Logique*, t. II.

stratum, et qu'elles ne diffèrent que par la forme. La matière est considérée ainsi comme tout à fait indéterminée, mais capable de toute détermination et en même temps permanente et égale à elle-même à travers tous les changements. Mais, de fait, la matière ne peut exister sans forme, et c'est une erreur de l'entendement de la supposer ainsi.

La chose est donc matière et forme, posées toutes les deux comme totalité de la *chinséité* et subsistantes par soi. Mais la matière, qui doit être existence positive et subsistante, contient, en tant qu'existence, la réflexion dans l'autre aussi bien que la réflexion en soi; comme unité de ces deux déterminations, elle est la totalité de la forme : la forme contient de même, comme totalité des déterminations, la réflexion en soi qui est le propre de la matière; elle est donc en soi la même chose que la matière. Leur unité est le rapport de matière et de forme, c'est-à-dire le phénomène.

En effet, la chose s'est montrée être une contradiction : d'un côté, elle est la forme dans laquelle la matière est déterminée et ne consiste qu'en propriétés; de l'autre, elle se compose de matières qui dans la réflexion en soi sont subsistantes et niées en même temps[1]. La chose est

---

[1] La chose s'étant montrée contradictoire, c'est-à-dire se composant de matières qui, ne subsistant pas, s'excluent en même temps qu'elles subsistent, l'existence y conclut à ce qu'elle est

donc l'essence existante qui se nie elle-même ; elle est l'essence niée, elle est le phénomène, ce qui *paraît* [1]. »

B. LE PHÉNOMÈNE.

« L'essence doit paraître. Le phénomène est différent de l'apparence, du rayonnement que nous avons eu d'abord ; il est ce rayonnement développé. L'essence était d'abord totalité du rayonnement en lui-même ; mais elle ne s'est pas tenue à cette intériorité ; comme fond, elle a passé à l'existence, laquelle n'ayant pas son fond en elle-même, mais dans un autre, est phénomène. L'essence se nie ainsi pour devenir immédiate, et dans son immédiateté elle est aussi bien subsistance, matière, que subsistance niée, forme. L'essence n'est donc pas derrière ou de l'autre côté du phénomène ; non, par cela même que c'est l'essence qui existe, l'existence est phénomène.

L'essence *est* ainsi la bonté infinie de produire son apparence au dehors, de lui donner l'immédiateté, de la faire jouir du jour. Ce phénomène

véritablement, c'est-à-dire à être en même temps ce qui subsiste par soi et ce dont cependant l'existence n'est qu'apparente. *Logique*, t. II.

[1] Paraître est employé dans le double sens de se montrer au dehors, rayonner au dehors, et de sembler être, n'être qu'une apparence.

ainsi posé n'est pas indépendant, n'est pas subsistant en soi, mais il a son être dans un autre. Dieu, étant l'essence, est aussi bien la bonté ; car il crée un monde en donnant l'existence aux moments de son rayonnement en lui, et en même temps il se manifeste comme autorité sur ce monde et comme justice, car il ne lui permet que d'être phénomène et non pas d'exister pour soi.

Le phénomène offre trois moments. Il est d'abord la totalité des phénomènes apparents, le monde phénoménal. Mais le phénomène suppose un fond, une essence qui lui corresponde ; de là deux mondes, l'un du phénomène extérieur, le second de la forme intérieure, des *lois* du phénomène. Ces deux mondes enfin se pénètrent et entrent en *relation* sans devenir absolument identiques, et donnent lieu aux catégories du tout et des parties, de la force et de la manifestation, de l'intérieur et de l'extérieur. »

« a. *Le monde phénoménal.* L'existence de chaque phénomène est telle que la subsistance est niée, qu'elle n'est qu'un moment de la forme même. La matière ou la subsistance est par conséquent comprise dans la forme ; et comme c'est la matière qui est le fond du phénomène, celui-ci (le fond), n'étant qu'un moment de la forme, est phénomène lui-même, et ainsi naît une série infinie de médiations réciproques. Mais cette médiation est en même temps unité, rapport à soi, et l'existence est développée ainsi en une totalité, en un monde phénoménal, une universalité du fini réfléchi. »

« b. *Contenu et forme*. L'extension, la multiplicité du monde phénoménal est totalité, et par conséquent ce monde est contenu tout entier dans son rapport à soi. Le rapport à soi du phénomène est ainsi déterminé complétement; il a la forme en lui-même, et par cette identité la forme est subsistance essentielle. C'est ainsi que la forme devient contenu et se manifeste comme *loi* du phénomène. A l'égard de la forme ainsi devenue contenu, la forme subsiste aussi comme non réfléchie en soi; c'est là l'apparence extérieure, le négatif, le variable du phénomène, c'est la forme extérieure.

Il résulte de là que le contenu n'est pas sans forme, qu'il possède la forme en lui aussi bien que hors de lui. La forme est ainsi doublée; tantôt elle est réfléchie, elle est le contenu; tantôt elle est extérieure et indifférente. Nous verrons bientôt que la vérité est que le contenu devient sans cesse forme, la forme sans cesse contenu. En attendant, on peut dire qu'il ne peut exister de matière (dans le sens le plus étendu du mot) sans forme et indépendante d'elle. On peut bien dire d'un livre que le format, la reliure, etc., sont tout à fait indépendants du contenu, mais il est vrai aussi que le contenu lui-même a une forme: le livre informe lui-même a une forme, une mauvaise à la vérité; la bonne forme, au contraire, est identique avec le contenu même; c'est là surtout le cas des grandes œuvres d'art, de l'Iliade, par exemple, dont le contenu ne serait certainement rien sans la forme.

Mais le phénomène comprend le contenu aussi bien que la forme ; il est, en tant qu'existence immédiate, détermination de l'un et de l'autre ; d'un côté il est extérieur au contenu, et de l'autre la forme extérieure lui est essentielle. Le contenu est donc la même chose que la forme extérieure. Le phénomène est *relation*, il est rapport entre la forme et le contenu, il est l'unité identique des deux en même temps que leur opposition. La forme et le contenu sont niés, et l'unité (dans laquelle ils ne cessent d'être opposés) est la relation. »

« c. *La relation*. La relation d'essence est le mode déterminé, mais tout général, du phénomène. Tout ce qui existe est en relation, et cette relation est la vérité de toute existence. Ce qui existe n'est donc pas abstraitement pour soi, mais seulement dans un autre. Mais dans cet autre il est rapport à soi, et la relation est l'unité du rapport à soi et du rapport à l'autre.

α. La relation immédiate est le rapport du tout et des parties; le contenu est le tout, et se compose (en allemand : subsiste dans) des parties (la forme), qui sont le contraire de lui. Les parties sont différentes l'une de l'autre et subsistent par soi. Mais elles ne sont parties que par leur rapport entre elles, en tant que leur ensemble forme le tout; et l'ensemble de son côté est précisément le contraire et la négation des parties.

Cette relation n'est pas vraie en tant que la réalité et l'idée ne sont pas conformes. L'idée du tout est celle de contenir des parties; mais veut-on poser le tout conformément à cette idée? veut-on le diviser? il cesse d'être un tout. Du reste, en disant que cette relation n'est pas vraie, on ne prétend pas dire qu'elle n'existe pas. N'est pas vrai ce qui ne répond pas à l'idée de la chose; mais de pareils faits peuvent exister. Un corps malade, un état mal constitué existent, mais ils ne sont pas vrais, car ils ne répondent pas à leur idée.

β. La relation du tout et des parties n'est qu'un rapport négatif de la relation à soi; tantôt l'un des côtés est pris pour la chose subsistante, tantôt l'autre; c'est la même chose qui se nie continuellement, qui comme réflexion en soi se fait différence, comme différence se fait réflexion en soi. Cette négation infinie, considérée en elle-même, c'est la force et la manifestation, — la force qui est le tout identique avec soi, le tout en soi, et qui se nie comme en soi, comme identité et se manifeste, — et la manifestation, qui à son tour est niée et rentre dans la force.

Comparativement à la relation du tout et des parties, la force doit être considérée comme infinie. Mais en elle-même elle est finie; elle a besoin d'un autre que soi auquel elle inhère; par exemple, la force magnétique a besoin du fer.

Il faut aussi pour qu'elle agisse qu'elle soit sollicitée. Elle n'est pas encore identique absolument avec sa manifestation, elle n'est pas encore but et concept, et par conséquent agit aveuglément, accidentellement. Voilà pourquoi il ne faut pas considérer Dieu comme force. L'unité absolue n'est pas établie; il y a diverses forces existant indifféremment l'une à côté de l'autre.

On dit que la nature de la force est inconnue et que nous ne connaissons que la manifestation. Mais tout le contenu de la force passe dans la manifestation; la force n'est définie que par la manifestation, et c'est une vaine tautologie d'expliquer un phénomène par une force. Ce qu'on prétend inconnu, c'est la forme vide de la réflexion en soi, forme bien connue. Ce qui est vraiment inconnu dans la force, c'est le lien, l'unité, qui est en elle-même (l'unité des différentes forces), et la raison de sa limitation, du défaut qui lui fait avoir besoin d'un support.

La force est le tout qui, en tant que rapport négatif à soi, se repousse de soi, se manifeste. Mais cette réflexion dans l'autre étant en même temps réflexion en soi, la manifestation est le moyen terme par lequel la force est force et redevient elle-même. La manifestation est donc la négation des deux côtés, et la position de l'identité qui forme leur contenu. La relation est donc posée comme intérieur et extérieur.

7. L'intérieur est le fond, la forme vide de la

réflexion en soi; l'extérieur est l'autre côté, la réflexion dans l'autre. Leur identité est le contenu, le mouvement de la force qui se manifeste : ce mouvement est l'unité de la réflexion en soi et de la réflexion dans l'autre; tous deux sont la même totalité, le même contenu.

L'extérieur est donc en premier lieu le même contenu que l'intérieur. Ce qui est intérieur se voit aussi extérieurement, et vice versa; le phénomène ne montre que ce qui est dans l'essence, et dans l'essence il n'est rien qui ne soit manifesté.

Mais, en second lieu, l'intérieur et l'extérieur sont divers et opposés; comme forme, l'un est l'abstraction de l'identité en soi, l'autre la diversité multiple, la réalité. Mais en tant qu'ils sont identiques en essence comme moments de la même forme, il s'ensuit que ce qui est posé dans une des abstractions n'a réellement l'existence immédiate que dans l'autre. Ce qui n'est qu'intérieur n'est qu'extérieur; ce qui n'est qu'extérieur n'est qu'intérieur. Quand on ne considère l'essence que comme quelque chose d'intérieur, on n'en est qu'à la superficie. Un poëte dit : « Nul esprit créé ne pénètre dans l'intérieur de la nature, trop heureux s'il en découvre l'écorce extérieure. » Il aurait fallu dire plutôt que, par cela même qu'on regarde l'être de la nature comme quelque chose de purement intérieur, on n'en voit que la surface. Le défaut d'une chose consiste à n'être qu'intérieure et par conséquent qu'extérieure. Par exemple, l'enfant est en tant qu'homme un être raisonnable ; mais la raison est en lui tout intérieure encore; elle est disposition, vocation, etc. ; et cet intérieur a pour lui la forme extérieure, comme volonté de ses parents, comme enseignement, comme milieu intellectuel qui l'entoure. L'intérieur de l'homme est comme son extérieur, c'est-à-dire comme ses actions; tant qu'il n'est moral, vertueux, etc., qu'intérieurement, c'est-à-dire en intention, et qu'il ne l'est pas extérieurement, l'un est aussi vide et creux que l'autre. C'est une mauvaise supposition, quand on voit des hommes qui ont accompli quelque grande et belle œuvre, de dire que ce n'est là que quelque chose d'extérieur, mais qu'au fond il n'y avait qu'une satisfaction de la vanité ou de toute autre passion. C'est en général une malheureuse manie dans les recherches historiques, un dénigrement envieux de la médiocrité, de vouloir dépouiller toutes les grandes figures de l'éclat dont le fait même les environne, pour chercher dans de petits motifs l'explication des grandes choses.

Les abstractions vides, qui sont les dernières formes de la prétendue relation du contenu un et identique, se nient donc réciproquement en passant l'une dans l'autre. Le contenu n'est lui-même que leur identité ; ils sont l'apparition de l'être posé comme apparition. Par la manifestation de la force, l'intérieur est *posé* comme existence; cette position est la médiation par de simples abstractions ; elle disparaît en elle-même et devient immédiateté, où l'intérieur et l'extérieur sont identiques en et pour soi, et dont la différence n'est que comme étant posée. Cette identité, c'est l'*effectivité*. »

Hegel mêle ici une foule d'idées fort différentes qu'il suffit de distinguer pour comprendre la valeur de sa déduction.

Nous avons dit que le rapport d'essence résulte de ce que les êtres ne nous sont connus que par leurs rapports, par leurs relations extérieures, et que ce en quoi ils consistent en eux-mêmes, l'être propre de chacun d'eux, nous échappe. Voilà la supposition du sens commun que Hegel prétend battre en brèche.

Or, pour cela, il commence par en dénaturer le sens et la confondre avec un rapport tout différent. Dans notre connaissance en effet, tout est rapport, chaque chose en suppose une autre. Le système du monde n'est qu'un vaste système de rapports. Ce fait est vrai, mais ce n'est certes pas en lui que réside la question de l'essence. Quand on cherche les rapports de tel phénomène avec tel autre, ce n'est pas une question d'essence qu'on examine. Qu'aux rapports que présentent les phénomènes correspondent des rapports semblables entre les essences, cela est possible; mais il ne s'agit pas de cela. Le phénomène seul suffit pour nous donner l'idée de relation, et cette idée existerait sans que la question d'essence fût posée.

Or, Hegel confond le rapport d'essence avec un rapport quelconque ; par cela même que la question d'essence suppose un rapport, tout rapport est une question d'essence. Les idées de positif et de négatif sont un rapport, se supposent réciproquement, donc elles donnent lieu au rapport d'essence, au rapport de fond et d'existence.

D'un autre côté, dans l'opinion vulgaire, pour que deux choses soient en rapport, il faut qu'elles existent toutes deux, et cette existence indépendante de l'une et de l'autre est pleinement admise, quoique nous ne puissions connaître chacune que dans son rapport avec l'autre. Or, pour Hegel, la chose d'un côté, le rapport de l'autre, ne sont que des formes diverses d'une même identité. Quand nous considérons la chose dans son existence propre, c'est la réflexion en soi ; quand nous la considérons dans son rapport, c'est la réflexion dans l'autre. Tous les rapports sont ramenés à ces formes. Et comme, pour Hegel, tout attribut vaut définition quand cela est nécessaire, on démontre que chaque rapport n'étant que réflexion en soi et réflexion dans l'autre, tous les rapports sont le même, et la même définition s'appliquant aux deux termes du rapport, on prouve l'identité des deux termes. C'est là le mécanisme de toute la déduction précédente.

Puis, suivant la méthode générale, on donne

un nom nouveau, on rattache d'autorité une idée nouvelle à toute négation de négation, et on prétend ainsi avoir déduit toutes les catégories qui se rattachent à l'essence.

Or, lorsqu'on examine ces catégories en détail, on trouve qu'il y en a bon nombre de fausses, et qui, dans la science moderne, n'ont aucune signification. Hegel voulait déduire en effet toutes les idées qui avaient été émises à ce sujet, et comme cette question avait été agitée surtout par les anciens, il se vit contraint d'entrer dans tous les errements de la philosophie antique. De là, la déduction du fond et de l'existence, de la matière et de la forme, de l'intérieur et de l'extérieur, etc. Aujourd'hui la question est bien simplifiée. Si on admet en effet que nous connaissons des rapports, et rien que des rapports ; il en résulte 1° qu'il existe des êtres, et que ces êtres sont plusieurs, car un rapport n'est pas concevable s'il n'y a pas au moins deux êtres ; 2° que ces êtres ne peuvent pas être connus hors de leur rapport. Or, leur essence n'est que leur existence en soi, indépendante du rapport ; leur essence ne peut donc être connue.

Voilà pour le rapport d'essence proprem. nt dit. Mais si l'essence ne peut être pénétrée, il en naît une autre question que la science peut résoudre : celle de distinguer ce qui est simple rapport de ce qui est être, substance. On a pris souvent pour des substances des existences qui n'étaient que des rapports. La plupart des corps minéraux, par exemple, ont été considérés comme des substances matérielles particulières : aujourd'hui on reconnaît qu'il n'y a qu'une seule substance corporelle, la matière, dont les mouvements, les rapports divers constituent les formes diverses sous lesquelles nous la connaissons. C'est de la diversité des forces (qui sont des substances spirituelles), que résultent ces aspects divers de la même matière. La science a donc pour résultat de faire reculer incessamment la substance proprement dite, l'être en soi, qui ne peut être connu; mais les deux termes restent toujours posés en face l'un de l'autre, il faut toujours reconnaître qu'au fond des rapports que nous connaissons il est des substances dont nous ne pénétrons pas l'essence intime.

De ce point de vue, la question entre Hegel et l'entendement ne peut être que celle-ci : les rapports que nous connaissons supposent-ils des substances, ou bien n'y a-t-il que des rapports de rapports, n'y a-t-il aucune substance au fond? Toute la question de l'essence est là, elle est la même que celle de la substance. Dans le système de Hegel la question de la substance vient plus tard; mais comme ce mot a pour lui une signification toute différente, la véritable solution se trouve ici, elle est contenue dans cette affirmation : que tout l'être passe dans le rapport, et qu'il n'y a rien d'intérieur qui ne soit extérieur. La fausseté de cette conclusion est évidente. Sans même argumenter de la nécessité logique qui suppose toujours des termes fixes pour qu'il y ait un rapport quelconque, sans nous appuyer de la conscience universelle pour laquelle un phénomène sans support, un rapport sans substratum paraîtra toujours inconcevable, la morale ne conclut-elle pas nécessairement à l'existence des substances? Quelle serait notre liberté, notre personnalité, notre responsabilité, si notre âme n'était une substance qui persiste, si elle n'était qu'un simple rapport, disparaissant avec chacun de ses termes, rapports eux-mêmes? Que deviendrait la mémoire? Quelle activité, quelle prévision, quelle science, seraient possibles, s'il n'y avait nul être constant, si tout n'était qu'un mouvement toujours fuyant, un jeu de rapports sans base et sans point d'arrêt? Hegel, par cette affirmation, nie Dieu, le monde et nous-mêmes, et remplace toute réalité par une apparence mobile. Il dit qu'il est bien heureux pour nous de n'avoir affaire qu'à des phénomènes et non à des existences fixes et subsistantes, car sans cela nous mourrions bientôt de faim physiquement et spirituellement. Il me semble, au contraire, qu'il serait bien plus dangereux de n'avoir que des apparences pour nourriture, et que la *réflexion pure* laisserait l'esprit aussi vide que l'estomac.

La déduction que nous avons analysée est celle qui est donnée dans l'Encyclopédie. Dans la Logique elle diffère en certains points, l'ordre est interverti à plusieurs reprises; on s'aperçoit en général qu'il y a de l'embarras dans cette matière, et que l'ordination en était difficile. Il est évident, en effet, qu'on aurait pu commencer aussi bien d'un côté que de l'autre ; car le raisonnement est le même partout; une déduction pareille était possible dans tous les cas. Hegel n'ayant pas retouché cette partie de la Logique depuis la première édition, nous avons dû préférer l'ordre de l'Encyclopédie qui offre sa pensée définitive [1].

La première catégorie est celle du fond et de l'existence. C'est une pensée platonicienne et aristotélicienne, à laquelle l'identité d'un même mot pour deux idées différentes, a permis de mêler un principe de Leibnitz. Aristote supposait quelque chose qui précédât l'existence, une matière d'où sortît l'être. La philosophie ancienne ne connaissait pas le Dieu chrétien, elle n'avait pas

---

[1] La Logique commence de même que l'Encyclopédie par les catégories de l'identité, de la différence et du fond. Mais la différence du fond et de la chose fondée devient immédiatement le rapport de forme et d'essence, de forme et de matière, de forme et de contenu ; puis le fond se détermine, est posé comme fondement d'une chose finie, déterminée; enfin les choses fondées et les choses qui fondent sont considérées comme conditions l'une de l'autre, et de l'ensemble des conditions de la chose, on fait naître l'existence de celle-ci. (Dans l'Encyclopédie, la condition n'est déduite que sous la catégorie de la nécessité.) La suite est comme dans l'Encyclopédie, sauf que dans l'existence et le phénomène, on ne retrouve plus la matière et la forme ni la forme et le contenu, comprises dans la catégorie du fond.

reçu la révélation de ce premier principe de toutes choses. De là ses recherches sur l'origine, recherches qui ont été reprises par la philosophie allemande, lorsque celle-ci eut renoncé aux lumières que la religion donne à tous les enfants. Schelling a remis en question ce fond ténébreux, ce néant d'où sort et se développe toute existence, et naturellement Hegel s'est cru forcé de déduire cette catégorie. Pour l'entendement chrétien elle n'existe pas. Rien ne précède l'existence finie, le monde créé, si ce n'est sa cause infinie, Dieu, qui n'a pas commencé, qui existe éternellement. Les choses n'ont pas été faites d'une matière première qui n'était rien par elle-même, d'un principe originaire. Elles ont été créées de toutes pièces. Cette catégorie est donc incompréhensible pour nous.

Quant aux raisons des choses, elles sont soit dans la cause efficiente, soit dans la cause finale. La réalité générale intermédiaire que suppose Hegel est inconcevable. La cause finale n'est pas non plus un principe qu'on peut dire inhérent aux êtres, comme Hegel l'attribue au concept. L'idée de cause finale est la même que celle de but. La réponse au pourquoi des choses, à la question de savoir pourquoi elles existent plutôt que de ne pas exister, ne peut être cherchée que dans le but que Dieu a eu en les créant. Si elles étaient elles-mêmes ce but, la question n'aurait pas de sens et la réponse serait impossible.

L'existence résultant du fond et le contenant suivant Hegel, il s'ensuit que ce qui existe est un système de rapports. La conclusion n'est pas attendue ; mais si elle n'est pas rigoureuse, elle nous apprend du moins qu'il y a des rapports, ce que nous pouvions ignorer jusque-là.

Hegel examine ces rapports existants, et, en vertu de la réflexion en soi et de la réflexion dans l'autre, il arrive à la chose et à ses propriétés, c'est-à-dire à ce qui, dans le langage ordinaire, s'appelle le rapport de substance. Or l'entendement distingue les propriétés essentielles des substances de celles qui peuvent en être séparées. Les propriétés essentielles, il les identifie avec les substances mêmes ; c'est par elles qu'une substance entre en rapport avec les autres, c'est par elles qu'elle est connue, on ne peut la concevoir hors d'elles [1]. Les autres, au contraire, les modes, sont de simples affections qui résultent du rapport où se trouve comprise la substance ; ce sont les rapports proprement dits.

---

[1] Ces propriétés essentielles sont peu nombreuses, et il est facile de les énumérer. En mettant de côté le temps et l'espace, nous ne connaissons que deux sortes de substances : les substances actives, dont les propriétés essentielles sont l'activité, l'unité, et pour une certaine classe d'entre elles la liberté et l'intelligence, et la substance matérielle dont les propriétés essentielles sont la passivité et l'étendue. Qu'on y ajoute les qualités de fini et d'infini et la puissance créatrice, propriété spéciale à Dieu, et l'on aura épuisé à peu près la somme des rapports primitifs qui forme la base métaphysique de notre connaissance.

Or, les propriétés de la chose sont d'abord pour Hegel les propriétés essentielles ; puis aussitôt il en fait des modes, des matières, des fluides, qu'aujourd'hui personne, hors lui, ne confondra certainement avec les propriétés de la matière même ; et parce que ces fluides (qui sont des substances qui ne subsistent pas) se distinguent tous par ce même caractère incompréhensible, ils sont tous le même, ils sont une seule matière.

Cette matière est celle qu'Aristote oppose à la forme, et nous voilà rentrés dans une des catégories de la métaphysique aristotélicienne. Dirons-nous que cette question est aussi oiseuse aujourd'hui que celle du fond et de l'existence ; qu'en soi, c'est la question du rapport entre la substance et ses propriétés essentielles, et que c'est par conséquent une question d'essence, une question insoluble ? Ajouterons-nous que les termes dans lesquels Aristote l'a posée seraient impossibles dans la science moderne, et que Hegel a fait abstraction de toute cette science en la reprenant ainsi ? Aristote disait : dans une statue d'airain la forme est la statue, la matière l'airain ; mais à l'égard des autres corps, l'airain lui-même est forme, et ainsi toute forme est matière, toute matière est forme, si ce n'est aux deux extrémités de l'échelle, où il n'y a en bas que matière pure, en haut que forme pure. Toutes les substances devaient être ainsi déterminées comme matière et forme. Or, les faits matériels sur lesquels

Aristote se fondait se présentent aujourd'hui sous une autre face. La matière est définie : ce qui est inerte et occupe l'espace; la forme c'est le mouvement et la figure, la délimitation dans l'espace; tel corps n'est pas matière dans tel rapport, forme dans tel autre; mais il se compose des deux, il est de la matière limitée dans l'espace et en mouvement; toutes les différences qu'offre le monde matériel sont réduites à des formes et à des mouvements divers, et aucun des exemples d'Aristote ne peut plus servir. Aujourd'hui la question d'Aristote serait celle de savoir en quoi consiste la matière, en quoi consiste l'esprit, en quoi consistent les substances, et, comme nous l'avons dit, cette question serait insoluble.

Hegel accuse l'entendement de commettre la contradiction en affirmant la substance. Comme si une chose, qui est substratum en soi, ne pouvait être en rapport avec d'autres par ses propriétés! comme si une même unité, placée dans le rapport, ne pouvait s'y manifester par des propriétés diverses, suivant les divers côtés du rapport! Si les propriétés étaient des *matières*, elles s'excluraient sans doute; mais l'impénétrabilité de la matière ne peut s'appliquer aux simples propriétés : l'activité n'exclut pas l'intelligence, l'étendue n'exclut pas la passivité. Quant aux choses spirituelles et aux substances actives, l'usage ne permet plus de leur attribuer le terme ancien. On serait mal venu d'appeler matière la substance de l'esprit ou de la force, qui forme sa puissance active. Les mots plus vrais de substance et de propriété sont seuls capables d'exprimer ces rapports.

Les propriétés de la chose (de la substance) se niant réciproquement et constituant néanmoins la substance de la chose, on arrive à une substance dont la manifestation extérieure n'*est* pas réellement, n'est qu'une apparence, le phénomène. Celui-ci est donc l'existence posée comme phénomène, ne se connaissant que comme tel, et cela sous peine de contredire la justice de Dieu. Il est vrai que la dialectique ultérieure nous fait voir que cette considération n'est qu'un moment du développement, que dans le phénomène c'est l'essence même qui est posée, et que, dans la réalité effective, il est tout un avec l'essence.

Les catégories du phénomène sont assez claires, sinon dans le détail du raisonnement, du moins comme pensée générale, pour que nous puissions nous dispenser de nous y arrêter. C'est la reproduction avec d'autres mots de la catégorie de la matière et de la forme, de la chose en soi et des propriétés, dont nous venons de parler. Nous y apprenons encore deux fois *a priori* que le monde est un système de rapports. Il n'est qu'un point sur lequel nous devions insister, c'est la catégorie de la force et de la manifestation. L'idée de force repose en effet sur une autre idée, fondamentale, essentielle, que Hegel ne déduit nulle part, sur celle d'*activité*. Hegel, comme on a pu le voir, parle depuis longtemps d'actions et de mouvements qui se passent dans l'être; dans la théorie de l'être nous avions des *passages* de l'être d'un état à l'autre, dans celle de l'essence des *rapports*, des *réflexions* de l'être; mais jamais on ne nous a dit en quoi consistaient ces mouvements mêmes. De fait, il serait absolument impossible de les concevoir, si nous n'avions déjà l'idée d'*activité*, qui est une idée immédiate, perçue comme une propriété fondamentale de notre esprit même et sur laquelle seule se fondent les idées de *force* et de *cause*. La force, en général, n'est autre chose qu'une substance active; mais on appelle plus spécialement *forces*, les forces fatales et aveugles qui meuvent la nature, *esprits*, les forces libres et intelligentes. Hegel ne l'entend pas ainsi. Pour lui, l'être est actif dès le commencement, et il ne s'agit ici que de déduire une des formes courantes sous lesquelles on représente la relation de l'essence au phénomène. C'est ainsi qu'il fait le tout actif à l'égard des parties, et ce n'est que parce que suivant lui les deux termes arrivent toujours à la négation l'un de l'autre en posant leur rapport, qu'il faut nier cette négation indéfinie elle-même, affirmer l'unité du tout et des parties, et poser ainsi un rapport nouveau dont les deux termes se correspondent d'une manière adéquate. C'est à ce rapport nouveau qu'on donne le nom de force et de manifestation ; dans le sens ordinaire, en effet, la manifestation, ou pour mieux dire l'effet, est considéré comme l'expression de *toute* la force.

Du reste, il est clair qu'en vérité la force étant la substance active qui imprime le mouvement, et l'effet étant ce mouvement reçu par la matière passive, l'identité que Hegel affirme de la force et de la manifestation est tout à fait illusoire. On pourrait dire, il est vrai, que les forces ne nous étant connues que par le rapport, c'est-à-dire la manifestation, il est inutile de s'enquérir des forces et que la manifestation doit nous suffire. Mais, outre que ce procédé serait peu philosophique, la distinction dont il s'agit (de même que celle de la *loi* et du phénomène) offre un immense avantage pratique. Quand on possède la *loi* d'un ensemble de phénomènes, on possède une formule qui exprime leur ordre de succession ; quand cette loi est formulée comme *force*, on connaît leurs rapports de causalité et leur ordre d'engendrement. Tant qu'on en est réduit au simple phénomène on n'est pas bien avancé ; la science tout entière n'a pas d'autre but que de faire connaître comment les phénomènes se succèdent et comment ils se produisent.

C. L'EFFECTIVITÉ [1].

(Possibilité ; Contingence ; Nécessité ; Substance et Accident ; Cause et Effet ; Action réciproque.)

« L'effectivité est l'unité devenue immédiate de l'essence et de l'existence, ou de l'intérieur et de l'extérieur. La manifestation de l'effectif, c'est l'effectif même, de telle sorte qu'en elle il *existe* comme essence, et qu'il n'est essence qu'à condition d'exister immédiatement, extérieurement.

L'effectif est la position de l'unité du fond et de l'existence, c'est la *relation* devenue identique avec elle-même ; son existence n'est que la manifestation de lui-même, non d'un autre.

On a l'habitude d'opposer trivialement le fait et la pensée, et l'on entend dire souvent que telle idée est juste à la vérité, mais qu'elle n'existe

---

[1] Le mot *Wirklichkeit*, que nous traduisons par effectivité, n'est que le synonyme allemand de réalité. Mais Hegel emploie le mot réalité dans sa forme latine pour une autre catégorie. *Wirklichkeit* contient en outre étymologiquement l'idée de force efficiente. Nous croyons donc le rendre par le mot d'effectivité, quoique celui-ci soit peu français. Dans la Logique, cette partie commençait par la théorie de l'absolu considéré comme substance, comme attribut et comme mode. C'était la déduction du spinosisme. Ici le principe de Spinosa est ramené à l'idée de substance, et l'absolu est rejeté à la fin, comme catégorie dernière et suprême.

pas de fait, ou ne peut être réalisée en fait. Ceux qui parlent ainsi prouvent qu'ils ne savent ni ce qu'est la pensée ni ce qu'est le fait. Dans l'usage ordinaire, où l'on ne se pique pas d'une grande exactitude philosophique, ce langage peut être permis; on peut dire, par exemple, que tel plan d'organisation est très-bon, mais qu'il n'est pas réalisé ou réalisable en fait. Mais faire de cette différence une différence fixe et positive, c'est commettre une grave erreur. Les idées ne sont pas seulement dans nos têtes; elles ne sont pas assez impuissantes pour attendre leur réalisation de notre bon plaisir. Elles sont ce qu'il y a de plus efficient, elles sont l'effectif même; et l'effectivité de son côté n'est pas si mauvaise et si déraisonnable que de stupides praticiens le pensent. L'effectivité est précisément ce qu'il y a de raisonnable par excellence, et ce qui n'est pas raisonnable peut être considéré par cela même comme n'étant pas réellement effectif.

L'effectivité contient les déterminations du phénomène (l'intérieur et l'extérieur), mais ne les contient que comme posées, comme apparence. Elle est donc d'abord comme identité en général :

α. **La possibilité**, la réflexion en soi, qui, à l'égard de l'effectivité concrète, est posée comme existence abstraite, non existante. C'est la même chose que ce que l'on appelait d'abord l'intérieur; mais c'est un intérieur nié, n'existant que comme **posé, que comme extérieur**. Comme la possibilité n'est à l'égard du concret effectif que sous la forme de l'identité avec soi, on la comprend sous cette règle : Est possible ce qui ne se contredit pas. A ce compte tout est possible; car tout contenu peut être exprimé sous cette forme, et il suffit de l'isoler des rapports où il est pour le rendre possible, aussi absurde et aussi extraordinaire qu'il soit. Ainsi on peut dire : Il est possible que ce soir la lune tombe sur la terre; il est possible que le grand Turc se fasse pape. Mais on peut dire aussi bien que tout est impossible; car tout contenu étant concret, les déterminations en peuvent être isolées et mises en contradiction. Il n'y a rien de si impossible que ceci : *Je suis;* car *je* est en même temps simple rapport à soi et rapport à un autre. On peut dire que la matière est impossible, car elle est l'unité de la répulsion et de l'attraction. La même chose peut se dire de la vie, du droit, de la liberté, de tout, de Dieu même, c'est-à-dire du Dieu vrai, qui est un et triple, contradiction qui a donné beaucoup à faire à l'entendement déiste et à laquelle il n'a pu opposer que la négation.

β. En opposition avec la simple possibilité, la simple réflexion en soi, l'effectif est réflexion en dehors, simple concret extérieur, immédiateté non essentielle. C'est l'unité *immédiate* de l'intérieur et de l'extérieur, par conséquent c'est un extérieur qui en même temps n'est qu'un intérieur, qu'un possible. Or, l'effectif en tant que seulement possible, c'est l'accidentel, le contingent.

La possibilité et la contingence ne sont que des formes extérieures de l'effectif. Elles résultent de la distinction de l'effectif en cette forme et en son contenu. Leur réflexion en soi est dans ce fond intérieur, ce contenu de l'effectivité; voilà pourquoi on considère le contingent comme quelque chose qui peut être ou ne pas être, qui peut être tel ou différent, qui n'a pas en lui-même ce qui le rend tel ou différent, mais qui l'est à cause d'un autre. Le contingent n'est donc l'effectivité que dans la forme de réflexion dans l'autre, l'effectif seulement possible. Il n'a pas sa raison d'exister en lui-même, mais dans un autre.

Quoique la contingence ne soit qu'un moment isolé de l'effectivité et ne doive pas être confondue avec elle, il faut pourtant reconnaître son existence dans le monde aussi bien que celle de tous les moments de l'idée. La nature, par exemple, nous offre le hasard abandonné à toute sa liberté capricieuse. Le jeu varié des espèces particulières d'animaux et de plantes, les figurations mobiles des nuages, etc., tous ces phénomènes que déterminent des circonstances extérieures n'ont que cette valeur de caprice et de contingence désordonnée. La contingence se trouve aussi sur son terrain dans ce qu'on appelle à tort la liberté, c'est-à-dire dans le libre arbitre, dans la volonté arbitraire. Le libre arbitre, comme faculté de se déterminer d'un côté ou de l'autre, est sans doute un moment essentiel de la volonté libre proprement dite ; mais il n'est nullement la liberté même, il n'est que la liberté formelle. La volonté réellement libre, qui contient en elle la liberté arbitraire comme niée, connaît son contenu comme quelque chose de fixe en soi, et le connaît comme sien. La volonté, qui au contraire s'arrête au libre arbitre, est toujours, même lorsqu'elle conçoit réellement le contenu, entachée de la vanité de croire, que si elle le voulait, elle pourrait se décider autrement. Mais ceci même n'est pas vrai ; car le contenu est donné par les circonstances extérieures, et le choix auquel se réduit ainsi le libre arbitre n'est même qu'une prétendue liberté ; car on trouve en dernière analyse que ce sont les mêmes circonstances extérieures qui ont produit le contenu, qui déterminent aussi le choix d'un côté ou de l'autre.

L'extériorité de l'effectivité conclut à ceci : que la contingence, l'effectivité immédiate, n'est identique avec soi que comme *posée*, et en même temps niée, comme extériorité existante. C'est un *supposé* dont l'existence immédiate est en même temps une possibilité, et dont la destination est d'être nié ; c'est la possibilité de l'être d'un autre, la *condition*. Le contingent est en même temps la possibilité d'un autre, mais non plus cette possibilité abstraite que nous avions d'abord ; mais la possibilité comme quelque chose qui a l'*être*; c'est la condition. Quand nous parlons de la condition d'une chose, nous supposons deux choses : d'abord une existence immédiate, et en second lieu sa destination d'être niée et de servir à la réalisation d'une autre; l'effectivité immédiate n'est donc pas ce qu'elle doit être; elle est destinée à périr; mais il en naît une effectivité nouvelle, et ainsi la condition passe à la chose conditionnée, qui devient condition à son tour. De là un cercle où la chose et la condition se confondent, où l'effectivité sort sans cesse d'elle-même pour y rentrer sans cesse.

Dans ce cercle, il y a donc à distinguer trois choses, dont chacune est l'autre :

1° La condition existant d'abord pour soi, sans égard à la chose qui doit en résulter, mais étant néanmoins la possibilité réelle de celle-ci, et devenant, si la chose est considérée comme totalité des existences, le cercle des conditions. Dans ce cercle se trouve déjà le contenu de la chose elle-même;

2° La chose, d'abord supposée et ayant un contenu propre à elle, mais se montrant ensuite comme naissant des conditions, comme produite par elles, comme ne contenant qu'elles;

3° L'activité, le mouvement du fond réel qui devient effectivité, le mouvement aussi de l'effectivité contingente, de la condition, qui devient la chose. Quand toutes les conditions sont présentes, *il faut* que la chose se réalise. L'activité n'est que ce mouvement qui fait sortir la chose des conditions, où elle n'est qu'en soi, qui nie l'existence qu'ont les conditions, et donne l'existence à la chose. Elle existe pour soi, et cependant n'a sa possibilité que dans les conditions et la chose.

Cette effectivité développée, cette unité de l'action réciproque de l'intérieur et de l'extérieur, ce mouvement un, qui réunit ces deux mouvements opposés, c'est *la nécessité*. L'idée de nécessité en effet suppose une médiation, mais non pas seulement une médiation ; elle veut aussi que la chose existe par soi, ne soit pas conditionnée : on dit de la chose nécessaire : elle est, et cela suffit. La nécessité est donc en même temps la médiation niée, le mouvement intermédiaire qui subsiste pour soi.

On dit que la nécessité est aveugle, parce qu'en effet les conditions qui existent par hasard donnent naissance par hasard aussi à une chose tout à fait imprévue. Quand l'activité a un but au contraire, le but est un contenu su d'avance, et par conséquent l'activité n'est pas aveugle. Quand nous disons que le monde est régi par la Providence, cela veut dire que c'est en général le but qui est efficient, le but déterminé d'avance en et pour soi, et que par conséquent ce qui en résulte était su et voulu d'avance. D'ailleurs, il ne faut nullement considérer comme s'excluant naturellement l'idée que le monde est mu nécessairement et celle de la Providence divine. Ce qu'il y a au fond de l'idée de la Providence, c'est l'idée du *concept*. Celui-ci est la vérité de la nécessité, et la contient en lui comme niée. La nécessité est aveugle seulement en tant qu'elle n'est pas connue, et il n'y a rien de si sot que le reproche de fatalisme fait à la philosophie de l'histoire, parce qu'elle se considère comme devant prouver la nécessité de ce qui s'est passé.

Les anciens étaient au point de vue de la nécessité, qui pour eux était le destin ; le point de vue moderne au contraire est celui de la consolation. Celle-ci consiste dans le sacrifice que nous faisons de nos buts, de nos intérêts, dans l'espérance d'une compensation. Le destin au contraire n'en offre aucune. Certes, on ne peut qu'admirer sous un certain rapport, la noble résignation des anciens, et reconnaître la supériorité de leur sentiment sur celui des modernes qui poursuivent opiniâtrement leurs buts subjectifs, et qui, lorsqu'ils se voient néanmoins forcés d'y renoncer, se consolent par la pensée d'une compensation ultérieure. La véritable consolation donnée par le christianisme est plus élevée. Elle réside dans cette idée : que la subjectivité n'est pas seulement la subjectivité finie et périssable des existences individuelles ; mais qu'elle est infinie et immanente à la chose même : cette valeur infinie, le christianisme la donne à la subjectivité en enseignant que Dieu veut sauver tous les hommes. Cette subjectivité infinie, c'est Dieu lui-même à la vérité ; mais comme le général contient en même temps le moment de la particularité, il s'ensuit que notre particularité aussi ne doit pas être abstraitement niée, qu'elle aussi doit être conservée, et qu'on doit en tenir compte. D'ailleurs, un ancien proverbe dit que chacun est lui-même l'ouvrier de sa fortune. Quand l'homme sait que ce qui lui arrive n'est qu'une évolution de lui-même, et que tout résulte de sa propre faute, le mécontentement disparaît. Il est vrai que l'homme est exposé à beaucoup de contingent ; mais ceci est fondé dans la nature humaine même. S'il a bien la conscience de sa liberté, les choses désagréables qu'il trouvera sur sa route ne pourront détruire ni l'harmonie de son âme, ni la paix de son cœur.

En tant que dans la nécessité, les trois moments de condition, de chose et d'activité, sont encore indépendants, subsistant en soi, la nécessité n'est qu'extérieure à elle-même, limitée. Elle est l'essence une, identique avec elle-même, le contenu tout entier ; mais elle rayonne en soi de telle manière que les différences ont la forme d'effectivités subsistantes en soi, et l'identité se présente en même temps sous forme d'activité absolue qui pose et nie la médiation. Or, dans ce mouvement la chose ne fait que rentrer en elle-même ; la nécessité cesse d'être seulement le rapport de la condition à la chose, elle est la nécessité pure et simple, l'effectivité sans condition. Le nécessaire est tel, parce que les conditions sont telles ; il est les conditions mêmes, il est parce qu'il est [1]. »

« a. *Le rapport de substance.* La nécessité est ainsi, la relation absolue en soi-même, relation qui, dans son immédiateté, est celle de substance et d'accident. L'identité absolue de cette relation, c'est la substance. La substance en tant que nécessité est la négation de cette intériorité, la négation de la médiation, l'effectivité réelle ; mais elle est en même temps négation de l'extériorité immédiate, négation en vertu de laquelle l'extérieur devient quelque chose de purement accidentel, que sa simple possibilité transforme en une effectivité différente. La substance est donc l'activité de la forme, dont l'essence consiste à produire ce passage d'une effectivité à l'autre.

La substance est ainsi la totalité des accidents, dans lesquels elle existe comme négativité absolue, c'est-à-dire comme puissance absolue, et en même temps comme renfermant en elle toute la richesse du contenu. Le contenu n'est lui-même que cette manifestation, car la détermination réfléchie en elle-même qui forme le contenu, n'est qu'un moment de la forme, moment que la puissance de la substance transforme sans cesse. La substance est l'activité absolue de la forme et la puissance de la néces-

---

[1] C'est-à-dire la nécessité est finie, limitée, en tant qu'elle suppose deux termes finis : la condition et la chose conditionnée. Mais ce rapport n'est que l'identité active et contradictoire même des deux termes, et ainsi la nécessité est substance infinie.

sité ; tout contenu pour elle n'est qu'un moment qui fait partie du mouvement même ; elle est le passage absolu du contenu dans la forme, et de la forme dans le contenu.

La substance est le principe de la philosophie de Spinosa. Or, ce principe est incomplet. La substance est sans doute un moment essentiel du développement de l'Idée ; mais ce n'est pas encore l'Idée elle-même, c'est l'Idée sous la forme limitée de la nécessité. Dieu est sans doute la nécessité ou la *chose* absolue, mais il est aussi la personne absolue, le concept, et c'est ce que Spinosa n'a pas vu. Spinosa était juif, et se plaçait au point de vue oriental, suivant lequel tout ce qui est fini n'apparaît que comme transitoire et passager. Ce qui manque à son système, c'est le principe occidental de l'individualité, dont la valeur doit être reconnue aussi bien que celle de la substance.

La substance étant la puissance absolue qui, en tant que possibilité intérieure, se rapporte à soi, elle se détermine à l'accidentalité, se scinde ainsi en deux côtés, et redevient relation proprement dite, relation de cause à effet. »

« b. *Rapport de causalité.* La substance est *cause* en tant qu'elle se réfléchit en soi vis-à-vis de ses formes accidentelles, et devient ainsi la *chose primitive*[1], et qu'elle nie en même temps cette

---

[1] *Ur-Sache*, chose primitive, décomposition du mot *Ursache*, cause.

réflexion en soi, comme simple possibilité, qu'elle la *pose effectivement* comme négation d'elle-même, et produit ainsi un *effet*, une effectivité qui n'est que posée, mais qui résulte d'une manière nécessaire du mouvement de l'activité.

La cause, étant la chose primitive, a le caractère d'indépendance absolue, de substance absolue; elle subsiste en soi à l'égard de l'effet, mais passe dans l'effet par suite de la nécessité qui forme son essence. Il n'est pas de contenu dans l'effet qui ne soit dans la cause, et dans l'effet seulement la cause est effective, est cause. La cause est donc en et pour soi *causa sui*. Quand on s'en tient au rapport de causalité, on n'a pas la cause vraie, mais seulement la causalité finie qui consiste précisément dans cette séparation des moments, dans cette distance où l'on tient la cause et l'effet; mais c'est qu'en réalité, ils ne sont pas seulement différents, mais aussi identiques; tout le monde sait très-bien qu'il n'y a pas de cause sans effet, d'effet sans cause. Cette identité se trouve même exprimée dans les rapports finis; la pluie qui est cause, l'humidité qui est effet, sont une seule et même eau; l'impulsion que donne le corps qui choque, et l'impulsion reçue par le corps choqué, ne sont qu'un seul et même mouvement. La relation finie de cause à effet n'est qu'une tautologie; c'est une même chose que l'on considère tantôt sous l'un des points de vue, tantôt sous l'autre. La différence entre les deux n'est que celle du *poser* et de l'*être posé*; cette différence disparaît à son tour, car le même fait fini, est tantôt cause, tantôt effet; effet à l'égard de celui qui le précède, cause à l'égard de celui qui le suit. De là résulte donc encore une fois le progrès à l'infini sous la forme d'une série infinie de causes qui est en même temps une série infinie d'effets.

L'effet est différent de la cause, il consiste à *être posé*. Mais ce qui est posé est en même temps réflexion en soi (substance) et immédiateté, et en tant qu'on maintient la distinction entre la cause et l'effet, le *poser* qui est le fait de la cause, est en même temps *supposer* (se poser d'abord, se supposer comme substance active). Il y a donc deux substances, la substance supposée, active, la cause proprement dite, et celle que donne l'effet, et sur laquelle agit la cause. Cette seconde substance ne se rapporte donc pas à soi, elle n'est pas active, elle est passive. Mais en tant que substance, elle est aussi bien active, nie son immédiateté, nie l'activité de la première substance, *réagit*. La causalité devient ainsi la relation d'action réciproque.

Ici le progrès à l'infini des causes et des effets est interrompu, car le mouvement en ligne droite qui va de la cause à l'effet et de l'effet à la cause, et ainsi de suite, se retourne sur lui-même, l'effet réagit sur la cause même qui le produit, et produit celle-ci à son tour. Le progrès à l'infini n'est donc en vérité que la répétition éternelle d'une seule et même pensée, de la pensée d'une cause et d'une autre et de leur rapport. Quand on distingue les deux moments de ce mouvement, en affirmant néanmoins qu'ils deviennent successivement l'un l'autre, on est au point de vue de l'action réciproque. »

« c. *L'action réciproque*. Les moments considérés comme distincts dans l'action réciproque sont en soi les mêmes. Chacun des côtés est cause, est primitif, est actif, est passif comme l'autre. Leur *poser* et *être posé* est le même aussi. La différence des causes considérées comme deux, est donc nulle ; il n'en est qu'*une*, la cause, qui, par son acte, se nie comme substance, et par ce même acte se pose comme cause substantielle.

Cette unité n'est pas seulement *en soi*, mais elle est aussi *pour soi*, car toute cette action n'est que le *poser* de la cause, et ce poser est son être même. La nullité des différences n'existe pas seulement dans notre pensée, elle est dans le fait même qui consiste à poser cette nullité.

Cette action réciproque n'est donc que la *nécessité posée*. La nécessité se présentait d'abord comme subsistance intérieure d'effectifs immédiats. Cette subsistance intérieure, nous savons maintenant ce que c'est ; elle est posée, c'est le rapport à soi, négatif et infini ; négatif, parce que c'est par la distinction et la médiation en soi qu'il devient force primitive à l'égard des réalités effectives, rapport infini à soi, parce que la subsistance des moments n'est que sa propre identité.

La vérité de la nécessité est donc la liberté, et la vérité de la substance est le *concept*, la subsistance en soi qui est une répulsion d'elle-même en subsistants divers, et qui, dans cette répulsion, est identique avec elle-même, et n'est ce mouvement réciproque qu'avec soi en soi.

On dit la nécessité dure, parce qu'en effet dans son mouvement chaque moment est destiné à périr au profit d'un autre qui le remplace. L'identité des deux n'est pas encore posée pour les êtres particuliers compris dans le processus de la nécessité. Mais par sa dialectique, la nécessité manifeste son intérieur, et on voit que les moments successifs ne sont pas étrangers l'un à l'autre, mais qu'ils ne sont que les moments d'un même tout qui, dans leur rapport, ne rentre qu'en lui-même. C'est ainsi que la nécessité se transfigure en liberté, en liberté positive et concrète. Ceci peut faire voir aussi combien il est ridicule d'opposer comme contraires la liberté et la nécessité.

Le concept est ainsi la vérité de l'être et de l'essence; car le rayonnement de la réflexion en soi apparaît dans le concept comme immédiateté subsistante en soi, et l'être qui consiste en réalités immédiates apparaît comme un rayonnement en soi-même.

Le passage de la nécessité à la liberté est dur; car il faut concevoir l'effectivité subsistante en soi comme n'ayant son identité que dans une autre effectivité qui est aussi subsistante en soi. Voilà pourquoi le concept, qui n'est que cette identité, est si difficile. D'ailleurs le concept est la délivrance; il délivre des conditions dures de l'aveugle nécessité, en faisant voir que ce passage impitoyable de l'un à l'autre que pose la nécessité n'est qu'un retour à soi-même, à sa propre identité. Comme existant pour soi, cette délivrance s'appelle *moi*; comme totalité, *esprit libre*; comme sentiment, *amour*; comme jouissance, *béatitude*. »

Le but de cette longue déduction n'a été autre que d'expliquer a priori les idées de nécessité, de substance et de causalité. Or, la substance et la causalité étaient supposées déjà précédemment. Les idées de matière et de forme, de force et de manifestation, d'intérieur et d'extérieur, les contenaient déjà, et comme nous le verrons bientôt, la déduction présente n'a eu pour résultat que d'en changer complétement la signification. Quant à la nécessité, Hegel a voulu d'abord la déduire, ensuite la prouver. Or, voyons comment il y a réussi.

L'idée de nécessité découle de la relation de cause à effet. C'est l'expression de ce fait que la cause et l'effet sont liés aussi intimement dans la réalité que dans la pensée. Pour les autres idées qui se définissent par leur rapport, cette liaison n'est nécessaire que dans la pensée ; nous ne connaissons l'unité et la divisibilité que par leur rapport ; mais on conçoit très-bien qu'en fait chacune puisse avoir une existence indépendante. De même on peut concevoir que la substance active et la substance passive ne soient pas en rapport actuel ; mais lorsque ce rapport s'établit, lorsque l'activité agit et se fait *cause*, l'effet suit *nécessairement* ; chacun des deux termes suppose l'autre dans la réalité même, et c'est ce rapport entre eux qui constitue la nécessité.

La nécessité proprement dite n'est donc que le rapport entre une cause déterminée et un effet déterminé également. Mais cette idée reçoit immédiatement une extension plus grande ; elle s'applique aux causes mêmes, aux activités productrices d'effets. Dans ce sens, on dit nécessaires toutes les causes, toutes les forces déterminées par elles-mêmes, qui produisent toujours des effets identiques et qui les produisent par cela même qu'elles existent, sans qu'il dépende d'elles de ne pas les produire. Telles sont les forces de la nature ; telle est, par exemple, la pesanteur qui agit constamment et toujours de la même manière. A ces forces nécessaires on oppose les forces libres, les substances qui se déterminent par elles-mêmes à l'action, qui peuvent agir ou ne pas agir, produire tel acte ou tel autre : tels sont les esprits, les activités intelligentes.

On voit que dans cette extension donnée à l'idée de nécessité, c'est toujours la même idée qui est au fond, c'est toujours le rapport de cause à effet qui sert de base et dont la nécessité découle immédiatement.

Voilà la nécessité vraie, la seule dont il puisse être question dans une théorie des rapports des substances. Ce mot s'emploie, du reste, dans d'autres significations encore, dont la relation intime avec la précédente est facile à saisir. En logique, il se dit de la relation du principe aux conséquences; dans cette acception, il n'est qu'un développement du principe de l'identité. Il se dit aussi des conditions requises pour qu'une force agisse, et dans ce cas il se confond avec les idées de possibilité et d'impossibilité. Nous verrons bientôt comment Hegel arguë de cette confusion pour conclure de la nécessité toute passive des conditions, à la nécessité active, aux forces productrices d'effets.

La doctrine suivant laquelle toutes les forces sont nécessaires, produisent nécessairement en vertu de leur existence même des effets fixes et déterminés, c'est le fatalisme. Il est évident en effet que s'il n'existe pas au monde de force libre qui puisse agir ou ne pas agir, si chaque force donnée produit nécessairement un effet prévu, tous les faits possibles ne résultent que des combinaisons de ces forces et doivent se réaliser infailliblement. Dans un système pareil, il n'y a pas de place pour le hasard et la contingence; car le contingent n'est que le produit de causes non nécessaires. Tous les faits contingents de ce monde sont des résultats de l'intervention de notre activité libre ou de celle de Dieu dans le système des forces fatales de la nature; si ces forces existaient seules, il n'y aurait pas de hasard, ou le hasard ne serait que relatif à nous, ce dont nous ne connaîtrions pas les causes. Or, Hegel est fataliste. Tous les êtres (les êtres réels, les concepts) produisent suivant lui des effets déterminés, nécessaires. La liberté, suivant lui, n'est que cette détermination inhérente à chaque activité; quand il dit que l'être libre est celui qui se détermine par lui-même, cela ne veut pas dire que cet être puisse se déterminer ou non, mais qu'il est déterminé ainsi en vertu de sa nature propre; c'est-à-dire il appelle forces libres ce que dans l'opinion commune on appelle forces nécessaires. La contingence ne devrait donc pas exister pour lui. Mais ne fallait-il pas tout déduire? La contingence est donc recueillie dans le système et justifiée au moyen des idées de condition et de possibilité.

Le mot de possibilité a plusieurs significations. Il s'emploie d'abord en logique, et n'offre sous ce rapport qu'une application des principes de l'identité et de la contradiction. Est possible logiquement tout être dont les attributs ne se contredisent pas, impossible celui où il y a contradiction. Cette possibilité, que Hegel confond avec les suivantes, n'a rien à faire ici, puisqu'il s'agit de rapports actifs.

La possibilité se dit en second lieu relativement aux causes libres ; une telle cause *peut* agir ou ne pas agir ; il est *possible* qu'elle agisse ou n'agisse pas. A cette possibilité on oppose non pas l'impossibilité, mais le fait ; et quand elle se dit du fait lui-même, c'est toujours par rapport à la cause productrice, comme dans ces phrases : Il est possible qu'on fasse telle découverte, qu'il y ait la guerre, etc.

Enfin, les causes créées sont de telle nature qu'elles ne peuvent agir que dans un ensemble de rapports, et que ces rapports n'existant pas, ces causes n'agissent pas. Cela est également vrai des causes libres et des causes nécessaires ; l'homme qui a les pieds liés ne marchera pas ; un corps ne tombera pas s'il est soutenu. Ces rapports, ce sont les *conditions* du fait ; à leur défaut, la cause est comme si elle n'était pas.

Mais si ces conditions sont nécessaires, indispensables pour que le fait existe, elles ne sont pas la cause même, elles ne sont pas la force active qui produit nécessairement ce fait, elles ne sont pas la nécessité proprement dite. Il est évident que je ne marche pas par cela même que je n'ai pas les jambes liées, mais qu'il faut en outre que je me mette en mouvement ; de même le corps ne tombe pas par cela seul qu'il manque de soutien, mais parce qu'il est attiré vers le centre de la terre. La possibilité qui résulte de la présence des conditions ne suppose donc nullement une activité, est donc différente de celle dont nous venons de parler. Ce qui lui est opposé, ce n'est plus le fait, mais l'impossibilité; et celle-ci n'est plus l'impossibilité logique, mais la simple absence des conditions.

Or, pour Hegel le fait est unique; c'est le milieu entre l'intérieur et l'extérieur; il n'y a pas encore de rapport de cause à effet. Ce fait est d'abord considéré à l'intérieur, et cet intérieur, cette réflexion en soi, c'est la possibilité, c'est-à-dire jusqu'ici la possibilité logique.

Puis on oppose à cet intérieur le fait lui-même, l'extérieur; et dans ce mouvement, la possibilité change immédiatement de caractère; elle devient la possibilité du fait, telle qu'on l'entend habituellement à l'égard d'une cause libre; et en vertu de cette transformation tout arbitraire de la possibilité, on prétend avoir déduit la contingence. En outre, le fait contingent est présenté comme ayant sa raison dans un autre; ce qui est évident, à condition pourtant qu'on admette qu'il est un effet. Hegel construit donc sa définition du contingent moyennant deux idées (la cause et la liberté) qu'il n'a nullement déduites et qu'il va nier aussitôt.

Le contingent supposant un rapport avec un autre, c'est-à-dire, suivant ce qui précède, avec sa propre possibilité, et de plus étant lui-même possible, c'est-à-dire pouvant être produit par une cause libre, on en tire cette conclusion étrange : « Il est le possible d'un autre ; » l'*autre* cesse d'être sa propre possibilité, opposée à sa réalité : c'est un *autre fait* qui résulte du premier; et la possibilité du premier cesse de même d'être sa faculté d'être, opposée à sa réalité : elle devient la possibilité du second. C'est ainsi que par un saut tout à fait spéculatif la condition est déduite de la contingence, et qu'au lieu de n'avoir plus qu'un seul être possible et contingent, on se trouve subitement transporté dans un monde de rapports où la chose résulte de conditions, où la condition devient la chose.

La condition étant acquise, il est assez naturel qu'on la confonde avec la cause ; et la condition étant indispensable, il s'ensuit que la cause est nécessaire, et ainsi la nécessité est déduite. Celle-ci est donc une réalité générale et active qui se manifeste extérieurement comme cercle de conditions et de choses conditionnées, et qui n'est elle-même que le lien intérieur de ces rapports.

Entre cette conception de la nécessité et la conception spinosiste de la substance et de la causalité, la différence n'est que nominale, et la déduction des idées de substance et de cause était tout à fait superflue. La chose et les conditions sont déjà des réalités subsistantes ainsi que l'activité qui les unit; elles sont de même causes toutes les trois. Toute cette déduction suppose donc la chose à déduire; il est certain en effet que les rapports de substantialité et de causalité sont perçus immédiatement, sont tout à fait primitifs, et que Hegel en fait usage depuis longtemps.

Au point où nous en sommes arrivés, la pensée panthéiste se dessine complétement. Cette réalité générale, qui comme être, qualité, mesure, identité, fond, phénomène, etc., ne se présentait que sous une forme vague et peu saisissable, se produit enfin au jour comme réalité active, comme puissance, comme force, dont tous les faits particuliers ne sont que des expressions. Cette force considérée comme simple rapport entre la condition et la chose conditionnée, est appelée nécessité; comme unité générale vis-à-vis des choses et des conditions, comme leur subsistance propre, elle est la substance; enfin comme produisant les mouvements dont elle est le lien, elle est la cause.

Hegel prétend que la relation de cause à effet n'est qu'une tautologie. C'est qu'il ne raisonne que sur des choses qui ne la contiennent pas, sur des mouvements qui se transmettent d'un corps à l'autre; la véritable cause, au contraire, c'est la force même qui produit le mouvement, le véritable effet c'est le mouvement même.

Quant à la catégorie de l'action réciproque, elle a sa source dans une idée de Leibnitz; et depuis Kant elle joue un grand rôle dans la philosophie allemande. Leibnitz soutenait en vertu de son système général, qu'en toute action il y avait passion, qu'en toute passion il y avait action. D'un autre côté, l'entendement distingue absolument, et avec raison suivant nous, l'activité de la passivité, la cause de l'effet. L'activité et la passivité sont contradictoires; elles s'excluent réciproquement; une substance active ne peut être passive; c'est se prêter au panthéisme que de supposer que ces deux propriétés se rencontrent dans une seule substance. L'erreur commune à cet égard vient de ce qu'il y a des êtres composés, et qu'on attribue à une même identité ce qui est le fait de deux substances différentes. C'est surtout relativement aux faits intellectuels qu'on commet cette erreur. On attribue de la passivité à l'esprit, parce qu'on ne distingue pas ce qui dans les manifestations spirituelles provient de l'instrument organique, de l'élément nerveux et cérébral. Leibnitz s'appuyait sur le fait de la réaction que la matière oppose à la force dans toute impulsion mécanique; mais cette réaction bien examinée n'est pas une action; elle est le simple rapport entre l'activité et la passivité. La loi mécanique suivant laquelle dans tout mouvement la réaction est égale à l'action exprime seulement ce fait : que la force perd autant de vitesse qu'elle en transmet, que pour imprimer du mouvement à une plus grande masse, la force doit être plus intense que pour une masse plus petite. C'est de ce fait mal compris qu'on a conclu la catégorie de l'action réciproque, catégorie que le panthéisme ne pouvait manquer d'exploiter.

L'être général est donc posé comme offrant une succession, une multitude de moments, de faits particuliers, qui sont chacun en même temps cause et effet, qui sont chacun le tout. L'unité générale contient en elle-même chacun des moments qui sont son expression; et chacun des moments individuels est à son tour l'expression de la généralité tout entière; c'est là aussi la propriété de l'idée, du concept. L'action réciproque est donc le concept.

Hegel dit que ce passage est dur. Sans doute il est dur, et par d'autres raisons encore que celles que Hegel indique. C'est qu'on ne peut concevoir comment un fait physique, une action réciproque (en supposant qu'il y ait action réciproque), comment ce fait peut devenir subitement un fait intellectuel, un fait de conscience, une idée, un concept. Il est vrai que l'idée, du moins chaque idée déterminée, contient dans son unité les parties dont elle se compose. Mais la même chose peut avoir lieu dans l'objet, sans que pour cela l'idée et l'objet soient identiques. Nous retrouverons la même question bientôt en effet dans le passage du concept à l'objet, et nous verrons que toute cette conception est des plus spéculatives.

L'identité du concept avec la liberté peut faire comprendre ce que c'est que la liberté pour Hegel. Elle n'est autre chose que la puissance déterminée qui produit nécessairement ce qui est en elle. C'est précisément la propriété par laquelle l'entendement vulgaire distingue les forces nécessaires des forces libres. Sans doute de ce point de vue, le fatalisme s'accorde fort bien avec la liberté. Mais on peut dire aussi qu'il est indigne d'abuser des mots jusqu'à ce point, et de cacher sous des formes embrouillées des pensées qui, exprimées clairement, révolteraient le sens moral du public.

III. LE CONCEPT.

Nous venons de voir comment Hegel conclut de la catégorie de l'action réciproque à celle du concept. Nous arrivons à la théorie des êtres individuels et déterminés, des idées dont l'objet forme une unité en soi. Elle se compose de trois parties : dans la première, l'idée est considérée en soi, c'est-à-dire du côté subjectif; et ici vient se placer la théorie de la logique ordinaire, celle de l'idée, du jugement et du raisonnement; la seconde partie comprend la théorie du concept réalisé extérieurement, de l'objet; la troisième enfin, celle de l'Idée proprement dite, de l'unité du sujet et de l'objet.

La première partie offre trop peu d'intérêt

pour qu'elle nécessite un examen détaillé. Nous ferons remarquer seulement, afin d'en rendre l'intelligence plus facile : d'abord, que le concept, tel que nous venons de l'obtenir, est encore à l'état de réalité générale : c'est l'idée en général, non telle ou telle idée en particulier; en second lieu, que les divisions que Hegel établit dans le jugement et le syllogisme ne sont pas seulement relatives à la forme, mais résultent du contenu; ainsi pour Hegel ce jugement : cette rose est rouge, n'est pas de même espèce que celui-ci : cet homme est bon; enfin, que ni le jugement ni le syllogisme ne sont considérés ici comme des moyens du raisonnement, mais comme des formes objectives, des propriétés inhérentes aux choses mêmes.

(Le Concept ; le Général ; l'Individuel et le Particulier; le Jugement; le Syllogisme.)

« Le concept est ce qui est libre, la puissance substantielle qui est pour soi, la totalité; en lui, chacun des moments est le tout et est posé comme un indivisiblement avec lui ; il est ainsi ce qui dans son identité est déterminé en et pour soi. Il n'est pas seulement, la déduction précédente l'a démontré, une simple forme de la pensée, un moment idéel, il est le principe même de toute vie, le concret absolu. Sans doute il est forme, mais la forme infinie, créatrice, qui contient en elle et fait sortir d'elle toute la plénitude du contenu.

Le mouvement du concept n'a plus le caractère de passage à un autre ou de réflexion dans un autre; il est développement. Son mouvement ne consiste qu'à mettre au dehors ce qu'il contient, comme le germe qui produit la plante virtuellement contenue en lui. C'est qu'en effet la différence qui est en lui est en même temps ce qui constitue son identité, et le tout n'est que l'existence libre du concept même. Le mouvement du concept peut être considéré, pour ainsi dire, comme un jeu : l'autre qu'il pose n'est pas réellement un autre. »

A. LE CONCEPT SUBJECTIF.

« a. *Le concept proprement dit.* Le concept contient les moments 1° de l'universalité, comme identité, égalité libre en soi, malgré la détermination; 2° de la particularité, de la détermination, dans laquelle l'universalité reste toujours générale, universelle, reste toujours elle-même; 3° de l'individualité, réflexion en soi des déterminations de l'universalité et de la particularité, unité négative qui est le déterminé en et pour soi, et en même temps l'identique avec soi, le général.

Le général, c'est l'être pur et abstrait dans son retour infini sur lui-même, c'est le *moi*, c'est la conscience de soi-même, dans le moment de sa réflexion négative sur soi; le résultat de l'abstraction absolue qui dit *je*, et qui, dans ce *je*, absorbe et dissout toutes les particularités.

Il est donc important de ne pas le considérer comme quelque chose qui est simplement commun à plusieurs, comme une simple totalité. Rousseau a bien raison de placer la puissance législative dans la volonté générale; mais cette volonté générale n'a nullement besoin d'être la volonté de tous. Il a fallu bien du temps à l'humanité pour saisir cette idée. Le christianisme, le premier, l'a donnée réellement. Il a affranchi les esclaves, par exemple, en donnant la notion de l'homme dans sa liberté, son infinité et sa généralité; ce qui manque à l'esclave, c'est qu'on ne reconnaît pas sa personnalité; mais le principe de la personnalité n'est que celui de la généralité.

Or, dans la généralité, la particularité et l'individualité sont comprises. Le général, étant un résultat de l'abstraction, contient la négation en lui. Le *je* infini est en même temps un *je* fini, unité pour soi, personnalité déterminée, opposé à d'autres personnalités, et excluant celles-ci. Ce *je* personnel considéré isolément, c'est le moment individuel; considéré en opposition avec la généralité, il est la particularité. Le particulier n'est que cette négation, cette détermination posée dans le général. Il est la négation, la détermination même, inhérente au général, et ne diffère de l'individuel qu'en ce que celui-ci est la détermination comme telle, la détermination déterminée, la détermination existante, la négation sous la forme de l'être immédiat, un quelque chose, un fini. Mais l'être de ce fini n'est autre que l'infini, le général; sa détermination n'est que le particulier, et ainsi les moments du concept rentrent l'un dans l'autre.

On voit que les déterminations du concept sont inséparables, et qu'elles se confondent au moment où on veut les distinguer. Le concept est donc ce qui est absolument concret; ses moments ne peuvent être isolés et mis en opposition; leur identité étant posée dans le concept, l'un ne peut être compris qu'en même temps que l'autre.

D'après ce que l'on vient de dire, la particularité n'est que l'opposition du général et de la détermination; ses termes ne sont que, le général pur et simple d'un côté, le général déterminé de l'autre, coordonnés tous deux sous la généralité totale. Les faits ne reproduisent pas cette division rationnelle du concept en deux termes; le plus souvent on en trouve une foule, classés en genres et sous-genres. C'est là l'impuissance de la nature, de ne pouvoir se tenir à la rigueur du concept et de se perdre en cette multiplicité aveugle et dépourvue de raison [1].

La séparation des moments du concept n'est possible que dans le jugement. Dans l'indivi-

---

[1] De ce que le général et l'individuel sont uns en soi, de ce que l'un ne peut être conçu sans l'autre, il résulte que la différence, le moment de la particularité, n'est que *posée*, apparente. Voilà pourquoi l'*apparence* domine toutes les catégories de l'essence.

dualité en effet le concept se détermine, se pose comme première négation ; or cette détermination constitue la particularité ; les différences qui en résultent sont posées, mais comme moments particuliers d'un même concept, comme sujet et attribut, et leur identité est posée aussi (dans la copule). Cette particularité posée, c'est le jugement. »

« b. *Le jugement*. Le jugement est le concept dans sa particularité, comme rapport qui différencie ses moments ; ceux-ci sont posés comme étant pour soi et non identiques. On s'imagine ordinairement que le sujet et l'attribut ne sont que des existences indépendantes que *moi* je réunis ; mais la copule *est* prouve bien qu'il n'en est pas ainsi, et que ce ne sont que des moments séparés du même concept.

Le jugement abstrait est d'abord celui-ci : l'individuel est le général ; c'est là dans tous les jugements la signification qu'ont à l'égard l'un de l'autre le sujet et l'attribut ; par exemple : Dieu est l'esprit absolu.

C'est à tort qu'on considère le jugement comme quelque chose de purement subjectif, comme une opération de notre esprit. Cette différence n'existe pas encore dans la logique ; le jugement doit être pris d'une manière toute générale. Toutes les choses sont un jugement, toutes les choses sont des individualités qui contiennent une généralité, toutes sont une généralité individualisée. Il est vrai qu'il y a des propositions qui ne contiennent pas ces termes; mais aussi toutes les propositions ne sont pas des jugements.

Le point de vue du jugement est celui du fini. Le fini des choses consiste en ceci qu'ils sont un jugement, que leur nature générale et leur existence présente (leur âme et leur corps) sont réunies, il est vrai; mais que leurs moments sont différents et peuvent être séparés.

Dans le jugement : l'individuel est le général, le sujet est la chose concrète, le prédicat est la généralité abstraite. Mais comme ils sont liés par la copule *est*, il faut que le prédicat renferme aussi la détermination du sujet, la particularité, l'identité des deux. D'un côté, le prédicat n'est qu'*une* des nombreuses déterminations du sujet, le sujet le contient, et est plus vaste que lui; de l'autre le sujet est contenu dans le prédicat qui doit renfermer sa détermination; l'attribut est plus vaste que le sujet. Or, le mouvement inhérent au jugement doit aboutir à poser l'unité du général, du particulier et de l'individuel, qui sont contenus séparés dans le jugement. Le sujet qui jusqu'ici n'est que l'individuel, doit devenir aussi le particulier et le général; l'attribut qui jusqu'ici n'est que le général, doit devenir aussi le particulier et l'individuel. Le sujet doit devenir prédicat, et la copule se remplir. Les diverses espèces de jugements nous offrent les moments de ce processus, et nous voyons en lui la généralité d'abord abstraite, sensible, devenir successivement : 1° totalité ; 2° genre et espèce ; 3° généralité réelle, généralité telle que la suppose le concept.

α. Le jugement immédiat est d'abord qualificatif, la généralité est immédiate, est une qualité. Ce jugement est positif : l'individuel est un particulier, cette rose est rouge. Mais de fait l'individuel n'est pas un particulier, de là le jugement négatif : cette rose n'est pas rouge.

Ces jugements sont tout à fait imparfaits, ils peuvent être justes, mais non vrais.

En niant le particulier de l'individuel, on ne nie pas le général (cette rose n'est pas rouge, mais elle a une couleur); mais la négation va plus loin : l'individuel n'est pas un général. Le jugement qualificatif se réduit donc *positivement* au jugement identique (cet individuel est cet individuel, cette rose est cette rose), vaine tautologie ; et *négativement* au jugement infini, où l'attribut est complétement disproportionné au sujet (cette table n'est pas un éléphant, etc.). La mort est un jugement infini de cette espèce; dans la mort l'âme et le corps se séparent, il y a diremtion complète entre le sujet et l'attribut.

β. Mais l'individuel, qui en cette qualité est réflexion en soi, est posé dans le jugement avec un attribut auquel il se rapporte. Il est donc en même temps réfléchi dans l'autre. De là le jugement de la *réflexion*, où le sujet est mis en rapport avec d'autres par l'attribut, en rapport avec un monde extérieur. La généralité est donc devenue relative; ces attributs sont, par exemple, ceux-ci : utile, dangereux, pesant, acide, etc.

Ce jugement est *singulier*, tant que l'affirmation a pour objet l'individuel seul; mais par cela que de cet individu on affirme une généralité, la particularité est transportée au sujet. Quand nous disons : cette plante est salutaire, il s'ensuit que non-seulement cette plante déterminée est salutaire, mais qu'il y a encore d'autres plantes salutaires, qu'il y en a plusieurs; de là le jugement *particulier*. Mais de ce que plusieurs sont le général, le particulier devient le général; de là le jugement de la totalité, le jugement *universel*; *tous* les hommes sont mortels, *tous* les métaux sont conducteurs de l'électricité.

γ. Cette généralité est très-imparfaite encore; elle n'apparaît que comme lien extérieur entre les individus; elle subordonne la généralité aux individus, tandis qu'en réalité les individus n'existeraient même pas sans la généralité; mais elle contient le progrès qui la mène au degré supérieur. En effet, le sujet étant déterminé comme général, son identité avec le prédicat est posée. Cette unité du contenu donne le caractère de la nécessité au jugement; de là le jugement du *genre*, le jugement nécessaire; en effet, ce qui appartient à tous appartient au genre, et par conséquent est nécessaire.

Le jugement nécessaire, en tant que l'attribut

exprime d'un côté le genre, la substance, la nature du sujet, de l'autre la détermination, la détermination négative, exclusive, est *catégorique* : l'or est un métal, la rose est une plante. Mais le jugement catégorique est incomplet encore; le moment de la particularité n'est pas exprimé; l'or est métal, mais l'argent, le cuivre, etc., le sont aussi. Cette expression se formule d'abord dans le jugement *hypothétique*. Si A est, B est; les deux côtés ont la forme d'une effectivité subsistante en soi, leur identité n'est qu'intérieure. Ce jugement répond au rapport de cause à effet, de même que le précédent au rapport de substance. Enfin, lorsque l'identité intérieure du concept est posée en même temps que la séparation extérieure des moments, le jugement est *disjonctif* : l'œuvre poétique est ou épique, ou lyrique, ou dramatique; la couleur est ou bleue, ou rouge, ou jaune, etc. L'unité du particulier et du général est posée; le genre est la totalité des espèces, et la totalité des espèces est le genre.

L'unité du général et du particulier c'est le *concept* : le jugement du *concept* est celui dont cette unité forme le contenu. Le sujet est d'abord un individu dont le prédicat exprime la réflexion de la particularité au général : cette maison est belle, cette action est bonne, etc. A ce degré, le jugement est *assertoire*; par cela même, il n'exprime qu'une opinion subjective, il est *problématique*; mais en posant la particularité objective dans le sujet, il devient absolument vrai, *apodictique*: cette (individualité) maison (genre), étant construite de telle manière (particularité), est belle. Le sujet et le prédicat sont donc devenus chacun tout le jugement : c'est l'idée même du sujet, c'est-à-dire le concept qui est devenu le lien entre l'individuel et le général, et qui remplit la copule. Le concept arrivé à cet état, c'est-à-dire étant en même temps jugement, différence et séparation de ses moments d'un côté — unité, rapport qui les lie, de l'autre — le concept dans cette expression est le *syllogisme*. »

« c. *Le syllogisme.* Le syllogisme est l'unité du concept et du jugement; il est concept, car il est l'identité simple des différences de forme posées par le jugement; il est jugement, car les différences sont maintenues et exprimées. Le syllogisme est ainsi l'expression de la raison même; il est le raisonnable et tout ce qui est raisonnable; il est le fond essentiel de tout ce qui est vrai; tout est un syllogisme.

Le syllogisme, de même que le jugement, ne se pose complétement que par le processus qu'il parcourt. Posé dans sa forme immédiate, il n'est que le syllogisme de l'entendement, le syllogisme dont les termes sont considérés comme séparés et indépendants. C'est la liaison du sujet avec quelque chose d'autre; le syllogisme vraiment raisonnable consiste en l'unification du sujet avec lui-même.

α. Le syllogisme est d'abord immédiat, *qualificatif*; un sujet comme individualité est lié par une qualité à une détermination générale. Cette rose (indiv.), parce qu'elle est rouge (particul.), est une couleur (général) I—P—G [1]; c'est le syllogisme ordinaire, celui de la première figure. De fait, il n'est que subjectif, et objectivement il n'exprime sous cette forme déterminée que le fini des choses. Il dépend tout à fait du hasard; chacune des déterminations quelconques du sujet peut être prise pour moyen, et on peut trouver de cette manière des preuves pour tout; il suppose d'un autre côté la preuve des prémisses, et exige ainsi une série infinie de preuves.

Dans cette première figure I—P—G, l'individuel est rapporté au général, est posé comme général; c'est lui maintenant qui forme l'unité moyenne, et le général et le particulier sont extrêmes. De là, la seconde figure G—I—P; mais par cette seconde figure est déclarée à son tour l'unité du particulier et du général, et le général devient terme moyen : P—G—I. C'est la troisième figure [2].

---

[1] Hegel indique l'individuel, le particulier et le général par les initiales allemandes A, B, E. Nous les remplaçons par les initiales françaises I, P, G.

[2] Dans la logique ancienne, la première figure est celle où le terme moyen est sujet dans la majeure, attribut dans la mineure. Tous les hommes sont mortels, Pierre est un homme, donc, etc. Dans la seconde (ordinairement la troisième) le moyen est sujet dans la majeure et la mineure : Pierre et Jean sont vertueux,

Ces trois figures sont les seules vraies ; la quatrième est un ajoutage absurde des modernes. Elles expriment ce fait très-vrai que chaque moment est successivement le tout et le moyen. Quant aux règles sur la nature des propositions propres à former des syllogismes exacts, à leur division

Pierre et Jean sont des hommes, donc il y a des hommes vertueux. Dans la troisième (ordinairement la quatrième) le moyen est attribut dans la majeure, sujet dans la mineure : l'or et l'argent sont des métaux ; les métaux sont conducteurs du calorique, donc etc. Faisons remarquer que toute cette déduction repose sur une confusion : les idées sont ou bien générales ou particulières en elles-mêmes, ou bien elles le sont relativement au rôle qu'elles jouent dans le syllogisme et le jugement. Ces deux points de vue doivent être distingués, et Hegel les confond absolument. Le jugement n'est pas proprement un rapport du général au particulier ; il n'exprime qu'une union ou une séparation du sujet et de l'attribut ; si à toute force on veut y voir le rapport du général au particulier, le sujet doit toujours être considéré comme le particulier, l'attribut comme le général, indépendamment du rapport naturel des idées entre elles. De même dans le syllogisme le grand extrême est toujours le général, le petit extrême est l'espèce, le moyen est le sous genre, le particulier. Il est tout à fait indifférent que hors du syllogisme, chacun de ces termes soit autre chose ; et le grand extrême ne cesse d'être relativement le général que parce que sous d'autres points de vue il peut être considéré comme particulier. De ce qu'une idée générale peut se diviser et se subdiviser en toute une série d'idées particulières, et de ce que chacun des termes de l'échelle est général à l'égard de celui qui suit, il n'en résulte pas que la particularité et la généralité soient la même chose. Or, tout le raisonnement de Hegel consiste à dire : telle idée remplit le rôle de l'universel dans tel syllogisme, le rôle du particulier dans tel autre, donc l'universel passe au particulier. Quant à l'individualité, Hegel la fait intervenir tout arbitrairement ici ; dans le jugement comme dans le syllogisme, elle ne joue d'autre rôle que celui d'une idée particulière.

en universelles et particulières, affirmatives ou négatives, etc., c'est un savoir tout mécanique qui ne conclut à rien. Le sens objectif des figures du syllogisme est celui-ci, que tout ce qui est conforme à la raison apparaît comme triple syllogisme, de telle manière que chacun des membres peut aussi bien remplir la fonction d'un extrême quelconque que du moyen. Ceci est le cas, par exemple, des trois parties de la science philosophique : l'Idée, la nature et l'esprit. La nature se présente d'abord comme le terme moyen. La nature, cette totalité immédiate, se dirime en ses deux côtés comme Idée logique et comme esprit; et l'esprit n'est esprit qu'en tant qu'il est médiatisé par la nature. En second lieu, l'esprit, c'est-à-dire la chose individuelle, active, est le milieu, et la nature et l'Idée sont les extrêmes; c'est l'esprit qui reconnaît l'Idée dans la nature, et élève la nature à l'Idée. Enfin, en troisième lieu, l'Idée forme aussi le moyen; elle est la substance absolue de l'esprit comme de la nature, ce qu'il y a de tout général, ce qui pénètre tout. Tels sont les trois membres du syllogisme absolu.

Chacun des moments étant devenu le moyen et les deux extrêmes, leur différence est niée, et le syllogisme qualificatif se résout dans le syllogisme mathématique ou le syllogisme de l'*égalité* : deux choses, qui sont égales à une troisième, sont égales entre elles.

ε. On voit donc que chacun des moments est

le moyen, c'est-à-dire le tout; et que la médiation elle-même n'est qu'un cercle, que la première figure suppose la seconde et la troisième, et *vice versâ*. Le concept et l'unité qui lie n'est donc plus la particularité abstraite, mais c'est l'unité développée du général et de l'individuel, unité réfléchie dans laquelle l'individuel est déterminé comme général ; c'est le syllogisme de la *réflexion*.

Ce syllogisme est d'abord celui de la *totalité* : Tous les hommes sont mortels ; or, Pierre est un homme, etc. Mais ce syllogisme en suppose lui-même un autre qui lui sert de base, l'*induction*; l'or est un métal, l'argent, le cuivre, etc., etc., sont des métaux; or, l'or, l'argent, le cuivre, etc., sont conducteurs de l'électricité ; donc les métaux, etc. Mais l'induction se fonde elle-même sur l'*analogie* dans laquelle on suppose que les propriétés qui appartiennent à certaines choses d'un genre déterminé, appartiennent aussi aux autres choses du même genre; celle-ci a donc pour résultat de poser l'individualité comme genre.

γ. De là, le syllogisme *nécessaire*. Celui-ci est *catégorique* quand le particulier est moyen en qualité d'une *espèce* du genre; il est *hypothétique*, quand l'individuel, comme existence immédiate, est moyen aussi bien que moyenné (si A est, B est; or, A est, donc B est) ; il est *disjonctif* quand le général qui sert de moyen est posé en même temps comme totalité de ses particularités, et comme particulier individuel, comme individualité exclusive (A est ou B, ou C, ou D; or, il n'est ni B ni C, donc il est D; ou bien il est D, donc il n'est ni C ni B), de telle manière, que c'est la même généralité, le concept tout entier, qui constitue le lien et qui est posé dans les formes de la différence.

La dialectique du syllogisme fait donc voir 1° que chaque moment étant tout le syllogisme est identique avec les autres; 2° que le sujet ne rentre qu'en lui-même par la négation et la médiation de ses différences; le sujet s'unit non avec un autre, mais avec un autre qui n'est pas autre, avec lui-même. Par le jugement, les moments du concept étaient posés comme lui étant extérieurs; par la dialectique du syllogisme, cette extériorité devient le concept même; elle est réconciliée avec lui et en est ainsi une détermination intrinsèque.

Cette réalisation extérieure du concept, dans laquelle le général est cette totalité une, rentrée en elle-même, totalité dont les différences sont aussi totalités, et qui par la négation de la médiation est redevenue unité immédiate; cette réalisation du concept, c'est l'*objet*.

Aussi étrange que puisse paraître ce passage du concept, et plus particulièrement du syllogisme, à l'objet, on ne peut avoir pour but de le rendre plausible à l'entendement. On peut dire seulement que le résultat où aboutit la démonstration précédente répond parfaitement à ce que l'on entend ordinairement par le mot objet, qui ne signifie pas une chose en général, mais une chose concrète et complète en soi. Sa qualité d'être objectif, d'être extérieur à un autre, à un sujet, se déterminera plus tard. Quant à l'identité du concept et de l'objet, il est juste sans doute de dire que la subjectivité et l'objectivité sont *en soi* la même chose; mais il est aussi juste de dire qu'elles sont différentes. L'un est aussi vrai que l'autre, mais de même aussi faux que l'autre; des expressions de ce genre ne peuvent donner la véritable relation. L'*en soi* n'est qu'une généralité abstraite; le moment de la négation doit compter aussi, et l'en soi doit devenir le *pour soi*. L'identité spéculative n'est pas cette identité triviale qui dit que le concept et l'objet sont identiques en soi; observation qu'on ne pourrait assez répéter, s'il y avait lieu d'espérer qu'elle mît fin aux plates et méchantes méprises qui se commettent sur cette matière. »

B. L'OBJET.

(Le Mécanisme; le Chémisme; le But.)

« L'objet est être immédiat, en tant qu'indifférent à la différence qui en lui est niée; il est totalité en soi et en même temps indifférent à son unité; c'est-à-dire, tout en étant une seule totalité, il est en même temps une multitude de différents, dont chacun est lui-même totalité. L'objet est donc la contradiction absolue constituée par la parfaite subsistance en soi des multiples, et en même temps par la parfaite non-subsistance des différents.

C'est-à-dire, l'objet est d'abord l'objet unique, le tout encore indéterminé en soi, le monde objectif en général, Dieu, l'objet absolu. Mais l'objet a aussi la différence en soi; il se divise en une foule d'objets variés, et chacun de ces individus est en même temps un objet, une existence concrète, complète, subsistante en soi.

L'objectivité contient les trois formes du mécanisme, du chémisme, et de la téléologie. »

« a. *Le mécanisme*. L'objet immédiat n'est le concept qu'*en soi*; le concept est subjectif, est hors de l'objet, et toute détermination est posée comme extérieure. Comme unité, il n'est donc qu'un composé, qu'un agrégat de différents, et tous les rapports sont extérieurs. C'est le mécanisme *formel*. Les objets dans ce rapport, dans cette dépendance, sont en même temps indépendants, par la résistance extérieure que l'un oppose à l'autre. Ce sont dans le monde matériel les relations de choc, de pression, etc.; dans le monde spirituel, certaines habitudes, certaines manières d'agir toutes extérieures, mécaniques, où l'esprit n'est plus pour rien. Le mécanisme est en général la catégorie la plus inférieure de l'objet, et c'est une grande faute de vouloir tout comprendre sous ce point de vue. Mais d'un autre côté il ne faut pas non plus le mettre tout à fait de côté; quoique l'animal, par exemple, ne soit pas une force mécanique, le mécanisme y joue pourtant son rôle, par la pesanteur ou par les leviers qu'offrent les organes du mouvement. Lorsque dans la nature, les fonctions plus élevées, surtout les fonctions organiques, sont troublées dans leur activité normale, le mécanisme, subordonné dans les autres cas, redevient prédominant. C'est ainsi que lorsque les fonctions digestives se font mal, on sent de la *pression* dans l'estomac; c'est ainsi que lorsqu'on est indisposé on sent de la *pesanteur* dans les membres.

L'inconsistance, en vertu de laquelle l'objet est soumis à une force extérieure, ne lui appartient qu'en tant qu'il est subsistant en soi; et ces deux déterminations ne se nient pas réciproquement; mais l'objet, par son inconsistance, par la négation de soi, rentre sur lui-même et devient réellement subsistant en soi. Cette unité négative avec soi, par laquelle est posée la différence avec les corps extérieurs, et qui nie la consistance de ceux-ci tout en supposant un rapport avec eux, c'est la centralité, la propriété du corps, d'avoir dans l'autre un centre qui l'attire, la subjectivité par laquelle le corps est dirigé vers l'extérieur, est en rapport avec l'autre. Mais l'autre est central comme le premier, et comme celui-ci se rapporte à l'autre (qui est le premier), est dirigé vers l'autre centre, a son centre dans l'autre. De là, le mécanisme différentiel, la chute des corps, la passion, l'instinct social, etc.

Le développement de cette relation engendre le syllogisme suivant : La négativité immanente se pose comme objet individuel et central (centralité abstraite, le soleil), l'inconsistance des objets (les corps qui n'ont pas de centre, les lunes et les comètes) se pose en face, et leur rapport a lieu par un terme moyen qui pose l'unité de la centralité et de l'inconsistance, par le centre relatif (les planètes). C'est le mécanisme absolu.

L'existence immédiate des objets est niée par le mécanisme absolu ; car il fait voir que leur subsistance en soi est médiatisée par leur rapport, par leur non subsistance. L'objet est donc posé comme étant opposé à son autre dans son existence, comme étant différent. »

« b. *Le chémisme*[1]. L'objet différent a une détermination immanente qui constitue sa nature et dans laquelle il existe. Ainsi, par exemple, c'est une détermination propre qui fait qu'un acide est acide aussi bien qu'un oxyde est oxyde; mais dans la totalité du concept, cet objet est la contradiction de sa totalité et de la détermination par la-

---

[1] Nous traduisons ainsi le mot *chemismus*, universellement adopté en Allemagne pour exprimer l'ensemble des relations chimiques.

quelle il existe ; ainsi le concept de l'acide est de former un sel avec une base, de même de l'oxyde, etc. L'objet est donc la tendance à nier sa contradiction et à poser l'identité du concept et de l'existence.

Le processus chimique a pour produit le neutre de ses extrêmes. Il est le syllogisme dans lequel le général, le concept, rentre en lui-même dans l'individuel, dans le produit neutre, par la particularisation, la différence des moments.

Le processus chimique, comme relation de la réflexion de l'objectivité et de la nature différente des objets, suppose encore l'immédiateté de ceux-ci. Il est un passage et un retour d'une forme à l'autre, et ces deux passages restent extérieurs l'un à l'autre. Le neutre pour se dirimer a besoin d'une cause extérieure. Le concept ne manifeste pas encore immédiatement sa force dirimante. Le processus chimique est donc encore conditionné.

L'extériorité réciproque des deux processus, c'est-à-dire de la combinaison et de l'analyse, les fait paraître indépendants en soi ; mais ils finissent dans le produit neutre qui les nie. D'un autre côté, le processus démontre que les objets primitifs qui entrent dans le produit n'étaient pas subsistants en soi. Par cette négation de l'extériorité et de l'immédiateté dans lesquels était plongé le concept en tant qu'objet, il devient libre et est posé *pour soi* à l'égard de toute immédiateté, il est *but*. En d'autres termes, le passage du chémisme à l'idée de cause finale est contenu en ceci, que les deux formes du procès chimique se nient réciproquement. Les corps chimiques contiennent le concept, mais comme objet. Par la négation que subissent ces corps dans le processus, le concept redevient idéel, subjectif; le concept, qui n'était qu'*en soi* dans le mécanisme et le chémisme, devient donc libre, et ainsi il est *but*. »

« c. *Téléologie.* Le but est le concept passé à la liberté, devenu *pour soi* par la négation de l'objectivité immédiate. Subjectivement il est d'abord abstrait, et l'objectivité lui est opposée; mais la subjectivité n'est-elle même qu'un côté du concept complet, même relativement au concept, car celui-ci contient en lui toute détermination. L'objet présupposé n'est qu'une réalité idéelle, non existante en soi. Cette contradiction qu'offre le concept doit être niée, et il possède en lui-même en effet le mouvement négatoire, l'activité par laquelle il produit l'identité en lui, et nie la contradiction. C'est là la réalisation du but. Par elle, ce but, en se faisant sa différence, son objet, supprime la différence et ne rentre qu'en lui-même.

C'est dans cette identité du mouvement dont le commencement et la fin sont les mêmes, que réside la différence de la cause efficiente et de la cause finale. La cause efficiente, soumise encore à l'aveugle nécessité, semble devenir un autre, et ce n'est qu'en soi, pour nous, qu'elle ne rentre qu'en elle-même en devenant effet. Le but, au contraire, est posé comme ayant en lui-même la détermination, l'effet de la cause, et dans son activité il ne passe pas dans l'effet, il ne fait que se conserver, il se produit lui-même, il est à la fin ce qu'il était dans l'origine. Il est le concept qui contient en lui-même la négation, c'est-à-dire l'opposition de sujet et d'objet, et en même temps la négation de cette négation.

Le besoin, l'instinct sont des exemples immédiats du but; ils sont le sentiment de la contradiction qui a lieu dans le sujet vivant. Leur activité consiste à nier la subjectivité exclusive, et la satisfaction n'est que le rétablissement de la paix, la réunion du subjectif avec l'objectif. Le besoin est pour ainsi dire la certitude que le subjectif n'offre qu'un des côtés du vrai, de même que l'objectif. Il fait voir en outre comment la réunion s'opère.

Le rapport de but dans son immédiateté n'est d'abord que le but extérieur, et le concept est placé en face de l'objet qui est présupposé. De ce point de vue, les choses ne paraissent pas avoir leur but en elles-mêmes, mais ne sont que des moyens propres à la réalisation d'un but placé en dehors d'elles. Cette conception est celle du but fini; fini parce qu'il suppose un objet, une matière hors de lui, fini en lui-même parce que sa partie subjective, le but proprement dit, est distincte de l'objet, du concept total. C'est cette conception tout inférieure du but, qui, sous le nom d'*utilité*, a joué pendant quelque temps un grand rôle dans la science, mais qui aujourd'hui est justement discréditée. C'est ce point de vue si fertile en considérations oiseuses, où l'on prétend expliquer la sagesse de Dieu par les rapports d'utilité des créatures entre elles, et où l'on arrive à dire que si la vigne a pour but de nous donner du vin, le liége a été créé pour nous fournir de quoi boucher les bouteilles.

Le véritable rapport téléologique est celui où le sujet d'un côté, l'objet extérieur de l'autre, sont unis par un mouvement qui est en même temps l'activité finale du sujet, et l'objectivité immédiatement comprise sous l'idée de but, le moyen. Ce mouvement se fait ainsi :

1° Dans le but subjectif, les moments de généralité, de particularité et d'individualité sont tellement liés dans le concept, que l'individuel d'abord se dirime, se particularise lui-même, c'est-à-dire se donne un contenu particulier, un but spécial, et en même temps se pose comme sujet et objet ; et en second lieu qu'il fait retour sur lui-même en posant la seule subjectivité du concept comme défectueuse, et se détermine vers l'extérieur.

2° Cette activité extérieure se rapporte d'abord immédiatement à l'objet et s'en empare comme d'un moyen. Le concept est cette puissance, car il est la négativité identique, dans laquelle l'objet est déterminé comme n'étant qu'idéel. Le milieu est donc cette puissance du concept comme activité, avec laquelle l'objet est immédiatement uni comme moyen. C'est ainsi que l'âme s'empare du corps et s'objective en lui.

3° L'activité finale est encore dirigée vers l'extérieur, ainsi que le moyen, parce que le but n'est pas encore identique avec l'objet. Cet objet, c'est toujours l'objet présupposé, la matière à transformer, les matériaux du but. Il est le mécanisme et le chémisme qui maintenant servent le but. Par le mouvement qui leur est propre, l'objet change et devient conforme au but, et ainsi se trouve réalisé celui-ci, se trouve établie l'unité entre le subjectif et l'objectif.

Le but subjectif constitue donc l'activité même propre au processus mécanique et au processus chimique, et en même temps il se tient en dehors d'eux, et pourtant ne se maintient que par eux; c'est là la *ruse* de la raison. La raison est aussi rusée que puissante. Elle laisse les objets se mouvoir, se modifier et se détruire d'après leur nature, et ce n'est pourtant que son but à elle qui en résulte. On peut dire ainsi que la Providence est la ruse absolue. Elle laisse aller le jeu des passions et des intérêts des hommes, et le résultat est tout autre chose que ce que les hommes voulaient; il n'est que la réalisation du but de la Providence même.

Le but réalisé est donc l'unité posée du subjectif et de l'objectif ; mais le sujet et l'objet sont conservés, ils ne sont neutralisés que dans leur exclusivité réciproque. Leur unité, c'est le contenu du but, qui est en même temps dans l'objet et dans le sujet.

Mais dans les rapports finis, le but réalisé est encore aussi rompu, aussi divisé qu'il l'était avant la réalisation. Il n'est qu'une forme extérieure imprimée à des matériaux donnés d'avance. Le but réalisé devient donc moyen à son tour, et ainsi il y a une succession de buts à l'infini.

Or, le fait qui a lieu dans tout ce processus de la finalité, est celui-ci : c'est que le concept se pose comme étant en soi l'essence de l'objet ; l'apparence de la subsistance en soi de l'objet, déjà rendue incertaine dans les processus mécanique et chimique, disparaît tout à fait devant le concept. De ce que le but réalisé n'est lui-même que moyen, matière première, il résulte que l'objet est nul en soi, n'est qu'idéel. Ici disparaît aussi la différence de la forme et du contenu. Le concept, comme but, comme activité formelle, n'a que soi pour contenu ; et par le processus du but, l'unité de l'objectif et du subjectif, qui n'était qu'en soi, est posée comme étant pour soi, comme étant l'*Idée*.

Le fini du but résulte de ce que les matériaux employés comme moyen ne deviennent qu'extérieurement conformes au but ; mais de fait l'objet est le concept ; et quand celui-ci y est réalisé comme but, l'objet n'est que la manifestation de son propre intérieur. L'objectivité est pour ainsi dire une enveloppe sous laquelle est caché le concept. Dans l'ordre fini nous ne pouvons nous attendre à la réalisation complète du but. La réalisation du but infini ne consiste qu'à nier l'illusion qui fait croire qu'il n'est pas encore réalisé. Le bien, le bien absolu se réalise éternellement dans le monde; il est éternellement réalisé, et n'a pas besoin de nous pour cela. Mais l'illusion dans laquelle nous vivons est le principe actif, l'intérêt de la vie universelle. L'Idée se crée cette illusion à elle-même, elle pose un autre vis-à-vis d'elle, et son activité consiste à nier cette illusion. Ce n'est que de cette erreur que peut naître la vérité; l'erreur n'est ainsi elle-même qu'un moment de la vérité. »

Nous avons vu comment Hegel a enjambé spéculativement du syllogisme à l'objet. Ce passage ne peut être expliqué plus en détail, il faut le saisir par la raison. La théorie de l'objet a pour but la déduction a priori des relations mécaniques et chimiques et de l'idée de but; elle tend en outre, et c'est là son caractère principal, à faire voir comment l'idée, le concept, est l'essence même de l'objet, et comment s'engendre cette unité du subjectif et de l'objectif, qui est le propre de l'*Idée*.

Nous n'avons rien à dire de la déduction du mécanisme et du chémisme; c'est une déduction semblable à toutes celles de Hegel, une explication de faits donnés par l'expérience. De ce que l'objet est extérieur au concept, on conclut qu'il y a relation extérieure, mécanique, des objets entre eux; de ce qu'il y a relation mécanique des objets entre eux, de ce que le soleil et la terre sont en relation, par exemple, on conclut qu'il existe des relations chimiques. Il est inutile de nous arrêter à cette déduction, que nous retrouverons d'ailleurs dans la théorie de la nature.

La déduction du but et de l'unité, de l'idée et de l'objet, mérite plus d'attention.

Rendons-nous compte d'abord de ce que Hegel entend par l'objet dans tout ce chapitre. Quoique l'objet soit quelquefois opposé au sujet, l'objectif au subjectif, ce n'est pas cette opposition qu'on a en vue ici; l'objet est pris surtout dans le sens vulgaire, comme lorsqu'on dit : des objets, cet objet. C'est, dans la pensée de Hegel, une unité matérielle, par exemple, une maison, une table, un animal, etc.

Hegel suppose que cette unité est dans l'objet même. Or, les êtres organiques offrent sans doute une unité pareille; cette unité est essentielle aux forces, aux esprits, aux êtres spirituels; mais les êtres purement matériels, les objets proprement dits, ne la possèdent pas en eux. Leur unité est tout à fait dans l'idée que nous en avons; l'idée est une, mais non l'objet extérieur. Qu'est-ce que l'idée en effet? C'est l'unité posée dans une multiplicité extérieure, c'est la compréhension de parties continues et multiples dans une unité spirituelle [1]. Cette unité n'existe que dans l'esprit; l'objet reste multiple et divisible. De fait on peut réduire toutes ces unités des objets à deux espèces, l'unité de forme et l'unité de but. C'est dans la forme que réside l'unité de tous les objets qui n'ont pas un but déterminé, par exemple, d'une pierre, d'un morceau de bois, etc. Or, la forme c'est une détermination de l'espace; elle n'est une que par l'idée que nous y mettons; en elle-même elle est divisible et composée de parties. Toutes les autres unités matérielles dérivent du but. Une maison ne serait qu'un agrégat de pierres, de morceaux de bois et de fer, elle ne serait pas maison si cet agrégat n'avait un but, un usage; elle n'est maison qu'en tant qu'elle sert à l'habitation. De même une table, une chaise, etc., etc. Or, le but ne pouvant être qu'une idée, l'unité est donc purement subjective dans tous les objets non organiques; elle n'est que dans l'idée que nous nous en faisons, et non dans les objets mêmes.

On voit donc, qu'en déduisant l'objet du concept, Hegel suppose à tort que l'unité est dans

---

[1] Voir sur la théorie de l'Idée : Buchez, *Essai d'un traité de philosophie*, tome I.

l'objet même. Cette même erreur a permis la déduction du centre. Or, qui ne voit que dans les objets matériels, il ne peut y avoir qu'un centre purement formel, et que le centre de gravité suppose d'abord l'attraction (que Hegel en déduit) et qu'il n'est qu'un point théorique, le point où passent toutes les résultantes?

D'ailleurs, cette unité existerait dans les objets, il ne s'ensuivrait nullement qu'elle fût la même que notre concept, que l'idée que nous en avons, même si cette idée était parfaitement vraie, parfaitement conforme à l'objet. Ces unités réelles ne peuvent être que des substances, nos idées ne sont que des modes. Dieu est un, les âmes de tous les hommes sont unes; Dieu et les âmes sont-ils pour cela les idées que nous en avons?

Mais c'est par la considération du but que Hegel prétend établir son hypothèse.

Analysons l'idée de but. Un but d'abord ne peut être qu'une idée; il suppose un être spirituel, intelligent, qui a cette idée. Qui dit but, dit volonté intelligente. En second lieu, toute idée n'est pas un but. L'idée de but est celle d'une modification, d'un rapport, d'une existence qui n'existe pas encore, et qui est à produire, à réaliser. Les idées qu'on ne se propose pas de réaliser ou qui ne supposent nullement une réalisation ne constituent pas des buts. La réalisation enfin suppose elle-même qu'un ou plusieurs actes soient nécessaires pour la produire, pour rendre l'objet extérieur conforme à l'idée voulue. Lorsque cette réalisation est faite, le but est accompli et l'idée cesse d'être but; elle est l'idée d'un fait accompli, d'un fait existant.

Avoir un but ne peut donc se direproprement que de l'esprit, de l'intelligence qui possède l'idée et qui la veut; mais on le dit aussi, et par une transition toute naturelle, des actes qui sont faits en vertu du but. On dit, cet acte a tel but, c'est-à-dire il a été produit en vertu de tel but. Ces actes sont les moyens du but; il en est de même des choses auxquelles ils s'appliquent, et de celles qui par leur mouvement propre accomplissent le but. En un mot, est moyen du but tout ce que l'accomplissement de ce but suppose.

De là résulte : 1° que le but et les moyens ne peuvent être identiques; que le but est toujours extérieur aux moyens; 2° que nul être ne peut avoir son but en lui-même, car il serait en même temps ses moyens et son but, idée tout à fait absurde; 3° que la question de savoir quel est le but des êtres revient à celle de savoir de quel but ils sont les moyens. Cette question suppose donc qu'il existe au-dessus de ces êtres une intelligence qui a un but et dont ils sont les moyens, qu'ils n'existent pas pour eux-mêmes; 4° il en résulte enfin que l'idée de but appliqué au système du monde ne conclut pas seulement aux recherches sur l'utilité spéciale de chaque chose, recherches dont Hegel se moque avec tant d'esprit, mais qu'elle engendre cette grande conception : que toutes choses ici-bas ne sont que les rouages d'un admirable organisme, que toutes remplissent une fonction dans leur rapport avec les autres, et que le mouvement universel n'est lui-même qu'un instrument destiné à accomplir le but suprême et infini de Dieu.

Vis-à-vis de cette conception du but, la philosophie allemande en a posé une autre dont Kant est l'auteur. Elle est tirée de la considération de l'être organique. Dans la plante et dans l'animal, chaque organe remplit un but, et ce but est la conservation, la vie de l'animal tout entier. L'animal entier à son tour ne semble pas avoir d'autre but que de se conserver soi-même, de conserver ses organes : il n'est que l'unité, l'ensemble de ses organes, et le but ne conclut qu'à lui-même. Kant, pour qui l'idée de but était une idée a priori, en voyait l'expression complète dans ce fait. Le but pour lui était donc la causalité du concept même, ce dont l'idée entraîne une action qui aboutit à cette idée même, ce qui est cause et effet de soi-même. Or, il est facile de voir ce qui a trompé Kant. L'organisme présente en effet l'idée de but; les organes sont les instruments divers d'une œuvre unique; l'idée de l'organisme est bien celle de parties coordonnées dans un but commun. Mais de ce que l'organisme entraîne l'idée de but, il n'est pas dit que l'organisme se soit posé ce but lui-même. L'idée de but reste toujours entière: elle suppose toujours une activité intelligente, et l'existence de l'organisme prouve seulement que l'ordination des organes est le fait d'un être supérieur, qui en les créant leur a posé un but et leur a donné le mouvement propre à l'atteindre. D'ailleurs si les organes ont pour but de conserver l'animal, le but de celui-ci n'est pas de conserver ses organes. Cette conservation a lieu en même temps sans doute, mais ce n'est là que l'effet d'une loi circulaire des forces, comme on en trouve plusieurs dans la nature, et qui n'appartient pas uniquement aux êtres organisés : le but de l'animal est en dehors de l'animal comme le but de chaque organe est en dehors de cet organe. C'est la géologie qu'il faut consulter pour connaître le but des êtres organiques ; elle fera voir que chaque génération de plantes et d'animaux n'a eu d'autre fonction que de préparer le terrain à une génération plus parfaite, et que la modification du milieu, opérée par chacune de ces générations, concluait à sa propre mort. La conception de Kant n'est donc que la théorie de cette hypothèse générale, propre au dix-huitième siècle, que tous les êtres ont leur but en eux-mêmes, hypothèse que la doctrine du progrès a renversée, mais dont la philosophie allemande n'a pu se débarrasser encore.

C'est la conception de Kant que Hegel veut

déduire. Voici comment il y arrive : Il reconnaît que le but est une idée, mais cette idée il la confond immédiatement d'un côté avec l'activité; l'être intelligent qui la possède, et place cette activité dans l'idée même; d'un autre côté avec le résultat, l'objet extérieur qui en est l'accomplissement ; de cette manière, le but est défini une idée qui est elle-même son commencement et sa fin. Le moyen, à son tour, est confondu en tant qu'acte avec l'activité, c'est-à-dire avec le concept du commencement, en tant qu'objet avec la réalisation, avec le concept de la fin, et ainsi l'unité des trois termes se trouve parfaitement déduite.

Hegel démontre ainsi la conception de Kant. Dans cette voie, il lui était facile d'aller plus loin et de prouver, en se tenant au caractère idéel du but, que la réalité objective des choses était fausse, et qu'elle ne consistait qu'en une activité formelle du concept. Le concept du but étant lui-même élevé par la négation des buts particuliers à la valeur d'une réalité générale, on obtenait ainsi l'*Idée*. Mais cette déduction immédiate aurait laissé derrière elle une difficulté qu'il fallait aplanir, c'était le rapport du mécanisme et du chémisme avec le but. Or, comme le but, en même temps qu'il est l'objet, n'est pas l'objet tant qu'il n'est pas réalisé, celui-ci a encore le caractère d'extériorité pendant qu'il est moyen : il est mécanisme et chémisme. De cette manière, ces deux rapports sont rattachés à l'*Idée* et sont posés comme moyens, comme particularité entre le concept purement subjectif et le concept absolu.

C. L'IDÉE.

(La Vie ; la Connaissance ; la Volonté ; l'Idée absolue ; la Méthode.)

« L'Idée est le vrai en et pour soi, l'unité absolue du concept et de l'objectivité. Son contenu idéel n'est que le concept dans ses déterminations ; son contenu réel n'est que la représentation de lui-même, qu'il se donne sous la forme d'une existence extérieure, et qui, renfermée dans son idéalité, dans sa puissance, conserve le contenu en se conservant soi-même.

La définition de l'absolu, qu'il est l'Idée, est absolue elle-même maintenant. Toutes les définitions précédentes rentrent dans celle-ci. L'Idée est la vérité, car la vérité consiste en ce que l'objectivité réponde à la subjectivité. Non pas que tel objet extérieur doive répondre à la pensée personnelle que j'en ai ; ces pensées ne sont que justes ; dans l'Idée, il ne s'agit pas d'un moi individuel, ni de pensées particulières, ni de choses extérieures. Mais aussi *tout* ce qui est effectif, en tant que cela est vrai, est l'Idée, et n'a sa vérité qu'en vertu de l'Idée. L'être individuel est quelque côté de l'Idée, il a besoin d'autres réalités qui de même paraissent aussi avoir une existence indépendante; ce n'est que dans leur ensemble et leur rapport que le concept est réalisé. L'être individuel pour soi ne répond pas à son idée ; cette limitation de son existence fait qu'il est fini et qu'il doit périr.

L'Idée ne doit pas être considérée comme l'Idée de quelque chose d'existant, aussi peu que le concept doit être considéré comme un concept déterminé. L'absolu, c'est l'Idée unique et générale qui en *jugeant* se dirime et devient le système des idées particulières. Mais celles-ci ne consistent que dans leur destination à retourner à l'Idée une, à leur vérité. Conformément à ce jugement, l'Idée n'est d'abord que la substance unique, universelle ; mais dans son effectivité réellement développée, elle est *sujet*, esprit.

L'Idée peut être définie : la raison, le sujet-objet, l'unité de l'idéel et du réel, du fini et de l'infini, de l'âme et du corps, etc. C'est en vain que l'entendement prétend que ces termes sont contradictoires ; c'est que l'entendement ne les conçoit que comme des extrêmes, qu'il ne les considère que dans leur abstraction et ne s'élève pas à comprendre leur unité réelle ; c'est qu'aussi il prend la réflexion, la séparation des deux extrêmes, pour une réflexion qui n'a lieu que dans son esprit, tandis qu'elle est le fait de l'Idée elle-même. L'Idée est elle-même la dialectique qui éternellement sépare l'identique du différent, le fini de l'infini, l'âme du corps ; par là seulement elle est création éternelle, vie éternelle, esprit éternel. Mais en même temps qu'elle est entendement elle est raison ; elle ramène à l'unité cette séparation qu'elle a établie; elle ramène à elle le fini et sa fausse existence. Ce double mouvement n'ayant pas lieu dans le temps, autrement l'Idée ne serait que l'entendement, il s'ensuit que l'Idée est l'éternelle contemplation d'elle-même, qu'elle est le concept qui se voit objet, l'objet qui se voit but, qui se voit sujet. D'ailleurs les définitions données plus haut sont incomplètes, parce qu'elles n'épuisent pas l'Idée. La seule véritable est celle de l'unité de la subjectivité et de l'objectivité.

L'Idée est essentiellement processus, car elle n'est le concept absolu que parce qu'elle est la négativité absolue, et par conséquent elle est dialectique. Ce processus consiste en ce que le concept, c'est-à-dire la généralité qui est individualité, se fait objectivité et opposition à l'objectivité, et en ce que l'extériorité que l'Idée possède comme substance est ramenée à la subjectivité. La subjectivité est le dernier moment; elle est essentielle à l'Idée; et quoiqu'il soit vrai que celle-ci est l'unité de l'objectif et du subjectif, de la pensée et de l'être, il suit aussi de ce que cette unité est négative que l'infini dépasse le fini, la pensée l'être, la subjectivité l'objectivité.

Le développement de l'Idée présente trois degrés : la vie, la connaissance et l'absolu. »

« a. *La vie.* L'Idée immédiate est la vie. Le concept est réalisé comme âme dans un corps. Il est, relativement à l'extériorité de celui-ci, la généralité immédiate ; il est en outre la particularisation, car le corps ne manifeste d'autres différences que les déterminations du concept ; enfin il est l'individualité en tant que négativité absolue. Il constitue lui-même la dialectique de son objectivité, de son corps, dont les parties semblent exister par soi, mais sont ramenées à la subjectivité. Les membres, en effet, sont momentanément moyens et buts l'un à l'égard de l'autre; et la vie, qui était d'abord particularisation du concept, en résulte comme unité négative pour soi. Ainsi, la vie est un être vivant, et dans son immédiateté tel être vivant individuel. Le caractère fini qui résulte de l'immédiateté de l'Idée fait que le corps et l'âme peuvent être séparés, et cette séparation est la mort. Mais les deux côtés ne sont quelque chose en soi, séparément, que lorsque l'être vivant est mort. Ils ne sont ce qu'ils sont que dans leur rapport, dans la vie.

L'être vivant est le syllogisme dont les moments sont eux-mêmes systèmes et syllogismes ; mais qui ne cesse d'être un. Il consiste en trois processus qui constituent un seul processus général :

1° C'est d'abord le mouvement de l'être en lui-même; il commence par être en soi, par être *sensibilité*, rapport à soi, âme. Puis il se dirime intérieurement; son corps devient son objet, sa nature extérieure; les parties du corps, relativement extérieures l'une à l'autre, agissent l'une sur l'autre et s'assimilent l'une à l'autre; c'est le moment de l'*irritabilité*. Le résultat est la reproduction (nutrition), le rétablissement de l'unité du sujet. L'être ne fait donc que se conserver, que se reproduire lui-même dans ce processus.

2° Le concept, en se jugeant, pose en face de lui l'objectif comme totalité existante par soi; comme rapport négatif à soi, l'être vivant se pose en face d'une nature inorganique. Mais comme cet objet extérieur est aussi un des moments du concept de l'être vivant, il est pour celui-ci un défaut, un manque, un besoin. La négation qui supprime ce manque est un résultat de l'activité de l'être vivant lui-même, qui dans ce mouvement se conserve, se développe et se rend objectif. Ici le produit n'est pas neutre comme dans le processus chimique. L'être vivant est le plus fort, il s'assimile la nature : c'est qu'en effet la nature inorganique est *en soi* ce que la vie est *pour soi*.

3° L'individu vivant est sujet et concept dans le premier processus. Dans le second, il s'assimile l'objectivité extérieure. Sa détermination réelle est donc posée en lui; il est généralité substantielle, il est *espèce*. La particularisation est son rapport avec un autre individu de même espèce, et la différence est la relation de l'espèce à ces deux individus opposés : la différence sexuelle.

La dialectique de cette différence a pour résultat que l'individu vivant, supposé d'abord immédiat, est le produit d'une médiation, d'une génération ; en second lieu, que l'individualité vivante qui à cause de son immédiateté est négative vis-à-vis de la généralité, se perd dans celle-ci, est destinée à périr.

De ce point de vue, la vie ne serait que le progrès à l'infini que nous avons trouvé partout. Mais la véritable négation a pour résultat l'idée générale ; son produit est l'espèce libre, comme concept, délivrée de l'existence individuelle. C'est la *connaissance*[1] ; la mort de la vie purement individuelle et immédiate, est la naissance de l'esprit. »

« b. *La connaissance*. L'Idée existe librement pour soi, en tant qu'elle a la généralité pour élément de son existence, en tant que l'objectivité est elle-même concept, que l'Idée a pour objet elle-même. La subjectivité devenue généralité est pur acte de *distinguer* en elle-même. Mais comme distinction dé-

---

[1] Pour comprendre ce passage de la vie à la connaissance, il faut se rappeler que pour Hegel, toute conception est générale, et que l'individu n'existe que de fait, mais non comme idée. Ici donc l'individu se détermine comme genre, et le genre en lui-même, indépendamment de l'existence individuelle, est un concept, une connaissance.

terminée, elle est le jugement par lequel elle se repousse comme totalité et se *suppose comme univers extérieur*. Ce sont deux jugements identiques en soi, mais pas encore posés comme identiques.

Le rapport de ces deux idées, qui sont identiques en soi, pose ainsi une relation et détermine le fini de cette sphère. Le monde est présupposé encore ; il n'est pas posé simplement par l'Idée subjective ; mais comme l'Idée n'est en même temps que simple distinction en elle-même, elle a la certitude absolue que ce monde est elle-même, qu'il lui est identique. Cette certitude est la base de la raison, qui n'a d'autre but que d'en pénétrer la vérité, d'autre tendance que de poser comme nulle cette opposition qu'elle sait nulle en soi.

C'est ce qui a lieu dans le processus de la connaissance. Celle-ci, c'est l'activité qui nie l'exclusivité de la subjectivité d'un côté, celle de l'objectivité de l'autre. Mais cette négation se fait d'abord en soi d'une manière finie. Elle est le mouvement double — qui a pour but d'un côté de nier l'exclusivité de la subjectivité, en recevant en elle le monde objectif comme pensée, comme représentation ; c'est la connaissance proprement dite, l'activité théorique de l'Idée ; — qui a pour but de l'autre côté de nier l'exclusivité de l'objectif qui ici n'a que la valeur d'une apparence, d'un assemblage fortuit de formes nulles en soi, en le **déterminant par le subjectif, qui ici est le véritable** objet, et en le recevant dans la subjectivité; c'est l'activité pratique de l'Idée, le vouloir, la tendance au *bien* et sa réalisation.

α. *La connaissance proprement dite.* La connaissance finie commençant par supposer une opposition paraît d'abord sous la forme de la différence. Les moments de l'Idée sont posés dans le rapport de la réflexion et non dans celui du concept. Elle est d'abord l'*entendement*. La vérité que donne l'entendement est finie aussi, et le concept infini est placé pour lui dans un autre monde qu'il ne peut atteindre. Mais c'est le concept qui, de fait, dirige sa marche et qui domine son développement.

Le monde est donc placé en face de l'entendement, qui est lui-même une table rase. Son activité consiste à dissoudre le concret qui lui est donné, à en désunir les différences, et à faire de chacune de ces différences une généralité abstraite, à les déterminer comme genre ou comme loi générale. C'est la méthode analytique.

Cette généralité est déterminée; elle est le concept déterminé, le concept de l'entendement; celui-ci en poursuit les moments, et la méthode devient synthétique. La méthode synthétique est l'opposé de la méthode analytique; celle-ci va de l'individuel au général, l'autre va du général au particulier. Voici les moments de la méthode synthétique: Le concept est d'abord posé par la *définition*, comme genre, comme détermination générale. Les matériaux et les raisons de la définition sont donnés par l'analyse. Le mouvement arrive au moment de la particularisation par la *division*, qui doit être faite d'après les déterminations du concept lui-même. Enfin, la méthode passe à l'individualité concrète, et à ce degré elle est *théorème*, rapport synthétique de déterminations différentes. Comme elles sont différentes, leur identité est une identité médiate. La production des matériaux qui forment les moyens de cette médiation est la *construction*; la médiation elle-même, qui en établit la *nécessité* logique, est la *preuve*.

Il est clair que ni la méthode synthétique ni la méthode analytique ne peuvent être d'aucun usage dans la science philosophique, car elles présupposent toujours quelque chose, et ne concluent qu'à une identité formelle, qu'à des notions de l'entendement.

La nécessité que la connaissance finie produit dans la *preuve* n'est d'abord qu'extérieure et subjective; mais en posant cette nécessité, la connaissance a abandonné son point de départ; son contenu, qui d'abord était donné, trouvé fortuitement, est maintenant nécessaire, et cette nécessité est établie par la subjectivité. La subjectivité, que l'on supposait toute abstraite, table rase, est elle-même *déterminante*. Or, la nécessité c'est le concept en soi, le concept qui n'a rapport qu'à lui-même. L'idée subjective est arrivée ainsi à ce qui est déterminé en et pour soi, à ce qui n'est pas *donné d'avance*, à ce qui par conséquent est *immanent* à la subjectivité. Ainsi la connaissance passe au *vouloir*, passage fondé sur ceci, que le général vrai doit être conçu comme subjectivité, comme concept qui se meut, qui est actif, qui pose lui-même ses déterminations.

β. *Le vouloir.* L'idée subjective, en tant qu'elle est ce qui est déterminé en et pour soi, et en même temps contenu simple, égal à lui-même, est le *bien*. La tendance du bien, contrairement à celle du vrai, aspire à déterminer le monde présupposé d'après son propre but. Ce vouloir a d'un côté la certitude du néant de l'objet présupposé; mais en même temps, comme il est fini, il oppose au bien, considéré comme idée purement subjective, l'existence indépendante de l'objet.

Cette activité donne lieu, en tant que finie, à la contradiction suivante. Dans les déterminations contradictoires du monde objectif, le but du bien est accompli en partie et en partie ne l'est pas; il existe à l'état de simple possibilité aussi bien qu'à celui de réalité. Cette contradiction se présente comme progrès à l'infini de la réalisation du bien, et le bien y est déterminé comme quelque chose qui *doit* être. C'est le point de vue de la philosophie de Kant et de Fichte. Le bien doit être réalisé; il faut agir pour le produire, et la volonté n'est que cette production incessante du bien. Mais dans ce cas, si le monde était tel qu'il doit être, la volonté cesserait d'être active; la volonté elle-même exige donc que le but ne soit pas réalisé. C'est là une conception juste de la volonté finie; mais on ne peut pas s'arrêter là, il faut que la contradiction soit résolue. Or, cette contradiction disparaît formellement par la négation, non-seulement de telle subjectivité individuelle, de tel but fini, car il en naîtrait une autre subjectivité, un autre but, et par conséquent une nouvelle contradiction; mais par la négation de la subjectivité et de l'objectivité en général. Ce retour est par cela un retour du contenu sur son intérieur, un *ressouvenir* [1], qui est le bien de l'un et de l'autre côté, le ressouvenir du point de départ de l'Idée théorique, de la supposition que l'objet est la chose vraie et substantielle. La réconciliation consiste en ce que la volonté revienne à la supposition première, à l'unité de l'Idée pratique et théorique. La volonté connaît le but comme sien, et l'intelligence comprend le monde comme étant le concept réel. C'est là la véritable position de la connaissance selon la raison. Ce qui est nul et changeant n'est que la surface, non le véritable être du monde. Celui-ci n'est que le concept en et pour soi, et le monde est ainsi lui-même l'Idée.

---

[1] *Erinnerung*; Hegel joue sur l'élément *Innere*, intérieur, qu'offre l'étymologie de ce mot.

L'aspiration insatiable disparaît quand nous reconnaissons que le but final est accompli autant qu'il est éternellement à s'accomplir. C'est là en général le point de vue de l'homme fait, tandis que la jeunesse s'imagine que le monde est mauvais et qu'il faut le changer. La conscience religieuse regarde le monde comme gouverné par la Providence et répondant à ce qu'il *doit* être.

La vérité du bien est donc posée. Il est l'unité du subjectif et de l'objectif, il est accompli en et pour soi. Le monde objectif est l'Idée en et pour soi, l'Idée se posant comme but et se réalisant conformément à elle-même. La vie, ainsi revenue à elle-même à travers le fini de la connaissance et de la volonté, c'est l'*Idée absolue* ou *spéculative.* »

« c. *L'idée absolue.* L'Idée, comme unité de l'Idée objective et subjective, est le concept de l'Idée. Vis-à-vis de ce concept, l'Idée elle-même est l'objet, et toutes les déterminations sont rentrées dans cet objet. Cette unité est donc la vérité absolue et complète, l'Idée qui se pense elle-même, et ici l'Idée est considérée comme pensante, comme idée logique. Jusqu'ici c'était *nous* qui avions l'Idée pour objet dans son développement, maintenant c'est l'Idée elle-même qui est vis-à-vis d'elle. C'est la νόησις νοήσεως que déjà Aristote désigne comme étant la forme la plus élevée de l'Idée.

L'Idée absolue est pour soi, car il n'y a plus

rien en elle qui ne soit liquide et transparent. Elle est la forme pure du concept qui contemple son contenu qui est elle-même. Elle est contenu parce qu'elle est distinction idéelle d'elle-même, et que l'un des membres de la distinction est identité avec soi, mais identité dont les déterminations constituent la totalité de la forme. Ce contenu c'est le système de ce qui est logique. Comme forme il ne reste rien à l'Idée que la *Méthode*, la science déterminée de la valeur de ses moments.

Les moments de la Méthode spéculative sont les suivants :

1° Le *commencement*, qui est l'être, l'immédiat ; mais du point de vue de l'Idée il n'est que celle-ci, en tant qu'elle se détermine elle-même, en tant que par la négativité absolue qui la constitue, elle se pose comme négation de soi-même. L'être, qui au commencement apparaît comme affirmation immédiate, est donc plutôt négation, être posé, être supposé, et contient la différence, la négation et le retour sur soi. Comme négation du concept, négation identique avec soi, il est le concept non posé, c'est-à-dire le concept en soi ; il est le concept tout à fait indéterminé, c'est-à-dire le général.

Comme immédiat, le commencement est analytique pour la connaissance ; comme général, il est synthétique. La méthode philosophique est la réunion continuelle de ces deux méthodes,

Elle est analytique en ce qu'elle prend l'objet et le laisse se développer, en ce qu'elle ne fait que considérer et suivre son mouvement. De ce point de vue elle est toute passive. Mais en même temps elle est synthétique, elle est l'activité du concept même qui se dirime et parvient à se poser. La méthode philosophique exige d'ailleurs un grand effort d'attention, car il faut qu'on s'y abandonne complètement à l'objet même, et qu'il ne s'y mêle aucune opinion, aucune supposition particulière à l'individu qui l'emploie.

2°. La *suite* est le *jugement posé* de l'Idée. C'est la dialectique, qui fait de l'immédiat et du général (dont il part et qu'il contient) un moment, c'est le commencement nié, déterminé, le rapport des différents, la réflexion. Sa forme est dans l'être, le passage de l'un à l'autre; dans l'essence, le rayonnement de l'un dans l'autre; dans le concept, la différence du général et de l'individuel. Ici le concept est arrivé à *paraître*, et il est ainsi déjà l'idée en soi.

3°. La *fin* résout enfin la contradiction; la différence est posée comme ce qu'elle est dans le concept. Ce troisième terme est la négation du terme précédent; et comme il est identique avec celui-ci, il est la négativité de soi-même, et par conséquent l'*unité* dans laquelle les deux premiers termes sont posés comme idéels et moments, comme niés et conservés. C'est le concept qui part de son en soi pour rentrer en lui-même en passant par sa différence ; le concept réalisé, l'Idée, pour laquelle le commencement absolu n'est que la disparition de cette apparence qui fait croire que ce commencement est quelque chose d'immédiat et que l'Idée n'est que résultat ; la conscience que l'Idée est la totalité *une* de tous les termes.

La méthode n'est donc pas une forme extérieure ; mais elle est l'âme et le concept du contenu, dont elle ne diffère qu'en ce que dans elle chacun des moments du concept arrive à se poser comme étant, dans sa détermination propre, la totalité entière du concept. Cette totalité, ce contenu, se résolvant avec la forme dans l'Idée ; celle-ci se présente comme totalité *systématique*, qui est la seule et même *Idée*, totalité dont les moments sont *en soi* l'Idée même, aussi bien qu'ils en produisent le simple *pour soi* par la dialectique du concept. — La science finit donc en saisissant le concept d'elle-même comme étant celui de l'Idée pure pour laquelle est l'Idée. »

Nous sommes arrivés au terme de l'enfantement laborieux dont Hegel fait naître l'absolu ; nous avons atteint les hauteurs de la science divine, et du sommet que nous occupons, nous pouvons embrasser la pensée complète de notre auteur et en apprécier la conclusion dernière. Plaçons-nous à son point de vue en effet : oublions pour un moment que tout l'édifice ne se fonde que sur des abstractions ardues, sur des rapprochements inouïs; supposons qu'au lieu de ces raisonnements incroyables qu'on relit à deux fois de crainte de s'être lourdement trompé, nous n'ayons trouvé que des preuves dignes du grand effort d'esprit que l'ouvrage dénote; acceptons pour démontré ce qui n'a que la prétention de l'être, et considérons l'ensemble général qui en résulte.

C'est la science absolue que nous possédons; c'est l'absolu qui se meut en nous, qui pense en nous. Notre connaissance, c'est l'Idée qui se connaît elle-même. Or, qu'est-ce que l'Idée sait d'elle-même? Elle sait qu'elle est une *méthode* et rien qu'une méthode; elle sait que cette méthode est tout, et qu'il n'est rien au monde qui ne soit elle ou un de ses moments; elle sait enfin que cette méthode consiste en un processus qui offre trois termes : un commencement, un point de départ (l'être abstrait, le néant); la négation, la contradiction posée dans ce point de départ, et sa division en deux; le retour du point de départ sur lui-même, l'unification des contradictoires.

Par cette méthode, tout s'explique. Toutes les idées, toutes les existences qui leur correspondent peuvent être ramenées à elle; chaque fait particulier, chaque existence isolée n'en étant qu'une expression particulière y trouve sa raison et sa loi; elle est le fait général, l'universalité absolue dont tous les faits particuliers ne sont que des manifestations diverses; elle est la clef et le dernier mot de la science ; pour acquérir la connaissance parfaite, il ne s'agit plus que de l'appliquer à toutes les questions de détail.

Mais ici se présente une objection. Supposons qu'il soit vrai que cette hypothèse générale explique tout; nous sommes bien éloignés de le croire, mais admettons-le momentanément : qu'est-ce qui nous expliquera l'hypothèse elle-même ? Que dans la philosophie de l'entendement on pose des lois générales, et que ces lois soient reconnues vraies à la seule condition d'expliquer les faits : rien de mieux, l'entendement ne prétend pas pénétrer l'essence des choses, il sait que chaque loi générale ne trouve sa raison que dans une loi plus haute, et pour lui, Dieu, qui est la raison suprême de toutes les lois générales et de toutes les idées générales, Dieu ne peut être connu lui-même en essence et en vérité. Mais il en est autrement pour la philosophie absolue; celle-ci n'a pas seulement pour but de nous instruire des rapports des êtres; elle ne se borne pas à donner des lois de succession et de génération des phénomènes; elle prétend dévoiler les substances mêmes; elle promet de faire comprendre ce que chaque chose est en soi. Or, pour cela il ne suffit pas de poser une hypothèse générale, il faut que cette hypothèse elle-même soit parfaitement expliquée, que la substance intime de chacun des termes qui la composent soit patente et visible; il faut en un mot qu'il ne reste rien dont on ne puisse dire ce qu'il est, en quoi il consiste. Or, cette condition indispensable de la science absolue, Hegel ne la remplit pas.

Pour comprendre la méthode même, en effet, il faut posséder au moins quatre idées que par conséquent elle ne peut expliquer. Nous disons quatre; il y en a plus, comme on va le voir; mais au besoin on pourrait se restreindre à ce nombre. Ce sont celles d'être, de mouvement, de négation, d'unité. Il est facile de voir que Hegel suppose toujours ces idées et ne les explique jamais. La première, l'être, est inexpliquée et inexplicable. Hegel prétend la prendre telle que le sentiment naturel la donne; mais de fait il n'en est pas ainsi, car son être pur, son être du commencement est abstrait et général, et l'apperception sensible n'en connaît pas de pareil; l'être que celle-ci nous donne est toujours concret et déterminé; il est toujours quelque chose, et nous n'avons pas plus l'idée de l'être pur qu'il n'existe dans la langue une proposition sans sujet et sans attribut, qu'on peut dire *est* sans rien mettre avant ni après. Que cet être pur ne soit qu'une négation, on peut l'accorder fort bien; il n'est qu'une négation en effet, puisqu'il n'existe pas; mais l'être qui existe, que chacun connaît et que Hegel suppose toujours quand il parle de l'être immédiat, cet être n'est pas le néant, et Hegel n'a pu ni le déduire ni l'expliquer.—Il en est de même du mouvement. Cet être immédiat du commencement se *meut*, il passe au néant, au devenir, et successivement à toutes les catégories, et ce mouvement même devient peu à peu l'objet des catégories les plus importantes, la base des idées d'activité, de force, de substance, de cause, de développement. Or, s'il est vrai que ces idées sont indispensables à la déduction et que la méthode ne pourrait marcher sans elles, il est vrai aussi que nulle part elles ne sont expliquées elles-mêmes, et que l'essence et la raison du mouvement et de l'activité demeurent inconnues, aussi bien que celles de l'être. — L'idée de négation donne lieu aux mêmes remarques. Hegel prétend la déduire de celle de l'être pur. L'être pur ne s'obtient que par l'abstraction, la négation des qualités concrètes, il est vrai; mais à cause de cela même, il suppose déjà cette idée de négation qu'on prétend en déduire. D'ailleurs le néant de Hegel n'est pas le véritable non-être, la simple négation de l'existence telle que tout le monde la conçoit; son néant est toujours quelque chose qui existe; ce qui n'empêche pas que dans le cours de la démonstration on emploie cette idée dans le sens vrai et ordinaire, et qu'en même temps on en fait sortir immédiatement et sans déduction proprement dite, une foule d'autres idées, comme celles de contradiction, d'*être autre*, d'*être hors de soi*, de qualité, d'opposition, de rapport. — Enfin l'idée d'unité (dans le sens d'indivisibilité aussi bien que dans celui de réunion, de liaison) doit préexister nécessairement pour que le dernier terme de la méthode soit compréhensible, et pas plus que les autres, elle ne peut en être déduite.

Les catégories les plus importantes de la métaphysique ne peuvent donc pas être expliquées dans le système de Hegel, et la raison spéculative n'en sait pas plus là-dessus que le sens commun et l'entendement. D'après cela, la science absolue se réduirait à une nouvelle coordination des idées ; en supposant les déductions particulières exactes, on n'aurait plus que quatre idées fondamentales au lieu d'un plus grand nombre, et la formule du rapport de ces quatre idées deviendrait la formule du mouvement universel. Mais il est clair que ni l'essence de ces idées ni la raison de leur rapport ne seraient dévoilées, et que la science démontrerait, par l'énoncé même de cette formule générale, qu'elle n'est pas absolue.

Voilà, certes, une difficulté grave. Mais ce n'est pas la seule ; de fait il n'est rien de si obscur et de si énigmatique que cette science absolue qui prétend éclaircir tous les mystères. Loin de dévoiler les anciens, elle en fait surgir de nouveaux à chaque pas.

En vertu de son principe de l'identité des contradictoires, Hegel est arrivé à donner lui-même des solutions contradictoires sur des points essentiels. Or, sans renouveler nos objections sur la manière générale dont il envisage la contradiction, nous pouvons dire qu'une doctrine qui se nie elle-même ne mérite pas ce nom, et qu'il est des questions tellement fondamentales, d'une importance pratique telle, qu'aux yeux de tous, une solution douteuse et contradictoire équivaut à un refus de solution. C'est précisément le cas des principales affirmations de Hegel.

Et d'abord, quelle est suivant lui l'existence réelle? Est-ce l'être général, infini, idéel, ou bien l'existence sensible, immédiate, phénoménale? Dans les catégories de l'essence, les deux extrémités de l'être se séparent en effet; l'essence est d'une part, le phénomène de l'autre. Cette séparation est présentée comme réelle; mais en même temps on affirme qu'elle n'est qu'apparente, et nous apprenons qu'au fond l'essence et le phénomène sont identiques, que tout l'intérieur passe à l'extérieur, et que, dans l'existence effective, l'intérieur et l'extérieur sont un. Voilà déjà une grave difficulté pour l'homme qui veut positivement savoir à quoi s'en tenir. Puisque l'intérieur et l'extérieur sont un, puisque l'effectivité seule est vraie, la relation d'essence et de phénomène est donc une simple illusion, une erreur. On affirme qu'elle est vraie aussi, et c'est par elle qu'on explique la justice et la bonté de Dieu. Mais poursuivons. La dialectique de l'essence démontre donc que les deux côtés qu'on supposait différents sont un; mais quel est le caractère de cet être un qui en résulte : est-il sensible, matériel, le monde visible et actuel, ou bien est-il infini, général et idéel? Les deux solutions se trouvent dans la Logique. On affirme d'une part que ce qui est effectif seulement est vrai, qu'il n'est rien d'intérieur qui ne soit extérieur, rien dans la force qui ne soit dans la manifestation, qu'il n'existe que ce monde-ci et non un autre monde; d'autre part, nous apprenons que la vérité du fini c'est l'infini; que le fini n'est qu'idéel; que dans l'*Idée*, le général, l'infini et le subjectif dépassent l'individuel, le fini et le sensible. Jusqu'à Hegel, on pouvait distinguer le panthéisme du matérialisme. Les matérialistes n'admettant que la réalité des phénomènes finis et sensibles, niaient Dieu et toute généralité intérieure et essentielle; les panthéistes, au contraire, n'accordant l'être vrai qu'à l'unité spirituelle, déclaraient que ce monde n'était qu'une apparence trompeuse. En morale même leurs conclusions étaient différentes, quoique également fausses; si, pour les premiers, l'homme n'avait d'autre but que les jouissances matérielles qu'offre le monde fini, les seconds poursuivaient leur identification avec l'infini, et croyaient s'élever à Dieu par leur isolement égoïste. Hegel lie les deux systèmes en une seule unité et laisse subsister l'indécision la plus profonde sur sa conclusion positive.

La solution précédente étant appliquée à la nature, au monde physique, il en résulte qu'il est **impossible de savoir par la science absolue si ce** monde physique existe réellement ou s'il n'est qu'une apparence. Mais cette question de la nature offre bien des difficultés encore. La nature est pour Hegel l'*extériorité* de l'Idée, l'*être hors de soi* de celle-ci ; c'est là son caractère essentiel, sa détermination fondamentale. Or, cette locution *être hors de soi* est fort commode, elle se prête à tout ce qu'on veut en faire ; mais au fond elle est dépourvue de tout sens. Conçoit-on qu'une idée, une unité, une substance soit hors de soi? Dans le langage vulgaire *être hors de soi* s'emploie dans des cas rares, toujours figurément et en parlant d'êtres complexes. On dit qu'un homme est hors de soi pour dire qu'il est hors de sa raison, ou que sa raison est hors de lui. Mais un être un et indivisible n'a ni intérieur ni extérieur ; il est dans soi partout où il est ; et dire, par exemple, que le point mathématique est hors de lui quand il change de place, c'est un mauvais jeu de mots. Cette locution n'a donc aucune signification propre, pas même celle de négation dont Hegel le fait presque synonyme ; car l'être nié n'est pas hors de soi, il n'est pas. C'est donc par une catégorie incompréhensible qui ne se trouve dans nulle conscience humaine, par la généralisation d'une métaphore inexacte, que la philosophie prétend résoudre toutes les inconnues de la nature ! Du point de vue de l'*Idée*, il ne doit rien exister d'arbitraire et de contingent ; car chaque moment de l'Idée est l'Idée tout entière, et l'Idée est la raison absolue même; si donc la nature est le fruit du caprice et du hasard, ce n'est pas en elle que gît l'impuissance, c'est dans l'Idée même dont elle émane. Cette impuissance est bien grande, puisque l'Idée en ignore même la cause et se voit réduite à un mot qui n'a pas de sens, au mot *être hors de soi*, pour s'expliquer sa manifestation sensible, c'est-à-dire sa seule existence réelle.

Il reste enfin un grand problème. Hegel dit dans la théorie du concept que le seul concept vrai c'est le *moi*; le seul universel vrai, l'élément général infini du *moi*; le seul individuel, le moi personnel et déterminé; la seule particularité, le rapport entre l'élément général et l'élément individuel du *moi*. Toutes les idées générales particulières et individuelles qui diffèrent de ce concept proprement dit, ne sont qu'un effet de l'*être hors de soi* de l'Idée, de l'impuissance de la nature. De là, on doit conclure que l'*Idée* dans sa pureté, dans son expression absolue, n'est que ce concept même qui se connaît, qui est l'objet pour lui-même, le *moi* qui se voit général et individuel. Sans l'heureuse impuissance de la nature, l'univers serait donc réduit à peu de chose. Mais outre que dans ce concept unique qui serait en même temps l'être unique, le moi absolu, la différence du général de l'individuel et du particulier deviendrait tout à fait incompréhensible et par conséquent serait nulle, il s'élève ici une difficulté bien plus grande : que faites-vous donc, s'il en est ainsi, de la logique et de toutes les catégories? La logique comprend la théorie de l'Idée pure, de l'Idée non mélangée de nature sensible. Mais s'il n'existe en vérité qu'un *je* à la fois général et individuel, toutes ces catégories embarrassées de l'être, de l'essence et du concept sont inutiles et fausses ; elles rentrent dans les catégories trompeuses de la nature, et deviennent aussi douteuses que celles-là. On ne comprend pas, d'ailleurs, pourquoi ce *je* se conçoit sous tant de formes diverses ; on ne comprend pas surtout cette catégorie du connaître et du vouloir, qui dans le *je* pur n'aurait aucun but et pour laquelle la nature est forcée de prêter la main à l'Idée. Évidemment la science absolue n'a d'autre objet que le *je* qui s'affirme lui-même ; ce je est l'*Idée*, l'absolu, le sujet-objet, la méthode entière ; tout le reste est une superfétation de l'*être hors de soi*.

Tels sont quelques-uns des mystères que la science absolue cache dans son sein. Il en est bien d'autres encore ; car la contradiction catégorique sera toujours incompréhensible pour l'intelligence humaine. Nous ne reviendrons pas sur les conséquences morales de ce système, sur ce fatalisme invincible vis-à-vis duquel le libre arbitre n'est qu'une apparence, sur cette consolation illusoire qui enlève toute espérance d'un monde meilleur, sur ce Dieu vide et abstrait qui ne se connaît que dans nous-mêmes, qui n'a d'existence réelle que dans le fini. Mais nous demanderons ce que la science absolue peut apprendre à ceux qui l'admettent? La grande question du pourquoi des choses, cette question qui comprend le but du monde et de l'humanité, qui pour nous est la plus essentielle et dont la solution a toujours été le plus haut intérêt de la religion et de la philosophie, cette question disparaît : tous les êtres ont leur raison et leur but en eux-mêmes comme Dieu. Abandonnez de vaines recherches sur le bien, renoncez aux efforts inutiles pour l'accomplir ; le bien est accompli et s'accomplit éternellement : tout ce qui est raisonnable est effectif. Dans la science de la nature, un mot, un seul mot doit expliquer tout ce qui ne rentre pas dans les formules de la méthode, c'est l'être hors de soi, c'est-à-dire le caprice et la contingence. Que reste-t-il donc aux adeptes de la science absolue? Des formules sèches et arides adaptées à chacun des faits généraux et dont elles sont supposées exprimer la valeur substantielle. Telles sont les magnificences du savoir divin! Pauvre science! pauvre Dieu! celui de l'entendement chrétien est plus puissant et plus consolateur.

DEUXIÈME PARTIE.

LA PHILOSOPHIE DE LA NATURE [1].

L'Idée se résout librement à laisser aller hors d'elle son moment de l'immédiateté, son élément de l'être; elle pose l'Idée immédiate comme image réfléchie d'elle-même; et l'Idée immédiate, c'est la nature.

La nature est donc l'idée sous forme d'extériorité. L'*extériorité* est le principe caractéristique de la nature, et celle-ci n'est pas extérieure seulement par rapport à l'Idée absolue, ou par rapport à l'esprit, mais l'extériorité constitue la détermination même en vertu de laquelle elle est nature.

La question de savoir si le monde a commencé est oiseuse : au point de vue du fini, on peut dire aussi bien qu'il a commencé et qu'il n'a pas commencé; car toute chose finie commence, mais en suppose aussi une autre qui lui est antérieure, et ainsi à l'infini; au point de vue de l'infini, c'est-à-dire du temps éternel, qui n'admet ni

---

[1] Encyclopédie, deuxième partie, 2ᵉ volume (édité par M. Michelet) de la nouvelle édition. Ce chapitre est une pure analyse du texte de Hegel, que nous nous sommes efforcé de reproduire aussi exactement que possible.

avant ni après, qui est le présent absolu, la question est nulle.

L'extériorité étant le principe de la nature, il s'ensuit que les objets naturels subsistent d'une manière isolée l'un à l'égard de l'autre; qu'ils sont sous les lois de la contingence et de l'aveugle nécessité. La nature peut être considérée comme un système de degrés qui expriment les moments du fond, de l'essence dont elle est le dehors. La liaison et le développement n'est donc pas dans la nature extérieure même; on ne peut pas dire que les animaux et les plantes naissent de la nature inorganique; ce développement n'a lieu que dans le concept même ou dans les êtres naturels qui l'expriment, dans les êtres vivants. L'impuissance de la nature consiste à ne jamais pouvoir exprimer parfaitement le concept; car elle est l'Idée dans le moment de la contradiction et de la particularisation; mais à cause de cela même, elle tend à nier la contradiction, et y arrive jusqu'à un certain point dans l'être vivant qui lui-même aboutit à l'esprit, le but final et la vérité de la nature.

La nature est d'abord la détermination générale de l'extériorité, de la séparation infinie : la matière (Mécanique); dans le moment de la particularisation, elle est différence, rapports de réflexion (Physique); enfin comme subjectivité, comme unité idéelle, elle est vie (Organique).

I. LA MÉCANIQUE.

La mécanique considère : 1° L'extériorité (le hors l'un de l'autre, *aussereinander*) tout abstraite, l'espace et le temps ; 2° l'extériorité individualisée et en rapport à soi : la matière et le mouvement ; 3° la matière dans son mouvement libre : la mécanique absolue.

a. *L'espace et le temps*. La généralité abstraite de *l'être hors de soi* est l'espace. L'espace n'est autre chose que la détermination même d'être hors de soi, à côté de soi (*nebeneinander*) d'une manière continue d'abord, sans différence, sans qu'on puisse dire que c'est une succession de points. Mais l'espace contient aussi la différence. Cette différence d'abord immédiate, indéterminée, ce sont les trois dimensions ; déterminée et qualitative ; c'est 1° la négation même de l'espace, le point ; 2° la négation du point (qui résulte de ce que le point est entaché lui-même du principe de l'être hors de soi), le point en mouvement, le point qui nie (quitte) sans cesse le point où il est : la ligne ; enfin la ligne qui se nie de la même manière, la surface, qui est négation de la négation, et reproduit ainsi l'espace, mais l'espace enfermé dans une surface.

La négation, le point, en tant qu'il est dans l'espace, n'est pas la négation vraie ; il ne subsiste pas pour soi, le reste existe à côté de lui ;

il est paralysé. Or, la négativité qui existe pour soi, le point qui subsiste comme point, indépendamment du reste de l'espace, la différence, la négation posée dans son mouvement, dans sa non-quiétude, dans son rapport à soi, le point qui se meut réellement, c'est le temps. C'est ainsi que l'espace devient temps, que le temps n'est que la véritable négation de l'espace.

Le temps, comme l'espace, est abstrait, idéel; c'est l'être qui n'est pas quand il est, et qui est quand il n'est pas; c'est l'apperception du devenir. L'espace peut être considéré comme l'objectivité abstraite; le temps, comme la subjectivité abstraite; il est, comme le moi, le concept pur, la négation absolue dans toute sa simplicité et son abstraction.

L'idée générale du temps, c'est l'éternité. L'éternité, c'est ce qui dure, ce qui ne subit pas de changement, c'est la présence absolue. Tout ce qui n'est pas partie isolée d'un processus est éternel; par exemple, l'Idée, l'esprit, le vrai, l'universel. Le temps, proprement dit, est le devenir même; les choses ne naissent et ne périssent pas dans le temps; mais leur propriété de naître et de périr constitue le temps même. Le temps se dévore lui-même; si les choses possédaient le temps comme idée dans sa négativité absolue, elles seraient éternelles; mais comme elles ne possèdent cette négativité qu'en partie, elles sont soumises au temps, elles sont finies et changeantes. Le passé et l'avenir ne sont que les expressions de ce devenir, de ce passage de l'être au néant et du néant à l'être; le maintenant, la présence finie, qui en même temps est unité exclusive et se continue avec les autres moments, n'est lui-même que la disparition de son être dans le néant et du néant dans l'être.

Nous avons vu que l'espace devient temps. Le temps devient de même espace, car ses moments se nient continuellement, et il retombe dans l'extériorité où ils sont indifférents l'un à l'autre, dans l'espace. En d'autres termes, le négatif de l'espace est le temps, le positif du temps l'espace. Cette double négation rétablit l'espace, mais comme unité de l'espace et du temps, comme un *ici* qui est *maintenant*, comme *lieu*.

Le lieu contient donc en lui la contradiction et l'identité. Or, comme contradiction, il est sans cesse un autre lieu, il est le *mouvement*; comme identité qui subsiste immédiatement, comme unité existante de l'espace et du temps, il est la *matière*.

C'est ainsi que d'existences purement idéelles, comme l'espace et le temps, on arrive à la chose réelle, solide, sensible. Cela peut sembler dur à l'entendement; mais l'identité de l'idéel et du réel est bien admise de fait dans la science. Dans le levier, par exemple, on remplace très-bien la masse (quantité réelle), par la longueur (quantité idéelle); de même la vitesse (quantité idéelle, rapport quantitatif de l'espace au temps) remplace la masse : une tuile n'est pas capable par elle seule de tuer un homme ; mais elle le tue quand elle a une certaine vitesse ; il est donc vrai à la lettre qu'un homme peut être tué par du temps combiné avec de l'espace.

Le mouvement en ligne droite n'est pas le mouvement en soi ; le mouvement véritable est la matière même, ce qui reste en disparaissant, le rétablissement du point et du lieu par leur négation même : le mouvement circulaire.

b. *La matière et le mouvement.* La matière, comme unité exclusive, comme *l'un hors de l'autre*, est répulsion des uns ; comme unité identique des uns, elle est attraction, continuité ; comme unité de la répulsion (discrétion) et de l'attraction (simple continuité), elle est pesanteur. La pesanteur, en effet, c'est la tendance de la matière vers une unité qui lui est extérieure, qui est purement idéelle, vers un centre qu'elle détermine elle-même[1]. La pesanteur est donc l'essence, la substance même de la matière.

La matière ayant ainsi son centre, son intériorité hors d'elle, n'est pas encore conforme à son concept ; elle est finie, et la sphère actuelle est celle de la mécanique finie. La matière comme

---

[1] « C'est la fatalité qui pèse sur la matière, sur l'Idée ainsi dispersée, de chercher toujours son unité, son centre, sans jamais pouvoir la trouver. »

contenant la différence se particularise donc en quanta différents, en masses, en corps. Ces masses paraissent d'abord indifférentes au temps et à l'espace, et par conséquent à leur unité, au mouvement, de même qu'à la négation de celui-ci, au repos ; elles sont *inertes*. Le mouvement leur arrive comme quelque chose de contingent, par hasard ; c'est le mouvement venu de l'extérieur, le *choc*.

Dans le choc, la communication du mouvement résulte de l'extériorité du corps, la résistance de son unité, de sa subsistance exclusive. Cette unité de chaque corps est, relativement à l'autre, le *poids* et la *pression* qu'il exerce sur l'autre.

Le poids concentré dans un des points du corps en constitue le centre de gravité ; mais les corps en tant que pesants, ont leur centre d'attraction en dehors d'eux, et ce centre est commun pour le système de corps unis par la pression ou le choc. Relativement à ce centre, le mouvement *accidentel* de la pression et du choc passe au repos. Mais le repos lui-même est une tendance vers le centre, une pression vers le centre, tant que les corps se font résistance ; il devient *chute* lorsque l'espace est relativement vide. C'est donc en vertu de la fausse identité de l'entendement que l'on prétend que le mouvement ne peut cesser de lui-même, ou que le repos n'engendre pas le mouvement ; c'est le contraire qui est vrai.

La chute est le mouvement *relativement libre*; il est libre, car il résulte du concept même du corps; mais il ne l'est que relativement; car il n'est que la première négation de l'extériorité, il est soumis à la condition accidentelle de la longueur de l'espace à parcourir. D'ailleurs la loi de ce mouvement se déduit du concept même, et il n'est pas besoin de recourir avec l'entendement à une prétendue force accélératrice. Relativement à l'espace en effet, le temps est la négation, l'exclusivité, l'un; dans le rapport de temps à espace dont nous nous occupons ici, le temps doit donc être pris pour unité. L'espace, au contraire, est l'extériorité; mais une extériorité qui n'est autre que celle du temps même, car la vitesse dont il s'agit n'est que l'unité de l'espace et du temps. Or, la forme du temps étant l'unité, la forme qui lui est opposée doit être le carré; car les éléments du rapport doivent être identiques, et les *puissances*, dont le carré est la plus inférieure, offrent seules le rapport identique d'un nombre à lui-même : la grandeur qui *sort d'elle-même*, qui prend une seconde dimension, et par conséquent s'accroît, et *seulement d'après sa propre détermination*, c'est la grandeur qui s'élève au carré; voilà pourquoi la vitesse du corps qui tombe est en proportion du carré des distances.

c. *La mécanique absolue.* La chute n'est que la première apparition de la pesanteur, apparition encore imparfaite, où l'élément de l'attraction domine et où il ne s'est pas encore combiné avec celui de la répulsion. La répulsion purement formelle se trouve aussi dans la nature; ce sont les étoiles fixes que l'on considère à tort comme supérieures au système planétaire, et qui ne sont que l'unité qui se repousse infiniment et qui pose une foule d'uns éparpillés sans raison. Le concept vrai de la matière n'est complet que dans le système planétaire.

La pesanteur doit en effet poser la différence en elle-même, se déterminer elle-même comme système de corps, avoir son centre général et ses centres particuliers; il faut que le centre intérieur, le centre de gravité, l'unité logique se repousse d'elle-même et se pose en plusieurs centres. Or, la gravitation universelle est le concept vrai de la matière corporelle. La matière universelle se distingue en corps particuliers et en même temps se résout en un système unique. Le système planétaire n'est autre chose que le syllogisme du concept de la pesanteur. C'est le concept posé comme unité qui se dirime dans les corps particuliers, et revient à lui par le mouvement de ces corps. Ce mouvement appartient aux corps particuliers et il est curviligne, non en vertu de deux prétendues forces dont l'une est centripète, l'autre centrifuge, mais parce que le concept même de la pesanteur contient les éléments de l'attraction et de la répulsion, parce que ces corps ont en même temps leur centre en eux-mêmes et dans un autre.

Ce mouvement est donc essentiel au corps et parfaitement libre; il résulte du concept même; il est en tant que curviligne le mouvement par excellence, et donne l'expression totale du concept, tandis que le mouvement communiqué du dehors et la chute n'en offrent que des moments, des réalisations imparfaites.

Les corps du système expriment dans leurs différences les moments du concept. L'un est le centre général, le soleil; en opposition directe avec lui sont posés les corps de l'individualité hors de soi, dépourvue de centre, les comètes et les satellites; au milieu, les corps particuliers, les planètes, qui renferment la totalité concrète, qui subsistent en même temps pour soi et pour l'autre, qui ont leur centre en soi et dans le centre général [1].

On considère le soleil comme plus parfait que les planètes; c'est à tort, il n'est que le centre, la généralité vide; comme il est corps, c'est-à-dire étendue, matière, dont le lieu n'est pas déterminé, qui est soumis à la chute, il en résulte qu'il tourne sur lui-même.

Les corps qui ne subsistent pas par eux-mêmes (les comètes et les satellites), n'ont pas de centre

---

[1] Quelques lignes plus bas, les lunes et les comètes vont représenter la particularité, les planètes l'individualité. Cela ne peut faire difficulté, si on se rappelle la théorie du syllogisme, où chaque terme joue successivement le rôle de l'individuel, du général et du particulier.

en eux-mêmes; ils tournent donc autour d'un centre. Comme ils représentent le moment de la particularité, ils sont de deux espèces : les uns, les comètes, expriment le moment de l'être hors de soi, du toujours *être sur le point* de sortir de soi, l'élément vagabond; les autres, les lunes, représentent le retour vers le centre, retour incomplet dans lequel ces corps n'apparaissent que comme les serviteurs d'autres corps.

Enfin les corps planétaires, qui dans leur individualité contiennent la généralité et la particularité, sont les plus parfaits ; ce sont eux aussi qui deviennent le séjour de l'esprit fini. Comme le soleil ils tournent sur leur propre centre, et en outre ils tournent autour du soleil. Newton a donné la théorie de cette rotation autour du soleil; mais cette théorie est fausse et ne se soutient que par une foule de chevilles. Les lois vraies sont celles de Kepler, et elles s'expliquent immédiatement par le concept. Ce mouvement, en effet, ne décrit pas un cercle; car une *seule* chose, le rayon, suffit pour déterminer le cercle; et dans le mouvement libre il doit y avoir *deux* principes de détermination, l'espace et le temps dans leur rapport; ce rapport se traduit donc dans l'orbite par une *différence* qui exige *deux* déterminations, et par conséquent l'orbite est une ellipse (1re loi de Kepler). L'arc décrit (le temps) et le rayon vecteur (l'espace) doivent être considérés comme totalité du point de vue du concept; cette totalité n'est pas ici le carré comme plus haut, car la ligne rentre en elle-même; mais elle est le secteur; or les secteurs doivent être égaux dans des temps égaux, parce que c'est l'arc qui détermine le rayon, et que le secteur n'est que la multiplication du temps par lui-même (2me loi de Kepler). Enfin, le temps doit être déterminé par rapport à tout l'orbite, c'est-à-dire à la distance du centre; or le temps, comme moment de la totalité absolue, est d'abord totalité par lui-même, quantum se produisant lui-même (carré du temps); la distance au centre, au contraire, doit représenter la totalité de l'espace, l'espace dans ses trois dimensions (le cube du rayon); le rapport est donc celui du carré des temps au cube du rayon (3me loi de Kepler).

La matière ainsi déterminée comme totalité n'a plus son centre hors d'elle, n'est plus l'extériorité absolue; son extériorité est déterminée par elle-même; la *forme*, qui apparaît d'abord comme un centre placé hors de la matière, a passé dans la matière même. La matière qui possède ainsi la forme est matière *qualifiée*. Nous entrons dans la physique.

II. LA PHYSIQUE.

La matière, en devenant pour soi, en se réfléchissant dans elle-même, passe dans les catégories de l'essence; elle devient rapport à elle-même, matérialisation des moments du concept dans leur rapport. Comme qualifiée, être pour soi, elle acquiert l'individualité, et cette individualité est d'abord générale, les qualités physiques immédiates; puis particulière, le rapport de ces qualités à la pesanteur; enfin individualité totale et libre.

a. *Physique de l'individualité générale.* La matière, qui se réfléchit en soi, qui existe ainsi comme pure réflexion en soi, comme pure égalité et identité avec soi, c'est la lumière. La lumière n'est que la manifestation de *l'être en soi* de la matière. La lumière ne diffère du moi qu'en ce que le moi est retour sur lui-même avec négation de l'objet, qu'en tant que le moi est subjectivité, négativité infinie, tandis que la lumière est la transparence abstraite, qui n'est pas brisée en soi-même comme le moi. La lumière manque de l'unité concrète en soi, du point un de l'être pour soi; voilà pourquoi elle est expansion absolue dans l'espace. Comme existence générale de *l'être en soi* de la matière, elle est le *soi-même* de la nature, comme individualité, elle est l'étoile fixe; comme moment d'une totalité, le soleil. La lumière est donc la qualité immédiate, essentielle du soleil; c'est l'identité abstraite même, la pure centralité qui constitue le principe du soleil.

Comme *soi-même* abstrait de la matière, la lumière est légèreté absolue, et comme matière, elle est *être hors de soi* infini; mais comme manifestation pure, comme idéalité matérielle, elle est *être hors de soi* indivisible et simple.

La lumière, en tant qu'identité, suppose un contraire, l'obscurité. La lumière se brise sur la surface obscure; mais tant que celle-ci n'est pas particularisée davantage (comme inégale, colorée, etc.), tant qu'elle est polie, elle rejette absolument la lumière, qui ne peut se réfléchir autrement que suivant la loi d'égalité et d'identité qui lui est essentielle. L'angle de réflexion est donc égal à l'angle d'incidence.

Le soleil est le corps lumineux. L'opposition, l'obscurité est représentée par les deux espèces de corps particuliers; les uns, les lunes, expriment l'opposition corporelle, la *rigidité*, le *combustible*; les autres, les comètes, qui manquent de consistance en eux-mêmes, représentent l'élément de la *dissolution*, de la *neutralité*, de l'*aqueux*.

L'unité de l'opposition se trouve enfin dans les planètes, les corps de l'individualité qui offrent la totalité complète, et réunissent tous les autres moments sous la forme des quatre éléments.

Ces éléments sont en effet :

1° L'air, c'est-à-dire la lumière posée dans le rapport, la lumière qui a cessé d'être pure; l'air est la généralité négative, qui tend à tout absorber en elle, qui corrompt, dissout et pénètre toutes choses;

2° Le feu, l'élément lunaire, l'élément de la rigidité entrée en mouvement; le feu n'est que l'air devenu affirmatif, l'activité qui ne se contente plus de corrompre et de dissoudre, mais qui dévore, le temps matérialisé;

3° L'eau, l'élément cométaire, neutre, indéterminé, n'ayant pas de forme par lui-même, l'unité passive de l'opposition;

4° Enfin, la terre, totalité concrète des autres éléments.

Le processus élémentaire, la vie de la planète, n'est que le jeu de ces éléments, qui s'engendrent et se produisent mutuellement, dont le mouvement réciproque constitue les phénomènes météorologiques, et qui concluent à faire de la terre une individualité réelle et fertile.

b. *Physique de l'individualité particulière.* L'individualité qui résulte de l'unité des éléments est unité négative de la forme, et cette unité est posée vis-à-vis de l'unité du fond, du centre matériel, de la pesanteur. Il naît donc un rapport de la forme à la pesanteur; les masses de matière sont pénétrées par la forme, et se distinguent par des particularités qui dérivent de la forme; la forme (les qualités élémentaires) devient ainsi leur centre, qui n'est plus hors d'eux, mais qui est la lumière, l'âme, dont ils sont le corps. Cette détermination n'est pas encore totalité; elle se présente comme rapport entre plusieurs corps, comme résultant de leur comparaison. Les particularités (spécifications) qu'elle engendre sont la pesanteur spécifique, la cohésion, le son et la chaleur.

La spécification simple et abstraite c'est la pesanteur spécifique ou la densité des corps : les corps sont déterminés dans leurs rapports comme offrant plus ou moins de poids sous un même volume. L'explication ordinaire, qui repose sur l'admission de pores ou de condensation de plus ou moins de matière sous le même volume, est fausse. La pesanteur spécifique est une détermination essentielle de chaque corps; c'est par elle qu'il se différencie de la pesanteur commune, et qu'il pose en lui un soi-même, un *être en soi* spécifique.

La pesanteur spécifique n'est qu'une comparaison entre les corps. Dans la cohésion ils se touchent réellement; et ce contact n'est plus seulement pression extérieure comme dans la pesanteur primitive, mais le contact est spécifique, immanent à la matière, et se manifeste sous des formes diverses, comme adhésion, cohérence, solidité, dureté, rigidité, ponctualité, tenacité, malléabilité. La cohésion en mouvement, la cohésion totale est l'élasticité; c'est le corps auquel un autre corps fait violence, qui cède et se rétablit. La matière devient idéelle dans cette négation d'elle-même que produit la compression;

mais comme les parties sont toujours extérieures l'une à l'autre, cette négation est niée à son tour et l'idéalité n'est que momentanée.

Ce changement de l'idéel en réel, et vice versâ, cette oscillation, ce tremblement du corps en lui-même, c'est le son. La forme, d'abord confondue avec la matière, se dégage; l'élément étendu passe à l'élément temporel; la forme devient extérieure, elle est ce tremblement même de la matière, la négation de l'extériorité et la négation de cette négation; elle brise son lien avec la matière à laquelle elle reste liée cependant, et le son n'est autre chose que cet *en soi* spécifique, qui diffère de la pesanteur et se fait jour; c'est la *plainte* de l'idéel contre le pouvoir de l'*autre*, et en même temps son triomphe sur celui-ci.

Le son n'offre que la négation incomplète de la matière, l'idéalité abstraite, idéelle; mais cette oscillation est en même temps par elle-même la négation de la subsistance spécifique de la matière; le son devient idéalité réelle de la pesanteur spécifique et de la cohésion : chaleur. L'ébranlement intérieur des corps tend en effet à leur négation, à la dissolution de leur rigidité et de leur cohésion, et cette dissolution n'est autre chose que la chaleur. L'expérience prouve du reste que toute vibration sonore produit du calorique.

La chaleur est le retour de la matière à l'absence de forme, à la liquidité. La continuité abstraite de la matière est posée ici comme activité dissolvante. La chaleur est la matière des corps mêmes et non un fluide extérieur comme on le croit communément. En tant qu'elle est négation de la propriété spécifique du corps, que celui-ci cesse dans elle de s'appartenir à lui-même, elle se communique d'un corps à l'autre, elle est température. La température est la dissolution abstraite encore et conditionnelle de la matière spécifique. Lorsque cette dissolution s'opère de fait, l'idéalité purement physique devient libre, la chaleur se manifeste comme lumière, comme flamme, et la matière est dévorée. La lumière devient ainsi chaude, propriété qu'elle n'a pas en soi, et le feu, que nous avons eu d'abord *en soi* comme élément, se développe comme moment du concept.

Par ce processus, la forme, considérée d'abord dans son rapport avec la matière pesante, lui est devenue immanente, s'est identifiée avec elle. Nous avons une seule totalité, déterminée par la forme devenue libre ; nous avons l'*individualité libre*.

c. *Physique de l'individualité totale.* La matière étant déterminée par la forme, ayant en elle-même sa subjectivité qu'elle cherchait seulement tant qu'elle était pesanteur, est : 1° Figure (forme extérieure) et principe qui engendre la figure, magnétisme ; 2° dans le moment de la différence, électricité ; 3° réalité de la différence et rapport des différents, processus chimique.

Le corps, comme totalité individuelle, est immédiatement figure, limitation dans l'espace qui résulte de la subjectivité même, de la forme élémentaire qui constitue son essence. La figure est d'abord simple cohésion ponctuelle, dureté; ou bien forme qui résulte de la liquidité, sphère; l'élément dur (le point) pose en lui la différence et devient la ligne, non la ligne simple, mais la ligne dont les extrémités sont différentes, et qui n'existe comme unité indifférente que dans le point du milieu. Or, c'est là le magnétisme, qui devient ainsi principe de la figuration ultérieure. Le magnétisme est bien au fond la même chose que l'électricité; mais il s'en distingue en ce qu'il détermine particulièrement les différences locales, qu'il est le principe de la forme que prend le corps dans l'espace. L'activité de la forme consiste en général à poser comme différent ce qui est identique, comme identique ce qui est différent : voilà pourquoi dans le magnétisme les pôles de même nom se repoussent, les pôles de nom contraire s'attirent; mais comme ici l'activité de la forme est encore abstraite, elle est purement linéaire. L'activité du magnétisme conclut à la figure totale, au *cristal* qui n'est que cette activité passée à l'état de produit. Dans cette totalité, les pôles magnétiques sont neutralisés, la linéarité abstraite est devenue surface, forme développée, la sphère liquide est limitée et déterminée.

Dans les corps ainsi déterminés par la figure, la différence se fait jour immédiatement par les propriétés diverses que leur impriment les éléments physiques.

La première détermination du corps qui a une forme est en effet son *soi-même* identique avec soi, la manifestation abstraite de soi-même, le rapport avec la lumière. Le cristal pur et homogène est donc transparent. Cette transparence posée comme rapport de deux corps transparents, dont la pesanteur spécifique diffère, est la réfraction [1]. Lorsque enfin le cristal est troublé, lorsqu'en lui la ponctualité et la cohésion se rétablissent, la transparence devient couleur. La théorie de Newton sur la couleur est fausse en effet; il n'y a pas de décomposition de la lumière; c'est Gœthe qui a découvert le principe vrai. Il y a deux couleurs primitives : le blanc, qui est la transparence devenue visible, qui est la lumière même matérialisée; le noir, qui est l'opposé de la lumière. Le gris

---

[1] Pour Hegel, la lumière ne se compose pas de rayons comme dans la théorie ordinaire, et la transparence n'est pas seulement la propriété de laisser passer la lumière, elle est une propriété lumineuse des corps mêmes. L'explication de la réfraction offrait donc de grandes difficultés; celle que donne Hegel est très-longue et très-embarrassée, et nous n'en résumons ici que la pensée générale.

n'est qu'un amalgame des deux. Les couleurs proprement dites résultent de la combinaison une du blanc et du noir ; le bleu c'est du noir vu à travers une couche de blanc ; le jaune, du blanc vu à travers du noir ; le vert est de même une combinaison du bleu et du jaune ; le rouge, du jaune et du noir ou du bleu et du blanc. Le corps dont la couleur est la propriété essentielle, c'est le métal ; la métallité est le principe colorant général.

Le premier élément constitué par la différence est le feu. Le feu, comme simple propriété du corps, non passé à l'état d'activité, au brûler, est le corps combustible, qui est en même temps processus de la pesanteur spécifique se dissolvant dans l'air, c'est-à-dire odeur. La matérialité combustible est le soufre ; la matérialité odorante, l'huile.

Le second élément de la différence est l'eau, l'élément neutre. La propriété des corps d'être dissous dans l'eau n'est autre que la saveur ; elle est représentée corporellement par le sel.

La couleur nous a donné le rapport du corps à l'identité, à la lumière ; dans l'odeur et la saveur nous l'avons vu dans le moment de la différence ; dans l'électricité enfin, nous voyons cette différence réalisée, nous voyons la différence comme rapport de deux corps entre eux. Comme le magnétisme, l'électricité est une tendance des différents à se poser comme identiques et de l'identique à se poser comme différent ; mais cette tendance, qui dans le magnétisme est concentrée dans un seul corps, se présente ici comme rapport de deux corps différents. L'électricité se manifeste donc comme tension entre les deux corps, comme attraction des contraires, repulsion des semblables. C'est le *soi-même* abstrait des corps qui se produit au jour et se dirime. La négation de cette diremtion, le rétablissement de l'unité, se manifeste par la production momentanée de l'identité physique, de la lumière, et de l'identité mécanique, de l'ébranlement, de la vibration, du son, accompagné de chaleur.

Dans l'électricité, la tendance des corps à se rendre identiques n'est que superficielle, en soi ; mais les corps mêmes ne sont que les complexus de leurs propriétés physiques. Cette tendance devient donc celle des corps tout entiers et se réalise dans le processus chimique.

Le processus chimique emporte la figure tout entière. Il a pour résultat de poser comme identique ce qui est différent, de différencier, de diviser, de spiritualiser, ce qui est identique. Dans ces deux côtés, il offre tous les moments du concept ; les corps posés comme subsistants par eux-mêmes, comme indépendants et non identiques, sont mis en rapport et subissent une modification complète de toutes leurs propriétés mécaniques et physiques. C'est la vie *en soi*.

Le processus chimique est un cercle qui se

compose lui-même de processus particuliers. Il présuppose les corps particuliers, et ceux-ci en sont en même temps les produits. Pour que le processus commence, il faut que les corps entre lesquels il doit avoir lieu, soient rapprochés dans un milieu, dans l'eau ou dans l'air. Ces milieux se déterminent en tant qu'agents chimiques : en azote, résidu indifférent et neutre qui répond à la propriété métallique; en oxygène, agent de combustion; en hydrogène, agent combustible; et enfin en carbone, abstraction de l'individualité amortie, supprimée. Ces principes sont les moments en lesquels se différencient les éléments physiques, et qui se réunissant aux corps particuliers, font perdre à ceux-ci leur subsistance spéciale. De cette réunion naît le processus qui offre un double mouvement, l'un qui part du corps indifférent pour aboutir au corps neutre (la combinaison), l'autre qui suit la marche opposée (l'analyse).

Le premier mouvement commence par le corps indifférent, le métal. Les métaux mis en contact s'électrisent; quand l'élément aqueux intervient, cette électricité devient galvanisme et conclut au premier processus chimique, à la production de l'oxygène et de l'hydrogène, à l'oxydation des métaux. Le second processus (qui est la suite du premier dans le concept, mais non dans la réalité; car si les processus chimiques s'engendraient réciproquement, ils seraient la vie), le second processus a lieu par le feu. Les deux côtés en sont : la différence matérialisée, le feu, et l'objet du feu, le combustible. Le combustible s'identifie avec le feu, recueille la différence en lui, est spiritualisé; et leur produit est l'acide et l'alcali, qui tous deux ont la différence en eux, tendent à se poser comme identiques, et engendrent le troisième processus dont le produit est le sel. Le rapport des sels entre eux complète enfin le processus chimique, et en exprime la totalité, la reproduction de la neutralité par la négation de la neutralité.

Le second mouvement suit la marche directement inverse. C'est de la place que les corps occupent dans ce double processus que doit être tirée la classification des corps minéraux.

Le processus chimique est la vie en soi : les corps individuels sont niés par lui et produits par lui; mais comme ces corps sont donnés immédiatement, il est soumis à des conditions extérieures; le feu et la spiritualisation s'éteignent dans le corps neutre et ne se rallument pas d'eux-mêmes. Le vie n'est donc pas complète; mais elle le devient lorsque les deux côtés du processus chimique sont réunis dans une seule individualité, lorsque les différences sont liées dans une unité concrète; et ainsi la chimie nous conduit à la physique organique.

III. PHYSIQUE ORGANIQUE.

La totalité du corps est devenue réelle; elle est unité concrète et négative; l'Idée a passé à l'existence; elle est la vie. La vie se présente, 1° comme figure, comme image générale de la vie, l'organisme géologique; 2° comme subjectivité formelle, particulière, l'organisme végétal; 3° comme subjectivité individuelle et concrète, l'organisme animal.

a. *La nature géologique*. Le premier organisme n'est que l'organisme *en soi*; il n'est donc pas vivant. Il n'est que la forme de la vie, la vie comme Idée purement immédiate, le cadavre du processus de la vie; c'est le globe terrestre.

Les membres de cet organisme constituent un système purement extérieur (la distribution des terres et des mers, les rapports de la terre avec le reste du système planétaire, les chaînes de montagnes, etc.) dont la formation n'est pas actuelle, qui résulte d'un processus passé. Quand on dit qu'elle résulte d'un processus passé, il ne faut pas croire que la terre ait été produite en effet par un processus successif. Elle a été produite d'une pièce, et le processus n'est dit passé qu'en tant qu'il offre des moments, des membres, qui ne sont pas en rapport actif. Du point de vue de l'Idée, la terre est éternelle; et ce n'est que parce qu'elle est une existence finie qu'on peut dire qu'elle a un commencement et une fin. Il est vrai que la terre a eu une histoire; les traces des immenses révolutions géologiques qu'elle a subies sont trop nombreuses pour qu'on puisse en douter; mais ce sont là des faits de l'expérience qui n'ont rien à faire avec le concept. Toute cette successivité par laquelle on prétend expliquer la formation de la terre ne consiste qu'à poser dans une succession de temps ce qui est dans une succession d'espace; c'est comme si je voyais une maison avec rez-de-chaussée, premier et second étage et toit, et qu'après avoir réfléchi fort sagement, je concluais : donc le rez-de-chaussée a été bâti d'abord, puis le premier étage, etc. Pourquoi le calcaire vient-il après le grès ? parce que le calcaire est supérieur au grès. Sans doute; mais qu'importe à la raison ? il n'y a là que la vaine curiosité de vouloir représenter sous forme de succession ce qui est simultané dans l'espace.

L'organisation ne commence pas immédiatement par la forme enveloppée du germe; mais par un développement, qui est double, qui est granitique d'une part, calcaire de l'autre. Elle se compose de sortes de noyaux organiques qui s'épanchent en tous sens, et donnent une existence séparée à leurs moments. Le noyau primitif est le granit dont les moments sont le quartz, le mica et le feldspath. Les terrains primitifs (*Urgebirge*) offrent l'unité de ces éléments dans leurs formes diverses et leur passage dans l'élément de la neutralité, dans le calcaire. Dans les terrains secondaires (*Flœtzgebirge*), la totalité est à l'état de dissolution, les différents moments sont séparés, isolés, abstraits. Les terrains tertiaires, enfin, purement formés par l'alluvion, sont des mélanges informes et sans unité de tous les moments antérieurs.

Le calcaire représente le passage de l'inorganique à l'organique; et en effet, c'est dans les terrains calcaires surtout qu'on trouve une foule de formes organiques d'animaux et de végétaux. Rien n'est si facile que de supposer qu'il a existé là tout un monde organique qui a péri dans l'eau. Mais d'où serait-il donc venu? Il est né de la terre, non historiquement, mais il en naît toujours et a sa substance dans elle. Ces produits organiques ne doivent pas être considérés comme ayant vécu; ils sont morts-nés. C'est la nature qui engendre l'organisation sous la forme d'être immédiat et de figure morte, et la cristallise de part en part, de même que l'artiste représente l'homme par la pierre ou sur la toile.

La terre, cet organisme mort, ce cristal de la vie, est le sujet immédiat du processus météorologique, par lequel elle devient fertilité, possibilité de la vie. Cette possibilité se manifeste sur la terre et dans la mer par la production incessante d'êtres vivants ponctuels et passagers (infusoires, animaux microscopiques), qui ne possèdent que la vie incomplète, qui ne se développent pas d'eux-mêmes (d'un œuf), mais qui ont leur force productrice dans un autre.

Cette séparation de l'organisme extérieur à lui-même et de la ponctualité subjective, doit être niée, car leur concept est identique, et le résultat de cette négation, l'existence de cette identité, est l'organisme vivant et subjectif.

b. *L'organisme végétal.* Dans le végétal commence la vie proprement dite, le concept qui réunit en lui tous ses moments, l'unité qui se conserve en niant sa différence, c'est-à-dire sa nature inorganique qui lui est extérieure. La vie se compose de trois processus qui constituent un triple syllogisme : le premier conclut à la formation même de l'être vivant, lui donne la forme spéciale qui lui est propre; c'est le processus de la *reproduction* ou de la *figuration*; le second embrasse la relation de l'être vivant avec son être autre, le monde extérieur; le troisième enfin, sa relation avec lui-même, comme genre, la génération. La plante et l'animal offrent ces trois processus, mais non pas au même degré de développement.

Le concept complet exige en effet que la subjectivité en tant qu'individuelle fasse du corps organique, qui est son expression, un tout dont les parties soient des membres, soient comme les moments qui se supposent réciproquement et possèdent leur unité dans le concept. Or, la plante qui n'est que la vie subjective immédiate, où la **subjectivité et l'organisme sont encore immédia-**

tement identiques, n'offre pas de membres proprement dits; son unité se compose de plusieurs unités qui sont chacune le tout; chaque partie de la plante est la plante tout entière. Voilà pourquoi sa croissance n'est qu'une production de nouveaux individus; voilà pourquoi la plante, qui n'est pas encore subjectivité *pour soi*, vis-à-vis de son être autre, le monde organique, est attachée à ce monde organique, ne peut changer de lieu; voilà pourquoi elle n'a pas d'intussusception interrompue, mais une nutrition continuelle; voilà pourquoi enfin elle est dépourvue de chaleur propre et de sensibilité. D'un autre côté, la plante est un être organique, et ce caractère se représente dans les figurations diverses de ses parties, la tige, le bourgeon, la feuille, etc., où cependant les rapports minéralogiques (les rapports de nombre et de régularité) sont prédominants encore.

La plante offre les trois processus de la vie, mais confus et peu distincts les uns des autres. Le processus intérieur, celui de la formation, est en même temps rapport à l'extérieur, assimilation immédiate de l'extérieur à elle, transformation des sucs vitaux puisés à l'extérieur. Il commence par la direction dirigée à l'extérieur de la racine et des feuilles, et par le rapport de ces organes extérieurs au tissu cellulaire et aux vaisseaux de l'intérieur; il continue par la croissance et conclut à la dureté, au bois, au rapport abstrait à soi-même; l'unité enfin de cette conservation de soi-même n'est pas retour à soi, mais production d'un nouvel individu, du bourgeon. Le deuxième processus, celui de la relation avec l'extérieur, se confond avec le premier; c'est l'assimilation de la nature extérieure, de la terre et de l'eau par la racine, de l'air et de la lumière par les feuilles. Ce processus ne conclut pas encore à déterminer la plante comme *soi-même*, comme sensibilité. Celle-ci n'y gagne que l'odeur, la couleur, les propriétés aromatiques, etc. Le troisième processus enfin, celui de la génération, est inutile en tant qu'il a la génération pour but, puisque chaque partie de la plante peut reproduire toute la plante. Mais il est l'expression la plus inférieure du rapport de l'être vivant à l'être vivant : dans la floraison et la fécondation c'est le bourgeon qui s'unit au bourgeon, la plante qui s'unit à la plante.

La plante est un organisme inférieur qui doit être nié, qui doit périr ; la fécondation en effet entraîne la mort de la fleur. Ce qui doit résulter du concept vrai dans ce fait de la génération, c'est que l'individu soit posé comme identique avec le général ; or c'est ce qui a lieu dans l'organisme supérieur, dans l'animal qui se nourrit de la plante, la nie et la détruit.

c. *L'organisme animal.* Dans l'animal, la subjectivité existe effectivement ; l'organisation extérieure a passé à l'état de membres ; l'individualité est réfléchie en soi, est retour négatif sur elle-même. Ce centre idéel qui constitue l'animal et qui est négation vis-à-vis de l'organisme, cette âme qui pénètre l'organisme tout entier, c'est la pure négativité de la matière, c'est le feu qui vivifie en dévorant, c'est le *soi-même* un et négatif de la matière.

La détermination essentielle de cette unité négative, c'est la sensibilité, et d'elle découle tout le concept de l'animal. Comme sensible, comme ayant son unité en lui, l'animal peut changer de place, il n'est plus attaché à la matière inorganique. Comme pure idéalité matérielle, il a une voix, il peut rendre des sons et possède aussi une chaleur propre. Comme individualité, il n'est plus en rapport direct avec des éléments généraux, mais avec des individualités comme lui. Son intussusception est interrompue; son besoin, sa sensibilité se satisfait. Enfin l'animal, en tant qu'il est le concept qui s'engendre lui-même, parcourt les trois processus de la vie.

a. Le premier processus est celui de la formation. Or, l'animal est en tant qu'unité négative, sensibilité; en tant que relation à l'extérieur, irritabilité; comme unité de ces deux moments, reproduction, production de soi-même, résultant à la fois de la sensibilité et de l'irritabilité, et engendrant celles-ci. Ces trois moments du concept sont réalisés dans trois systèmes d'organes qui représentent chacun les trois moments, mais avec prédominance de l'un d'eux. A la sensibilité correspondent : 1° le système osseux, rapport à soi abstrait, sensibilité toute générale; 2° les centres nerveux et les nerfs de la sensibilité et du mouvement (irritabilité); 3° les ganglions nerveux et les nerfs sympathiques (reproduction). A l'irritabilité correspondent : 1° les muscles (irritabilité sensible); 2° le sang, irritabilité proprement dite, le sang, l'élément essentiel de la vie, qui est actif par lui-même et n'est pas mu, comme on le croit, par des causes mécaniques, par les seules contractions du cœur; 3° le cœur et les vaisseaux sanguins (reproduction). Enfin la reproduction se retrouve dans la peau, le système cellulaire, les glandes et les intestins.

La figure totale reproduit ces déterminations générales; elle offre d'abord trois centres répondant à ces trois moments, la tête, la poitrine et le bas-ventre, auxquels se rattachent les membres, qui représentent le côté de l'extériorité; la figure offre en outre deux tendances, l'une dirigée vers l'extérieur (la vie animale), l'autre vers l'intérieur (la vie organique); enfin la figure complète et individuelle contient le moment de la particularité, du rapport avec l'autre, dans les parties sexuelles. La figure en tant que vivante est essentiellement processus; elle se conserve et se produit elle-même; elle fait des parties dont elle se compose une nature extérieure et établit entre elles un échange continuel, un mouvement réciproque, dont l'unité conclut au sentiment de soi-même de l'animal.

β. Le second processus est celui de l'assimilation. L'individualité étant essentiellement exclusive, elle pose en dehors d'elle une nature inorganique, et acquiert une tension vis-à-vis de celle-ci. L'organisme doit s'approprier cette nature extérieure et l'identifier avec soi. C'est en cela que consiste l'assimilation, qui offre elle-même trois processus distincts.

C'est d'abord le processus théorique. L'organisme est réfléchi en soi dans son rapport à l'extérieur; c'est la sensation. La nature extérieure est reçue dans l'idéalité pure de l'organisme, dans l'âme, dans le soi-même de l'animal. La sensation, en même temps que l'objet est extérieur, est une modification du moi; le contenu est aussi bien mien qu'extérieur; ce qui est en moi est identique avec l'extérieur. La forme seulement est différente. L'animal ne possède cette faculté que parce que l'unité qui le constitue est complétement idéelle, parce qu'il est l'unité du sang ou du processus pur et de la figure, et qu'il contient l'être comme nié. Les déterminations diverses de la nature inorganique engendrent nécessairement des rapports divers avec l'organisme, rapports qui se traduisent par les sens : le sens de la pesanteur, de la cohésion et de la chaleur, le toucher; le sens de la différence qui se dirime en deux, l'odorat et le goût; enfin le sens de l'idéalité, qui se dirime de même et forme la vue et l'ouïe.

Le processus réel ou pratique commence par la diremtion en soi, le sentiment de l'extériorité comme négation du sujet, sentiment qui est en même temps rapport positif à soi et certitude de soi vis-à-vis de cette négation; c'est-à-dire elle commence avec le sentiment du *besoin* (manque) et l'impulsion à le nier, et suppose l'excitation venant d'un objet extérieur vis-à-vis duquel le sujet est posé comme négation.

Le besoin est déterminé, et cette détermination découle nécessairement du concept; comme tel, il est but, but dont l'animal n'a pas conscience; l'activité réalisatrice qu'il engendre, c'est l'instinct. Dans l'assimilation purement formelle, l'instinct conserve les objets extérieurs et n'en change que la forme (construction des nids, des gîtes, etc.). Dans l'assimilation réelle, il détruit les qualités propres de ces objets mêmes, il est processus avec l'air (respiration), processus avec l'eau (soif), processus avec la terre individualisée (faim). Comme l'animal est une individualité finie et qu'il ne peut se satisfaire que sur une individualité déterminée, cette satisfaction ne répond pas au concept et par conséquent le besoin se représente toujours.

L'assimilation commence par l'appréhension purement mécanique. Mais le caractère mécanique et chimique disparaît immédiatement, car la vie est une puissance propre, supérieure à la mécanique et à la chimie ordinaire; l'analyse chimique des matières animales ou végétales ne procède en effet que sur des corps morts, et ne saisit pas le principe vital qu'ils possédaient tant qu'ils faisaient partie de l'animal ou de la plante. L'assimilation proprement dite est donc d'abord infection générale, première identification des matières appréhendées; puis digestion proprement dite, infection particulière par l'eau animale (les sucs gastrique et pancréatique) et le feu animal (la bile). Par ces infections, la matière inorganique devient organique; l'organisme se retrouve en face de lui-même, et la suite du fait de nutrition se confond avec la reproduction dont il a été parlé plus haut.

Le troisième processus de l'assimilation est enfin l'instinct industriel des animaux, l'unité du processus idéel ou théorique, et du processus réel ou digestif, l'instinct par lequel l'animal approprie à l'organisme des matières inorganiques ou des matières organiques excrétées. C'est la construction des nids, des tanières; ce sont les armes que l'animal se crée à lui-même, par exemple, la toile de l'araignée, etc.

Par le processus avec la nature extérieure, l'animal acquiert la certitude de soi-même comme être individuel. Cette production est donc conservation de soi-même, reproduction. Or, il en résulte que le sujet étant posé comme devenu, comme produit, n'est plus en soi, immédiat; le sujet en soi est nié; le concept faisant ainsi retour sur lui-même est généralité concrète, genre, dont le rapport avec l'individu constitue le processus du genre.

7. Le genre étant la négation de l'individu immédiat, a pour principe la mort de l'individu, et ce sont les différentes espèces de mort qui déterminent les moments du concept du genre.

Le premier moment est le rapport sexuel, qui résulte comme besoin du sentiment qu'acquiert l'individu qu'il ne répond pas au genre, et dont la satisfaction consiste à poser l'identité de deux individualités distinctes dans le genre. Le produit est une individualité qui subit le même processus, et ainsi à l'infini. Mais le genre ne se conserve que par la mort des individus; le rapport sexuel est pour eux le but dernier; ils périssent immédiatement après l'avoir atteint, comme on le voit dans les insectes; à moins cependant qu'ils aient une destination plus élevée.

Le second moment du genre est sa détermination en classes et ordres d'animaux divers, qui tous ont pour base le type de l'animal. Ce type est reproduit par la nature, en partie conformément aux degrés naturels du développement du concept, en une série qui va de l'organisation la plus simple à l'organisation la plus parfaite (sans qu'on soit obligé d'admettre une continuité matérielle); en partie sous l'influence des circonstances et des conditions qui résultent de la nature élémentaire. Vis-à-vis de cette particularisation, l'individualité consiste à se distinguer des autres et à être pour soi. La relation envers les autres est donc une relation d'hostilité; il en résulte que la vie des animaux est incertaine et malheureuse, et qu'ils sont destinés à périr de mort violente.

Enfin le genre se détermine dans une seule individualité comme état normal, comme santé, opposée à l'état anormal, à la maladie. La maladie est la disproportion entre l'être, l'existence de l'organisme, et son concept. Elle a lieu lorsqu'un organe isolé subit une excitation spéciale de la part d'une puissance inorganique, se pose pour soi, et s'oppose comme activité spéciale à l'activité du tout. L'harmonie simultanée des trois processus vitaux devient alors successive; la sensibilité, l'irritabilité et la reproduction s'emparent l'une après l'autre de tout l'organisme; c'est la fièvre, dans laquelle la totalité des processus de la vie s'exerce contre l'activité de l'organe spécial et qui est le commencement du retour à la santé. La guérison consiste à débarrasser l'organisme de la puissance inorganique qui surexcite l'organe spécial. Le médicament n'est autre chose qu'une autre puissance inorganique, plus indigestible que la première, qui appelle sur elle tous les efforts de l'organisme, et force celui-ci à se recueillir en lui-même et à rétablir son unité.

L'organisme porte la maladie en lui-même; il peut guérir d'une maladie particulière, mais il doit mourir; car, en tant qu'individualité, il ne répond pas à la généralité de son concept. Or, par la mort, l'individualité devient identique à la généralité. Cette unité de l'individualité et du général c'est la pensée subjective; et c'est ainsi que la nature aboutit à l'esprit.

TROISIÈME PARTIE.

LA PHILOSOPHIE DE L'ESPRIT [1].

Le caractère essentiel par lequel l'esprit se distingue de la nature dans le système de Hegel, c'est la présence de l'élément intellectuel, du fait de conscience, de l'idée (dans le sens ordinaire de ce mot). Cette idée est d'ailleurs l'unité, l'âme de l'objet, la même unité qui constitue celle de l'être vivant; mais elle diffère de celle-ci, en tant qu'elle se sait, qu'elle est pensée, qu'elle n'est plus seulement individualité, mais en même temps généralité, qu'elle possède les qualités du concept. L'esprit est donc défini : l'idéalité des moments de la nature et en même temps leur unité positive. La philosophie de l'esprit est la science du retour de la pensée logique à elle-même, du mouvement par lequel la pensée, qui a conscience d'elle-même, se dégage de la nature et revient à l'Idée pure.

Dans la nature, c'était la nécessité et la contingence qui dominaient; ici c'est la liberté, car le concept est rétabli. Mais si la liberté est le

---

[1] Encyclopédie, 3ᵐᵉ partie. — Le volume de la nouvelle édition qui doit contenir cette partie n'a pas encore paru.

propre de l'esprit, et s'il ne peut développer que les propriétés qui lui sont inhérentes, il n'en est pas moins vrai que dans ses manifestations immédiates, la contingence et la nécessité ne cessent de jouer un rôle; car dans ces manifestations il est fini et sous forme naturelle, et soumis par conséquent aux conditions de la nature.

L'esprit, se dégageant de la nature, est d'abord esprit individuel, subjectif. La théorie de l'esprit subjectif, de l'esprit en soi, constitue l'Anthropologie et la Psychologie.

L'esprit, la volonté posée et reconnue comme esprit, comme volonté, est l'esprit objectif, qui se réalise dans le droit et dans l'histoire.

L'unité de l'esprit subjectif et de l'esprit objectif, de l'esprit immédiat, individuel, et de l'esprit général, objectif, c'est-à-dire l'esprit général qui a conscience de lui-même dans les individus, c'est l'esprit absolu qui se révèle sous trois formes, l'art, la religion et la philosophie.

Tels sont les moments de l'esprit. Mais quoique chacun d'eux présente un développement successif, ils existent tous les trois simultanément et se pénètrent l'un l'autre. Toutes les sciences particulières qui en découlent, à l'exception de l'Anthropologie et de la Psychologie, ont été traitées par Hegel dans des cours spéciaux. Nous ne reviendrons donc pas sur cette division générale en exposant ces cours.

CHAPITRE PREMIER.

L'ANTHROPOLOGIE ET LA PSYCHOLOGIE.

L'Anthropologie et la Psychologie sont les parties du système que Hegel a le moins développées. On n'a édité aucun cours spécial sur ce sujet ; nous en sommes réduits pour cette portion de sa doctrine à quelques paragraphes très-succints de l'Encyclopédie. Nous ne pouvons donc offrir ici une analyse proprement dite et nous voyons forcés, afin de faire connaître les idées de Hegel à cet égard, de nous aider des notions éparses dans tous ses autres ouvrages [1].

I. L'Anthropologie est la science de l'esprit dans sa détermination individuelle, de l'esprit

---

[1] Nous n'accompagnons pas ce chapitre de remarques critiques ; elles seraient inutiles en effet pour ceux qui admettent que l'esprit et l'organisme sont des substances différentes, toute la théorie anthropologique de Hegel reposant sur leur prétendue identité. Dans la théorie psychologique, c'est l'erreur contraire qui prédomine : tout est rapporté à l'élément purement spirituel. Or cette erreur nous paraît aussi grave que la première, car, quoique l'esprit et l'organisme soient des substances différentes, elles n'en sont pas moins intimement liées, et il n'est pas de manifestation humaine qui ne tienne de l'une et de l'autre. C'est ce qui a été démontré parfaitement pour les faits intellectuels par M. Buchez (*Essai de philosophie*), pour les faits organiques, par M. Cerise, *Des fonctions et des maladies nerveuses*.

déterminé comme individualité immédiate, naturelle. De ce point de vue l'esprit n'est pas encore esprit, mais il est l'âme, l'unité d'un organisme.

a. L'esprit doit être considéré d'abord sous le rapport de ses qualités purement naturelles (c'est-à-dire des propriétés physiques du corps). Comme tel il est 1° l'esprit en soi, la puissance qui a préparé la planète à servir d'habitation aux hommes. C'est l'esprit du genre humain en soi, qui a bouleversé la terre, qui a produit les grandes révolutions du globe antérieures à l'humanité, et s'est dépouillé ainsi de sa forme purement naturelle.

2° Il est l'esprit déterminé, l'esprit dans le moment de la particularisation. La détermination se pose d'abord comme différence générale des races et engendre la division en trois races : la race nègre, la race mongole et la race caucasique ; en second lieu, elle donne naissance aux particularités contingentes des esprits des peuples et des esprits locaux ; enfin elle se manifeste dans le genre, dans sa totalité, comme différence sexuelle.

3° L'esprit est détermination absolument individuelle, l'individu humain, dans lequel les différences se manifestent comme capacités naturelles, talents, génie, tempéraments, etc.

b. Mais l'individu étant totalité, étant libre, cette liberté se manifeste d'abord dans les changements que subissent les qualités naturelles, que subit l'âme. Ces différences sont 1° celle des âges; 2° celle du sommeil et de la veille; dans le rêve, la vie naturelle arrive à l'état de conscience, l'esprit commence à se déterminer comme conscience, comme puissance intellectuelle; 3° la première unité de la vie naturelle et de l'esprit, en opposition avec ces deux moments considérés isolément. Cette unité a lieu dans les phénomènes du magnétisme animal, les visions, les pressentiments, la folie.

c. Cette fausse unité, qui au fond n'est que diremtion et contradiction, devient enfin réelle et effective dans l'appropriation du corps à l'esprit. Par l'habitude, l'exercice, le corps devient l'instrument de l'âme, s'en fait l'organe; et c'est par là seulement que l'âme devient effective, arrive à l'existence réelle. L'expression durable, reposée, que l'âme imprime au corps, c'est la physionomie; l'expression active, le mouvement, c'est le geste et l'expression pathognomonique.

II. L'esprit s'est rendu maître de sa nature corporelle, il est posé comme liberté en face du corps. Nous passons à la première partie de la Psychologie, à la science de l'esprit théorique. L'esprit sait qu'il est identique avec la nature; mais cette identité il doit la poser. Ici se place la théorie de ce qu'on appelle ordinairement l'idée. Pour Hegel, celle-ci se présente sous trois formes principales, qui sont : l'idée sensible, l'image et la pensée. Pour bien comprendre cette théorie, revenons un moment sur nos pas.

L'origine et l'essence du fait intellectuel réside, pour Hegel, dans ce qu'il appelle le retour infini de l'être sur lui-même, dans l'abstraction absolue par laquelle l'être se concentre en lui-même, se fait unité, et dont le résultat est l'affirmation du *moi*. Le fait intellectuel tout entier c'est la conscience du moi. Le moi est le général; car, quand je dis *moi*, je dis tous les moi possibles; il est aussi l'individuel, le moi qui suis tel individu déterminé. Or, toutes les idées particulières et individuelles ne sont que des déterminations du moi lui-même. C'est le moi qui engendre logiquement en se particularisant toutes les catégories métaphysiques. Le but de la logique n'est autre que de démontrer ce fait, puisque l'être abstrait, la pensée pure du commencement n'est, comme on a pu le voir dans la théorie du concept, que la généralité du moi considérée abstraitement. D'un autre côté, l'Idée absolue pose en dehors d'elle, en vertu du mouvement qui lui est propre, un monde, une nature, et présuppose ce monde en revenant à elle-même par la connaissance (voir p. 298). On voit qu'ici Hegel se rapproche tout à fait de Fichte. La différence fondamentale consiste en ce que Fichte déclarait inexplicable ce monde extérieur, cet achoppement que le moi se pose à lui-même, tandis que Hegel prétend le déduire de la nature même de l'être ou du moi abstrait, et par conséquent en rendre raison. Mais le résultat est le même que dans le système de Fichte; la différence du moi et du monde extérieur (qui comprend la nature aussi bien que les idées métaphysiques) n'est que *posée*, n'est qu'une opinion subjective que nous avons; au fond ils sont identiques.

D'après cela, il est clair que tout fait intellectuel, toute idée doit avoir pour base la conscience du moi. Les prétendues facultés de l'esprit ne sont pas des facultés proprement dites, des pouvoirs isolés posés l'un à côté de l'autre, ce sont les rapports divers de l'activité du moi à l'égard du monde, des expressions diverses qui découlent nécessairement du moi. Toute idée a donc pour essence le moi. Ce n'est qu'à ce titre qu'elle est manifestation spirituelle, pensée; et Hegel, en effet, blâme Kant d'avoir dit que dans l'unité opérée par le jugement entre nos impressions diverses, la conscience du moi *accompagnait* seulement cet acte spirituel, tandis qu'il fallait dire qu'elle en était le fondement, puisque le moi est lui-même le substratum général, l'unité primitive, dont découlent toutes les particularités. Aussi toute idée humaine que, suivant la division précédente, elle soit impression sensible, image ou pensée proprement dite, est pensée par cela même qu'elle contient l'élément général, le moi Chez l'animal, au contraire, le moi manque; l'animal ne pense pas; la sensation ne lui donne qu'un fait purement individuel, il ne s'élève pas à la généralité qui est au fond de ce fait déterminé. On pourrait demander à Hegel comment il peut se faire que dans l'animal la sensation, qui est certainement une idée, un fait de conscience, existe sans la condition essentielle de ce fait, sans la conscience du moi. A cela il répondrait que cette simple sensation est le fait de conscience *en soi*, tel qu'il est avant d'être développé, avant d'être ce qu'il est réellement; et si cette réponse était peu satisfaisante, elle serait du moins parfaitement conforme à sa manière ordinaire de raisonner.

Ceci étant posé, nous comprendrons la théorie de Hegel sur les facultés intellectuelles. L'apperception sensible d'abord offre le contact immédiat de l'esprit, de l'âme intelligente, avec l'objet présupposé, la nature. Elle parcourt elle-même trois phases. Dans la première, la *sensation*, l'âme qui sent et l'objet senti sont immédiatement identiques; notre âme est elle-même lumière, son, odeur, chaleur, etc. Dans la seconde, l'intuition sensible (*Anschauung*, vision), nous sommes en présence de l'objet sensible, nous le voyons, le moi fait retour sur lui-même et s'en distingue; il est le général posé vis-à-vis de cet individuel que donne la sensation. La troisième phase, enfin, est celle où l'objet aperçu, l'ensemble sensible que nous voyons, est considéré comme un objet *un*, comme une unité composée de qualités différentes, où il est un *ceci* déterminé, par exemple : ce sel qui est dans ce lieu, qui est une unité de blancheur, de telle pesanteur, de telle saveur, etc. C'est l'apperception de l'objet (*Wahrnehmung*, action de remarquer). Cette apperception donne lieu à une dialectique en vertu de laquelle l'unité de l'objet est tantôt affirmée, tantôt niée (car dans l'objet les qualités s'excluent mutuellement aussi bien qu'elles se rencontrent), dans laquelle l'unité est tantôt attribuée à l'objet, tantôt au moi qui l'observe.

Ces modes primitifs de l'intelligence ne sont nullement aptes à produire une science réelle. La seule connaissance véritable qui en résulte est celle de la généralité vide, du moi abstrait, de l'être immédiat. Le *je*, ce *je* qui s'applique à toutes les intelligences, le ceci *est*, cet *est* qui se dit de toutes choses, voilà tout ce que fournit l'apperception des sens.

Dans la dialectique de l'apperception, l'esprit arrive à se poser lui-même comme l'unité de l'objet sensible ; cet objet est recueilli dans le moi, devient général, idéel comme le moi, qui ainsi rentre complétement en lui-même. Cette activité par laquelle l'esprit se trouve en possession de l'impression sensible sans que celle-ci soit présente, cette faculté de se la représenter, de se la rappeler, c'est l'imagination dont le produit est une *image*, une *représentation* (*Vorstellung*). Dans la représentation, la pensée se trouve déjà en germe. L'image est simple, idéelle en effet, et en même temps générale; son contenu, d'ailleurs, n'est pas puisé seulement dans les objets sensibles, mais elle le tire en partie du fond même de l'esprit. C'est ainsi qu'on se représente Dieu, le droit, la morale, etc. Ce qui distingue ces représentations de la pensée proprement dite, c'est qu'elles sont toujours isolées, placées l'une à côté de l'autre, et que l'impression sensible en fournit la forme. Cette forme devient alors le *signe* de la pensée qui en constitue le contenu. La puissance productrice de ces formes, de ces images sensibles, c'est l'imagination poétique (*Phantasie*); le système des signes non empruntés à la nature constitue la langue, et leur conservation dans l'esprit, la mémoire.

Les représentations étant données, l'esprit y *réfléchit*, c'est-à-dire en recherche le fond, l'essence, la généralité, les convertit, en un mot, en *pensées*. Les pensées en effet sont des déterminations purement idéelles, dépouillées de tout élément sensible, des notions générales, abstraites, que l'esprit tire de son propre fond en les dégageant des représentations sensibles. Ce sont ces idées générales que l'on a appelées prédicats essentiels des êtres, idées innées, catégories de la raison; ce sont elles qui, maintenues dans leur abstraction, dans leur isolement, constituent la métaphysique de l'entendement; ce sont elles aussi qui servent de base à l'observation des phénomêmes de la nature et qui y introduisent la généralité et la nécessité. L'entendement, en les élaborant, engendre lui-même la dialectique, qui démontre que, considérées isolément, elles sont fausses, et il aboutit ainsi à la raison spéculative. Par la raison, les pensées de l'entendement deviennent des *concepts*; l'unité d'abord immédiate et fausse du moi, du général, et de la sensation, de l'individuel, devient *pour soi* et véritable. L'entendement, en effet, en formulant les idées abstraites, ramène les représentations multiples sous des lois générales; la faculté de juger (*Urtheilskraft* de Kant) met en présence la loi générale et le fait individuel, soit en rapportant un fait particulier sous une loi générale, soit en exprimant la loi générale sous forme d'un fait individuel pris pour exemple; la *raison* enfin reconnaît l'unité du général et de l'individuel, les pose comme identiques, et complète le concept.

Cette théorie du développement intellectuel rend compte du rôle que Hegel attribue à l'expérience, à l'observation, aux notions a posteriori, dans la connaissance. L'apperception sensible constitue le commencement nécessaire; les faits doivent être donnés et connus d'avance; mais l'esprit, en les élaborant, en les ramenant à sa propre nature, absorbe et détruit en réalité ce monde extérieur, puis le reproduit à priori, le déduit, l'explique en essence et en vérité. C'est ainsi que les deux méthodes se donnent la main, et que la science, quoiqu'elle n'existe qu'à condition de prendre son origine dans l'expérience, est construite tout entière a priori [1].

Ces formes du développement psychologique donnent aussi la formule générale du développement de l'esprit dans l'histoire, la religion, l'art, etc. La première période est toujours celle où l'apperception sensible domine, où la généralité est absolument vague et indéterminée, et en même temps conçue sous la forme d'un objet individuel, immédiat, matériel. Puis vient la période de l'entendement, où les déterminations particulières se font jour; un moment important dans cette phase du développement est celui du *pour soi* absolu du moi, du moi qui se saisit, se

---

[1] Hegel semble échapper par là à l'objection générale, opposée aux prétendues déductions a priori de la nature : que, pour qu'une déduction de ce genre soit vraie, elle doit faire concevoir a priori le fait à celui qui n'en a aucune idée; que, pour que la déduction de la lumière, par exemple, soit vraie, elle doit faire concevoir la lumière à l'aveugle-né. Mais quoique Hegel admette que le fait doit être connu d'avance, l'objection n'en subsiste pas moins dans toute sa force. Car, ou bien la déduction ne cesse de présupposer le fait, d'en contenir la représentation, et alors elle ne peut expliquer cette représentation qui fait partie intégrante de l'explication même; ou bien elle le détruit, l'absorbe, alors il faut qu'elle en donne l'idée complète a priori, qu'elle le reconstruise en entier, qu'elle en crée la forme extérieure même. En d'autres termes, pour qu'une déduction ou une explication qui prétend dévoiler l'essence, soit vraie, il faut qu'elle soit adéquate à la chose, de telle manière que la chose et l'explication puissent s'échanger mutuellement et donner toujours la même idée sans avoir besoin l'une de l'autre.

connaît comme infini, et qui se trouve en même temps en opposition avec un monde extérieur qu'il ne peut comprendre ni dompter. Ce moment est représenté dans l'histoire sociale et religieuse par la grande monarchie de Rome, dans l'histoire de la philosophie par le système de Fichte. La troisième période est celle de la raison, de la religion révélée, de la science absolue.

III. La troisième partie de la théorie de l'esprit subjectif comprend la psychologie pratique ou la théorie de la volonté. Nous allons la retrouver dans le droit.

CHAPITRE II.

PHILOSOPHIE DU DROIT [1].

Les rénovateurs de la philosophie allemande ont aussi prétendu reconstruire sur de nouvelles bases le droit et la morale. Kant et Fichte avaient déjà refait complétement ces sciences d'après leur système et en avaient changé radicalement la forme. Hegel, à son tour, s'empara de leurs résultats et les modifia pour les adapter à sa doctrine.

Or, la révolution opérée par Kant et Fichte dans les sciences morales, ne fut pas si fondamentale qu'on le pense communément. La forme, il est vrai, fut tout à fait originale; le fond, au contraire, n'offre rien de bien nouveau ni de bien saillant. On posa pour problème de déduire a priori la morale et le droit, de la nature même de l'homme et de la raison; comme solution l'on admit que le principe, l'essence de cette nature, c'était la liberté. Or, depuis que le droit naturel est une science spéciale, le même problème lui est posé, et quant à la solution, elle n'a cessé pendant tout le dix-huitième siècle d'être le prin-

---

[1] Éléments d'une philosophie du droit. 2me éd. publiée par Gans, 1833. 1 vol. in-8°.

cipe général de la philosophie française. Différents essais avaient été tentés en effet pour trouver cette solution ; la sociabilité, la crainte, la perfectibilité, etc., avaient été inscrites tour à tour en tête de la déduction. Le dix-huitième siècle, enfin, saisit avec chaleur l'idée de liberté, la même dont Fichte et Kant firent leur point de départ; et si cette idée n'engendra pas un traité régulier, méthodique, de droit naturel, elle n'en fut pas moins la base de toutes les théories morales et politiques formulées à cette époque.

Les essais du seizième et du dix-septième siècle avaient avorté, parce qu'en réalité le point de départ lui-même était faux, parce que ni la morale ni le droit ne peuvent être tirés de la nature seule de l'homme. Ceux du dix-huitième siècle durent manquer également, d'abord par la même raison, ensuite parce que le principe général, la liberté, dont on prétendait tout déduire, était tout à fait insuffisant. C'est ce que la grande expérience de la révolution française a parfaitement prouvé. La liberté est un droit sans doute, et l'un des plus essentiels ; c'est la morale elle-même qui exige que tous soient libres, et l'on conçoit qu'au dix-huitième siècle, vis-à-vis de l'oppression et du despotisme, ce droit ait été réclamé avec énergie. Mais il est bien différent de reconnaître la liberté ou d'en faire le principe le plus général, la base de la société; la liberté ne serait rien sans l'égalité;

l'égalité elle-même ne serait rien sans le dévouement, sans l'obéissance à un but commun, sans les autres devoirs de la morale, sans la fraternité en un mot. Ces principes, que la société moderne a tirés de l'Évangile, se corroborent mutuellement; ils ont besoin les uns des autres. La liberté seule ne peut engendrer que la séparation et le fédéralisme ; elle pose en face les unes des autres des individualités hostiles, jalouses de leur indépendance, et n'ayant d'autre but que de se garantir contre tout empiétement du dehors. La liberté, en un mot, ne conclut qu'à des rapports négatifs; en politique, au système de Rousseau ; en morale, au principe de ne pas faire à autrui ce que nous ne voudrions pas qu'il nous fît. Or, la morale exige plus que cette simple abstinence du mal; elle commande des actions positives, elle nous ordonne d'aimer les autres plus que nous-mêmes; et quant à la politique, les hommes de la révolution échouèrent en partie, précisément à cause de cette science que leur avait léguée la philosophie du dix-huitième siècle, science fausse et contradictoire au sentiment vraiment chrétien qui les animait. En théorie, comme en pratique, la liberté seule ne peut donc conduire à des conclusions positives. C'est ce qui juge les déductions de Kant et de Fichte, qui reposent tout entières sur ce principe de la liberté, formulé métaphysiquement comme libre arbitre, détermination par soi, politiquement comme liberté individuelle.

Kant avait concentré dans le *sujet* toutes nos idées objectives; le sujet devait donc contenir aussi en lui les raisons de la morale et du droit. Le sujet se sait libre; il sait qu'il peut se déterminer par lui-même. Ce fait, dont Kant admet l'existence comme d'un fait de conscience, d'un fait intérieur donné a priori et qui n'a pas besoin de preuve, sert de point de départ. Le sujet sait donc que sa volonté est libre, qu'elle se détermine par elle-même, qu'elle se donne ses lois à elle-même; qu'elle est *autonomique*. Mais d'un autre côté aussi, la volonté n'est pas libre, elle agit aveuglément, par suite d'impulsions extérieures ou intérieures dont elle ne se rend pas compte, d'après des règles prises au hasard, différentes suivant les individus. Ces règles, Kant les appelle maximes de la volonté, et les divise en six classes, suivant les sources d'où elles proviennent; ce sont : l'éducation, la constitution civile, le sentiment physique, le sentiment moral, le désir de la perfection, la volonté de Dieu. Ces maximes sont toutes subjectives; elles ne contiennent en elles-mêmes aucune raison de préférence l'une à l'égard de l'autre; la nécessité imposée à la volonté d'agir d'après elles constitue l'*hétéronomie* de la volonté; et cette volonté ainsi soumise à des impulsions qui ne viennent pas d'elle-même, c'est la *volonté arbitraire* (Willkühr).

Or, la volonté proprement dite, la volonté

vraie et libre se pose une règle qui résulte de sa nature même : la loi de ne se déterminer que par soi-même. Cette règle (l'*impératif catégorique*) constitue la loi suprême et absolue de nos actions, le devoir par excellence, le seul et vrai devoir. Le bien suprême consiste dans l'accord parfait de cette détermination complétement libre avec nos besoins, nos buts particuliers, les impulsions représentées par les maximes de la volonté arbitraire. Mais cette harmonie n'existe pas dans ce monde et n'est qu'un but placé dans l'infini. Dans ce monde présent donc, les maximes deviennent l'objet des déterminations de la volonté, la matière du choix. Or, la volonté libre doit choisir de telle manière entre les maximes qui lui sont offertes, qu'elle ne cesse d'être libre dans ce choix, c'est-à-dire elle doit choisir une maxime qui ait la qualité d'une loi générale, qui puisse être universellement appliquée sans léser la liberté de personne. C'est de cette combinaison de l'impératif catégorique avec les maximes de la volonté arbitraire que naît la morale. Le principe général de celle-ci est ainsi formulé : Agis de telle manière que la maxime de ta volonté puisse en même temps servir de principe à une législation générale.

Kant prétend déduire de ce principe purement négatif la morale tout entière ; mais en réalité il ne fait qu'y adapter, tant bien que mal, quelques-uns des préceptes de la morale chrétienne que l'éducation avait déposés dans son esprit. Il distingue le droit de la morale : celle-ci ne s'adresse qu'à la volonté subjective, intérieure de l'individu ; le droit a pour objet les relations extérieures des volontés libres entre elles, en tant que libres. Le principe général du droit est donc : Toute action est juste qui laisse subsister la liberté de tous. De là Kant essaye de déduire la liberté individuelle, la propriété, les obligations, etc. Pratiquement, c'est sous une forme différente la reproduction de la théorie des droits de l'homme, formulée dans les déclarations des assemblées françaises.

En principe, Fichte s'éloigna peu de Kant, dont il diffère surtout par la forme. Le moi étant devenu absolu, la liberté fut à plus forte raison la base de l'édifice ; et plus encore que Kant, Fichte se rapprocha des idées des révolutionnaires français. Cependant son système, dont nous avons exposé plus haut les données générales [1], diffère de celui de Kant par un point essentiel et qui est à noter ici ; car il forme la transition entre Kant et Hegel. C'est que les mobiles extérieurs, les *maximes* de la volonté arbitraire de Kant, que celui-ci plaçait au dehors, faisait naître à posteriori, Fichte les transporta dans le sujet même. Il renversa en effet la classification de Kant ; il mit à la place des maximes de celui-ci, les besoins naturels, les impulsions instinctives qui, suivant

---

[1] Voyez page 37.

lui, partaient du moi comme la liberté, n'étaient que celle-ci sous la forme du non-moi, et ne devaient qu'être épurées et assimilées par elle. Il compléta ainsi la confusion entre la volonté et son objet, confusion moins complète dans Kant.

A cette théorie de Kant et de Fichte, on pouvait adresser les objections générales qui s'élèvent contre le principe de la philosophie morale du dix-huitième siècle; on pouvait lui objecter en outre qu'elle méconnaissait absolument et le caractère de la morale et celui de la liberté. La liberté, c'est la faculté de choisir. Kant en fait un devoir; mais en réalité, ce n'est pas un devoir, c'est un fait. Notre volonté est libre; il est tout à fait inutile de lui ordonner de l'être. D'ailleurs la puissance de se déterminer par soi-même ne conclut nullement à celle de se donner des lois à soi-même. Notre détermination n'a pour objet que l'action, mais la loi est hors de nous. Cette loi, c'est la morale, la règle imposée extérieurement à la volonté, et qui par conséquent laisse libre cette volonté et lui donne lieu d'exercer sa faculté de choisir. Or, Kant et Fichte font des préceptes moraux des impulsions de la volonté même, les assimilant ainsi aux penchants et aux instincts qui eux-mêmes sont confondus à tort avec la volonté; comme si l'activité qui se détermine n'était pas différente du motif qui la guide, comme si d'un autre côté les impulsions de l'organisme étaient de même nature que l'activité spirituelle qui constitue la volonté! La théorie de Kant pèche en outre par une foule de points. Cette règle de la volonté libre, cet impératif catégorique, ce devoir qu'il pose comme but dernier, comme destinée essentielle de la volonté, est absolument vide et nul; il n'a aucun objet; on nous ordonne de nous déterminer par nous-mêmes, sans rien poser à quoi nous devions nous déterminer. Kant prétend lui donner un contenu en l'appliquant aux maximes; mais il est évident que cette combinaison est impossible; car on ne voit pas quelle raison de choisir entre l'une ou l'autre de ces maximes pourrait résulter du simple précepte d'être libre; et pour opérer cette combinaison, Kant est obligé de modifier son principe général même, de transformer son précepte de ne se déterminer que d'après soi en celui de respecter la liberté des autres. Cette théorie est donc inadmissible.

Le système de Hegel prétend corriger ce vice fondamental de la théorie de Kant, et donner un contenu à la volonté générale et abstraite.

De même que pour Kant et Fichte, en effet, la volonté est pour Hegel le principe général de la morale et du droit. Mais, comme nous l'avons vu dans la Logique, la volonté telle que Hegel la conçoit n'est pas seulement une faculté individuelle, elle est une réalité générale, l'Idée absolue même considérée comme activité. Les déterminations particulières de cette volonté ne sont pas puisées dans un monde extérieur et contingent, comme dans le système de Kant ; elles sont posées par la volonté même ; et elles ne sont pas posées aveuglément et sans raison comme dans Fichte ; elles sont les déterminations logiques qui résultent de l'idée de la volonté même, elles sont les particularités mêmes qui découlent du concept de la volonté.

Toutes les déterminations spéciales de la morale et du droit peuvent donc être déduites, suivant Hegel, de l'idée de la volonté, de la liberté active. Bien entendu qu'il ne s'agit plus ici de faculté de choix, de libre arbitre, et que le mot de liberté ne signifie que la faculté de se déterminer d'après sa propre nature[1]. Or, cette liberté peut être considérée sous différents points de vue.

Considérée objectivement, par nous, elle donne lieu au *droit*. Les droits de liberté individuelle, le droit de propriété, etc., dérivent de l'idée même de liberté appliquée aux rapports des hommes entre eux, et à leur rapport avec le monde extérieur. Cette partie de la théorie de Hegel a beaucoup de rapports avec celle de Kant et de Fichte, calquée elle-même sur la doctrine des droits de l'homme propre à la philosophie française du dix-huitième siècle.

Mais la volonté doit être considérée aussi dans son activité propre, dans les déterminations qu'elle

---

[1] Voyez la Logique, p. 248.

pose en elle-même. Ces déterminations particulières sont nos tendances actives, nos besoins, nos instincts, nos passions. Or, ces tendances se présentent sous un double point de vue. Lorsqu'elles se posent pour elles-mêmes, sous la forme de l'individualité pure, de la contingence, en opposition avec la volonté générale et libre dont elles découlent, elles sont le mal, l'erreur; elles n'engendrent que des impulsions irrationnelles et aveugles. Lorsqu'au contraire elles sont posées comme les déterminations mêmes du concept de la volonté, elles sont libres, elles sont le bien, elles sont les moments mêmes du développement de l'Idée.

Ce développement libre et vrai des moments de l'Idée a lieu sous deux formes : subjectivement dans la conscience morale, objectivement dans les rapports sociaux : dans la famille, la société civile et l'état.

La famille, la société civile et l'état découlent donc du concept même de la liberté ou de la volonté. La famille, c'est la volonté considérée comme unité de deux volontés; la société civile, c'est la relation qui naît des besoins, des instincts des hommes (le commerce, la police, etc.), relation organisée du point de vue de la liberté; l'état enfin, c'est la réalisation complète du concept général de la volonté, la volonté dans l'unité de ses moments, l'unité des individualités (des familles) et des particularités (de la société civile), dans la volonté une et générale, qui n'est pas la somme des volontés individuelles, mais qui est la réalité générale et positive de l'idée de liberté. Toutes les règles particulières relatives à la famille, à la société civile et à l'état, découlent du concept particulier qui détermine chacun de ces rapports, et découlent toutes par conséquent du concept même de la liberté. Ce sont elles qui constituent objectivement les devoirs que la conscience trouve en elle-même.

C'est ainsi que l'Idée absolue se réalise dans les faits; c'est ainsi que le bien absolu existe positivement et a toujours existé, car la famille, la société civile et l'état ont toujours existé. Voilà pourquoi l'on peut dire que tout ce qui est rationnel est effectif, et que tout ce qui est réellement effectif, est rationnel.

Telle est la solution par laquelle Hegel prétend échapper aux objections faites à Kant. Les résout-il en effet? Nous ne le croyons pas. On aura beau retourner l'idée de liberté, on n'en fera sortir jamais que la liberté elle-même, c'est-à-dire le droit de liberté individuelle (et pas même la propriété, que les Allemands en déduisent toujours immédiatement). Que fait Hegel? Il prend les institutions existantes, leur applique l'idée de volonté ou de liberté (qu'il identifie complétement), et prétend en avoir déduit ces institutions. Or, il est facile de voir que toutes ces déductions sont menteuses. La famille certainement ne peut être définie : l'unité de deux volontés; cette définition n'omet que la chose principale, le but de la famille, c'est-à-dire la procréation et l'éducation des enfants, éléments que par conséquent Hegel est forcé d'introduire d'une manière tout à fait arbitraire dans sa déduction. — La théorie de la société civile offre les mêmes difficultés. On suppose d'abord que les besoins, les instincts, etc., sont des particularisations de l'idée générale de la volonté; mais ceci est tout à fait gratuit; ces impulsions dérivent de notre organisme, des relations sociales, d'une foule de circonstances diverses. La volonté souvent les fait siennes, mais souvent aussi les combat et les annule; et d'un autre côté, qui ne sait aujourd'hui que pour réglementer économiquement et légalement les intérêts multiples qui en naissent, l'idée de liberté est tout à fait insuffisante? — Enfin il en est de même de l'état. Hegel a entrevu ici une idée vraie : c'est que la société n'a pas pour but seulement le bien-être des individus, qu'elle n'est pas seulement un contrat d'assurance mutuelle entre des individualités, mais qu'elle repose sur quelque chose de plus général, sur un principe qui oblige les individus, et dont ceux-ci ne sont que les moyens [1]. Mais quand il s'est

---

[1] C'est le *but commun d'activité* de M. Buchez. C'est un but toujours déterminé, qui commande des actions positives, et que les peuples puisent dans la religion et la morale. Pour les sociétés modernes, par exemple, c'est la réalisation de la fraternité chré-

agi d'indiquer ce principe, Hegel s'est trompé complétement. C'est en effet pour lui la volonté générale, un être général et idéel tout à fait inconcevable, une réalité panthéiste, qui, en pratique, ne peut se résoudre que dans la somme des volontés individuelles, dont pourtant Hegel ne veut pas, et qui d'ailleurs est aussi vide et dépourvue de but que l'impératif catégorique de Kant. Ce principe est donc insuffisant pour rendre raison de l'état; et, comme nous le verrons, ce n'est qu'à force de chevilles et de suppositions que Hegel parvient à en déduire son idéal politique, la monarchie constitutionnelle.

Nous passons à l'analyse textuelle du livre de Hegel, en avertissant que cette matière offre des passages très-obscurs. Comme l'Encyclopédie, la Philosophie du droit est formulée en paragraphes concis et abstraits (quelquefois cependant accompagnés d'appendices explicatifs), et l'expression est souvent aussi embarrassée que dans les parties les plus difficiles de la Logique.

La philosophie du droit a pour objet l'Idée du droit, c'est-à-dire le concept du droit et sa réali-

---

tienne. Voy. l'*Introduction à la science de l'histoire*, 2me édit., tom. I.

sation. Le concept du droit est donné et déduit par la philosophie; ici il sert de point de départ. Ce concept est celui de la volonté libre. La liberté forme l'essence et la détermination même qui constitue la volonté, et le droit n'est que le système de la liberté réalisée.

La volonté contient en elle 1° l'élément de l'indétermination, de l'abstraction et de la généralité absolue, le pur penser de soi-même; c'est le moi absolu qui a fait abstraction de toute pensée, de tout contenu particulier, la négativité infinie à l'égard de l'objet; 2° l'élément de la particularisation, le moment où le moi a une pensée, un but déterminé, le moment du moi proprement dit, de la volonté finie; 3° enfin l'unité des deux, l'individualité, le moi se posant comme étant déterminé par lui-même, le fait du moi de se poser comme particulier, déterminé, et de rester néanmoins dans sa généralité, de conserver son infinité absolue. C'est en vertu de la présence de cette infinité dans la particularisation, que le moi sait la particularisation comme sienne, comme idéelle, comme dépendante de lui. C'est donc dans ce troisième moment, dans cette unité, que gît la liberté proprement dite, l'essence de la volonté, le concept qui constitue la volonté, comme la pesanteur constitue le corps.

En vertu du deuxième moment, de la particularisation, la volonté est 1° distinguée en elle-même, comme volonté subjective, formelle, et comme objet extérieur, comme but à atteindre; elle est en même temps processus de la réalisation du but; 2° elle est contenu, détermination positive, but spécial.

Ce contenu est d'abord donné immédiatement, ce sont les instincts, les penchants, les appétits naturels. Sous ce rapport, la volonté n'est libre qu'en soi, en général, pour nous; elle n'est pas encore libre pour soi, liberté effective. Elle n'a pas encore la forme de la raison, du moi général, infini; elle est la volonté finie.

Les penchants et les instincts forment une multiplicité indéterminée; la volonté, en se donnant relativement à un des termes de cette multiplicité, la forme de l'individualité prend une *résolution*, et devient volonté positive et volonté d'un individu. Cette volonté est purement subjective encore, résolution abstraite; car le contenu n'est pas encore un produit libre de la forme, du moi absolu; mais par cela même elle est faculté de choisir, car elle est indépendante vis-à-vis du contenu; elle est possibilité de l'un des termes du contenu aussi bien que de l'autre.

La volonté à ce degré est la *volonté arbitraire*; c'est le hasard sous forme de volonté. On s'imagine ordinairement que c'est là la véritable liberté! C'est bien à tort. La volonté arbitraire est plutôt la volonté dans sa contradiction. La liberté s'y trouve en effet, car elle contient l'élément du moi infini; mais le contenu est encore indépendant de cette forme infinie, il vient du dehors, c'est le hasard qui le fait tel ou tel ; du point de vue de ce contenu, la volonté n'est donc pas libre. L'homme ordinairement se croit libre, quand il peut agir suivant sa volonté arbitraire; mais c'est précisément ce qui lui ôte sa liberté. N'est libre véritablement que celui qui agit moralement, conformément à la raison ; à cette hauteur, la particularité individuelle disparaît, et c'est la chose même, la raison qui agit dans l'homme.

Cette contradiction de la volonté arbitraire se résout dans son mouvement dialectique. La détermination choisie peut être abandonnée et remplacée par une autre, et il résulte de là un progrès à l'infini. Ce mouvement est inhérent aux instincts mêmes qui se combattent et se poussent l'un l'autre, et ne peuvent être coordonnés que par le sacrifice de tous à un seul. Comme naturelles et positives, ces déterminations de la volonté immédiate sont *bonnes*, l'homme est naturellement *bon*; comme déterminations naturelles, et opposées par cela aux déterminations spirituelles, au concept de la liberté et de l'esprit, elles sont *mauvaises*, l'homme est naturellement *mauvais*. Leur purification a pour but de les dépouiller de leur forme naturelle, de les ramener à leur forme substantielle, à la volonté libre, d'en faire le système rationnel des déterminations de la volonté. L'entendement, en opérant cette purification, arrive à la généralité formelle, abstraite, le bonheur, qui concourt à la culture générale, mais qui n'est lui-même qu'un idéal impossible à atteindre. La généralité réelle, celle de la raison, la vérité, c'est la généralité concrète en elle-même, se déterminant elle-même, la volonté, la liberté. La pensée élève la particularité, le contenu, le but même à la généralité, et ainsi la volonté devient ce qu'elle est réellement : la volonté libre qui n'a qu'elle-même pour objet, qui n'est elle-même que la forme, la généralité de son contenu, la liberté qui veut la liberté.

Ce n'est qu'à ce degré que la liberté est avec soi, car elle ne dépend que d'elle-même ; qu'elle est vraie, car sa détermination objective, son existence extérieure a son essence dans le concept même ; qu'elle est générale, car elle est en même temps généralité, particularité et individualité. Le fait de l'existence de cette volonté libre est le droit.

Le concept général du droit, en se déterminant suivant la méthode justifiée dans la logique, donne lieu à des formes, à des figurations particulières, à une échelle descendante de concepts de plus en plus déterminés. La division la plus générale est celle-ci :

1° La volonté immédiate, son concept abstrait, général, en soi, le *droit proprement dit*.

2° La volonté dans l'élément de la contradiction, l'opposition du subjectif et de l'objectif, la *moralité*.

3° L'unité, la vérité de ces moments abstraits, la *sociabilité* [1].

I. LE DROIT ABSTRAIT.

La volonté considérée abstraitement est immédiate, c'est-à-dire ce que contient le concept n'est pas encore développé; mais en même temps elle est déterminée, non relativement au contenu, mais relativement à soi, comme identité abstraite, comme volonté individuelle d'un sujet : elle est une *personne*. La personnalité consiste en ce que moi, cet individu fini et déterminé, je m'affirme et me connais moi-même comme étant l'être infini, général et libre; c'est plus que la conscience de soi-même, c'est la conscience du moi abstrait et infini, le moi concentré en lui et ayant lui-même pour but.

C'est la personnalité qui constitue la capacité juridique et forme le fondement du droit abstrait.

La volonté ainsi déterminée contient en elle la particularisation; mais celle-ci n'est pas développée encore : le droit n'a pas égard aux intérêts, aux désirs particuliers de la personne. Cette volonté, comme individualité exclusive, pose vis-à-vis d'elle un monde objectif; mais ce monde est nul vis-à-vis d'elle, car si elle le reconnaissait, il limi-

---

[1] Nous traduisons ainsi le mot *Sittlichkeit* employé par Hegel. Ce mot n'est que le synonyme allemand du mot *moralité*, dont Hegel se sert pour le second terme de sa division dans la forme atine (*Moralität*).

terait son infinité. La volonté est donc vis-à-vis de lui l'activité qui consiste à le poser comme nul en soi, comme propre à elle-même; c'est sur ce fait que se fonde la propriété.

Le droit comme existence immédiate est :

1° Possession et propriété, acte d'une volonté unique, rapport de la personne à soi-même.

2° Contrat, relation de deux personnes en tant que propriétaires.

3° Injustice et crime, volonté contradictoire en elle-même, volonté différente comme particulière d'elle-même comme en soi.

a. *La propriété*. La personne, pour être comme Idée [1], doit donner à sa liberté une sphère extérieure. Cette sphère est d'abord ce qui diffère immédiatement d'elle, l'extérieur en général, la chose. Comme les choses n'ont pas de volonté et de but elles-mêmes, la personne a le droit de se les approprier, de les soumettre à son but et à sa volonté. La puissance sur la chose constitue la possession; la possession volontaire et libre, la propriété; le caractère personnel et individuel de la volonté, la propriété privée.

Relativement à moi, mon corps est ma propriété; relativement aux autres, il est l'organe

---

[1] C'est-à-dire, afin de n'être pas seulement subjective, mais en même temps objective. « La raison de la propriété, suivant l'expression de Hegel, ne réside pas dans la satisfaction des besoins, mais dans la nécessité imposée à la volonté de nier sa simple subjectivité. »

d'une volonté; il n'est donc pas susceptible de propriété.

Relativement aux choses extérieures, le droit veut que je sois propriétaire; mais quant à la manière de le devenir ou quant aux choses mêmes que je possède, c'est un effet du hasard. On accuse la nature d'avoir injustement partagé la propriété; cette accusation est fausse, car la nature n'est pas libre, elle n'est ni juste ni injuste, et dans toutes les choses naturelles, il y a toujours du plus et du moins. Le droit, d'ailleurs, n'exige nullement que la propriété de tous soit égale; il suffit que chacun soit propriétaire. C'est par le hasard que le premier possesseur devient propriétaire.

La propriété, comme rapport de la volonté à la chose, contient trois moments.

1° La prise de possession, c'est-à-dire l'occupation, la formation (spécification) et le signe imprimé à la chose, la prise de possession spirituelle.

2° L'usage de la chose, qui comprend l'usage proprement dit, la jouissance et la consommation.

3° L'aliénation de la chose, droit qui n'a lieu que pour les choses aliénables de leur nature, et qui par conséquent ne peut s'appliquer à l'aliénation de notre liberté ou de notre corps même, au suicide.

L'existence étant l'être déterminé est l'*être pour un autre*; cet autre est d'abord la propriété; mais cet autre n'est qu'une chose; l'autre pour la volonté doit être une autre volonté. Le vrai terrain de la liberté ne se trouve que dans le rapport de volonté à volonté. Cette médiation, en vertu de laquelle la propriété n'est pas acquise par une volonté unique, mais moyennant une autre volonté et par conséquent par une volonté *commune*, forme la sphère du *contrat*.

b. *Le contrat*. La propriété, dont le côté extérieur est plus qu'une chose, est le moment d'une volonté différente, c'est la propriété qui dérive du contrat. Le contrat est le processus de la contradiction en vertu de laquelle je suis et reste propriétaire et me pose comme ayant une volonté exclusive de l'autre, par cela même que j'ai une volonté commune avec la sienne et que je cesse d'être propriétaire. Dans le contrat, la volonté n'est une et identique qu'en tant qu'il y en a deux; et chacun des contractants cesse d'être propriétaire, continue de l'être et le devient par sa volonté et celle de l'autre.

Comme les deux contractants sont à l'égard l'un de l'autre des personnes *immédiates*, il s'ensuit que le contrat naît de la volonté arbitraire, que la volonté identique qui en résulte n'est qu'une volonté posée par ces personnes, une volonté commune et non une volonté générale, et que son objet est une chose extérieure et immédiate; car ce n'est qu'une chose de ce genre qu'elles peuvent aliéner.

Le contrat est parfait par la volonté exprimée;

la propriété passe à l'instant et la prestation est due.

Les contrats se divisent en contrats de donation et en contrats d'échange.

Dans le contrat, la volonté des deux contractants est en même temps identique en soi et particulière à chacun. Mais comme ils sont des personnes immédiates, il est tout à fait accidentel que leur volonté particulière soit conforme à la volonté en soi [1]. Comme différente de cette volonté en soi, la volonté particulière qui est pour soi, qui refuse par exemple la prestation après le contrat, est opposée à ce qui est le droit en soi, est l'injustice.

c. *L'injustice.* Le rapport du droit à l'injustice est le même que celui de l'essence à l'apparence. L'apparence est en général une existence disproportionnée à l'essence. Il en est de même de la volonté particulière, injuste, relativement au droit en soi. L'injustice est l'apparence du droit, apparence qui doit être niée, pour que le droit soit rétabli, non-seulement comme immédiat et en soi, mais comme positif et ayant vigueur.

Le droit, en tant qu'apparence, est d'abord apparence en soi, l'injustice civile. Chacun croit avoir droit; le droit en soi est reconnu; il y a

---

[1] C'est-à-dire, à la volonté unique décrite dans le paragraphe précédent (a), la volonté qui constitue la propriété.

seulement collision sur la question de savoir à qui il appartient, c'est le procès civil.

En second lieu, le droit est posé comme apparence par le sujet, c'est le dol; la volonté du sujet est respectée; mais sa volonté repose sur une erreur produite par un dol, le droit en soi qu'il croit acquérir n'est qu'une apparence.

Enfin, quand le droit en soi est nié, il y a crime; ni le droit ni l'apparence ne sont respectés; le sujet nie sciemment le droit.

Le premier moment du crime est la contrainte. La volonté n'étant réellement libre que lorsqu'elle a une existence extérieure, il s'ensuit que la violence et la contrainte se détruisent elles-mêmes, dans leur propre concept; car elles sont la manifestation d'une volonté qui nie la manifestation d'une volonté. La violence et la contrainte considérées abstraitement sont donc injustes, et par cela qu'elles se détruisent dans leur concept même, la contrainte doit être niée par la contrainte. La seconde contrainte est donc juste, et le droit abstrait la suppose.

La contrainte qui viole le droit comme droit, c'est-à-dire jusqu'ici la liberté et la propriété, et par suite tous les autres droits, est le crime. Comme la volonté violée est une existence immédiate, et que par conséquent elle offre des différences quantitatives et qualificatives, la lésion offre les mêmes différences. La lésion est, il est vrai, un fait positif, extérieur, mais qui est nul en soi.

La manifestation de cette nullité doit donc avoir lieu par l'anéantissement de la lésion, le rétablissement de la chose en son premier état.

Le rétablissement a lieu, quant à la propriété, par les dommages-intérêts. Mais la lésion du droit en soi n'a pas d'existence positive pour le droit en soi, car le droit en soi n'a pas d'existence extérieure et ne peut être lésé. De même cette lésion n'est que quelque chose de négatif pour celui qui est lésé. Cette lésion n'a donc d'existence positive que dans la volonté particulière du criminel. C'est donc dans la négation de celle-ci, dans la lésion faite au criminel, que réside la négation du crime et le rétablissement du droit.

La lésion faite au criminel, la peine, n'est pas seulement de droit en soi, mais elle est le droit même du criminel; elle donne l'existence à son droit, à sa volonté vraie. C'est sa propre volonté, sa volonté en soi, qui est rétablie. La négation du crime est ainsi *talion* (*Wiedervergeltung*), et doit être proportionnée au crime, sinon qualitativement, mais du moins comme valeur.

La collision civile et le dol concluaient aussi à un rétablissement, mais comme il ne s'agissait encore dans toute cette partie que de volontés individuelles, ce rétablissement restait une simple prétention non réalisée, quoique juste. Ici cette même contradiction se représente; la violence appelle la violence; mais cette seconde violence est purement individuelle et par conséquent livrée au hasard, criminelle elle-même ; c'est la vengeance, et comme la volonté est infinie, la vengeance s'exerce à l'infini ; elle passe de génération en génération. Cette contradiction doit être résolue ; la volonté vengeresse doit être dépouillée de la forme individuelle et accidentelle ; il doit y avoir une volonté qui, quoique subjective, veuille le général. C'est la volonté morale.

Par la dialectique du crime, en effet, la volonté se distingue en volonté générale en soi et en volonté particulière pour soi ; et en même temps la volonté en soi fait retour sur soi, elle devient propriété de la volonté pour soi, de la volonté subjective, et celle-ci la reconnaît comme lui appartenant. La liberté et la personnalité deviennent ainsi l'objet de la volonté même, le droit passe à l'intérieur, devient subjectivité ; et c'est là le point de vue moral.

II. LA MORALITÉ.

Au point de vue moral, la volonté n'est pas seulement infinie en soi, mais elle l'est aussi pour soi. La subjectivité est la détermination de la volonté propre à cette sphère. Celle-ci est donc la sphère de la liberté proprement dite, car ce n'est que dans la volonté subjective que la liberté ou la volonté réelle peut avoir une réalité positive. C'est le terrain propre de la détermination par soi. Comme moment réel ayant une existence, c'est le droit de la volonté subjective, c'est le droit qu'a la volonté d'être soi.

La volonté subjective, en tant qu'immédiate, est abstraite, formelle, limitée. La volonté en soi, la volonté objective n'est pas encore identique avec elle, et par conséquent les déterminations ne sont pas encore réalisées de fait ; elles ne sont que des déterminations qui *doivent* être réalisées. C'est encore la volonté finie, apparente, contradictoire, la *forme* seulement de la volonté infinie.

Cette forme contient l'opposition de subjectivité et d'objectivité, et l'activité qui tend à nier cette opposition. Comme unité déterminée de ces moments, elle est but. Or, il suit du caractère de subjectivité qui domine cette sphère. 1° que le but même réalisé reste toujours subjectif, *mien*; 2° que le but, qui doit en soi être conforme au droit en soi, *doit* l'être seulement tant que la volonté n'est que subjective, et que par conséquent il *peut* ne pas l'être ; 3° qu'en réalisant le but, je nie ma subjectivité immédiate, je rends la subjectivité extérieure ; et cette subjectivité extérieure n'étant plus moi, est les autres, la volonté des autres. La réalisation de mon but a donc un rapport positif à la volonté des autres.

La manifestation de la volonté subjective ou morale est l'action. D'après les divisions que nous venons de déterminer, le droit de la volonté morale offre les trois moments suivants :

Le droit de la volonté d'être *sienne* dans l'action : l'intention ;

Le contenu de l'action d'un côté, comme *dessein* de la volonté, de l'autre comme son *but particulier*, son intérêt, son bien ;

Ce contenu généralisé, posé comme but absolu de la volonté, le *bien*.

a. *L'intention et l'imputation.* L'action s'exerçant sur les objets extérieurs produit une modification qui est mon *fait* ; mais le fait ne m'est imputable que quand il est tel que je le voulais, quand j'en ai eu l'intention : de même les conséquences accidentelles du fait ne me sont pas imputables.

b. *Le dessein et le bien particulier.* L'action ne produit qu'un effet immédiat, individuel ; mais dans l'individualité est contenue la généralité, et toute la généralité qui dépend du fait individuel est imputable au sujet ; le *dessein* de celui-ci embrasse toutes les suites nécessaires de l'action, et, comme être pensant, il est supposé avoir connaissance de cette généralité. Le contenu multiple de l'action est ainsi réduit à la généralité ; mais comme il est subjectif, il contient aussi la particularité, et cette particularité, c'est le but particulier du sujet, l'intérêt de son action.

Cet intérêt est d'un côté l'activité du sujet même : le sujet tient à agir lui-même pour accomplir son but ; c'est de l'autre côté la satisfaction de ce que la nature pose immédiatement dans le sujet, de ses instincts, de ses penchants, de ses passions, c'est-à-dire le bonheur.

Mais si de ce point de vue le but subjectif a pour contenu le bien particulier, il a rapport d'un autre côté au général, à la volonté en soi. Cette différence, appliquée au contenu, conclut au bien général, au bien de tous. Le bien de tous est donc de même le but de la subjectivité.

Or, ici se présente la contradiction. Ma particularité, de même que celle des autres, n'étant un droit qu'en tant que je suis libre, une action contraire au droit, à la liberté, ne peut être justifiée par une intention morale. Cependant la totalité des buts particuliers, la vie, a un droit contre la propriété de l'autre. Dans le cas du besoin extrême, quand ma vie même est menacée, j'ai droit pour la soutenir de m'emparer de la propriété d'autrui. Cette contradiction manifeste l'insuffisance et la contingence du droit en soi et du bien quand ils sont pris isolément ; ils doivent être compris sous une unité plus haute ; cette unité qui n'est pas encore leur unité complète, mais leur unité relative, c'est du point de vue objectif, le bien général, du point de vue subjectif, la conscience morale.

c. *Le bien et la conscience.* Le bien, c'est l'*Idée*, c'est l'unité du concept de la volonté et de la volonté particulière, dans laquelle est niée l'existence indépendante de chacun des deux termes, mais dans laquelle ces termes sont conservés en même temps ; c'est la liberté réalisée, le but final du monde.

Dans cette sphère, le bien est en même temps particulier et en soi ; le droit y est compris ; il est le droit absolu, vis-à-vis duquel le droit en soi et le bien particulier ne sont que des moments. Pour la volonté subjective, le bien est ce qu'il y a d'essentiel et de positif, et celle-ci n'a de valeur et de dignité qu'en s'y conformant.

Mais le bien n'est d'abord que l'Idée abstraite, et la volonté subjective n'y est pas encore conforme ; celle-ci n'est qu'en relation avec lui ; elle doit en faire son but et le réaliser. Il faut donc qu'elle le sache, qu'elle en développe les déterminations positives, et qu'elle le détermine en soi, comme étant la subjectivité infinie même.

Le bien n'étant que dans la pensée et par la pensée, la volonté subjective a le droit de ne reconnaître comme tel que ce qu'elle sait être le bien, et de n'être responsable que dans la limite de cette connaissance.

Le bien étant l'essence même de la volonté, est pour la volonté particulière le devoir. C'est pour cela que le devoir doit être accompli pour le devoir. Mais à la question : Quel est le devoir ? il n'y a pas d'autre réponse jusqu'ici que : d'agir conformément au droit et faire le bien de soi et des autres. Mais ces déterminations sont prises du dehors ; elles ne découlent pas de l'idée du devoir même ; le devoir n'est que l'abstraction absolue, la généralité vide du bien, et c'est à tort que Kant a voulu en faire le principe générateur de la morale.

Le bien abstrait, en effet, n'étant que la généralité absolue, ne peut contenir la particularisation, et celle-ci doit tomber dans le sujet. C'est la subjectivité qui, en tant que généralité réfléchie en soi-même, est certitude absolue de soi, c'est la subjectivité qui pose, particularise et détermine : de ce point de vue elle est la *conscience morale*. La conscience est cette retraite profonde en soi-même, où tout ce qui est extérieur, limité, a disparu, où l'homme n'est plus enchaîné par les buts particuliers ; elle est la pensée même qui se dicte ses devoirs, l'expression du droit absolu de la subjectivité de savoir par soi et en soi ce qui est juste et bon, et de ne reconnaître comme tel que ce qu'elle sait être tel.

La conscience étant le sentiment du bien voulu en et pour soi, a des principes positifs qui sont les devoirs objectifs mêmes. Mais le système de ces devoirs objectifs et de leur unité avec la subjectivité, ne se développe que sur le terrain social. Jusqu'ici la conscience n'est que le côté formel et subjectif, la certitude absolue et infinie de soi-même que possède le sujet individuel.

Cette subjectivité, comme concentration abstraite sur soi-même, retire en elle et annule toutes les déterminations du droit et du devoir, de même qu'elle les produit comme puissance ; elle contient donc aussi bien la possibilité de faire le bien en et par soi, que celle de poser comme principe général la particularité, d'être le mal. La conscience est donc la source identique du bien et du mal. L'origine du mal en général gît dans ce mystère, c'est-à-dire dans cette dialectique spéculative de la liberté; dans cette nécessité qui lui est imposée de se séparer de son état immédiat, naturel, et de devenir intérieure vis-à-vis de cet état. C'est un dédoublement de la particularité; la particularité naturelle (les besoins, les instincts) étant entachée de hasard, d'immédiateté, devient le mal, lorsque la volonté l'élève au rang de généralité et en fait l'intérieur, par opposition à la généralité vraie, au bien objectif. Mais si le mal est nécessaire, sa négation est nécessaire aussi; le mal est ce qui ne doit pas être, c'est-à-dire il doit être nié, ce qui ne veut pas dire que le moment du mal, de la séparation, ne doive pas arriver, car c'est là ce qui distingue l'homme de l'animal, mais qu'on ne doit pas s'y arrêter, et que le mal doit être vaincu.

Le bien d'un côté, la conscience de l'autre, sont ainsi deux généralités abstraites et contradictoires, qui, chacune pour soi, ne peuvent conclure à une détermination. Or, leur détermination existe dans la sociabilité, c'est-à-dire dans leur unité; cette unité est accomplie de fait, comme on l'a démontré dans la Logique, et elle n'est autre que la sociabilité.

III. LA SOCIABILITÉ.

La sociabilité c'est l'idée de la liberté, le concept de la liberté passé à l'état de monde existant et de seconde nature de la subjectivité.

Les deux moments du concept sont tellement unis que chacun d'eux est le concept même tout entier. Le moment objectif est substance concrète du bien, et les déterminations qu'il pose en lui sont un contenu indépendant de l'opinion subjective; ce sont des lois et des institutions qui existent en et pour soi; c'est la nécessité, dont les moments sont des puissances morales qui régissent la vie des individus et dont ceux-ci ne sont que les accidents. La subjectivité sait qu'elles *sont*, et cet être est plus absolu, plus positif que celui des puissances de la nature. D'un autre côté, elles ne sont pas quelque chose d'étranger pour la subjectivité, au contraire celle-ci en donne témoignage comme de son propre être, dans lequel elle a conscience d'elle-même, et dans lequel elle vit comme dans son propre élément distingué d'elle-même.

Ces déterminations, en tant que substantielles vis-à-vis de l'individu, en tant que l'essence même de celui-ci, forment ses devoirs. C'est dans les devoirs que réside la véritable liberté. Réfléchi dans le caractère individuel, le devoir constitue l'honnêteté et la vertu. Comme identique avec la volonté individuelle même, il est l'habitude morale, la seconde nature de la volonté, l'esprit vivant et existant, qui est réalisé comme monde, et qui n'est réellement esprit qu'à cette condition. C'est ainsi que la subjectivité n'est que la forme même de la réalité effective de la substance morale, et que c'est dans celle-ci que les individus trouvent effectivement et objectivement la vérité de la certitude de leur liberté, leur essence propre, leur généralité intérieure. Le droit des individus y est également contenu; car l'individualité n'est que l'expression extérieure de la substance morale, et à ce point de vue le devoir et le droit deviennent identiques.

La substance morale est l'*esprit effectif* d'une famille et d'un peuple. Mais le concept n'est esprit, n'est l'effectif qui se sait, qu'en tant qu'il s'objective devant lui-même, qu'il développe tous les moments qu'il contient en lui. Ceux-ci sont: 1° la famille, 2° la société civile, 3° l'état.

a. *La famille.* La famille, comme expression immédiate de la substantialité de l'esprit, comme *unité sentie* de l'esprit, a pour principe l'amour. L'amour, en effet, est la conscience de mon unité avec un autre; dans l'amour je ne suis pas complet pour moi, isolément, mon essence est dans l'autre, et cependant c'est moi-même, c'est la conscience de moi-même que je retrouve dans l'autre. Cette contradiction, qui forme l'essence de l'amour, est résolue dans l'unité morale, dans laquelle je ne suis pas une personne pour moi, mais un *membre* de l'unité, et vis-à-vis de laquelle mon droit individuel ne commence que lorsque l'unité est rompue.

La famille contient trois moments :

1° Le concept immédiat de la famille, le mariage, qui, d'un côté, est l'expression de l'unité de la vie naturelle, du genre; de l'autre, l'expression de l'unité spirituelle, de l'amour. Le mariage naît, soit du penchant naturel de deux individus, c'est-à-dire du hasard, soit d'une manière plus conforme à la raison, de la destination des parents. L'unité des époux dans leur vie entière en est le but substantiel; il est par conséquent indissoluble en soi; mais non d'une manière absolue, à cause de l'élément immédiat, naturel, que renferme l'amour. La forme solennelle du mariage en est la consécration comme acte moral; par cette forme, la différence purement naturelle des sens devient une différence spirituelle, une unité des contraires, où l'homme représente l'esprit dans l'élément de la liberté et de l'activité, du savoir et du vouloir, où la femme représente l'unité substantielle, le sentiment (c'est une différence semblable à celle qui existe entre l'animal et la plante; l'homme répond à l'animal, la femme à la plante). Comme dans le mariage la personnalité individuelle doit se donner tout entière à l'unité, le mariage est nécessairement monogamie; comme en outre cet abandon à l'unité doit être libre et complet, il ne peut avoir lieu entre personnes déjà naturellement identiques, entre personnes de même sang.

2° Comme personne, la famille a sa réalité extérieure dans la propriété, qui est ainsi bien de la famille, propriété durable et constituée dans ses rapports avec la famille. L'administration de cette propriété commune appartient au père de famille.

3° L'unité du mariage devient objective dans les enfants. L'éducation a pour but de développer en eux le sentiment moral, et de les faire sortir de l'immédiateté naturelle pour les élever à la liberté et à la personnalité. La majorité des enfants entraîne la dissolution morale de la famille, et de nouvelles familles sont fondées. A la mort des familles, le bien qui était commun en soi est divisé. La séparation de la famille, en tant qu'accidentelle et naturelle, se manifeste relativement à la transmission des biens par les dispositions arbitraires, par la faculté de tester.

La famille étant rompue, le moment de la particularisation devient prédominant. C'est le rapport de personnalités à personnalités, de familles à familles; la généralité, le lien commun, paraît anéanti; mais il le paraît seulement, car il existe toujours, mais comme simple apparence. C'est le moment de la réflexion, de l'apparence, il est représenté par la *société civile*.

b. *La société civile.* Au moment où nous sommes arrivés, la société se présente comme étant le moyen du bien-être individuel. Le principe de la société ainsi conçue est d'un côté l'individu, le but individuel dans sa totalité, comme ensemble de besoins et mélange de nécessité naturelle et de volonté arbitraire; de l'autre, le rapport de cet individu à d'autres individus, rapport dans lequel la généralité arrive à une réalisation relative.

L'Idée est extérieure à elle-même; tous les moments de la particularité sont isolés et tendent à se développer d'une manière indépendante. Cet état nous offre donc le mouvement varié des besoins individuels et des volontés arbitraires, mouvement où tout est abandonné au hasard, où s'offre, à côté du bonheur et des richesses, le spectacle de la plus grande dépravation morale et de la misère physique la plus affreuse. Mais le fond de la particularité est la généralité, généralité aveugle encore, simple nécessité. Celle-ci lie les particularités entre elles, et ne donne satisfaction au but individuel qu'à condition de chercher le but général. C'est ainsi que les individus s'habituent peu à peu à la généralité, et c'est en cela que réside la civilisation.

La société civile contient trois moments : 1° le système des besoins, 2° le droit positif, 3° la police et les corporations.

1. La particularité est d'abord besoin subjec-

tif placé vis-à-vis d'un objet extérieur et obtenant satisfaction par son activité et son travail. L'économie politique est la science, qui, dans cette particularisation infinie, ramène à la généralité. Les besoins se multiplient et se subdivisent à l'infini ; il en est de même des moyens propres à les satisfaire ; mais déjà la généralisation se fait jour par les besoins communs, les usages communs relatifs à la satisfaction. Cet élément général se développe d'un autre côté dans le travail également multiple et varié, et la division du travail conclut à la dépendance réciproque des hommes. Il en résulte que la satisfaction du besoin individuel contribue à la satisfaction des besoins de tous, devient la médiation du particulier par le général, et engendre la nécessité qui lie les individus à la fortune générale. Chacun veut prendre part à celle-ci ; mais à cause du moment de la particularité, elle ne se distribue que suivant les hasards de l'habileté individuelle et la faveur des circonstances. Cependant, comme la généralité lui est inhérente, les activités diverses y trouvent leur point de rencontre et s'y distinguent en masses générales, qui représentent les systèmes particuliers de besoins et constituent la différence des états.

Ces états sont : l'état immédiat, substantiel, celui qui produit les matières premières, l'état agricole ; l'état réfléchi, celui qui travaille et distribue les matières, l'état industriel, les artisans, les fabricants et les marchands; enfin, l'état général, celui qui s'occupe des intérêts généraux, et qui doit jouir d'une fortune indépendante ou être salarié par le gouvernement.

Chacun doit faire partie d'un état, mais autant que possible en vertu de son choix. Le sentiment moral dans cette sphère est celui de l'honnêteté et de l'honneur de l'état.

2. La propriété est en soi dans le système des besoins; mais dans la société civile, elle n'est pas seulement en soi, elle est garantie, il y a droit positif et administration de la justice. Nous sommes au moment de l'application du général au particulier, de la liberté au système des besoins, au moment de la réflexion en soi, de la personnalité infinie, au point de vue où l'homme est considéré comme *homme*, sans distinction de nationalité ou de religion. Le particulier existe ici à condition d'être généralement su, voulu, reconnu; l'objectivité devient pensée générale, subjective.

Le droit en soi étant *posé* dans son existence objective, c'est-à-dire déterminé par la pensée, est le droit en vigueur, la *loi*, le droit positif; la condition d'être sue et posée est essentielle à la loi, et la codification est non-seulement utile, mais logiquement nécessaire. Comme l'action de poser le droit est un fait immédiat, naturel, le hasard y est pour sa part, et il peut se faire que la loi ne soit pas conforme au droit en soi; mais il n'en est pas moins vrai que, pour avoir force obligatoire, la loi doit être généralement connue; et d'ailleurs, quoiqu'on ne puisse pas prévoir tous les cas particuliers, un code fini et terminé est parfaitement possible.

Le droit, comme loi, est posé en face des opinions et des volontés particulières, et doit valoir contre elles. Cette application est le fait des corps judiciaires. Comme par les formalités de la loi, le but peut être dépassé, il doit y avoir des tribunaux de conciliation, des juges de paix. La publicité est une condition logique des débats judiciaires; et comme la question à décider présente toujours une question de fait et une application de la loi, la décision du point de fait doit appartenir à un jury, qui seul peut avoir la confiance des parties.

3. La généralisation obtenue par la loi est encore incomplète, elle n'est que la réalisation du droit en soi, la garantie de la propriété. Le bien particulier doit être généralisé, doit être garanti à son tour, et ceci est l'œuvre de la police.

Les objets de la police ne peuvent être déterminés exactement; ils sont innombrables. Elle s'exerce d'un côté dans l'ordre de la particularité objective en veillant sur la production et la distribution des objets de consommation. D'autre part elle contrôle l'éducation des enfants et prend des mesures contre le paupérisme. C'est le paupérisme, cette suite toujours nécessaire du mouvement industriel, qui est la source de la populace, et qui pousse la société hors d'elle-même dans le commerce maritime et la colonisation.

La police représente la généralité, comme ordre extérieur et institution de sécurité et de protection pour les buts et les intérêts particuliers; la généralité qui s'empare de la particularité même, c'est la corporation.

La corporation, dont l'élément est le moment de la particularité par excellence, l'industrie, offre une généralité concrète, une unité vis-à-vis de laquelle ceux qui en font partie ne sont que des membres. C'est la seconde famille, la seconde racine morale de l'état; c'est l'état même en petit. En effet la généralité de la corporation est encore un but particulier; c'est dans le but général en et pour soi qu'il trouve sa raison, et cette généralité vraie et absolue dans laquelle se résout la société civile, c'est l'*état*.

c. *L'état*. Dans la déduction scientifique, l'état est posé comme résultat, mais de fait il est l'effectivité réelle et primitive, le fond dont sortent la famille et la société civile, la généralité vraie dont celles-ci ne sont que des moments. L'état est l'Idée morale dans son effectivité, l'esprit moral, la volonté substantielle évidente à elle-même, qui se pense et se connaît et accomplit ce qu'elle connaît. Son existence immédiate est dans les mœurs, son existence médiate dans la conscience individuelle dont il est l'essence, le but et le produit, et qui s'identifiant avec lui par le sentiment, possède en lui sa liberté substantielle. L'état est ainsi, comme volonté substantielle, ce qui est rationnel en et pour soi; il est substantiel, car il est son but absolu à soi-même; ce but est en même temps l'expression la plus haute de la liberté, et devient but dominant vis-à-vis des individus qui ont pour premier devoir d'être membres de l'état. La société n'a donc pas pour objet la satisfaction des intérêts individuels; l'état est esprit objectif, et l'individu ne possède lui-même de l'objectivité, de la vérité, de la moralité, qu'en tant qu'il en fait partie. L'*unité* est donc le véritable contenu et le véritable but; la destination des individus est de vivre d'une manière générale; leur satisfaction ultérieure et particulière a son point de départ et son résultat dans cette généralité substantielle.

L'idée de l'état se manifeste : 1° immédiatement, comme organisation intérieure, droit public intérieur; 2° dans le rapport, comme droit des gens; 3° comme esprit général, comme genre, dans l'histoire universelle.

α. L'état est la réalisation de la liberté concrète. Mais la liberté concrète suppose encore que l'individualité personnelle jouisse d'un droit complet, puisse se développer entièrement, et qu'en même temps ce développement ne serve que le but général. Chacun des moments pénètre l'autre, et **chaque droit est en même temps un devoir. L'Idée** distribue les individus aux sphères qui forment ses moments, à la famille et à la société civile; ces sphères constituent de ce point de vue les *institutions sociales*, et afin que la liberté subjective soit respectée, la distribution a lieu suivant l'apparence de l'arbitraire et du hasard. Dans ces sphères les individus trouvent la réalisation du but personnel et du but général, et leur ensemble forme la constitution particulière de l'état.

Mais l'Idée doit se développer en elle-même, et de ce point de vue elle se dirime en un côté subjectif et en un côté objectif. Le côté subjectif, c'est le sentiment national, le patriotisme, la confiance dans l'état; le côté objectif, c'est l'organisme même de l'état, la constitution politique.

Les concepts particuliers, qui découlent du concept général de l'état et en forment l'organisme, sont de même que lui des formes substantielles, des puissances effectives. L'état étant esprit qui se sait et se veut, agit volontairement et avec raison d'après des buts posés, des principes reconnus, des lois dont il a conscience; il est pensée générale effective, et c'est en cela qu'il diffère de la religion, qui est aussi l'Idée, mais sous une autre forme, sous la forme de la foi, du sentiment, de la pensée subjective. En tout ce que la religion a d'extérieur, elle est donc soumise à l'état, et ceci s'applique spécialement à l'enseignement qu'elle prétend faire, enseignement qui, vis-à-vis de la pensée objective et effective de l'état, n'est qu'une pensée subjective.

La constitution politique comprend l'organisation intérieure (la constitution proprement dite) et l'organisation dirigée à l'extérieur (la force militaire, etc.).

Pour que la constitution soit conforme à la raison, les différences qu'elle pose en elle doivent être telles que chacune comprenne la totalité des autres et que toutes ensemble forment une unité indivisible. Ces différences sont : 1° la puissance législative, 2° la puissance exécutive, et 3° le souverain. Une constitution n'est bonne, d'ailleurs, que lorsqu'elle est l'expression vraie de l'esprit entier d'un peuple; et la question de savoir à qui il appartient de faire la constitution n'a pas de sens; car les constitutions existent toujours de fait, on ne les crée pas a priori, et lorsqu'il s'agit d'en faire une nouvelle, ce ne sont toujours que des modifications qu'on apporte à l'ancienne et selon les modes déterminés par celle-ci.

1° La puissance souveraine (c'est par elle qu'il faut commencer, car elle contient la totalité sous la forme de l'individualité, elle est l'expression la plus complète du général) contient le moment du général, car elle résume en elle la généralité des lois et de la constitution; dans la délibération elle est rapport du général au particulier; enfin, comme principe de détermination, elle est individualité. C'est ce dernier moment qui forme son caractère distinctif.

La souveraineté, en effet, c'est l'unité de l'état, l'idéalité dont toutes les institutions particulières émanent, et en vertu de laquelle toutes les affaires publiques, toutes les fonctions particulières, sont propres à l'état et ne peuvent être l'objet d'une propriété individuelle. Mais cette idéalité, cette pensée générale, n'existe que comme subjectivité, comme volonté abstraite se déterminant par soi-même; l'état n'est *un* qu'à ce prix. Or la subjectivité n'est véritable que lorsqu'elle est sujet, personne; ce moment qui détermine, qui décide, est donc un individu, non l'individualité en général; c'est le *monarque*.

Quand on oppose la souveraineté du peuple à la souveraineté du monarque, on se fait une idée confuse et fausse. L'état n'étant que le concept même de la volonté, concept concret qui lie tous ses moments dans une unité harmonique, la souveraineté du monarque est absolument nécessaire, car elle représente l'essence même de la volonté, le *je veux*, la décision suprême sans laquelle la volonté n'existerait pas. Ce qui ne veut pas dire que le monarque puisse agir arbitrairement; il est tenu, au contraire, au contenu concret des délibérations, et lorsque la constitution est bien établie, il n'a autre chose à faire, le plus souvent, qu'à signer son nom. Mais ce nom est important, il est le faîte de l'édifice.

Ce moi suprême est simple dans son abstraction et par conséquent individualité *immédiate* et *natu-*

relle; le prince est donc *un tel* individu, et ce tel individu est destiné à être monarque immédiatement et naturellement, c'est-à-dire, par la naissance. C'est à tort qu'on arguë contre la monarchie de ce que la naissance peut produire de mauvais rois. Le caractère particulier du roi est de petite importance dans le véritable état. Il ne s'agit dans une organisation parfaite que d'avoir le sommet subjectif, le point extrême de la décision ; le monarque n'est que l'homme qui dit oui, qui met le point sur l'i. Lorsque le monarque est plus que cela, l'état n'est pas encore parfaitement conforme à l'Idée.

C'est dans ce moi suprême de la volonté, qui ne se détermine que d'après elle et qui n'existe que par la nature, que réside la majesté et la légitimité du souverain, son immobilité et son irresponsabilité. Comme contenant la particularité, toutes les institutions rentrent en lui et il a le droit de nommer à toutes les fonctions. La garantie de la puissance souveraine ne peut être que dans l'ensemble de l'organisme, qui ne permet à aucune des parties de sortir de sa limite.

2° La puissance exécutive répond plus spécialement au moment de la particularité. C'est la mise en pratique des décisions du souverain. Les intérêts particuliers (les corporations, etc.), s'administrent naturellement eux-mêmes ; mais comme ils sont subordonnés à l'état, cette administration doit offrir un mélange d'élection et de nomination du prince. Les intérêts généraux ne peuvent être administrés que par les fonctionnaires publics proprement dits, qui ressortent du prince. L'administration doit de même que l'état offrir une organisation et une division du travail. Le problème, sous ce rapport, est de trouver une organisation également une à l'extrémité supérieure et à l'extrémité inférieure, et qui permette en même temps le jeu libre de l'activité centrale et celui des particularités de la circonférence. Comme les fonctions publiques sont de nature objective et déterminée, les fonctionnaires doivent être choisis; l'hérédité ne leur est pas applicable, et ils doivent trouver leur subsistance personnelle dans la fonction qu'ils accomplissent. La garantie contre les fonctionnaires publics, et contre le danger que cette classe moyenne qu'ils constituent, ne dégénère en aristocratie, réside dans la hiérarchie même et la responsabilité des fonctionnaires, dans le sentiment et l'habitude de la fonction, enfin dans le droit du souverain et des corporations inférieures.

3° La puissance législative concerne les lois en tant qu'elles ont besoin de développements ultérieurs. Elle suppose la constitution et en fait partie, et son objet, relativement aux individus, est de déterminer, d'un côté, ce que ceux-ci ont à exiger de l'État, de l'autre, ce à quoi ils sont obligés envers lui, spécialement quant aux prestations pécuniaires.

La puissance législative comprend la souveraineté comme moment de la décision, la puissance exécutive comme conseil, et enfin les États.

Les États représentent l'intérêt général non-seulement en soi, mais pour soi. C'est par eux que la liberté subjective, que la conscience générale, considérée comme opinion et pensée du grand nombre (οἱ πολλοί, non tous, car c'est impossible), arrive à l'existence. Leur utilité ne réside pas dans une connaissance plus approfondie de ce qu'il y a à faire; cette connaissance, les fonctionnaires la possèdent à un plus haut degré qu'eux; mais dans le contrôle général qu'ils exercent, notamment sur les fonctionnaires, et dans la faculté qu'ils ont de découvrir et de faire disparaître des imperfections et des vices spéciaux de l'administration. C'est du reste une fausse idée de considérer les États comme naturellement opposés au prince; dans un état bien constitué, chaque pouvoir a sa fonction déterminée, et il ne doit pas y avoir d'opposition. Les États sont le terme moyen, la puissance médiatrice qui met le prince en rapport avec le peuple, le peuple en rapport avec l'état.

Dans les États, les particuliers arrivent à une signification, non comme individus, mais comme faisant partie de la société, comme représentants de l'organisation civile, des particularités mêmes dont se compose la société civile. Or les États doivent contenir eux-mêmes un moyen terme qui constitue leur médiation avec le pouvoir souverain. Ce moyen terme réside dans l'état dont la vie est assurée par la propriété foncière, qui représente spécialement la famille et la propriété ; sa capacité législative est assurée par la propriété inaliénable, par les majorats ; comme le prince, il tient son droit de la naissance. L'autre élément des états comprend l'élément mobile de la société civile, la représentation des corporations, des communes, etc. Les représentants étant appelés dans l'intérêt général, ne peuvent être considérés comme des mandataires spéciaux des corps qui les ont envoyés. L'exercice antérieur de fonctions publiques doit surtout déterminer la capacité à la fonction de représentant, et comme du reste les députés sortent naturellement des corporations, l'élection est en général quelque chose de superflu ou se réduit à un simple jeu de l'opinion et de la volonté arbitraire.

Cette différence entre les États conclut à leur distinction en deux chambres, qui garantit en même temps la plus grande maturité des délibérations.

Comme les états représentent la liberté subjective des masses, leurs délibérations doivent être publiques. Cette publicité crée l'opinion publique, qui est en même temps l'expression des sentiments généraux et patriotiques, et celle des opinions individuelles, et qui par conséquent est également estimable et méprisable. La liberté de la presse, par laquelle elle se manifeste, doit donc trouver une juste limite, soit dans les règlements de police qui en répriment ou préviennent les exagérations, soit surtout dans la solidité même et la raison de la constitution, dans la forme du gouvernement, la publicité des États et le mépris qu'appelle tout langage odieux.

C'est ainsi que la subjectivité idéelle de l'état conclut à une subjectivité réelle et existante.

Telle est la souveraineté intérieure. Mais l'esprit, comme rapport négatif infini sur soi-même, est individu exclusif des autres, et par conséquent suppose les autres. Dans ce rapport, l'état est l'individualité pure, retour infini sur soi-même, dans lequel disparaît toute particularité, toute individualité proprement dite, et d'où résulte pour les individus le devoir de se sacrifier complétement eux-mêmes, de sacrifier leur propriété et leur vie, pour le bien de l'état.

Ce devoir, qui est général, prend une forme particulière vis-à-vis de l'idéalité, et constitue l'état militaire, où l'homme s'aliène complétement pour être l'instrument passif de l'état.

L'état est en rapport avec d'autres en tant qu'individu ; c'est donc le prince, le représentant de cette individualité, qui devient l'objet de ce rapport et auquel il appartient de faire la paix et la guerre et de conclure des traités.

β. Le droit des gens résulte de l'existence d'états indépendants ; comme à ce degré la volonté souveraine est différente en elle-même, cette relation n'est toujours que ce qui *doit* être.

Tout état est absolument souverain par lui-même ; son premier droit vis-à-vis des autres est d'être reconnu comme tel. Les rapports ultérieurs des états entre eux sont les traités. Les traités *doivent* être respectés ; mais comme les états ne reconnaissent pas de supérieur, il dépend toujours de leur volonté qu'ils le soient. Les différends qui ne peuvent être conciliés par accord mutuel donnent donc lieu à des guerres, et comme chaque état détermine par lui-même ce qu'il croit contraire à son honneur ou à son droit, et que son pouvoir est infini sous ce rapport, il est impossible de déterminer les justes causes de guerre. Le but de chaque état dans cette relation ne peut être que son propre bien ; cependant les états se reconnaissent mutuellement, il subsiste un lien même dans la guerre, lien en vertu duquel on respecte les ambassadeurs, les personnes privées, etc., et que des rapports de mœurs peuvent resserrer encore davantage.

γ. Les esprits des peuples sont finis et déterminés. De leurs rapports, de la dialectique inhérente à leur différence naît l'esprit du monde, l'esprit universel, dont le droit est suprême, et qui, dans l'histoire universelle, prononce sur eux le jugement du monde, le jugement dernier. Ici se place la théorie de l'histoire universelle, qui fera l'objet d'un chapitre spécial.

CHAPITRE III.

PHILOSOPHIE DE L'HISTOIRE [1].

L'esprit universel, qui dans l'art est image et contemplation; dans la religion, sentiment et représentation; dans la philosophie, pensée libre et pure, est dans l'histoire universelle à l'état d'effectivité complète et totale. L'histoire est le jugement et le mouvement de l'esprit qui consiste à faire voir que la famille, et la société civile, et les esprits des peuples, ne sont que des particularités, des formes idéelles; et en même temps elle est la raison qui se rend effective, l'esprit

[1] *Leçons sur la philosophie de l'histoire*, publiées par Gans, 1 vol. 1837. — C'est le cours le moins détaillé de tous ceux de Hegel. Nous nous bornons à une simple analyse. — On attribue à Hegel le mérite d'avoir compris le premier que l'histoire est un produit de lois générales et nécessaires. Si l'on veut dire par là qu'il y a introduit la *fatalité* absolue, on peut lui laisser ce triste honneur; mais s'il s'agit de ce principe généralement reconnu aujourd'hui, que la marche de l'humanité est soumise à des lois générales et constantes qui limitent la liberté individuelle sans la détruire, ce n'est pas là une découverte de Hegel; c'est une pensée propre à la philosophie française du dix-huitième siècle, le fruit d'une longue élaboration couronnée récemment par le beau travail de M. Buchez (*Introduction à la science de l'histoire*). — Du reste, Hegel présente la plupart des faits sur lesquels il se base sous un jour complétement faux, et dénature incessamment les pensées et les actes qu'il expose. Comparez sur les points spéciaux notre *Manuel d'histoire universelle*.

universel qui se développe, qui produit librement au dehors les moments nécessaires de son concept.

L'histoire de l'esprit est l'*action* de l'esprit, et cette action consiste dans le développement par lequel l'esprit arrive à se concevoir lui-même en s'expliquant. Le propre de l'esprit est d'être pour soi, de se savoir; mais il ne se sait parfaitement qu'après avoir parcouru tous les moments de la méthode; et sous ce rapport, le dernier moment, son retour à lui-même, est supérieur au premier. C'est de là que dérivent la perfectibilité et l'éducabilité du genre humain.

Les états, les peuples et les individus représentent des moments déterminés de ce développement. Chacun de ces moments se manifeste dans la constitution, dans les mœurs, dans les croyances, dans tout l'état social enfin, d'un peuple déterminé; pour ce peuple il est donc le principe suprême, la seule vérité; et c'est de ce point de vue que celui-ci juge tout ce qui se passe dans son sein et autour de lui; mais vis-à-vis de l'esprit universel, ces manifestations particulières ne sont que des moments, des instruments par lesquels se prépare le passage à un moment postérieur, et le droit absolu de chacune ne résulte que de ce qu'elle est le moment *actuel* de l'esprit général. La présence de l'esprit étant immédiate, naturelle dans l'histoire, et par conséquent se manifestant par une multiplicité, c'est toujours un *seul* peuple qui représente chaque moment donné, et il ne le représente qu'une fois. Le droit absolu de chaque peuple est donc passager; il ne peut faire époque qu'une seule fois dans l'histoire, et de sa décadence même naît un nouveau principe qui subit les mêmes transformations.

A la tête de toute action est un individu; dans l'histoire, ce sont les grands hommes qui expriment la substantialité même de l'esprit sous forme de subjectivités.

Tout peuple ne constitue pas un *état*. La réalisation formelle de l'*Idée* dans chaque peuple consiste dans le passage de la famille, de la horde, de la tribu, à l'état. Ce passage est nécessaire, et les *héros* qui l'opèrent y puisent leur droit. Il suit aussi de là que les nations civilisées traitent à juste titre de barbares les peuples qui ne sont pas arrivés à ce degré.

Le monde physique est aussi un produit de l'esprit, et, comme tel, il est la base géographique du développement historique. Sous ce rapport, il offre trois déterminations essentielles, qui sont : 1° Les plateaux, les grands systèmes de montagnes avec leur steppes; 2° les pays de plaines et de vallons; 3° les pays de côtes, avec les embouchures des fleuves. Les plateaux représentent le moment primitif, substantiel; dans les plaines, pays de transition, naissent les états, se constitue la société civile; les côtes enfin, par leurs rapports immédiats avec la mer, qui, ainsi que les fleuves, est le moyen de communication par excellence, sont le terrain des nations plus particulièrement actives et civilisées.

Le monde a été divisé en ancien monde et en nouveau monde. L'Amérique est un nouveau monde en effet, et sous tous les rapports, physiquement comme pour l'histoire. Comme elle n'a pas joui d'un développement propre, et que c'est sur la civilisation européenne que se fonde tout son avenir, la philosophie de l'histoire n'a pas à s'en occuper.

Dans l'ancien monde, il existe de même une vaste étendue qui n'a pas d'histoire; c'est l'Afrique, le pays de l'esprit naturel le plus immédiat et le plus grossier. Le nègre est l'homme naturel par excellence; il représente le moment de l'apperception sensible dans son expression la plus simple et la plus primitive. Les objets sensibles sont tout pour lui; il ne s'élève à aucune généralité objective, aucune distinction n'existe dans son esprit. Sa religion est la religion naturelle au premier degré, la *Magie*. L'infini, dont le sentiment existe toujours, n'est pas défini encore; il est adoré dans toutes les choses finies, et ne se distingue pas d'elles. C'est d'abord l'homme lui-même qui s'attribue la puissance de l'esprit sur la nature et l'exerce comme magie. Puis il se fait une distinction : l'infini est placé dans le monde extérieur, et les objets extérieurs sont les moyens que la magie emploie pour se rendre maître de la nature; enfin ces objets individualisés sont considérés comme expressions de l'infini; c'est le fétichisme, le terme le plus élevé où les nègres soient arrivés. Leur état social offre de même l'absence de toute réflexion; c'est le règne absolu de la liberté arbitraire et des besoins instinctifs. Il n'y a pas de constitution, pas de sentiments de famille; la mort même n'est pas une chose sérieuse; l'homme se place au rang des objets naturels, et n'a pas encore la moindre conscience de sa valeur.

Le véritable terrain de l'histoire, c'est l'Asie et l'Europe : l'Asie, le pays du commencement, de l'Orient sous tous les rapports, où les plateaux sont prédominants, où manque l'activité maritime; l'Europe, où tous les systèmes géographiques sont mêlés et confondus, où les peuples sont arrivés à leur développement le plus complet. C'est dans ces parties du globe que l'esprit du monde, qui groupe les peuples autour de son trône, a manifesté les moments qui le constituent. Ces moments sont au nombre de quatre et forment les divisions de l'histoire. Ce sont : 1° la prédominance du principe d'immédiateté, de substantialité; l'esprit ne connaît pas encore sa liberté générale; le droit des individus n'est pas reconnu; un seul est libre : l'Orient; 2° le moment de la particularité; l'esprit se sait libre, mais sous forme de particularisation; quelques-uns sont libres; l'esprit est encore mêlé à la nature et a son expression dans elle, dans la beauté : la Grèce ; 3º le retour infini de l'esprit sur soi-même ; l'opposition absolue entre la subjectivité et l'objectivité : Rome ; 4º l'unité de la contradiction, le concept vrai de l'esprit par soi-même : les nations germaniques.

I. L'ORIENT.

L'Orient est l'enfance de l'histoire. C'est la moralité à l'état substantiel, extérieur, vis-à-vis de laquelle la volonté subjective est dans le rapport de foi, de confiance, d'obéissance. Toute la personnalité est résumée dans un seul, un patriarche, un dominateur, qui est le représentant du sentiment moral et auquel les autres obéissent passivement. L'idée dominante est celle de la substance absolue, de la puissance substantielle, qui rapporte tout à elle, mais qui est fatale et aveugle, et n'a pas réuni dans son unité les moments épars de son concept. La morale est extérieure ; les commandements de la conscience sont des lois positives, sanctionnées par la force publique ; la religion est encore naturelle, immédiate ; ce que nous appelons Dieu n'est pas encore connu, et le royaume de Dieu est en même temps un royaume du monde.

L'esprit de l'Orient se manifeste sous ses trois

formes : 1° dans la Chine, 2° dans l'Inde, 3° dans la Perse et l'Égypte.

La Chine est l'empire le plus ancien et en même temps le plus nouveau. L'objectivité n'étant pas séparée de la subjectivité, la contradiction ne s'étant pas fait jour, le principe du mouvement manque, et la société ne subit pas de changement dans sa durée. La moralité substantielle ne règne pas comme sentiment du sujet, mais comme domination du chef. L'esprit de la Chine est l'unité immédiate de la substance et de l'individualité, c'est-à-dire l'esprit de famille. L'esprit général ne se manifeste que par l'individu régnant, qui ordonne immédiatement à chaque individu ce qu'il doit faire, et celui-ci obéit sans réflexion et sans volonté; s'il n'obéit pas, la peine est tout extérieure aussi et ne déshonore pas l'individu; elle consiste en coups de bâton. Ces principes expliquent la force du lien de famille en Chine, la toute-puissance paternelle, le caractère patriarcal de l'empereur, son pouvoir absolu, l'égalité des sujets dans leur nullité vis-à-vis de lui, la démoralisation qui s'établit partout où la personnalité est méconnue. La religion de la Chine est celle de la substance, conçue sous la forme de la *Mesure*. Le *Tien*, le ciel, c'est la généralité abstraite qui embrasse le monde physique aussi bien que le monde moral, à laquelle on n'attribue pas d'activité par elle-même, mais dont l'expression active est l'empereur. C'est lui qui détermine les mesures divines, la mesure de chacun ; c'est lui qui est considéré non-seulement comme responsable des troubles qui surviennent dans le monde moral et physique, mais comme les ayant produits lui-même. L'accomplissement de la morale et la prospérité de l'empire sont ainsi identifiés, et l'on peut dire que la religion, comme la philosophie de la Chine, sont purement morales, c'est-à-dire athées. Les déterminations de la mesure se retrouvent d'ailleurs dans les *kongs*, dans la théorie des cinq éléments, etc. ; elle est elle-même la raison, le *Tao*.

Vis-à-vis de l'unité immédiate de l'esprit et de la nature, qui forme la base de la religion chinoise, se pose dans le principe mongol un premier retour de l'esprit sur lui-même ; c'est un retour négatif de la substance sur elle-même, la doctrine de Fo ou de Bouddha, ou celle du Lamaïsme : le principe des choses est le néant, et en soi toutes les choses sont les mêmes. Dans cette religion, la substantialité concrète est niée ; la substance n'est conçue que comme négation. La forme est encore immédiate, le néant est adoré dans un homme, dans le Dalaï Lama. Le dogme de la métempsycose, propre à cette religion, n'est qu'une application de ce principe négatif : c'est l'expression du néant et de l'inconsistance des êtres sensibles.

L'Inde présente, relativement à la Chine, le moment de la différence Les moments du concept vrai se dessinent, mais très-imparfaitement encore et entachés de formes substantielles et naturelles. Politiquement, le principe de la différence se traduit dans le système des castes; mais les différences mêmes sont fixes et substantielles; la naissance, c'est-à-dire la nature, détermine la caste de chacun, et les castes sont immobiles. La substance est toujours l'unité négative, la puissance vide et absolue; mais les différences qui maintenant se font jour ne sont pas encore identifiées avec elle; elles sont extérieures, désordonnées et substantielles elles-mêmes. Voilà pourquoi la religion de l'Inde est la religion de l'*Imagination*, du jeu fantastique des forces et des instincts naturels, extérieurs à l'unité et non liés avec elle. Cette unité, c'est Brahma, le dieu absolu qu'on n'adore pas; les différences, ce sont les dieux particuliers et indépendants, dont le nombre est si grand, et à la tête desquels se trouve comme donnée instinctive du concept vrai, la Trinité indoue. Cette différence entre l'unité abstraite et la pluralité désordonnée se reproduit dans la division des castes en caste régénérée, c'est-à-dire des *Dwidjas*, des brahmanes, qui représente l'élément pur de la pensée, et en castes matérielles. Le défaut d'unité de l'Inde, la division de ce pays en petits états, et les luttes continuelles qui en résultent, découlent de même de cette extériorité de la manifestation à l'égard de la substance [1].

[1] On est d'autant plus surpris de voir la civilisation indoue

L'Asie occidentale, où la race est caucasique, où les formes géographiques se rapprochent des formes européennes, est le premier terrain de l'histoire proprement dite; c'est là aussi que s'opère la transition entre le monde oriental et le monde occidental. L'instrument de cette transition est la Perse, avec tous les peuples (principalement la Judée et l'Égypte) qu'elle réunit sous son empire.

Dans la religion perse (la doctrine de Zoroastre), la substance absolue se distingue enfin de l'individualité naturelle; elle devient objective. C'est la religion de la lumière, qui est l'unité qu'on distingue de la nature immédiate. La lumière, c'est la pureté de l'esprit, le bien accessible à tous, comprenant tout dans son unité, le positif de toute existence spirituelle et naturelle. Les esprits supérieurs sont les serviteurs d'Ormuz, ainsi que les hommes : l'organisation de la monarchie persane reproduit de même cette hiérarchie céleste. Le concept étant plus déterminé dans cette croyance, il contient l'élément de la

méconnue et rapetissée par Hegel, que le panthéisme allemand moderne s'y retrouve presque littéralement, et qu'en se prêtant à quelques changements de mots, Hegel eût pu y reconnaître plusieurs des points essentiels de sa propre doctrine. Les documents rassemblés par Colebrooke ne peuvent laisser aucun doute à ce sujet. Voyez aussi un travail sur les sources du protestantisme chez les Indiens, inséré dans *l'Européen*, 2me série, 1re année, et le 1er vol. de notre *Manuel d'histoire*.

contradiction : en face de la lumière, du bien, d'Ormuz, est posé Ahriman, les ténèbres, le mal.

Les Perses réunirent sous leur domination toute l'Asie occidentale, la Babylonie et l'Assyrie, qui représentent l'élément matériel, la société civile de l'ancienne Asie, la Lydie et les contrées de la Méditerranée, pays de civilisation naturelle et désordonnée, la Judée enfin et l'Égypte, où l'esprit arriva à une manifestation plus haute. Dans ce grand empire perse, toutes ces différences sont juxtaposées et subsistent tranquillement l'une à côté de l'autre. La généralité qui les réunit ne les a pas encore pénétrées, mais la différence n'est plus inquiète et désordonnée comme dans l'Inde. C'est la première transition de l'Orient à l'Occident. En Syrie, déjà le culte d'Adonis présente un moment religieux très-remarquable : c'est la mort d'Adonis, la mort du dieu qu'on fête ; la négation est conçue comme moment de Dieu. En Judée, le Dieu objectif des Perses, la lumière, est devenu tout spirituel : c'est le retour infini de l'esprit sur lui-même, la négativité abstraite, l'unité exclusive. Dieu est l'être unique, *sublime*, vis-à-vis duquel la nature n'est que négation ; il est la puissance absolue, le Seigneur, et la relation avec lui est la crainte. Comme unité, il a un but unique, il est le Dieu d'un seul peuple. L'homme, qui est pensée, est fait à son image ; il contient la contradiction, le mal en lui ; Adam est devenu semblable à Dieu ; il connaît la différence du bien et du mal. Mais comme l'esprit n'est pas encore conçu comme esprit concret, la liberté concrète n'est pas acquise au sujet : l'homme est le serviteur de Dieu et sa servitude est dure ; de là, la sévérité des lois cérémonielles.

L'Égypte enfin forme la transition proprement dite entre l'Asie et l'Europe. C'est le pays de l'*Énigme*; le sphinx est le symbole de l'esprit égyptien. Tout est double en Égypte, tout a une signification autre que le sens naturel et immédiat. La nature fournit les données premières : les objets du culte et de l'adoration sont immédiats : ce sont des faits physiques, des phénomènes naturels ; mais on leur attache immédiatement un sens différent, une signification plus profonde, qui reste cachée pour tous, et que l'Égypte ne parvient pas à dévoiler. Ce principe symbolique se manifeste dans l'écriture, dans l'architecture, dans tout l'état social des Égyptiens. Le culte des animaux et la conservation des dépouilles des morts, ce mélange incessant du matériel et du spirituel, en offre une expression directe. L'opposition est posée, mais ne peut être résolue : Typhon, le mal, est vaincu, mais est conservé néanmoins. Toute la civilisation égyptienne est une énigme perpétuelle. C'est enfin un Grec, Œdipe, qui devine le mot de l'énigme ; et ce mot, c'est l'homme.

II. LA GRÈCE.

La transition entre l'esprit oriental et l'esprit européen, entre l'Asie et la Grèce, se fait par l'Égypte et la Perse. La Grèce, c'est l'âge de la jeunesse de l'humanité; Achille, le jeune homme poétique, et Alexandre, le jeune homme effectif, en sont les représentants. Le moment de l'esprit universel qu'exprime la Grèce est celui de l'individualité spirituelle; l'homme est posé enfin comme expression de la Divinité; l'individualité est le caractère dominant; la Grèce est la substance, le général, qui est en même temps individualité.

De même que le sol de la Grèce, la race qui l'habite est un composé d'éléments multiples et hétérogènes. Ce sont des étrangers qui forment la souche de la nation grecque; mais l'esprit grec transforme ces éléments étrangers et se les assimile. C'est ainsi que politiquement les races diverses s'unissent dans l'expédition commune contre Troie; c'est ainsi qu'en religion la nature constitue l'élément primitif; mais cet élément s'unit immédiatement à une détermination spirituelle, nette et précise, et non plus vague et indéterminée comme dans l'Égypte.

Le principe propre de l'esprit grec réside donc en ceci: que la liberté est conditionnée et en rapport avec un principe naturel. La liberté grecque est mue par quelque chose qui est hors d'elle, et elle n'est libre qu'en modifiant et en continuant elle-même ce mouvement donné. C'est le milieu entre l'absence du moi des civilisations orientales, où le spirituel et le divin ne subsistent que dans la nature, et la subjectivité infinie, qui est la certitude pure de soi-même, le moi considéré comme centre de tout. La spiritualité n'est donc pas tout à fait libre encore. Les Grecs ont bien reconnu que l'esprit était l'être des choses; mais ils n'ont connu cet esprit que brisé en particularités multiples; les puissances spirituelles ne sont pas restées des abstractions vides ou des allégories, elles sont devenues des sujets et des individualités; mais l'unité qui les domine, c'est la puissance aveugle, non spirituelle, le *fatum*.

L'expression de l'infini sous forme finie, c'est l'art, la beauté. La Grèce est l'esprit dans le moment de la *beauté*; elle est elle-même une œuvre d'art subjective, objective et politique.

L'œuvre d'art est subjective en Grèce, car la nature devient l'ornement même de l'homme. Le Grec pare et développe son corps; cet esprit se manifeste parfaitement dans les jeux publics. L'œuvre d'art est objective dans l'ensemble général de l'esprit grec, surtout dans la religion. Les dieux sont hommes, et cette forme humaine est la perfection de leur être. Quant aux mystères, ce sont des restes d'une civilisation antérieure, et ils sont inférieurs à la religion publique. L'œuvre d'art est politique enfin dans la constitution des états, dans les mœurs de la démocratie. Les démocraties grecques sont belles; la vertu, l'aisance, la liberté, l'esprit cultivé des citoyens, tout concourt à y produire cette harmonie tout extérieure que les siècles ont admirée.

Le moment culminant de l'esprit grec est son point de rencontre avec l'esprit antérieur, l'esprit perse. C'est la période des guerres médiques. Mais l'apogée est aussi le commencement de la décadence. Athènes, la cité qui exprime plus spécialement la beauté de l'esprit grec, et Sparte, le représentant de la vertu rude et abstraite, du sentiment absolu de l'*état*, entrent en lutte, et la guerre du Péloponnèse ne conclut qu'à une dissolution générale. Alors se prépare le passage au moment romain. L'esprit fait retour vers sa subjectivité; il devient intérieur. La philosophie de Socrate, cette philosophie essentiellement subjective, donne le signal de l'opposition à l'esprit grec si intimement lié à la forme. La corruption de la Grèce résulte ainsi du développement de l'intériorité, du sentiment moral. Cette corruption, Alexandre le Grand, le dernier représentant de la Grèce, ne peut l'arrêter; et le principe qui l'avait engendrée, le retour de la subjectivité sur elle-même, devient l'esprit vital du peuple qui devait absorber l'esprit grec, du peuple romain.

III. LE MONDE ROMAIN.

Les individualités libres de la Grèce succombent dans la lutte qu'elles soutiennent contre l'aveugle destin. Ce destin, c'est Rome, dont la vocation est d'enchaîner les individualités sociales, de réunir dans le panthéon de la domination universelle tous les dieux et tous les esprits, et d'en faire une généralité abstraite. Le seul but est l'*état*, et le but de l'état devient la généralité absolue vis-à-vis de laquelle tout but particulier disparaît, toute grandeur individuelle est réduite à néant; le monde est plongé dans la douleur, et son *cœur* est *brisé*.

Rome est l'âge viril de l'humanité. Le retour de la subjectivité sur elle-même est d'abord quelque chose de purement intérieur, puis se détermine, d'un côté, comme généralité abstraite, comme force irrésistible qui absorbe toute particularité; de l'autre côté, comme personnalité abstraite, comme droit. Le principe romain est l'aristocratie, et la lutte de ce principe avec la démocratie forme l'essence même de l'esprit romain.

L'origine de Rome fut une œuvre de violence, et la violence ne cessa de constituer le caractère de la cité. Dès le commencement, l'individualité dut donc se sacrifier à l'état, qui fut le but suprême. La différence entre les plébéiens et les patriciens résulte de circonstances fortuites; mais elle avait sa raison dans les profondeurs mêmes de l'esprit romain. La religion romaine, en effet, qu'on croit identique avec celle des Grecs, en diffère infiniment. Chez les Romains, tout est intérieur, renfermé, caché; de là le caractère mystérieux, sévère, immobile des *sacra*. Mais comme l'homme est nécessairement concret, et qu'il ne peut s'en tenir à l'abstraction pure, l'objet extérieur de l'intérêt religieux devient le *but*, l'utilité. Les Romains n'adoraient les dieux que pour l'utilité qu'ils en attendaient. Or, c'est de ce pur formalisme de la religion que résulte la différence des patriciens et des plébéiens; les premiers sanctifiaient le contenu de cette forme religieuse, le but proprement dit; ils comprenaient et représentaient l'unité de la forme et du contenu; les autres possédaient le but, mais non en rapport direct avec la forme, qui pour eux ne le sanctifiait pas.

La première période de l'histoire romaine s'étend depuis la fondation de Rome jusqu'à la seconde guerre punique; elle conclut à une première égalité entre les patriciens et les plébéiens et à la soumission de l'Italie. La seconde période va jusqu'à la chute de la république. La puissance romaine réunit le monde occidental sous sa dure domination. Il fut *nécessaire* alors que la constitution romaine changeât, que l'empire d'un seul fût fondé. La tendance à la domination, cette tendance extérieure, était le principe romain ; lorsqu'elle devint subjective, l'état cessa d'être le but, les individus se firent buts eux-mêmes, et les citoyens oublièrent l'état. Dans le dérèglement et la corruption qui s'ensuivirent, le principe ne put être sauvé qu'à condition qu'une volonté unique se fît le représentant du but. La volonté d'un individu unique pouvait seule offrir un point d'appui fixe. César fut donc dans son droit quand il s'empara du pouvoir.

La troisième période comprend l'histoire de Rome sous les empereurs. L'individualité arrive ici à son expression la plus complète, d'abord dans la personne de l'empereur et dans sa volonté absolue, ensuite dans le droit romain, la détermination abstraite de la personnalité. Mais à côté de cette exaltation de la subjectivité, se place en même temps le malheur absolu de l'homme. L'existence positive est absolument contradictoire à l'Idée ; elle n'offre que désordre, iniquité, douleurs individuelles de toute espèce. Cette douleur du monde romain appelait la conciliation définitive ; les temps étaient accomplis ; le Christianisme parut.

La grande vérité que le Christianisme révéla aux hommes est celle-ci : L'essence de la nature humaine et celle de la nature divine sont identiques ; il est apparu un homme qui est Dieu et un Dieu qui est homme. Ainsi la réconciliation était opérée. Le Christianisme, dans son apparition immédiate, se présente comme abstraction du monde existant; c'est la réconciliation dans toute sa simplicité, la réconciliation du cœur avec Dieu par la pureté de l'esprit. Le Christ dit : « Bienheureux ceux dont le cœur est pur, car ils verront Dieu. » L'abstraction des intérêts matériels va jusqu'à la négation des relations morales : « Je susciterai le fils contre son père, la fille contre sa mère, » etc. Le dogme chrétien ne fut nettement conçu que par la communauté chrétienne qui en se développant engendra l'Église. Mais l'Église fut d'abord tout intérieure, toute spirituelle; elle devait aussi se rendre objective, se réconcilier avec le monde. L'empire romain n'était pas capable de cette œuvre; elle fut dévolue à un peuple nouveau.

IV. LE MONDE GERMANIQUE.

L'esprit germanique est l'esprit du monde nouveau, dont le but est la réalisation de la vérité absolue, comme détermination infinie de la liberté par soi-même, de la liberté qui a sa forme absolue pour contenu. L'Idée doit pénétrer le monde effectif en devenant présente dans la conscience du moi. Ce principe du monde nouveau n'était autre que celui de la religion chrétienne, dont les peuples germaniques étaient destinés à devenir l'instrument. Le principe de la liberté spirituelle, sous le rapport temporel comme sous le rapport religieux, le dogme de la réconciliation, fut déposé dans le sentiment de ces peuples simples et presque sauvages, et il leur fut imposé d'être les serviteurs de l'esprit du monde, d'avoir pour substance le concept de la véritable liberté, et de se transformer d'après lui, afin qu'il fût réalisé en eux.

Le monde germanique offre trois périodes.

La première commence avec l'apparition des nations germaniques dans l'empire romain, et avec les premiers développements de ces peuples qui, devenus chrétiens, se mettent en possession de l'empire d'Occident. Cette première histoire offre peu d'intérêt. C'est d'abord l'unité première et sauvage du spirituel et du temporel, bien différente de la véritable unité qui devait naître plus tard. Ce sentiment grossier devait être purifié pour aboutir à l'esprit concret, et le long processus de l'histoire était nécessaire à cette purification. La purification qui aboutit, non à l'esprit concret, mais à l'esprit abstrait, se fit bien plus vite dans le mahométisme. Mais ce résultat n'était qu'imparfait.

La seconde période commence avec l'empire de Charlemagne, qui fut un premier rapport entre le pouvoir spirituel et le pouvoir temporel, une première organisation sociale propre aux nations germaniques. Mais des organisations de ce genre ont besoin, à cause même de leur développement subit, de prendre force par la négativité posée en elles-mêmes; de là des réactions nécessaires qui se manifestent dans la période suivante. Ces réactions, qui constituent l'histoire du moyen âge, sont au nombre de trois, temporelles et spirituelles.

La première réaction est celle des nations particulières contre la domination des Francs; elle aboutit à la dissolution de l'empire de Charlemagne.

La seconde réaction est celle des individus contre la puissance publique et l'état, contre la subordination, l'organisation militaire et judiciaire. Elle produit l'isolement des individus et leur insécurité. Ce qu'il y a de général dans la puissance publique disparaît; les individus sont forcés de chercher protection auprès des puissants, et ceux-ci deviennent oppresseurs. C'est ainsi que se forme peu à peu le rapport de dépendance réciproque générale, le système féodal.

La troisième réaction est celle du principe temporel contre le pouvoir spirituel. Celui-ci domine, il est vrai, au commencement, mais il contient en lui des contradictions qui aboutissent au retour du principe temporel en lui-même. Ces contradictions, qui résultent de ce que l'infini est en même temps fini, se manifestent dans la messe, forme purement finie et sensible donnée à l'absolu; dans la hiérarchie sacerdotale, d'après laquelle le droit d'enseigner dérive d'une forme purement extérieure; dans les richesses et les biens temporels que possède l'Eglise. A ces contradictions religieuses correspondent des contradictions temporelles non moins frappantes : la majesté prétendue de l'empereur et sa faiblesse réelle ; la fidélité, qui forme la base de la féodalité, convertie en une véritable foi punique ; la piété et la ferveur mêlées à la barbarie et au débordement des passions. Tant ce moyen âge est contradictoire et trompeur, tant c'est une sottise de notre époque d'en vanter la perfection !

Ce furent les efforts du pape Grégoire VII qui donnèrent la toute-puissance à l'Eglise ; mais celle-ci ne s'en servit que pour retourner l'esprit contre lui-même et pour intervertir toutes les notions du bien et de la morale, en enlevant aux laïques la faculté de penser par eux-mêmes, en les soumettant à la foi aveugle, en les excluant des choses saintes, en niant directement les relations morales du mariage, de la société civile et de la liberté sociale par les trois vœux de chasteté, de pauvreté et d'obéissance. Cette suprématie et cette déraison de l'Eglise durent provoquer une réaction, et c'est cette réaction, dirigée en même temps contre toutes les contradictions du moyen âge, qui forme le passage à la période suivante. C'est d'abord la renaissance des villes, la révolution des communes, qui ramène des lueurs de liberté, de propriété, d'unité d'administration. Alliées à l'Église, les villes combattent le pouvoir temporel. Les croisades, de leur côté, contribuent à rétablir les sentiments communs, à ranimer l'esprit de généralité. Mais ce fut en vain qu'on chercha chez les morts celui qui était ressuscité. L'esprit déçu par la non réussite des croisades, fit retour sur lui-même. Le mouvement malheureusement peu durable qu'imprimèrent les ordres mineurs et les ordres religieux de chevalerie, le développement de la science, notamment de la philosophie scolastique, le passage de la féodalité à la monarchie, marquèrent les degrés de ce retour. Les volontés particulières, les puissances arbitraires, nées de l'éparpillement de la force publique et de la volonté générale, furent brisées; l'Europe s'organisa en monarchies et en principautés. Cette période de transition se termine enfin par la renaissance des lettres, l'invention de l'imprimerie, le développement des beaux-arts, la découverte de l'Amérique et de la route des Indes orientales. L'esprit s'apprêtait ainsi à entrer par la réformation dans une phase nouvelle.

La troisième période est le monde moderne, engendré par la réforme, le soleil lumineux qui suivit l'aurore des derniers jours du moyen âge.

L'édification de l'église de Saint-Pierre et le Jugement dernier de Michel-Ange amenèrent le jugement dernier de l'Eglise. Le principe du protestantisme réside dans ce dogme que le médiateur n'est pas une chose extérieure, présente matériellement, que la réconciliation ne peut avoir lieu par un objet sensible, par une hostie, mais qu'elle n'a lieu que dans la foi, en esprit. Le Christ n'est présent que dans l'esprit. Par là il était déclaré que le Christ n'était pas seulement une personne historique, mais qu'il remplissait réellement le cœur de l'homme, qu'il était en rapport immédiat avec l'homme, dans l'esprit. Par là aussi on rompait avec les formes extérieures, sous lesquelles l'esprit était captif, avec les œuvres du culte, la hiérarchie et l'autorité de l'Eglise. L'Eglise catholique conserva l'ancien principe; elle devint de plus en plus hostile à la science; le monde catholique resta ainsi en arrière dans la civilisation, et tomba dans le plus profond hébêtement.

Ce ne furent que les nations purement germaniques qui acceptèrent la réforme. Les peuples romans la repoussèrent. Cela tient à ce que l'intériorité pure du caractère germanique, cette intériorité qui constitue le vrai terrain de la délivrance, est plus particulièrement propre aux nations non latinisées, tandis que chez les nations romanes, c'est l'élément de la contradiction qui prédomine. Voilà aussi pourquoi ces nations ont plus d'activité, des buts plus déterminés, l'esprit plus net, pourquoi elles distinguent et isolent toujours les différents côtés de chaque idée. Les Allemands au contraire sont le peuple du sentiment, de l'intériorité, de la totalité par excellence.

La réforme, en opérant la réconciliation vraie,

a réhabilité le mariage, l'industrie, l'état. C'est sous son influence que la monarchie acheva de se consolider et que la victoire définitive fut remportée sur l'aristocratie féodale. La paix de Westphalie ne fut que la consécration dernière de ces principes. L'église protestante fut reconnue; il ne lui manquait que d'être représentée par une puissance fondée sur son principe même et capable de lui assurer sécurité et protection. Cette puissance se trouva; ce fut la Prusse, ce fut Frédéric le Grand. Frédéric le Grand fut un roi philosophe qui n'eut pas son second dans les temps modernes. Apparemment indifférent aux opinions religieuses, il avait conscience de la vérité, il savait que l'esprit avait atteint sa profondeur dernière, et que la pensée s'était conçue elle-même comme pensée.

La révolution que le protestantisme avait opérée dans le monde germanique devait aussi pénétrer dans l'Église catholique. Les jésuites, en rendant incertaines par leur dialectique toutes les choses particulières, ramenèrent à la généralité, à la pensée. La pensée devint alors le but général; on voulut tout soumettre à la pensée, et ce but eut l'assentiment des peuples; car il contient la réconciliation dans son essence pure. La pensée s'appliqua donc aux lois du monde; elle chassa les superstitions; ce fut le siècle des *lumières*. Luther avait prouvé que ce qui formait la destination éternelle de l'homme devait nécessairement se passer en lui-même; mais le contenu, ce qui devait se passer dans l'homme, était accepté du dehors, était reçu comme provenant d'une révélation. Dans le développement nouveau, le point de vue de Luther était dépassé : le contenu lui-même était déclaré intérieur, pensée; le principe de la liberté était établi comme *raison* et comme *volonté* générale.

Le principe de la volonté générale fut posé en France par J. J. Rousseau. Les Français prirent immédiatement la question du point de vue pratique, non-seulement *parce qu'ils ont la tête près du bonnet* [1], mais parce qu'en Allemagne la réconciliation effective était déjà opérée, et que la réalité concrète n'était pas en contradiction avec le principe subjectif comme en France. Par la réformation, en effet, tout avait été amélioré sous le rapport temporel en Allemagne. Les institutions nuisibles du célibat, de la pauvreté et de la paresse étaient abolies; l'esprit n'était pas assujetti à une obéissance aveugle, la royauté n'était pas divinisée comme elle l'était en France par l'institution du sacre, mais elle n'était légitime que parce que le bien du pays le voulait ainsi [2].

[1] Les mots soulignés sont en français dans le livre que nous analysons.
[2] Il faut consulter l'*Histoire du dix-huitième siècle* de Schlosser pour se faire une idée du bonheur dont jouissait alors l'Allemagne sous la multitude de ses souverains légitimes. Parmi les *erreurs* historiques de Hegel, il en est peu qui soient aussi cruellement démenties par les faits.

La philosophie du dix-huitième siècle produisit la révolution française. Celle-ci fut donc juste dans son principe. Mais la liberté ne fut prise que dans son abstraction, dans sa généralité ; or, pour que la réalisation d'une idée soit stable et concrète, il faut que les masses ne la conçoivent pas seulement comme abstraction générale, mais qu'elles se l'assimilent, qu'elles en acquièrent le *sentiment*. C'est ce côté qui fut négligé. De là les luttes et les phases de la révolution, la terreur, l'oppression du sentiment par le sentiment, la chute de Napoléon, celle des Bourbons de la branche aînée. Cette collision entre la constitution et le sentiment dure encore aujourd'hui ; c'est elle qui forme le nœud de la question actuelle, le problème dont la solution est réservée à l'avenir.

CHAPITRE IV.

L'ESTHÉTIQUE [1].

L'esthétique a pour objet l'esprit absolu dans sa manifestation sensible, la représentation de l'*Idée* sous forme sensible. La forme sensible en tant qu'elle est expression de l'Idée absolue est le *beau*; le beau réalisé par l'esprit même (l'esprit fini), est l'art.

Le concept de l'art doit être considéré 1° en soi, dans son idée générale même; 2° dans le moment de la particularisation, c'est-à-dire dans les formes successives (historiques) qu'il revêt pour exprimer le beau; 3° dans le moment de l'individualité, c'est-à-dire dans le système des arts spéciaux.

---

[1] *Leçons sur l'Esthétique*, publiées par M. Hotho. 1re partie, 1841; 2me et 3me partie, 1837. — C'est un des cours les plus complets de Hegel; mais comme il contient des développements de détail très-étendus, qui ne sont pas du domaine proprement dit de la philosophie et qui ne se prêtent que difficilement à l'analyse, nous croyons pouvoir nous borner à une indication sommaire des principes, d'autant plus que M. Bénard publie dans ce moment une excellente traduction de cet ouvrage.

I. LE CONCEPT DU BEAU ET DE L'ART.

a. *Le concept du beau.* Le beau, c'est l'Idée absolue même, comme unité sensible du concept et de l'objet. Il est identique avec le vrai, l'objet de la logique, et n'en diffère qu'en ce que le vrai est l'Idée en soi, qu'il est pour la pensée pure, générale, tandis que dans le beau l'Idée se présente sous forme naturelle, sensible, matérielle. Mais cette forme naturelle, contenant l'Idée absolue dans son unité, n'est pas comme la nature, opposée à l'Idée, contradictoire, finie; elle est infinie, libre et générale, comme l'Idée qui en est le contenu.

b. *Le beau dans la nature.* La nature est un produit de l'Idée, et comme tel, elle offre l'expression du beau. Mais la nature étant le côté purement extérieur, objectif, fini, contingent de l'Idée, le beau n'y arrive jamais à sa réalisation complète. Ces formes imparfaites du beau se retrouvent dans les manifestations naturelles de l'unité, dans l'être vivant; dans toutes celles où la différence est effacée jusqu'à un certain point, où l'unité se fait jour, c'est-à-dire dans la régularité, la symétrie, la conformité à une loi, l'harmonie et la pureté; enfin dans celles qui réveillent des sentiments subjectifs, qui correspondent à l'élément spirituel.

c. *Le beau dans l'art ou l'idéal.* L'art est la réalisation du beau par l'esprit, qui se sait infini, qui transporte l'unité et l'infinité dans la matière sensible. Cette expression spirituelle à laquelle est ramenée la forme immédiate constitue l'*Idéal*. L'art s'empare des objets naturels et en fait des manifestations de l'esprit, leur donne une signification qu'ils n'avaient pas par eux-mêmes; il saisit d'un autre côté le général, l'idéel, l'essence des objets naturels, et les reproduit dépouillés de la contingence et de l'imperfection.

Tel est le concept général de l'Idéal. Ce concept doit se déterminer, et cette détermination est triple; 1° elle consiste d'abord à représenter l'absolu même sous des formes variées, mais en tant qu'absolu, et dans son repos, sa sérénité éternelle; 2° elle devient différence proprement dite : l'Idéal doit revêtir la forme du mouvement, de la contradiction, de l'action. Ce développement suppose un état particulier du monde, approprié à la liberté et à l'indépendance de l'Idéal : état qu'offrent l'âge héroïque et toutes les époques où la loi et l'entendement n'ont pas encore émoussé les individualités; il suppose en second lieu que des *situations* soient données où les hautes puissances de l'art puissent entrer en jeu, où les sentiments et les idées de l'homme puissent devenir des formes de l'absolu (les situations tragiques); enfin dans le moment de l'action proprement dite, il suppose que la collision soit arrivée et que les puissances de l'Idéal s'individualisent dans les personnages et les caractères ; 3° l'Idéal se détermine dans sa forme extérieure, c'est-à-dire dans son rapport avec les formes de la nature. Ainsi il emprunte les formes abstraites du beau de la nature, la régularité, l'harmonie, etc.; il doit reproduire avec fidélité la réalité concrète, la nature, qui lui sert de milieu; il s'approprie aux sentiments et aux idées du public auquel il s'adresse.

L'Idéal, considéré d'abord en soi, puis dans sa détermination, doit être considéré enfin dans son moment subjectif et individuel, dans l'artiste. Ce qui constitue l'artiste, c'est l'imagination créatrice (*Phantasie*) qui revêt l'idée d'une forme sensible, qui donne un corps à l'absolu ; c'est le génie, l'énergie de la pensée générale et infinie, l'inspiration qui consiste à se remplir absolument d'une idée. La subjectivité individuelle de l'artiste se traduit objectivement par la manière, le style et l'originalité.

II. DÉVELOPPEMENT DE L'IDÉAL DANS SES FORMES PARTICULIÈRES.

Le développement de l'Idéal correspond au développement de l'Idée même. L'art est en rapport avec la conception particulière que revêt l'absolu dans chacun de ses moments. Les formes qui résultent de ce rapport sont au nombre de trois : l'art symbolique où l'expression de l'idée par la forme est encore incomplète; l'art classique où cette expression est parfaite, le moment de l'Idéal proprement dit; enfin l'art romantique, où le côté subjectif devient prédominant, où l'idéal (unité égale du sujet et de l'objet) est dépassé.

a. L'art symbolique. Dans l'art symbolique, l'œuvre d'art est le signe, le symbole de l'idée; l'idée est encore cachée sous le symbole; l'œuvre d'art ne lui répond pas parfaitement. Cette symbolisation n'est elle-même que le résultat d'un développement. Dans l'origine, on confond absolument l'Idée avec la nature; un phénomène naturel, comme la lumière dans la religion de Zoroastre, est pris pour l'absolu, il ne peut alors y avoir d'art proprement dit. Puis se fait la séparation; mais les formes sous lesquelles on représente l'absolu n'en sont pas l'expression réfléchie; la nature est spiritualisée, mais sans unité et sans lien; c'est l'art indou. Enfin, dans l'art égyptien, l'œuvre d'art devient symbole proprement dit, devient signe de l'idée.

Par son développement, à travers les formes symboliques, l'Idée conclut au sublime; elle se pose comme ne pouvant être exprimée par une forme sensible. Posée ainsi affirmativement, elle est la substance absolue : elle engendre la poésie mystique du panthéisme indou; posée négativement comme unité exclusive, elle est le Dieu des

Juifs; elle crée les beautés de la poésie biblique.

L'Idée et la forme ainsi séparées doivent s'unir de nouveau, et cette unité devient complète dans l'art classique. Mais l'art symbolique, dans son expression dernière, en offre déjà un commencement; la transition a lieu sous forme purement subjective dans la poésie comparative (la fable, l'apologue, l'énigme, l'allégorie), et l'art symbolique finit enfin par disparaître dans la poésie didactique et descriptive.

b. *L'art classique.* L'art classique est l'unification libre et complète du contenu et de la forme; c'est la réalité du concept de la beauté, l'idéal dans son expression adéquate; c'est l'esprit qui a pour objet soi-même, la signification qui ne signifie qu'elle-même, et non quelque chose d'autre.

L'art classique étant l'expression concrète et déterminée de l'esprit, il s'ensuit que c'est l'homme, la forme humaine, qui en fournit les éléments, qu'il est anthropomorphique et qu'il cesse d'être symbolique. Historiquement l'art classique appartient à la Grèce.

Le point de départ de l'art classique est dans les éléments naturels de la période précédente. Il est engendré comme résultat par la transformation de ces matériaux donnés. Cette transformation se manifeste 1° par la dégradation de l'élément animal, dont témoignent une foule d'histoires mythologiques, principalement les chasses mythiques de la Grèce héroïque; 2° par le combat des dieux nouveaux contre les anciens dieux, combat où sont vaincues toutes les forces brutes et naturelles qui formaient les données de la religion antérieure. Ces éléments naturels, niés et transformés, sont conservés néanmoins, notamment comme formes, fonctions, attributs des dieux.

Le second moment comprend l'art classique dans sa perfection, l'Idéal arrivé à son expression positive. Cet art, c'est l'esprit grec qui le crée; ce sont les poëtes et les artistes qui le développent, tout en empruntant leurs matériaux à une époque antérieure. Achevé ainsi, il est l'élément divin, général, spirituel, lié intimement à l'élément naturel le plus parfait, à la forme humaine la plus belle. Tels sont les dieux de la Grèce. Ces dieux sont nécessairement plusieurs; mais cette particularisation ne peut être systématisée, car autrement ils perdraient leur caractère individuel et deviendraient des êtres allégoriques. L'élément individuel est exprimé positivement dans l'histoire, la localisation, les caractères des dieux.

Mais l'art classique porte les germes de sa corruption en lui-même. La contingence de la particularisation des dieux se résout dans la nécessité aveugle, le destin. L'élément de la subjectivité infinie manque d'ailleurs à l'art grec, et cette subjectivité doit se poser. L'expression de cette opposition entre la subjectivité infinie et le monde extérieur est la satire, l'œuvre d'art romaine, le signe de la dissolution de l'art classique.

c. *L'art romantique*. Il est quelque chose de plus haut que l'apparition de l'esprit sous forme immédiate, même si cette forme lui est adéquate. L'unité, en effet, ne doit pas seulement être extérieure; mais l'esprit doit aussi l'opérer intérieurement, en lui-même. Cette élévation de l'esprit vers lui-même constitue le principe de l'art romantique. La beauté devient une beauté spirituelle; l'expression sensible que prend l'absolu est complétement spiritualisée, l'élément subjectif domine. Cette forme de l'art appartient au christianisme.

Le premier moment de l'art romantique présente l'absolu même qui se donne l'existence réelle, se sait esprit, se fait identique avec l'homme. Dans cette sphère purement religieuse de l'art romantique, le principe est l'*amour*, qui n'est autre chose que l'absolu sous la forme du sentiment. Les formes sous lesquelles ce principe se produit, sont l'histoire de Jésus-Christ et de la Rédemption, la sainte famille et l'amour maternel de la sainte Vierge, enfin l'histoire des martyrs, le repentir et la conversion intérieure, les légendes et les miracles.

Le second moment offre la prédominance du côté subjectif de l'absolu, sous les formes *particulières* de l'honneur, de l'amour chevaleresque et de la fidélité. C'est l'époque de la chevalerie.

Le troisième moment enfin est celui de la subjectivité posée dans son individualité positive; c'est, en soi, le *caractère*; dans la relation extérieure, la forme aventureuse (la chevalerie errante, le roman); enfin, comme expression propre et en même temps comme corruption de l'art romantique, l'imitation de la nature et l'*humour*.

Aujourd'hui toutes les formes d'art sont acquises à l'artiste, en même temps que la vérité philosophique qui doit le guider. Pourvu qu'il n'oublie pas celle-ci, il peut choisir dans l'immense variété du passé.

III. LE SYSTÈME DES ARTS SPÉCIAUX.

Les arts spéciaux sont les formes individuelles que revêt l'Idéal. La division est tirée, d'une part, des instruments de notre perception sensible, de la vue, de l'ouïe et de la mémoire représentative; d'autre part, de l'élément objectif et de l'élément subjectif de l'Idéal. Cette division répond en même temps à la précédente. Le côté objectif seul est prédominant dans l'architecture (qui correspond à l'art symbolique) et la sculpture (propre à l'art classique); le côté subjectif l'est dans la peinture, la musique et la poésie (formes de l'art romantique).

a. *L'architecture.* L'architecture est le premier et le plus inférieur des beaux-arts, du point de vue historique comme du point de vue du concept. Elle n'est qu'un reflet extérieur de l'esprit, un arrangement des matériaux donnés par la nature pour servir d'enveloppe à l'esprit. L'architecture est symbolique, classique et romantique.

Dans l'architecture symbolique, l'œuvre architecturale a une signification par elle-même, elle n'est pas seulement enveloppe extérieure. Ce sont d'abord des constructions destinées à servir de lien, de centre aux peuplades barbares; puis ces formes purement architecturales se spécialisent et se rapprochent de la sculpture; tels sont les obélisques, les Memnons, les sphinx, les temples égyptiens, etc.; enfin elles passent à l'art classique en devenant clôtures, constructions destinées à renfermer un espace. Cette transition se manifeste d'abord dans les montagnes creusées de l'Inde, les labyrinthes souterrains de l'Égypte, et aboutit, lorsque l'idée de but s'est fait jour, aux temples proprement dits, aux maisons closes et couvertes.

L'architecture classique correspond au véritable concept de l'architecture, car cet art n'a plus ici son but en lui-même, il ne sert que d'enveloppe extérieure à quelque chose de plus élevé, et sa beauté ne réside que dans sa conformité à ce but. Ici le but des œuvres architecturales est avant tout de clore et de couvrir, et le point de vue déterminant se trouve dans les conditions de support, dans les colonnes.

L'architecture romantique (catholique) réunit les caractères des deux formes précédentes. Elle a pour but d'être clôture; mais dans cette clôture elle renferme tout le peuple chrétien; elle représente en outre quelque chose par soi; elle a par soi le caractère de l'élévation, de la tendance spirituelle vers en haut, qui se manifeste dans les flèches, les tours, les pointes innombrables des cathédrales du moyen âge.

b. *La sculpture.* La sculpture est l'expression de l'esprit, non sous son rapport subjectif, mais dans sa forme effective, matérielle, sous la forme humaine, qui est l'existence *effective* de l'esprit. C'est donc cette forme comme telle qui en est l'objet, et cet art est propre et essentiel à la période classique.

L'idéal de la sculpture suppose 1° comme contenu, l'exclusion de la subjectivité, l'élément spirituel conçu dans son immobilité, sa sublimité, son éternité; 2° comme forme, le corps dépouillé de ses formes accidentelles, de la physionomie particulière qu'il peut revêtir; 3° la réunion et la pénétration mutuelle de cette forme et de ce contenu.

L'unité qui en résulte constitue l'idéal classique. Quant aux principes relatifs à la réalisation de cet idéal, c'est-à-dire à la détermination des formes particulières qui en découlent, ils ont été parfaitement exposés par Winkelmann, ainsi que l'histoire de cette réalisation, et il reste peu de chose à ajouter à ce qu'il a dit sur ce sujet.

c. *Les arts romantiques.* L'art romantique est caractérisé par le principe de la subjectivité. Les formes extérieures ne sont que des expressions de la subjectivité. Relativement aux matériaux physiques, l'art romantique comprend trois moments : La peinture, où la forme extérieure n'est qu'une apparence produite par la subjectivité, où la matérialité positive de la sculpture disparaît et devient apparence; la musique, où la forme cesse complétement d'être extérieure, étendue, où elle devient comme *son*, comme détermination relative au temps, pur objet du sentiment; enfin la poésie, où la forme même est une chose spirituelle, une forme simplement représentative.

1. La peinture. Le principe de la peinture est d'exprimer la subjectivité sous toutes ses formes, de rendre les sentiments humains quels qu'ils soient, les sentiments religieux, comme les passions matérielles. Tel est le contenu de cet art. Comme forme, il a pour principe la surface plane et la lumière avec ses oppositions d'ombres et de couleurs.

La théorie de la peinture a pour objet, 1° les déterminations du contenu (les objets de l'art romantique, l'histoire du Christ, de la Vierge, etc.;

la nature, les sentiments individuels); 2° les déterminations relatives à la forme (la perspective, le dessin, la couleur); 3° la manière propre du peintre (la donnée générale dont il part, la composition, les caractères).

La peinture appartient spécialement à l'époque romantique. Elle arrive à son apogée dans l'école italienne, qui rend dans toute sa pureté la béatitude de l'âme dans la liberté et l'amour.

2. La musique. La musique est subjective par le contenu aussi bien que par la forme. La donnée matérielle, qui dans la peinture était déjà arrivée par voie de négation à n'être qu'une surface, est niée complétement dans la musique. Cette négation, cette vibration qui en résulte, c'est le son. C'est à l'intérieur même de notre moi, à l'essence même du sentiment que la musique s'adresse. Elle est le sentiment même, la vibration même de l'âme; car le temps, qui est l'élément du son, est aussi l'élément, l'être du moi. C'est là que gît la valeur artistique du son, qui ne devient musique que lorsqu'il rend un sentiment humain.

Les déterminations particulières de la musique dérivent donc de la nature du son musical. Elles sont relatives, 1° à l'essence du son, au temps (la mesure et le rhythme); 2° aux déterminations propres du son (l'harmonie); 3° enfin au son considéré comme expression spirituelle (la mélodie).

La musique peut être considérée en outre, sous le rapport de ses moyens expressifs, suivant qu'elle est accompagnement (vocal et instrumental) ou qu'elle subsiste par elle-même.

3. La poésie. Dans la poésie les matériaux de l'art deviennent eux-mêmes spirituels. Le son n'est plus, comme tel, la matière de l'œuvre d'art, il est la parole, il est le signe, et la matière elle-même, c'est la représentation, l'idée (dans le sens ordinaire du mot). Cette matière comprend toutes les représentations possibles; et il résulte de là que le champ de la poésie est infiniment plus étendu que celui des autres arts.

Mais les idées ne sont pas par elles-mêmes produits d'art, il faut qu'elles reçoivent cette forme de l'*imagination* (Phantasie) du poëte.

Le propre de l'idée poétique est de représenter les choses dans leur unité substantielle primitive. La diremtion, l'abstraction n'a pas eu lieu. L'image est immédiatement liée à la chose, et la chose n'a pas pour contenu les objets de la nature, mais bien les puissances morales, qui poussent et meuvent l'homme. La prose au contraire a pour objet les réalités isolées, abstraites, dans leur liaison réfléchie. L'unité substantielle, qui doit faire le fond de toute œuvre poétique, permet donc aux parties de paraître indépendantes et non étroitement enchaînées l'une à l'autre, quoique cette unité ne doive cesser de les lier au fond.

C'est par ces caractères que la poésie se distingue de l'art historique et de l'art oratoire qui s'en rapprochent, mais où l'unité est une unité de but, et où les détails entraînent nécessairement des idées de l'entendement.

La puissance expressive de la poésie se trouve principalement dans l'idée même, dont le propre sous ce rapport est d'être une image. Mais elle se trouve aussi dans la parole, qui, lorsqu'elle doit rendre des idées poétiques, prend une forme particulière pour se distinguer de la prose. La parole poétique par excellence, c'est le vers. Les subdivisions de la poésie sont tirées du concept général de l'exposition artistique : il en résulte que la poésie est épique, lyrique ou dramatique.

La poésie épique est la narration des faits objectifs. Le poëte fait passer devant notre esprit le monde spirituel, sous forme d'actions humaines et divines qui se développent en une unité, se mêlent d'épisodes et de réactions, et se présentant sous la forme d'un grand événement, deviennent une totalité objective et substantielle. La poésie épique au premier degré est épigramme, gnome, poésie didactique, théogonie ; elle n'atteint sa forme propre que dans l'épopée dont les poëmes homériques offrent le type parfait.

Dans la poésie lyrique, le côté subjectif est prédominant. C'est l'expression de la subjectivité même, de l'intériorité de l'artiste. Ici donc l'œuvre poétique n'est plus une unité substantielle; le sentiment du poëte peut s'y manifester sous une infinité de formes; cette œuvre n'est plus une simple narration, elle exprime le sentiment propre du poëte.

La poésie dramatique enfin est l'art le plus parfait, car elle est en même temps l'unité de la poésie lyrique et épique, de la poésie subjective et objective, et en même temps elle réunit dans la représentation théâtrale tous les autres arts. Le principe de l'art dramatique est de représenter objectivement, comme la poésie épique, une unité substantielle, une action de l'esprit; mais cette action n'est pas une simple narration; elle est, comme dans la poésie lyrique, l'expression même de subjectivités vivantes. La poésie dramatique comprend : la tragédie, dont le principe est le divin, le moral, avec les déterminations du mal et de la justice vengeresse; la comédie, qui est le jeu de la subjectivité pure et de la contradiction; enfin le drame moderne, qui forme un moyen terme entre les deux genres précédents.

CHAPITRE V.

PHILOSOPHIE DE LA RELIGION [1].

L'objet de la philosophie de la Religion est l'absolu le plus élevé : c'est la région où toutes les énigmes du monde sont résolues, où toutes les contradictions de la pensée la plus profonde sont conciliées, où toutes les douleurs du sentiment se taisent ; c'est la région de l'éternelle vérité, du repos éternel. Ce qui fait l'homme, c'est la pensée, la pensée concrète ; d'elle naissent les formes nombreuses de la science, des arts, des relations politiques, de la volonté, de la liberté. Toutes les complications de la vie humaine procèdent donc de l'esprit ; tout ce qui a prix et valeur pour l'homme, tout ce qui fait son bonheur, sa gloire, sa fierté, trouve son dernier centre dans la religion, dans la pensée, la conscience, le sentiment de Dieu. La Religion est le commencement et la fin de tout ; tout sort d'elle et tout rentre en elle, et elle est en même temps le milieu qui vivifie et anime tout. Dieu est ici en face de lui, il est le milieu, le moyen qui conserve,

---

[1] *Leçons sur la Philosophie de la Religion*, éd. par M. Marheinecke. 2 vol. in-8°. 1832. — Nous nous bornons à analyser cet ouvrage, en traduisant les expressions de Hegel, et sans rien ajouter.

l'âme de toutes les formes et le fond de leur existence. Le rapport à quelque chose d'autre n'est plus recevable ici ; on peut dire que Dieu n'est pas dans un rapport de ce genre, il est absolument *en et pour soi*, ce qui n'est pas conditionné, ce qui est libre, ce qui a sa cause et son but final en soi.

La Religion est l'*occupation* qui a Dieu pour objet. Cette occupation, dont l'objet est le but suprême, est libre par conséquent ; car dans ce but sont contenus tous les autres buts, qui disparaissent devant lui et trouvent en lui leur fin. Dans cette occupation l'esprit se dépouille de toutes les enveloppes finies ; c'est elle qui donne la paix et la liberté. Elle est conscience absolument libre, la conscience de la vérité absolue, et ainsi conscience véritable ; en tant que sentiment, elle est la jouissance que nous nommons béatitude ; en tant qu'activité, elle ne fait que manifester la gloire de Dieu, de révéler sa toute-puissance. Les peuples en général regardent cette conscience religieuse comme leur dignité réelle, comme l'apogée de leur grandeur. Dans cet éther les chagrins, les soucis, ces bancs de sable des natures finies, s'effacent ; ils s'éteignent soit dans le sentiment actuel de la méditation, soit dans l'espérance. Dans cette région de l'esprit coulent les flots du Léthé dont s'abreuve Psyché, où disparaît toute douleur, où toutes les ombres, toutes les résistances du temps se transforment en une image fugitive, ou toutes sont transfigurées et ne paraissent que comme la splendeur de la lumière éternelle.

L'objet de la philosophie et de la Religion est le même. C'est pour l'une comme pour l'autre la vérité éternelle dans son objectivité même, Dieu, et rien que Dieu, et l'explication de Dieu. La philosophie s'explique, se développe soi-même en expliquant la Religion, et elle explique la Religion en s'expliquant elle-même. Elle est comme la Religion, occupation relative à cet objet; elle est l'esprit pensant qui pénètre cet objet, la vérité; elle est la vie et la jouissance, la purification et l'élévation au vrai de la conscience subjective, par et dans cette occupation.

Mais entre la philosophie et la Religion il y a aussi une différence, et cette différence consiste en ceci :

Dans la philosophie, l'Idée absolue est déterminée en essence; on fait voir ce qu'elle est en soi, en quoi elle consiste. Dans la Religion, elle est considérée dans sa manifestation, dans son apparence, dans la manière dont nous nous la représentons, nous la figurons. La Religion nous montre l'absolu dans son existence extérieure, comme objet pour nous, comme manifestation. La philosophie est l'Idée, telle qu'elle est dans la pensée, comme contenu même des déterminations de la pensée, comme activité absolue qui se produit elle-même, et dont le résultat, Dieu, n'est pas seulement le résultat, mais aussi la cause, ce qui s'engendre éternellement soi-même; la nature, l'esprit fini, la volonté sont des apparitions de l'Idée, des formes déterminées de l'Idée, des manifestations où l'Idée ne s'est pas encore pénétrée elle-même, où elle n'est pas encore l'esprit absolu. Dans la philosophie de la Religion, nous ne considérons l'Idée, ni comme détermination de la pensée, ni dans ses déterminations finies, mais telle qu'elle apparaît, se manifeste, dans sa forme infinie, comme esprit; voilà la position de la philosophie de la Religion, relativement aux autres parties de la philosophie. Dans les autres parties, Dieu est le résultat; ici cette fin devient commencement, l'Idée est concrète; sa manifestation infinie est notre objet.

La philosophie de la Religion suppose donc que la philosophie ait précédé, que l'Idée soit connue en vérité. En général pour être au point de vue religieux, il faut que la conscience se soit élevée au-dessus de la sphère du fini, il faut qu'elle se soit dépouillée du fini de toute espèce, d'existences, de conditions, de buts, d'intérêts finis; ce n'est qu'à ce prix qu'on est à la hauteur de la Religion.

La philosophie de la Religion doit considérer : 1° la Religion en soi, le concept de la Religion dans ses déterminations générales; 2° le concept au moment de la particularisation, les religions déterminées, l'histoire de la Religion; 3° le concept dans son retour à soi, dans son unité, la Religion évidente, révélée, la véritable Religion.

I. LE CONCEPT DE LA RELIGION.

a. De Dieu. Le résultat de la philosophie sert de commencement à la Religion; c'est l'affirmation de l'existence de Dieu, c'est la certitude que le vrai absolu est Dieu.

Ce commencement, cet objet donné par la philosophie à la Religion, est encore tout à fait abstrait. C'est la généralité pure et sans trouble, qui renferme tout encore dans son sein, mais qui déjà le contient, vis-à-vis de laquelle le particulier et l'individuel ne sont plus des existences indépendantes. A cette hauteur comme généralité absolue, la seule détermination de Dieu, c'est d'être un, d'être le seul Dieu, l'être unique, la substance absolue. Son lieu en nous est la pensée. Il est lui-même la pensée pure, abstraite, sans aucun objet déterminé, sans distinction ni différence, sans diremtion du sujet et de l'objet, la généralité la plus élevée, l'éther pur et transparent, toujours identique à lui-même.

On a prétendu que ce point de vue est celui du panthéisme; cela est faux. Ceux qui imputent le panthéisme à la philosophie spéculative oublient, suivant leur habitude, la chose principale. Ils ne voient pas que, si Dieu est la substance, il n'est pas seulement la substance; il est aussi différence et diremtion, ce qui leur échappe complétement. Le panthéisme est à proprement dire la doctrine suivant laquelle tout, le tout, l'univers, l'ensemble de ce qui existe, toute cette infinité de choses finies, sont Dieu. Dans le panthéisme, les choses finies, les choses individuelles, telles que l'expérience immédiate nous les donne, sont Dieu, non la généralité qui est en et pour soi. Dans le panthéisme, l'universalité n'est qu'une totalité, non une réalité générale; et il est vrai de dire que jamais il n'y a eu de philosophie panthéiste. Un autre reproche a été adressé à la philosophie, au principe de l'unité de substance de Spinosa. On dit que si tout est un, le bien et le mal sont un, il n'y a pas de différence entre le bien et le mal. Sans doute cette différence n'existe pas en Dieu; Dieu ne peut être le mal, il est le bien et le bien absolu. Le mal n'arrive que dans la différence, dans la diremtion, dans le néant; c'est ce qui n'est pas; la morale veut que l'homme nie cette négation, qu'il n'ait d'autre but que le bien absolu, que Dieu. Ce reproche est donc tout à fait superficiel.

L'unité absolue que nous avons jusqu'ici n'est pas encore la Religion; pour que celle-ci soit, il faut de la conscience, de la subjectivité. La pensée est le lieu de cette généralité; mais ce lieu est encore absorbé dans cette unité, cette éternité, cet être absolu.

Or, il résulte de la nature même du général

que celui-ci se différencie et se particularise. Cela a été prouvé dans la logique. La différence qui se pose ici est toute spirituelle, c'est le savoir de Dieu, la conscience (que nous avons) de Dieu. Ainsi, dans le second moment, nous avons deux termes inséparablement unis : Dieu et la connaissance de Dieu; nous sommes sur le terrain de la religion proprement dite.

b. *La Religion.* La preuve de la nécessité de la Religion se trouve dans la philosophie. La Religion résulte du processus même qui est inhérent à l'Idée; elle dérive de la diremtion même qui lui est propre. L'Idée a conscience absolue de soi-même, et cette conscience, considérée du point de vue subjectif, est immédiatement certitude et foi. Or, cette certitude se présente sous trois formes, sous la forme du sentiment, la forme de le réflexion et la forme de la pensée.

α. *Le sentiment.* Dieu est connu immédiatement par le sentiment[1]. Cela est vrai; mais qu'est-ce que cette connaissance? l'affirmation toute vide, toute abstraite de Dieu, de la généralité la plus vague, de l'être pur. C'est l'apperception sensible avec la seule différence que l'objet n'est pas sensible. Cette forme est la plus inférieure, car d'un côté l'être pur en étant l'objet, le sujet et l'objet sont absolument confondus ou plutôt le côté sub-

---

[1] Hegel a en vue ici le système de Jacobi, suivant lequel la connaissance de Dieu nous est donnée par le sentiment.

jectif devient prédominant ; quand je dis je suis, le *suis* est déjà contenu dans le sujet ; la généralité est sue comme étant dans le sujet, mais non comme existant en et pour soi. D'un autre côté, le sentiment est l'apperception tout à fait indéterminée encore, indifférente par conséquent à toute espèce de détermination, aux sentiments agréables et désagréables, bons et mauvais. Ce n'est pas le sentiment qui peut juger de la vérité ou de la fausseté de son contenu. Nous devons sans doute posséder Dieu dans le sentiment, mais Dieu tel qu'il est, avec son contenu réel et comme existant en et pour soi ; or, le sentiment à lui seul ne répond pas à cette condition ; la certitude doit donc se déterminer davantage et passer à la forme de la représentation.

β. *La représentation*. Nous nous représentons (figurons) Dieu ; Dieu est devenu objet, contenu ; nous le voyons comme quelque chose en dehors de nous. A ce point de vue, la religion se présente sous des formes sensibles auxquelles on attribue une signification spirituelle. Ainsi on dit le *fils* de Dieu, on dit qu'il a été *engendré*, on dit l'*arbre* du bien et du mal ; la religion devient quelque chose d'historique, par exemple, l'histoire de Jésus-Christ, etc. La représentation est supérieure au sentiment ; l'objet est distinct du sujet, existe en et pour soi ; mais elle ne peut encore légitimer son contenu, elle ne possède pas encore en elle-même sa vérité.

γ. *La pensée.* La pensée suppose de plus que la simple représentation, une unité dans laquelle soient comprises les déterminations diverses, la conciliation des contradictions, et la médiation, c'est-à-dire la preuve, la démonstration de la nécessité de la chose. C'est de cette dernière condition que résulte la théorie des preuves de l'existence de Dieu. C'est à tort qu'on a voulu rejeter cette théorie : Dieu doit être prouvé sans doute, mais prouvé suivant la méthode vraie, à la manière des concepts; il doit trouver sa preuve en lui-même, et la démonstration ne doit être que le développement du concept sortant de son unité et y revenant en passant par la différence. La représentation fournit l'idée du fini; la pensée a pour but de s'élever de cette idée à celle de l'infini, à celle du Dieu vrai et complet. Or, la pensée est d'abord simple réflexion. Par la généralité qui lui est inhérente, elle dépasse le fini et lui oppose l'infini; mais ces deux idées restent fixées dans leur opposition; on pose le fini d'un côté, l'infini, comme sa négation, de l'autre; c'est le point de vue de l'entendement, qui ne voit pas que son infini n'est pas un infini réel, puisqu'il est limité par le fini. Le degré suprême où arrive la réflexion, c'est de poser l'infini dans le fini, d'en faire une propriété du moi, de le résumer dans le moi (le moi absolu de Fichte). Mais cette considération, quoiqu'elle soit bien proche du concept spéculatif, n'est pas encore la vérité; car c'est toujours un moi fini qu'on a en vue, et c'est au profit de ce moi fini qu'on absorbe toute l'objectivité. Or, ici se trouve le passage au point de vue plus élevé, à celui de la raison. La subjectivité, en reconnaissant la généralité absolue, renonce à son individualité; le moi individuel disparaît devant l'objectivité universelle, qui seule est vérité, qui seule est affirmation positive; l'infini est conçu non comme opposé au fini, mais se manifestant par lui, le produisant comme un de ses moments, en étant l'essence, le fond. Dieu, à cette hauteur, est le mouvement en lui-même par lequel il est Dieu vivant. Il se fait fini; mais ce fini ne subsiste pas, il est supprimé immédiatement, et par cette négation, Dieu revient à lui-même et n'est Dieu que par cette négation. Sans le monde, Dieu n'est pas Dieu.

A cette hauteur, quand on parle de la connaissance de Dieu, il ne peut plus être question de notre connaissance subjective. Cette connaissance est celle que l'Idée a d'elle-même, c'est la conscience de soi-même de l'esprit absolu; la conscience finie y est contenue, mais à l'état de négation; la chose, l'*autre* que l'esprit absolu connaît, c'est lui-même; et il n'est esprit absolu qu'à condition de se connaître.

Le concept vrai de la Religion est donc celui où l'objet de la connaissance est considéré comme la vérité absolue, comme l'effectivité réelle qui renferme tout contenu en elle. Ce concept est nécessaire. Or, cette nécessité est 1° extérieure; le concept est posé comme résultat du processus logique; 2° elle est intérieure, car le processus même démontre que le point de départ, l'être pur, n'est qu'une abstraction, qu'une négation; que l'Idée qui paraît être un résultat est le véritable commencement. Le processus apparaît comme n'étant lui-même qu'un moment de l'Idée. Il a lieu dans l'Idée même, qui d'abord posée dans son unité, devient le monde par sa diremtion et fait retour à soi-même dans l'esprit. Le concept contient donc sa nécessité en lui-même.

c. *Le culte.* Nous venons de voir le concept dans le moment de sa diremtion, de sa différence, de l'opposition de la conscience et de l'objet. Le moment du retour à l'unité, de l'activité du sujet qui nie la différence, c'est le culte. Deux points intimement liés sont à considérer ici : d'abord l'idée même de Dieu, la manière dont nous le représentons, dont il apparaît, la représentation de Dieu; c'est le côté théorique du culte; en second lieu, notre subjectivité dans son rapport avec Dieu, la manière dont elle le conçoit et s'unit à lui, notre activité pratique dans ce rapport; c'est le côté pratique du culte, le culte proprement dit.

Dieu apparaît ou est représenté : 1° comme unité, comme généralité de la nature; 2° comme esprit, mais comme esprit abstrait, unité de l'entendement; 3° comme esprit véritable, comme Idée. Or, l'activité pratique est en rapport direct avec l'idée que nous nous faisons de Dieu, elle se conforme à cette connaissance. La connaissance est donc un des moments du culte, et de ce point de vue elle est *la foi*.

Dans la foi, la conscience n'a pas seulement la certitude de l'objet, mais aussi la certitude que cet objet est l'être absolu, la seule vérité, et ainsi elle renonce à son existence propre, à sa vérité individuelle. La foi est cette unification du contenu absolu et de la conscience, la liaison divine et absolue elle-même, où l'être qui sait, dépouille toute individualité, toute propriété particulière, et ne connaît que son *être*. Dans cette certitude libre, il y a médiation, car la conscience a un objet; mais l'objet ne lui est pas étranger, il est son essence même et la foi est ce qui les lie et les unit. La foi ne doit pas être confondue avec le point de vue du moi absolu ni avec celui de l'apperception immédiate du sentiment, car en elle seulement est niée la subjectivité finie, qui dans ces formes de la réflexion reste tout entière.

Le contenu de la foi doit recevoir la forme de la médiation; or, la médiation extérieure est fausse, les preuves tirées du dehors, des miracles, de l'exégèse, etc., sont insuffisantes; la médiation ne peut être qu'intérieure; l'esprit seul peut rendre témoignage de l'esprit; les raisons finies ne sont que pour les choses finies; la véritable raison de la foi est l'esprit, et le témoignage de l'esprit est vivant de lui-même.

La foi et la foi médiate sont donc les premiers moments du concept du culte; mais il faut aussi que la conscience subjective se sache Dieu, rentre en Dieu; il faut que cette conscience soit concrète aussi pour le sujet. C'est là la jouissance suprême, absolue, qu'offre le culte. C'est la renonciation à l'individualité exclusive et séparée de son objet. Le culte n'est autre chose que l'activité productrice de cette unité, et la jouissance qu'elle entraîne, afin que ce qui est en soi dans la foi soit accompli, senti, consommé. Dans ce fait, l'activité est double; il y a la grâce de Dieu et le sacrifice de l'homme. Il y a mouvement de Dieu vers l'homme et de l'homme vers Dieu; ce qui paraît être mon fait est le fait de Dieu, et vice versa. Ainsi, dans la Religion, le bien s'accomplit toujours; il n'est pas une chose qui devrait être; mais il est puissance divine, éternelle vérité.

Tel est le concept du culte en général; dans la particularisation, le culte se conforme aux notions de la conscience sur Dieu. Dans la Religion vraie, lorsque l'individualité a compris qu'elle est elle-même l'infini et qu'elle s'est absorbée dans cet infini en tant qu'individualité déterminée, le culte est la liberté, la réconciliation. L'homme se sait libre et infini parce qu'il possède en lui-même le mouvement de l'esprit absolu. **La scission absolue entre la conscience** subjective et l'objet infini est supprimée, la réconciliation est faite. L'union mystique, ce sentiment, cette jouissance de l'unité que produit le culte, cette certitude de la grâce, cette réconciliation en soi-même, le culte la produit sous trois formes. La forme la plus intérieure et la plus essentielle est la méditation, la contemplation ; c'est la chaleur, la vie même de la foi dans le sujet ; c'est parce que cette conscience du vrai y est toujours présente, qu'on peut dire que la philosophie est un service divin, perpétuel. En second lieu, le culte se manifeste par des formes extérieures, par les sacrifices, les sacrements ; ces formes sont l'expression positive, sensible, de la négation du fini qui s'accomplit dans le culte. Enfin, lorsque le sentiment religieux a véritablement transformé le cœur et la volonté, le culte a son expression dans la moralité ; il passe dans les mœurs et devient identique avec l'état. C'est sur ce fait que repose l'unité de l'église et de l'état. Au fond, ils sont identiquement la même chose, et si des scissions s'élèvent, c'est par suite d'erreurs qu'il appartient à la philosophie de faire disparaître.

L'idée de Dieu de même que le culte se présente donc sous deux formes : c'est d'abord l'idée imparfaite, limitée, le culte déterminé, défectueux ; puis l'idée conforme au concept, l'idée vraie et le culte dans la liberté. De là les deux côtés que présente le développement religieux :

la religion déterminée et la religion révélée, absolue.

II. LA RELIGION DÉTERMINÉE.

Dans la première partie, on a considéré le concept de la Religion en soi, c'est-à-dire tel qu'il est pour nous. Or, ce concept n'est complètement réalisé que dans la religion vraie; nous avons donc à voir comment naît cette religion, comment le concept parvient à se former. Le concept est en germe dans toutes les religions; mais celles-ci n'en sont d'abord que des moments; elles ne répondent pas au concept et ne l'expriment que d'une manière incomplète; il faut que le concept soit développé et soit posé pour la conscience. C'est ce développement qui constitue les religions déterminées.

Ce développement parcourt, avant d'arriver au concept absolu, deux phases bien distinctes : la religion de la nature et la religion de l'esprit fini.

Dans la religion de la nature, l'apperception immédiate, le monde sensible est considéré comme expression directe de Dieu. Dieu est la puissance, la substance de la nature, substance confondue avec le phénomène et adorée dans le phénomène. L'infini n'est pas distingué du fini, et chaque objet immédiat et fini est pris pour l'infini. C'est la religion de l'unité immédiate de l'esprit et de la nature, Dieu est partout, et toujours il est en même temps nature et esprit. La religion de la nature contient en elle des déterminations particulières. Elle est d'abord fétichisme et magie; puis la substance qui est au fond des phénomènes parvient à se concentrer, mais elle n'est en elle-même que le néant, et son expression est toujours un être matériel ou un monde matériel; telles sont les religions de la Chine, du Thibet et de l'Inde; enfin la religion de la nature arrive à poser la distinction, le dualisme en elle, comme dans le dogme de Zoroastre et les croyances égyptiennes; mais ce dualisme encore imparfait ne peut dépasser les limites de la nature et le moment de la subjectivité ne parvient pas à se faire jour.

Le culte dans la religion de la nature est de même un rapport immédiat, une liberté naturelle que le sentiment de la contradiction, du mal, n'a pas encore pénétré. Ce n'est qu'un état particulier, qu'une jouissance plus positive de la vie ordinaire. Ce sont des fêtes, des cérémonies tout extérieures. Dans les moments plus élevés de cette religion, le culte consiste dans l'effort que fait l'homme pour s'identifier avec la substance absolue, comme dans le brahmanisme et le bouddhisme, ou bien dans la représentation de l'absolu par des œuvres d'art, comme dans la religion égyptienne.

La religion de l'esprit fini est celle où Dieu est

conçu comme subjectivité, comme esprit, comme agissant suivant un but. Dieu est ici la sagesse absolue; il est séparé de la nature qui n'est vis-à-vis de lui qu'un moment, qu'une apparence, qu'un accident. Les déterminations du concept à ce degré sont celles de l'unité, de la nécessité et du but. A chacune de ces déterminations répond une religion spéciale, de telle manière que dans chacune, un des moments est prédominant sans exclure les autres. Ces religions sont :

1° La religion du *Sublime*, la religion juive. La substance est concentrée dans sa spiritualité, est une, est absolument séparée du monde. C'est la réflexion absolue en soi, le Dieu un, éternellement identique à soi et vis-à-vis duquel le monde n'est qu'un phénomène, quelque chose qui ne subsiste pas par soi, une apparence qui n'est pas l'apparence de lui. Ce caractère d'unité se représente dans le but qui est un but unique, un seul peuple entre tous.

2° La religion de la *Beauté*, la religion grecque. Ici le spirituel et le naturel sont réunis, mais avec prédominance du subjectif. La nature ne paraît que comme l'expression, l'organe de l'esprit. Le but est épars, c'est le polythéisme, c'est une foule de divinités et de buts isolés, indépendants les uns des autres. Mais cet isolement n'est que supposé; tous ces accidents épars ne sont que des moments, des conditions l'un de l'autre. L'aveugle destin est l'unité qui forme leur lien indissoluble. Cette religion, qui semble être celle de la liberté, est donc en même temps celle de la plus rigoureuse nécessité.

3° Il faut enfin que le but soit généralisé, que la nécessité elle-même soit comprise sous l'idée du but. Ceci a lieu dans la religion du *But*, dans la religion romaine. Tous les peuples, toutes les religions sont absorbés par Rome, par le but romain, qui est ainsi la nécessité qui assimile tout à elle. Mais ce but est encore celui de la subjectivité vis-à-vis de l'objectivité, c'est celui de Rome vis-à-vis des autres peuples; la subjectivité contenue en elle toute la puissance substantielle, mais le droit de l'objectivité n'est pas reconnu. Cette phase n'est donc pas la dernière, elle doit disparaître elle-même devant le concept absolu et libre, devant la religion révélée.

Dans la sphère de la religion de l'esprit, le principe général du culte est celui d'une conciliation à opérer. La séparation est posée et déterminée : l'homme est en dehors de la Divinité; il a besoin de conjurer sa colère, de satisfaire sa justice, d'expier les fautes qu'il a commises. Mais cette réconciliation est incomplète encore; elle est finie et limitée. La Religion véritable seule opère la réconciliation absolue.

A la religion naturelle correspondent les preuves cosmologiques, à la religion de l'esprit fini, les preuves téléologiques de l'existence de Dieu.

III. LA RELIGION ABSOLUE.

Le but de la religion romaine, en se réalisant, a absorbé l'objet en elle. L'unité de la subjectivité et de l'objectivité est posée. La substance absolue s'est déterminée en subjectivité absolue qui a son but en elle-même. Or, c'est là l'esprit, l'infini qui se sait infini. La religion du but a conclu à la religion absolue, à la Religion chrétienne. La Religion absolue est : 1° évidente ; c'est la conscience identique avec son objet, c'est la conscience se connaissant elle-même. La subjectivité, la conscience subjective qui connaît a été élevée à l'infini, elle se conserve dans l'absolu, elle en est un moment infini. Cette valeur accordée à la subjectivité est un des points essentiels de cette religion ; 2° elle est positive, révélée, non pas comme révélation extérieure, comme imposée du dehors ; ce qui est de l'esprit ne peut être prouvé directement par ce qui est sensible, par les miracles, les paroles de la Bible, etc. ; mais c'est la révélation de l'esprit à l'esprit, c'est l'affirmation positive de la pensée vraie et nécessaire ; 3° elle est la religion de la vérité et de la liberté, c'est le concept se déterminant lui-même, c'est l'idée qui est en même temps l'objet, le commencement, le milieu et la fin dans une seule unité.

A ce degré de l'Idée religieuse correspond la preuve ontologique de l'existence de Dieu, la considération que l'idée de l'absolu renferme nécessairement l'être.

L'Idée absolue, éternelle, est :

1° Dieu en et pour soi, dans son éternité, avant la création du monde, hors du monde; Dieu dans la pensée pure, avant la manifestation; Dieu hors de l'espace et du temps.

2° Création du monde, dont le produit est d'un côté la nature physique, et de l'autre l'esprit fini. Cette création paraît d'abord extérieure à Dieu, mais l'essence de Dieu consiste à concilier la différence, à faire rentrer en lui ce qu'il en a séparé. Cette seconde forme est celle de la particularisation, de la manifestation de Dieu. Dieu existe dans l'espace et le temps; son lieu est le monde; son temps est le passé, est une *histoire divine*.

3° Le processus de la réconciliation, par laquelle l'esprit unit à lui ce qui a été séparé, distingué, et devient ainsi l'Esprit saint, l'Esprit dans la société chrétienne. Ce troisième élément est celui de la subjectivité, de l'individualité. Son lieu est la communauté chrétienne, d'abord existant dans le monde, puis s'élevant au ciel et ayant le ciel sur terre; son temps est le présent, mais un présent qui n'est pas encore accompli et qui est un avenir.

L'Idée n'étant que la conscience absolue se révélant à elle-même, les trois formes dont nous venons de parler se déterminent ainsi : la première n'est pour l'esprit fini que pensée. Le sujet n'a pas encore passé lui-même dans le processus, Dieu est pensé par lui et est unité en lui ; la différence est encore tout idéelle. C'est là le premier rapport ; il n'existe que pour le sujet pensant qui s'occupe de ce contenu complétement pur. C'est le royaume du Père.

La seconde forme est le royaume du Fils. Ici l'*autre*, qui n'était qu'idéel dans le père, devient l'autre réel : Dieu, en engendrant le Fils, produit la nature. Ici le sujet pensant, l'homme est compris dans le processus même ; il fait partie du monde. Dans ce rapport, la relation de l'homme avec l'Idée est la considération religieuse de la nature.

Le Fils enfin paraît dans le monde, la foi commence et l'homme reconnaît la manifestation de Dieu. Ainsi se constitue le royaume de l'Esprit, qui repose sur la certitude que l'homme est réconcilié avec Dieu.

a. *Le Royaume du Père.* Sous cette forme, Dieu est encore l'Idée abstraite : cette conception est défectueuse, car elle fait abstraction du caractère créateur de Dieu ; la création n'est pas un acte qui a été fait une fois, elle est un moment éternel, une détermination éternelle. Dieu n'est donc pas encore complet à ce degré ; il n'est que l'élément pur de la pensée, le moment de l'Identité absolue.

Dans cet élément pur, la détermination est nécessaire en tant que la pensée en général est différente de la pensée qui conçoit. 1° La pensée en général est l'objet de la pensée. L'esprit est ce qui pense. Dans cette pensée pure il n'y a pas de différence, il n'y a rien qui se distingue, rien entre le sujet et l'objet; ceux-ci ne sont pas encore la pensée; c'est cette unité pure avec soi-même, où toute ombre, toute obscurité disparaît. Cette pensée peut être appelée aussi intuition pure. Elle n'a aucune limite, elle est activité générale; son contenu n'est que la généralité même. 2° Mais la diremtion absolue doit avoir lieu. La pensée se détermine; elle va du général au particulier; elle se distingue; elle est l'activité du général qui se particularise; elle est le Fils. 3° Dieu est aussi l'Esprit; il est l'unité absolue du général et du particulier, l'individualité absolue.

C'est cette Idée éternelle que la religion chrétienne a appelée la Trinité. Dieu n'est ici que pour l'homme pensant qui se recueille silencieusement en lui-même. Dans la Trinité, l'unité est absolue; car le particulier opposé au général n'est que la particularisation du général, et le général n'est que l'identité de la différence. L'esprit est leur unité; il est l'amour éternel; car l'amour n'est qu'une distinction entre deux qui ne sont pas distincts; c'est pour les hommes, le sentiment de l'identité qui existe entre eux. Dieu est l'amour, c'est-à-dire cette distinction et la négation de la distinction, un simple jeu où la distinction n'est pas sérieuse, la différence niée aussi bien que posée, l'Idée une, simple, éternelle. Chacun des termes est toute l'Idée, et est en même temps le commencement, le milieu et la fin.

b. *Le Royaume du Fils.* L'Idée sort de la généralité, de l'infini, de l'élément pur de la pensée, pour prendre la forme du fini, de l'existence présente. Il est de la nature essentielle de l'Idée absolue de poser éternellement la distinction; mais dans la forme précédente, la distinction est telle qu'elle disparaît sitôt qu'elle est posée, qu'elle est niée immédiatement; la différence n'est donc pas encore complète, elle n'est qu'idéelle; il faut aussi que l'*autre soit*, que la différence existe. Il faut donc que l'Idée laisse sortir librement la détermination au dehors, comme quelque chose qui existe pour soi, comme un objet indépendant. C'est là la bonté de Dieu. Cet autre, cette détermination qui se produit librement au dehors, c'est le monde.

La vérité du monde n'est que son idéalité; le monde n'a pas une effectivité vraie, il n'est qu'idéel, il n'est pas éternel en lui-même, il n'est que créé, son être n'est que posé. Cet être, il ne doit le posséder qu'un moment; sa destination est de supprimer cette séparation et de rentrer dans la relation de l'unité, de l'esprit, de l'amour.

D'après ce que nous avons vu, il y a deux moments dans le Fils. D'abord la relation du Père au Fils, la relation qui n'a lieu que dans la pensée, où la particularisation est dans le Père à l'état idéel; en second lieu le moment du monde, de la différence positive. Cet autre, c'est l'espace, le monde extérieur, l'esprit fini, qui a la forme de l'être et qui pourtant n'est que l'ἕτερον, le déterminé, le limité, le négatif.

Le monde fini est le côté de la différence opposé au côté qui reste dans l'unité. Il se distingue ainsi en monde physique et en monde de l'esprit fini. Le monde physique n'est pas en relation avec Dieu, il ne sait pas Dieu, il n'est mis en rapport avec Dieu que lorsque l'homme le comprend.

Mais l'esprit fini doit nécessairement arriver à la conscience de l'absolu, la vérité est pour le sujet et doit devenir subjective. Ceci suppose que le sujet est dans le faux, dans le mal, et que la réconciliation doit être opérée, que le mal doit être vaincu. Or voici comment procède ce mouvement.

On dit : l'homme est naturellement bon ; il est naturellement mauvais ; les deux propositions sont justes. L'homme est bon en soi, dans son intérieur, suivant son concept ; il est créé à l'image de Dieu, il est esprit, il est raison, sa nature est donc bonne. Mais cela ne suffit pas. La bonté naturelle est celle de l'apperception sensible, celle que l'homme possède en commun avec l'animal ; c'est le bien sans l'opposition du mal, la bonté immédiate et sans responsabilité ; il faut que l'homme soit aussi bon pour soi, il faut qu'il soit bon librement et sciemment, il faut que la contradiction soit posée et résolue en lui ; et de cette autre nécessité de sa nature découle la vérité de la deuxième proposition : que l'homme est naturellement mauvais. Les instincts de la nature avant d'être dominés par la volonté et la raison, ne sont pas la liberté, ils sont le mal.

Or, pour que l'homme soit mauvais, il faut qu'il se sache mauvais. Le mal n'existe que dans la sphère de la connaissance. C'est dans l'arbre de la science que gît la véritable racine du mal. Par la connaissance arrive la négation, et la négation est un des moments nécessaires du concept. Du péché aussi naît la vie éternelle; car la subjectivité se pose, l'homme devient infini comme conscience absolue de soi-même, la subjectivité acquiert une valeur absolue, elle devient objet essentiel de l'intérêt de Dieu. C'est ce qu'on exprime par le dogme de l'immortalité de l'âme; c'est l'élévation au-dessus de tout le fini, de tout ce qui est faux et dépendant, la liberté donnée à l'homme d'abstraire de tout ce qui est temporel et passager. Est mortel tout ce qui peut mourir, immortel ce qui peut parvenir à l'état où la mort ne peut arriver. L'immortalité ne doit donc pas être conçue comme quelque chose qui ne vient que plus tard; c'est une qualité présente, l'esprit est éternel dès maintenant; du moment qu'il est libre, il est hors de la limitation; comme pensée, comme science pure, le général est son objet, et c'est là l'éternité.

Ce mal, qui constitue l'homme même, a deux

formes; c'est le mal proprement dit, l'opposition avec Dieu; et l'opposition avec le monde, le malheur.

La conscience de l'opposition avec Dieu est la douleur infinie sur soi-même, le sentiment absolu du fini et du néant de l'homme vis-à-vis de Dieu, la contradiction, l'angoisse absolue.

L'opposition avec le monde est la déception de l'homme qui veut le bien sans pouvoir le réaliser, qui trouve une nature fatale en face de sa liberté; c'est le malheur absolu, vis-à-vis duquel l'homme se fait stoïque et sceptique, et se retire en lui-même.

La première contradiction est posée historiquement comme résultat de la religion juive, la seconde comme résultat de la religion romaine.

Or le moment où ces oppositions arrivent à leur point culminant, est aussi celui de la réconciliation.

Les deux termes de la contradiction sont dans le sujet; le sujet possède donc en lui le principe de l'unité. Mais peut-il poser lui-même cette unité, peut-il opérer lui-même la réconciliation? Non; car une telle réconciliation serait incomplète, ne serait que posée par lui, formelle; il faut qu'elle soit conçue comme étant en soi, il faut qu'elle soit présupposée. Nous avons vu en effet dans la logique, que l'Idée n'est autre chose que cette négation qu'elle pose en elle-même, et qu'elle nie éternellement. Ici la contradiction

seule est posée, et il s'agit de voir comment l'unité
se rétablit. Or nous avons vu que l'esprit fini
s'élève d'abord à l'Idée de Dieu par la considération de la nature ; Dieu paraît dans la nature ;
mais cela ne suffit pas, il faut qu'il paraisse aussi
dans l'esprit fini lui-même, que Dieu se fasse
chair, que l'identité de la nature divine et humaine
soit révélée objectivement. Or ceci a lieu par
l'incarnation du Verbe. La réconciliation n'est
possible qu'à condition que l'homme sache que la
nature divine et humaine est une, que Dieu n'est
pas étranger à l'homme, que celui-ci est lui-même
reçu en Dieu, sujet en Dieu. Ceci n'est possible
que si Dieu lui-même est cette subjectivité de la
nature humaine ; or cette unité de Dieu et de
l'homme, qui d'abord est en soi, se révèle à l'homme quand Dieu apparaît sous forme humaine.

Cette conscience de l'Idée absolue qu'engendre la philosophie ne doit pas être produite sous
forme spéculative, mais sous forme sensible, de
manière à en donner la certitude à tous. Voilà
pourquoi le fait a lieu dans un individu déterminé. L'apparition est un homme, sous forme
immédiate, sensible. L'esprit ne peut avoir une
forme sensible que comme homme. Le Christ a
été nommé l'Homme-Dieu par l'Église. C'est là
cette unité absolue de la contradiction ; c'est ainsi
que cette unité du divin et de l'humain est devenue un fait de conscience, et qu'on a pu comprendre que le fini, la faiblesse, la fragilité de la

nature humaine n'étaient pas inconciliables avec l'Idée absolue, avec Dieu.

L'histoire de Jésus-Christ doit être considérée du point de vue humain et du point de vue divin, du point de vue de la foi. Comme homme, Jésus-Christ est un homme pareil à tous, un grand homme, un Socrate. Il ne vit que pour la vérité, pour faire un enseignement nouveau aux hommes. Cet enseignement n'est pas encore celui que l'Église a formulé plus tard. Son contenu n'est que général, abstrait, il ne fait que préparer le terrain; c'est d'un côté la négation de l'état religieux existant, c'est de l'autre l'annonciation de la réconciliation, d'un autre monde, d'une religion nouvelle, du royaume de Dieu, du règne de l'amour. Ici il n'est pas question de médiation, l'homme doit se transporter immédiatement dans ce royaume nouveau : qu'il ait la pureté du cœur, il aura la béatitude. Dans cet enseignement, Jésus est prophète, il affirme que Dieu parle par sa bouche, quoiqu'il ne cesse en même temps d'affirmer qu'il est homme. Sa mort enfin vient sceller sa doctrine; comme Socrate, il est martyr de la vérité.

Telle est l'histoire humaine de Jésus-Christ. Mais immédiatement après sa mort, l'idée change, le point de vue de l'esprit, de la foi, se fait jour. L'esprit comprend que dans le Christ a été révélée la nature divine. Les disciples avaient jusque-là l'espérance, le sentiment du nouveau royaume ; la conception de la mort du Christ sert de passage au point de vue religieux. Ce passage était préparé dans les esprits par les religions juive et romaine. Le besoin de la conciliation était universellement senti et demandait une manifestation de Dieu sous forme humaine; le Christ fut l'homme qui la donna. Par cette conception, la réconciliation était opérée, le royaume de Dieu était rendu présent. Dieu avait été jusqu'à la dernière extrémité de la négation humaine, jusqu'à la mort. Mais par la mort a eu lieu le retour ; la mort du Christ n'est que la mort de la mort. La résurrection n'appartient qu'à la foi, elle n'est pas sensible, Jésus n'apparaît qu'à ses disciples, qu'à ceux qui croient en lui. La mort est en même temps l'amour infini ; Dieu a montré son amour infini en se faisant identique à ce qui n'est pas lui, à sa différence, au mal, pour le tuer. Le Christ a porté le péché du monde, a réconcilié le monde avec Dieu; il est mort pour tous, il a révélé la nature même de l'homme; il a rendu sa valeur infinie à la subjectivité. La résurrection est suivie de l'ascension ; le Fils prend sa place à la droite de Dieu, l'Idée absolue est conçue dans sa vérité comme Trinité.

C'est ainsi que la première communauté chrétienne s'explique, suivant le témoignage de l'Esprit, la vie et la mort de Jésus-Christ. Cette histoire a pour résultat de donner la conscience à l'homme, que l'Idée est certaine pour lui, que l'homme est Dieu immédiat, présent, et que cette histoire est le processus divin lui-même. Ces données doivent se développer ultérieurement dans la société chrétienne, et nous arrivons au royaume de l'Esprit.

c. *Le royaume de l'Esprit.* La troisième sphère est celle de l'Idée posée comme individualité. Cette individualité est d'abord l'individu divin, l'individualité générale ; mais cette idée, représentée comme *un* homme, ne devient complète effectivement qu'en posant vis-à-vis d'elle le nombre des individus, et en ramenant ceux-ci à l'unité de l'esprit, à la communauté. L'apparition de Dieu dans la chair est sensible, a lieu dans un temps, dans un individu déterminé ; elle passe donc, elle devient de l'histoire. La forme sensible disparaît et son contenu devient tout spirituel. La présence acquiert ainsi la durée ; ce qui n'était qu'extérieur passe à l'intérieur ; il y a un consolateur qui ne peut venir que lorsque l'histoire sensible est passée.

α. La communauté, c'est l'ensemble des sujets, des individus qui ont foi dans l'histoire immédiate ; mais cette réconciliation qui a eu lieu dans un individu déterminé, doit s'opérer en tous. Pour qu'elle s'opère, il faut qu'on sache qu'elle est possible, qu'elle est accomplie, et c'est pour cela qu'on croit d'abord au fait historique qui précède. La communauté naît avec l'effusion du Saint-Esprit ; c'est la conception spirituelle qui prend la place de la représentation sensible. Dans les discussions sur la vérité de la religion chrétienne on mêle ordinairement deux questions qu'il faut soigneusement distinguer. D'abord est-il vrai que Dieu a un fils et qu'il l'a envoyé dans le monde? et en second lieu, Jésus de Nazareth, cet individu déterminé, le fils du charpentier, a-t-il été le fils de Dieu, le Christ? La réponse à la première question ne peut faire doute. C'est elle qui est saisie par la foi, dont l'Esprit rend témoignage. Le second fait sert sans doute de commencement à la foi, mais l'Esprit le transforme et ne laisse subsister que le premier; la preuve sensible finit donc par perdre toute importance; et en effet, en ce qui regarde la partie purement historique, finie, extérieure, la Bible est sur la même ligne que tous les livres profanes; la preuve par le sensible reste toujours exposée à des objections infinies, sujette au doute, et n'est nullement nécessaire quand une fois la conception est devenue spirituelle. Il en est de ce commencement sensible comme des exemples, des cas particuliers dont on se sert pour faire comprendre une loi générale; le tout est que la loi générale soit comprise, et les exemples seraient mille fois faux que la loi générale ne serait pas moins conçue.

Le commencement de la communauté est donc l'admission du fait sensible : mais ce fait change de caractère et devient la foi, la conception logique. La communauté, l'Esprit produit donc la foi; mais il faut en outre, pour que le concept de la communauté soit complet, que le sujet soit compris dans la réconciliation, qu'il fasse partie lui-même du royaume de Dieu. Or, ceci a lieu quand le sujet a conscience de cette unité, quand il s'en rend digne, la produit en lui, se remplit de l'Esprit. Le moyen de cette transformation intérieure, le moyen absolu, c'est encore la foi. Le concept de la communauté en général est donc celui-ci : L'Idée, qui est le processus du sujet dans lui et en soi, lequel sujet est reçu dans l'esprit, est spirituel, est la demeure de l'Esprit de Dieu.

β. La communauté réelle, subsistante, est l'Église. Ici la vérité existe, est acquise; comme telle, elle est la doctrine de l'Église, doctrine formée peu à peu par la communauté même et transmise par l'enseignement à tous. L'individu qui est né dans l'Église est destiné à prendre part à cette vérité; c'est ce que l'Église exprime par le sacrement du baptême. L'enseignement vis-à-vis de cet individu est d'abord quelque chose de purement extérieur. Mais en même temps se développe ce qui est intérieur à la subjectivité, le côté de la foi, et c'est par la foi qu'il conçoit enfin la vérité et qu'il naît de nouveau. Ce fait est produit en lui par l'esprit divin, par la grâce divine; la foi est l'esprit de Dieu même qui agit dans le sujet; mais celui-ci n'est pas passif dans ce produit; car en tant que ce sujet a la foi, le Saint-Esprit n'est autre que son propre esprit. Enfin l'unification avec Dieu a lieu dans la communauté sous forme sensible, immédiate, par le sacrement de la communion : la jouissance de l'appropriation, de l'actualité de Dieu, l'union mystique, la conscience que Dieu a de soi-même. Le sacrement de la communion a été conçu de trois manières différentes. Le dogme catholique représente Dieu sous la forme d'une chose sensible, immédiate, matérielle; de là l'extériorité générale du catholicisme, le peu de valeur accordé à la subjectivité. Le dogme calviniste ne voit dans la communion qu'un souvenir; c'est la forme sèche et fausse de l'entendement, la prose du sens commun. Enfin la conception vraie est celle de Luther, où le mouvement est compris comme commençant par une chose extérieure et sensible, mais ne s'accomplissant que subjectivement, dans la foi et dans l'esprit.

γ. La religion est spirituelle; elle n'est d'abord que dans l'intérieur, dans l'esprit. Mais elle ne doit pas rester dans cette intériorité, à cet état de sentiment, d'amour; la subjectivité doit se développer, et en le faisant, elle pose l'objectivité vis-à-vis d'elle. Cette objectivité se présente sous trois formes : 1° les intérêts mondains, le monde; 2° le raisonnement, l'entendement; 3° et enfin l'objectivité réelle, celle du concept, de la philosophie.

Dans la Religion, la réconciliation a lieu pour le cœur, mais non pour le monde; il faut qu'elle soit produite aussi dans le monde. Or, le but de la réconciliation est de donner à la subjectivité la valeur absolue que lui reconnaît la Religion, c'est-à-dire la liberté. Le sujet parcourt donc vis-à-vis du monde les trois moments suivants : 1° renonciation au monde, abstraction du monde; 2° mélange de l'Église avec le monde, rapports réciproques; 3° sociabilité, unité de la raison et du fait, volonté raisonnable.

La réconciliation ainsi opérée engendre une nouvelle contradiction; il faut que le contenu de la religion soit prouvé pour la pensée, et nous passons au moment de l'entendement. C'est le moment de l'opposition où la réflexion s'élève contre la doctrine de l'Église, le siècle des lumières; la liberté de l'esprit est revendiquée contre la domination du dogme extérieur; mais en même temps les déterminations de l'Idée ne sont considérées que sous forme abstraite, la vérité concrète est niée, et l'on aboutit au point où toute réalité n'est posée que dans le sujet, où la subjectivité devient absolue.

L'œuvre de la philosophie est enfin de prouver que le contenu de cette subjectivité est objectif et nécessaire, de faire voir qu'il est le concept, de le rétablir ainsi et de le justifier.

CHAPITRE VI.

HISTOIRE DE LA PHILOSOPHIE [1].

L'histoire de la philosophie, c'est l'histoire du développement de la pensée même. Or, la pensée est une et éternelle; la vérité dont elle est l'expression est toujours la même vérité, est toujours identique à elle-même; l'histoire de la pensée n'est donc pas l'histoire d'une chose passée, d'une chose qui n'est plus. Elle n'est que la narration du processus même de la pensée, de ce processus considéré comme développement de l'esprit, processus éternel et un, qui se réalise toujours et s'est toujours réalisé.

Le développement de la pensée, c'est le mouvement nécessaire des moments de la méthode

---

[1] *Leçons sur l'Histoire de la Philosophie*, éditées par M. Michelet. Trois vol. in-8°, 1833-36. — C'est, avec l'Esthétique, le cours le plus étendu de Hegel, mais qui supporte d'autant moins une analyse complète, que les idées propres à Hegel sont entremêlées à l'exposition détaillée des systèmes philosophiques. Nous ne pouvons donc offrir qu'un résumé général, où cependant les expressions de Hegel sont conservées autant que possible. C'est ici surtout que notre auteur fait usage de ces artifices de langage qui lui sont familiers et qui ont pour résultat de changer complètement le sens d'une pensée en l'exprimant d'une certaine façon; Hegel est parvenu ainsi à faire cadrer toutes les doctrines avec la sienne et à trouver dans l'histoire de la philosophie des choses auxquelles les textes seuls n'eussent jamais conduit.

absolue même. Tous ces moments y sont donc nécessairement représentés, et l'histoire de la philosophie n'est que la reproduction de la logique sous la forme de l'esprit. La succession des moments logiques devenant, du point de vue de l'esprit fini, une succession temporelle, chacun de ces moments devient une philosophie particulière à un temps, et apparaît comme manifestation de l'esprit d'un peuple, comme expression d'un système social déterminé. Mais en vérité tous ces moments sont un, tous ne forment ensemble qu'une seule philosophie, qu'une seule pensée absolue, qui est l'unité de toutes, qui ne connaît ni lieu ni temps, et dont toutes les philosophies particulières ne sont que des moments.

Quoique la philosophie embrasse le domaine tout entier de la pensée, elle n'a pour objet que la pensée pure, la pensée qui se pense elle-même. Il faut donc la distinguer des sciences déterminées, des connaissances générales qu'apporte la civilisation ; car celles-ci ont toujours le fini pour objet ; il faut la distinguer aussi de la religion, dont l'objet est l'absolu, il est vrai, mais sous la forme, du sentiment, de la représentation ; il faut enfin se garder de la confondre avec les considérations prétendues philosophiques de la philosophie populaire que l'entendement a mise à la mode.

En tant qu'elle se développe dans un monde fini, la philosophie est soumise jusqu'à un certain point à des conditions naturelles et historiques. Elle n'apparaît que lorsque certaines situations sont données. Elle ne commence en effet que lorsque le peuple au sein duquel elle se fait jour est arrivé à la décadence, lorsque les mœurs et les institutions, les croyances naturelles, ont été attaquées par la pensée, ont été battues en brèche par le doute; dans ces moments, la pensée dont la foi est ébranlée, dont la certitude est troublée, se replie sur elle-même, et la philosophie prend naissance.

Historiquement il n'y a eu que deux philosophies : la philosophie grecque et la philosophie germanique. La philosophie a commencé en Grèce, car on ne peut pas donner ce nom aux recueils moraux des Chinois ni aux tentatives sans unité des Indous. Les Grecs ont conçu la pensée comme *Idée*, les modernes comme *Esprit*. Les Grecs sont arrivés (dans l'école d'Alexandrie) à l'unité concrète tout entière, mais cette unité n'était qu'idéelle pour eux ; elle ne subsistait que dans la pensée, objectivement. Le côté subjectif y manquait ; la totalité ne se connaissait pas *pour soi*, comme subjectivité. C'est cette conscience de l'unité de la subjectivité avec la totalité divine, conscience produite en religion par le christianisme, en philosophie par la raison, qui forme le caractère de la philosophie moderne et germanique.

L'histoire de la philosophie comprend donc

trois périodes : 1° la période grecque et romaine ; 2° le moyen âge, période de transition ; 3° la période moderne.

I. LA PHILOSOPHIE GRECQUE ET ROMAINE.

L'histoire de la philosophie grecque offre trois moments distincts : le premier, qui s'étend de Thalès de Milet à Aristote inclusivement, développe les déterminations immédiates, abstraites de Dieu, et arrive enfin à une unité concrète, mais toute générale encore ; pendant le deuxième, qui comprend l'époque romaine de la civilisation grecque, cette unité concrète se divise en deux totalités opposées l'une à l'autre (l'esprit et la nature, le stoïcisme et l'épicuréisme), considérées chacune comme étant la seule et vraie totalité : dans le troisième enfin, l'unité est rétablie, les deux mondes opposés sont réunis en un seul (école d'Alexandrie).

a. *De Thalès à Aristote.* Thalès est le premier philosophe ; le premier il cherche à déterminer l'essence une, générale, universelle. C'est l'eau qu'il considère comme étant ce principe de toutes choses. Or, c'est bien poser l'essence comme un être déterminé, mais cet être, l'eau, qui est l'élément général de neutralisation et de dissolution, manque en réalité de forme, semble déterminé, mais au fond ne l'est pas. Anaximandre déjà fait un pas en avant ; pour lui l'être n'est plus quelque chose de simple, d'immédiat; c'est l'infini, c'est-à-dire la négation du fini, c'est-à-dire un principe négatif, général. Cet infini, Anaximène le conçoit sous une forme immédiate, le compare à l'âme, et forme ainsi, en posant la réalité comme idéelle, la transition de l'école de Milet aux pythagoriciens.

Le point essentiel de la doctrine de Pythagore c'est ce principe que l'absolu n'est pas une forme naturelle, mais une détermination de la pensée. L'absolu est d'abord un commencement infini, illimité, et ce commencement doit se déterminer. Pour principe de détermination, Pythagore choisit le nombre, dont par conséquent il fait l'essence de toutes les déterminations ultérieures. Le nombre est en effet la première forme idéelle de l'être, c'est l'être qui cesse d'être purement sensible. Mais les pythagoriciens eurent le tort d'en faire le concept, tandis qu'il est l'être tout abstrait encore.

Dans l'école d'Élée, l'absolu, que les pythagoriciens n'avaient conçu que comme pensée formelle, comme représentation, devient enfin pensée véritable, concept pur, généralité de la pensée. Xénophane dit : Le tout c'est l'un ; Dieu est cette unité non sensible, immobile, qui n'a ni commencement, ni milieu, ni fin ; Dieu, c'est l'être abstrait. C'était un grand progrès. D'après ce principe, on dut nier l'apparence, le mouvement, ne lui accorder que la valeur d'une opinion et non d'une vérité. Parménide déjà identifie la pensée avec l'être, et Zénon pose le mouvement dialectique qui crée et annulle les contradictions. Mais la dialectique de Zénon, qui ne laisse subsister que l'être pur et qui anéantit toutes les relations finies, est purement subjective. Dans Héraclite, elle devient objective, elle devient le mouvement de l'absolu même : l'être et le néant sont identiques ; ils sont le devenir ; le processus abstrait du devenir est le temps, sous forme réelle, il est le feu ; la nature est elle-même ce processus. L'idée d'Héraclite est féconde ; mais le processus n'est pas encore conçu comme généralité, et l'élément fixe, positif, fait défaut. Empédocle est peu intéressant ; il ne fait que compléter Héraclite ; il ajoute la terre aux éléments posés, et conçoit le monde comme unité de la répulsion et de l'attraction. Leucippe enfin conclut de l'être et du non-être à l'atome et au vide ; l'être est l'un, le pour soi, l'atome (complétement idéel) ; le non-être c'est le vide ; le plein c'est la multiplicité, les beaucoup. Ce système ne fait que représenter sous forme sensible, les idées d'être et de non-être.

C'est enfin Anaxagore qui reconnaît que l'essence vraie, l'être de l'absolu, c'est la raison (c'est-à-dire l'entendement), le νοῦς. La substance, c'est la généralité abstraite, la pensée pure, l'unité qui fait retour à soi-même, qui se conçoit comme générale. Cette unité est mouvement et activité et but; modification de soi-même, par son activité, but de soi-même, bien suprême. Les détails du système d'Anaxagore ne répondent pas à cette puissance de son idée générale. L'unité de la matière et du νοῦς n'est pas établie; ce νοῦς reste purement formel. Mais une grande conception était posée, et les successeurs d'Anaxagore n'eurent qu'à la développer.

Il s'agissait en effet de déterminer le νοῦς en soi et dans son rapport avec le sujet pensant.

C'est d'abord l'école des sophistes qui entreprend cette œuvre.

Le principe général d'Anaxagore, en effet, la pensée pure, le concept absolu, c'est l'absolu sans prédicat, dont tout n'est qu'un moment, qui transforme et modifie tout, et qui par conséquent rend toutes choses mobiles et changeantes, ébranle tout ce qui est solide, fait chanceler sur leurs bases les croyances, les mœurs et les lois. Or, c'est là le point de vue des sophistes. C'est à tort qu'on a décrié les sophistes. Ils ont vulgarisé la science, ils ont introduit la pensée dans le domaine commun; ce sont eux qui ont produit la culture générale de l'esprit grec. Le reproche qui les atteint est le même que celui qui s'adresse à la civilisation. Quand l'intelligence se développe, quand la société offre un grand nombre d'esprits cultivés, la foi naturelle s'en va, l'individualisme devient de plus en plus prédominant.

Chez nous, qui possédons un principe spirituel général, ce danger n'est pas à craindre; mais il n'en était pas de même de la Grèce, dominée par la particularité. Les sophistes ont d'ailleurs agrandi encore le domaine de la philosophie. Protagoras, en posant en principe que l'homme est la mesure de tout, et que la vérité est ce qui apparaît à la conscience, a proclamé cette grande vérité que la raison est le juge souverain. Malheureusement cet appel à la conscience n'était pas complet, car Protagoras avait en vue la sensation. Gorgias se tint plus rigoureusement au concept; il se distingua surtout par une dialectique puissante.

Mais la contradiction posée par les sophistes devait être résolue. Elle le fut par Socrate, qui représente le point culminant de la philosophie grecque, qui est le pivot de la philosophie universelle. L'œuvre de Socrate est immense, et c'est à juste titre qu'il est considéré comme un des plus grands moments du développement de l'esprit.

Socrate, en effet, ramena l'essence, l'absolu, à la pensée humaine, à la subjectivité. Dans la dialectique des sophistes, l'objectivité disparaissait; si la subjectivité n'était que l'opposé de l'objectivité, elle devait disparaître également. Or, que fit Socrate? Il fit de la subjectivité l'essence et la vérité de l'objectivité même; il considéra le moi comme général et objectif, comme libre et indépendant vis-à-vis du monde extérieur, comme étant le bien, le but absolu, et trouvant en lui-même les déterminations du bien et du but. Comme pour Protagoras, c'est la conscience qui renferme toute la vérité. Mais Socrate va plus loin que les sophistes; car, pour lui, ce que la pensée pose n'est pas seulement posé, mais est la chose substantielle, l'*en et pour soi*, l'objectif et le général, qui domine les intérêts et les sentiments particuliers, qui tient la particularité sous sa puissance.

Socrate, d'ailleurs, ne développa pas complétement le principe qu'il avait posé. Il considéra le bien du point de vue de la particularité, comme quelque chose de pratique. Son but, dans ses conversations philosophiques, n'était que de ramener à la pensée, de réveiller la pensée subjective; sa dialectique morale n'aboutit qu'au bien pratique, à la bonne conduite des individus, à la moralité subjective; il ne parvint pas à en dégager la généralité vraie et absolue.

En rappelant ainsi à l'intériorité, en réhabilitant le côté spirituel, intérieur de l'homme, Socrate entrait en opposition avec l'esprit grec, qui avait pour caractère essentiel l'unité immédiate, extérieure, de l'esprit et de la forme, de l'intérieur et de l'extérieur. Il était donc nécessaire qu'il succombât sous les coups de l'inflexible destin, et que sa mort fût tragique.

Par la doctrine de Socrate, une grande question avait été posée : celle du rapport entre la pensée et l'être. Ce fut elle qui domina tous les développements postérieurs.

Quelques écoles de peu d'importance naquirent immédiatement de Socrate. Toutes leurs recherches n'eurent pour but que la détermination du bien. Une première (l'école mégarique), posa le bien dans l'unité, la simplicité, la généralité; elle nia donc l'apparence phénoménale et fut dialecticienne; une autre (l'école cyrénaïque) le plaça dans les jouissances matérielles; une troisième enfin (les cyniques), dans les besoins naturels les plus simples et les plus immédiats. Mais les véritables successeurs de Socrate furent Platon et Aristote. Ce furent eux qui élevèrent à la hauteur d'une science les affirmations du maître.

Platon a réellement fait de la conscience posée par Socrate, le principe absolu et général. Tout est ramené au monde intellectuel, spirituel; l'objet de la philosophie n'est pour lui que l'idéel, le général pur, et c'est la domination des idées générales qu'il demande en demandant celle de la philosophie. C'est cet idéel pur, cet objet de la connaissance vraie, qu'il distingue de la simple opinion, et cette connaissance provient d'un retour de l'âme sur elle-même, de la réflexion de l'âme sur son intériorité et sa généralité. C'est ainsi qu'il faut entendre le ressouvenir de Platon, et non dans le sens d'un souvenir ordinaire; c'est par là aussi qu'il faut expliquer sa doctrine de l'immortalité, qui n'est pas une vie future, une immortalité du temps, mais l'élévation de l'âme à son essence, à sa généralité, qui est présente et éternelle. Cette essence, cette généralité est le monde de la pensée pure, le monde des *idées*; elle est la substance de toutes choses, et le monde des idées est en même temps le monde effectif et réel.

Platon s'élève à des idées tout à fait spéculatives, quoiqu'on ne s'en doute pas communément. A partir de lui la philosophie offre les trois grandes divisions : la philosophie de la pensée pure (la logique), la philosophie de la nature et la philosophie de l'esprit. Dans la première partie, dans sa dialectique, Platon arrive à des pensées profondes. Comme les sophistes, il dissout le général et unifie le particulier. Comme Parménide, il pose l'absolu comme étant l'être, le général, identique avec le rien. La *pensée* de Socrate, l'Idée, devient l'unité de la trinité pythagoricienne; la dialectique est conçue comme objective et subjective; le *ceci* et *l'autre*, l'un et le plusieurs, l'être et le néant sont déclarés identiques *sub uno et eodem respectu*. Enfin Platon comprend que ce que l'on considère ordinairement comme des abstractions métaphysiques sont des réalités générales et idéelles; mais il ne conçoit pas encore Dieu comme essence une de toutes choses. La philosophie de la nature contient de même une foule de pensées vraies, telles que les déterminations de Dieu, l'unité (au moyen de l'analogie) du feu et de la terre, l'âme du monde, qui est le véritable Dieu se créant lui-même, la différence posée comme unité de l'âme et du corps, l'esprit considéré comme unité qui renferme le tout, etc. Dans la philosophie de l'esprit enfin, la question posée est de savoir ce qu'est la justice, et cette question, Platon cherche à la résoudre objectivement. Quant à sa république, elle n'est qu'une systématisation de l'esprit grec, où la subjectivité est complétement sacrifiée.

Aristote est aussi spéculatif que Platon. Il pose pour but à la science de connaître ce qui est, en tant que cela est et ce qui y est et lui appartient; c'est donc l'essence, la substance même que la connaissance a pour objet. Dans la substance, Aristote distingue : la qualité, la matière, le principe du mouvement et le principe du but ou du bien. Il introduit donc l'activité, la subjectivité dans le général de Platon. Le général est actif, se détermine, et le but c'est cette détermination même considérée comme se réalisant. De là, deux catégories importantes posées par Aristote, et qui dominent sa philosophie : la possibilité, la δύναμις, et l'effectivité, l'ἐνέργεια, l'entéléchie.

De ces principes, Aristote déduit les déterminations de la substance, dont les moments sont : la substance sensible, la matière soumise au changement; la substance active, intelligente, ὁ νοῦς; l'unité des deux, de l'énergie et de l'entéléchie, Dieu la substance immatérielle, dans laquelle l'objet et la pensée sont identiques.

Tous les ouvrages d'Aristote contiennent en foule des idées vraies. Il a déterminé la pensée comme ce qui se meut soi-même et revient sur soi-même (mouvement circulaire de Dieu); il a posé pour but suprême de la science la connaissance de la connaissance, νόησις νοήσεως. La philosophie de la nature est dominée par les idées de but et de nécessité. Enfin il a rendu un grand service par sa logique en déterminant les lois abstraites de l'entendement. Son défaut général est de ne pas avoir rempli ces abstractions, de n'avoir pas réuni en une seule unité les concepts divers auxquels il avait réduit la pluralité des phénomènes. Ce fut l'œuvre de ses successeurs.

b. *Dogmatisme et scepticisme.* Il s'agissait d'appliquer au particulier le général trouvé dans la période précédente; de descendre du général au particulier, et d'arriver à une totalité concrète.

On systématisa donc, et le caractère de cette philosophie fut dogmatique. Toute la vérité dut être déduite d'un principe général certain pour le sujet, et la question du critérium devint une question fondamentale. C'est là un point de vue de l'entendement, car tout principe déterminé n'est qu'un des côtés de la totalité concrète; aussi les hauteurs de la spéculation furent abandonnées, la philosophie devint une philosophie de l'entendement, et tous les principes qu'on trouva étant insuffisants, le scepticisme vint bientôt dissoudre tous les résultats acquis. D'ailleurs ces principes furent purement formels, subjectifs : c'était sa propre satisfaction que le sujet cherchait dans le critérium. Cette philosophie de l'individualisme fut donc celle de l'empire romain.

Trois doctrines naquirent de ce point de vue particulier, le stoïcisme, l'épicuréisme et le scepticisme.

Pour les stoïciens, c'est la pensée, le général, qui est le principe, le critérium, le déterminant. C'est le *logos*, la raison, qui est la substance active, qui détermine le monde. La vérité, c'est la représentation, la sensation comprise par la raison. En morale, le sujet doit se rendre conforme au principe, doit acquérir l'indépendance intérieure de l'esprit; de là, cette liberté d'esprit, cette impassibilité qui distinguait les stoïciens.

Pour Épicure, c'est l'individualité, la perception immédiate qui constitue le critérium. Ce critérium contient trois moments : la sensation, la représentation, l'opinion. Le critérium pratique se trouve dans les affections. En métaphysique, Épicure admet le système des atomes Ce qu'il y a de meilleur dans sa doctrine, c'est la morale. La jouissance, en effet, consiste pour lui dans une réflexion de l'homme sur lui ; la sensation, l'individuel, est généralisé comme bonheur ; et de même que les stoïciens, Épicure conclut à un retour inébranlable de l'esprit sur lui-même, à une tranquillité d'âme parfaite.

Les sceptiques enfin considèrent la vérité comme n'étant que subjective, comme n'étant que pour nous, et nient par conséquent la vérité objective, en font une simple vraisemblance. Le scepticisme ne doit pas être confondu avec le doute ; le sceptique ne doute pas : il est certain que l'être objectif n'est qu'une apparence. Cette doctrine devint donc la dialectique qui détruisit l'épicuréisme et le stoïcisme, et démontra la fausseté des principes particuliers, des contradictions prises isolément. Elle prépara ainsi le terrain à une philosophie plus vraie et plus spéculative.

c. *Les néo-platoniciens.* Le stoïcisme et le scepticisme avaient résumé toutes les contradictions ; le scepticisme avait posé le néant comme résultat de la négation réciproque de ces contradictions ; le scepticisme fut ainsi l'unité des contradictoires, le point négatif où les contradictoires perdaient leur existence réelle et devenaient idéels. C'était le retour absolu de la subjectivité sur elle-même, de la négation par laquelle la subjectivité pose comme étant siens, comme étant idéels, les moments de la contradiction. Cette grande phase du développement de l'esprit eut lieu à la même époque, sous une autre forme encore, sous la forme religieuse, dans le Christianisme. Par elle l'esprit du monde arriva à se connaître lui-même ; l'esprit à cette époque est cette connaissance même ; mais il ne sait pas qu'il est cette connaissance, il n'est pas encore cette connaissance pour soi. C'est à la Religion à développer ce point de départ sous la forme du sentiment, de la représentation ; à la philosophie de le saisir comme pensée et d'en faire sortir l'Idée absolue.

Le point de vue de la philosophie issue immédiatement du retour de l'esprit sur lui-même, est très-élevé. Dans Platon déjà et Aristote, la pensée est posée comme unité absolue qui se pense elle-même, mais cette unité est tout abstraite encore. Ici elle devient concrète. Le *logos* est conçu comme unité concrète qui contient le monde tout entier, il est le principe infini dont toutes les choses finies émanent. Ici la vérité absolue est posée comme objet, et la pure subjectivité disparaît vis-à-vis de cette unité affirmative. Dieu se distingue en lui-même, et cette distinction, cette affirmation qu'il pose en lui, c'est le monde des idées ; la matière pure c'est la négation, le mal ; le but de l'homme est de s'affranchir des liens qui l'attachent à ce monde matériel, de s'élever vers l'infini et de rentrer dans le monde intellectuel et divin.

Les origines de cette philosophie se trouvent déjà dans Philon le juif, la Cabbale et le gnosticisme. Mais elle arriva à son développement complet dans les néo-platoniciens, principalement dans Plotin et Proclus. Comme Philon et les cabbalistes, ils posent d'abord l'unité absolue, abstraite; mais cet être est conçu comme ayant conscience de soi, comme subsistant par conséquent dans la conscience de soi, de l'individu. Cette unité se distingue en elle-même, et le résultat de cette distinction c'est la raison, le *logos*. C'est là une idée très-vraie; mais ni Proclus ni Plotin ne purent en rendre compte; ils virent le fait sans pouvoir l'expliquer. L'être pur est posé comme bien absolu, comme principe dont tout émane, et sa diremtion, le *logos* fait retour à lui, y est contenu comme unité négative. Le *logos* crée le monde en se pensant lui-même, le monde reste donc en même temps dans le *logos* en sortant de lui. La négation est l'essence des choses matérielles, et celles-ci n'ont d'existence réelle que comme pensées du *logos*. Voilà sans doute de grandes pensées; les écrits de ces auteurs en offrent une foule d'autres aussi vraies et aussi spéculatives.

Dans les Alexandrins, le monde de la pensée s'est consolidé; le monde sensible a disparu; le tout est devenu esprit, et ce tout c'est Dieu et la vie de Dieu. Mais le défaut des Alexandrins fut de n'être pas partis, pour arriver à leur totalité, de la subjectivité infinie, de la diremtion absolue et profonde entre le sujet et l'objet, et par conséquent de n'avoir pas compris la liberté abstraite et absolue, le moi, la valeur infinie du sujet. Ce côté de la solution avait été saisi parfaitement par le Christianisme, et ce fut sous son influence que la philosophie postérieure dut se développer.

II. PHILOSOPHIE DU MOYEN AGE.

La victoire du Christianisme sur le monde païen transporta le principe chrétien dans la philosophie, le principe que Dieu et l'homme sont un. Mais la subjectivité, la particularisation absolue de Dieu ne fut conçue que comme individualité déterminée, elle fut résumée en Jésus-Christ et présentée comme un fait historique, et ce fut sous cette forme que les pères de l'Église défendirent le principe contre les hérésies qui l'attaquaient de tout côté. Or les développements de la pensée chrétienne étaient réservés à des peuples nouveaux, à la race germanique, et les progrès de la philosophie durent s'arrêter, jusqu'au moment où la transformation purement religieuse fut accomplie, où l'esprit se fut dégagé du fini et de la contradiction.

Le moyen âge fut une période de transition; ce qui y domine, c'est la contradiction et le dualisme, et ce caractère se retrouve dans la philosophie du temps. En laissant de côté, en effet, les Arabes et les cabbalistes, qui ne firent que reproduire les idées aristotéliciennes et néo-platoniciennes, la philosophie scolastique ne fut qu'une philosophie de l'entendement. Ce ne fut pas même une philosophie proprement dite; car elle partit d'un principe donné, d'une supposition acceptée d'avance, du dogme établi. La pensée cessa d'être libre. Toute son activité se réduisit donc à des raisonnements, à des subtilités dialectiques, et elle n'eut d'autre mérite que d'appliquer les concepts déterminés d'Aristote à un contenu donné d'avance, d'élaborer ce contenu général, d'y introduire la particularité et de modifier l'un par l'autre; elle fit ainsi pour le monde spirituel à peu près ce que les sophistes avaient fait pour le monde matériel. La philosophie du moyen âge se réduit aux points suivants en effet:

1° Tendance à fonder les dogmes chrétiens sur des raisons métaphysiques (S. Anselme; Abailard).

2° Systématisation de la doctrine de l'Église (Pierre Lombard; S. Thomas d'Aquin; Duns Scot).

3° Connaissance des écrits d'Aristote (Alexandre de Hales; Albert le Grand).

4° Lutte entre le réalisme et le nominalisme (Rosselin; Gauthier de Mortagne; Occam; Buridan).

5° Activité purement formelle et dialectique (Julien de Tolède; Paschase Radbert).

6° Mysticisme (Jean Charlier; Raymond de Sabonde; Roger Bacon; Raymond Lulle)[1].

---

[1] Hegel passe très-rapidement sur toute cette partie de l'his-

Toute cette élaboration est peu intéressante ; elle n'aboutit qu'à déterminer et individualiser indéfiniment, et le mysticisme ne fut qu'une protestation de la pensée libre et infinie contre cette matérialisation de l'intelligence. En somme, la philosophie du moyen âge ne fut qu'une philosophie brute et grossière, la vérité tombée dans des intelligences barbares, un produit de l'entendement le plus épais. Mais l'esprit arrivé au dernier terme du fini et de la contradiction devait enfin se relever et faire retour sur lui-même. Cette transformation, préparée par la renaissance des lettres, par des tentatives hardies en philosophie, comme celles de Cardanus, de Campanella, de Bruno, de Vanini, fut accomplie enfin par la réformation. Vanini avait posé l'opposition entre la raison et la foi ; le moyen âge était terminé ; la pensée abandonna la supposition admise d'avance, et s'abandonnant librement à elle-même, engendra la philosophie moderne.

III. PHILOSOPHIE MODERNE.

La philosophie moderne reprend la question au point où les anciens l'avaient laissée, mais avec l'élément de la subjectivité de plus. Son point de

toire de la philosophie. Il ne consacre parfois que quelques lignes à chacun des noms que nous venons d'énumérer, et le tout est traité en une trentaine de pages.

vue est celui de la conscience de soi effective, son principe est celui de l'esprit présent. Le moyen âge avait conclu à rendre la pensée finie comme le monde, à les identifier. La philosophie moderne commence par poser la contradiction qu'offre ce point de vue; elle distingue l'univers de la pensée, de l'univers qui est. Mais toute son activité n'a d'autre but que de résoudre cette contradiction, et elle finit en effet en rétablissant l'unité.

L'opposition qui domine dans la philosophie moderne est celle de la pensée et de l'être. L'esprit aperçoit deux mondes, le monde de la pensée et le monde extérieur. Deux voies sont ouvertes pour arriver à l'unité recherchée : l'une expérimentale, l'observation soit des choses spirituelles, soit des choses de la nature; l'autre synthétique, idéaliste, a priori. De nouvelles questions, inconnues à l'antiquité, dérivent de cette opposition toute nouvelle : ce sont celles de l'existence de Dieu, de l'origine du mal, du libre arbitre, du rapport de l'âme et du corps, qui toutes ne sont que des aspects divers de la contradiction entre l'être et la pensée.

Cette unité qui est le but est entrevue et annoncée par deux hommes, avant-coureurs de la philosophie moderne : Fr. Bacon et J. Böhme. Quoique placés à deux points de vue absolument différents, ils ont accompli une fonction semblable. Bacon a transporté la philosophie dans les choses du monde, dans la particularité. L'expérience est pour lui la seule source de la connaissance, et il combat en son nom les formules vides au nom desquelles on prétendait interpréter la nature. Bacon réconcilia ainsi l'esprit avec le monde et fut un moment nécessaire; car le fini aussi doit être connu. Böhme, le premier philosophe allemand, entrevit l'Idée absolue et posa, quoique sous une forme absolument barbare, les pensées les plus spéculatives. Il conçut l'être comme unité absolue de toutes choses, Dieu comme un et triple, le Père comme force qui contient toutes les forces, le Fils comme principe de séparation, de diremtion, comme dialectique de l'Être absolu en lui-même, l'Esprit comme unité rétablie du Père et du Fils. Mais ces idées n'étaient pas élaborées, appropriées à la forme. Pour qu'elles fussent posées comme vérité absolue, la philosophie moderne était nécessaire.

Le véritable initiateur de celle-ci fut Descartes. Avec lui, elle entre dans sa première période, celle de l'entendement pensant. Le principe est ici la pensée, la pensée qui part de soi-même; c'est le principe même du protestantisme, le retour à l'intériorité subjective, la certitude puisée dans la pensée même du sujet. Nulle chose n'est considérée comme vraie et positive si elle n'est déterminée par la pensée; celle-ci est le principe du monde et des individus.

La pensée se détermine ainsi en deux ordres

scientifiques positifs, qui du reste se touchent et se pénètrent en beaucoup de points : elle engendre d'un côté les sciences métaphysiques, de l'autre les sciences spéciales, celles qui ont la nature pour objet. Ces deux points de vue isolés sont combattus et dissous par le scepticisme, dont naît enfin la philosophie dernière et absolue.

a. *Période de l'entendement pensant.* Cette période commence par Descartes, qui pose le principe : la pensée, le moi, est posé comme source et base de toute connaissance. Le doute méthodique n'a pour objet que d'éloigner toutes les présuppositions qui ne sont pas la pensée, de placer le seul commencement en elle, d'en faire la seule certitude immédiate. Descartes a parfaitement posé ce principe ; mais il ne l'a pas développé avec le même bonheur. Quand il s'agit en effet de déterminer le contenu de la pensée, il prend ce contenu au hasard, il accepte naïvement les pensées particulières qu'il possédait d'avance. C'est qu'on n'était pas encore au point de vue de la déduction a priori, spéculative. Celle-ci ne date réellement que de Fichte.

Le mouvement métaphysique lancé par Descartes continue dans Spinosa et Malebranche. Spinosa s'approche très-près de la vérité. Il est profond surtout dans les déterminations spéciales des idées métaphysiques, par exemple, dans celles de la substance, de la *causa sui*, de l'infini. Mais si son système est vrai, il n'est pas la vérité complète; son esprit oriental ne peut s'élever au-dessus de la catégorie de la substance. Malebranche ne fait que donner une autre forme à la philosophie de Spinosa; il comprend que l'être de l'âme est la pensée; que la pensée est l'essence, le général, et que le général est vu en Dieu.

Le propre de l'esprit français, c'est la généralité abstraite, déterminée; celle de l'esprit anglais, c'est le détail, l'individualité. Locke ouvre donc la seconde tendance de la philosophie moderne; il est le continuateur de Bacon et rappelle à l'observation de la nature. La question qu'il se propose est relative à la pensée comme telle; c'est celle de l'origine des idées, non la recherche de la vérité en soi. Il la résout en affirmant que toutes les connaissances nous viennent de l'expérience. Hugo Grotius, Hobbes, Cudworth, Puffendorf, Newton, sont au même point de vue que Locke, et n'offrent que des applications particulières de cette même pensée.

Cette période est close par Leibnitz, également en opposition avec Locke et Spinosa, et formant l'unité des deux. Le principe de Leibnitz est l'individualité, mais celle-ci n'est pas encore conçue comme moi, comme concept absolu; elle est l'unité abstraite qui par conséquent devient multiplicité. Cette multiplicité, ces monades ne peuvent être coordonnées sous une unité intrinsèque; l'harmonie leur vient de l'extérieur. La grande découverte de Leibnitz, c'est l'activité de l'un, de la monade et son intellectualité, sa propriété d'être représentative. Cette découverte poussée jusqu'au bout l'eût conduit à la vérité.

Wolff ne fit que systématiser la philosophie de Leibnitz. Ses données dépouillées de leurs formes scolastiques ont constitué la philosophie générale et populaire du dix-huitième siècle, la métaphysique courante du siècle des lumières.

Le résultat général de ces premiers développements de la philosophie a été de poser les deux moments du concept, mais de les poser isolément : d'un côté est acquise la conscience du moi, mais comme représentation, comme idée formelle ; de l'autre est posée la conscience générale ; mais elle est considérée comme un monde intellectuel séparé du précédent. La réunion était réservée au peuple allemand, le peuple de l'intériorité par excellence. Mais il fallut d'abord que le scepticisme ébranlât ces résultats acquis.

b. *Période de transition*. Dans la philosophie moderne, le scepticisme prend la forme de l'idéalisme ; ses représentants sont Berkeley et Hume. En opposition avec eux, se pose l'école écossaise, qui ramène l'observation à une source intérieure. La philosophie française du dix-huitième siècle, enfin, pose la généralité absolue et négative. Elle réduit tout, les pensées comme les choses, à la conscience du moi, au concept. Elle est elle-même le concept libre qui dirige ses attaques contre toutes les représentations subsistantes, contre toutes les idées acquises, détruit tout ce qui est fixe et solide, et se donne la conscience de sa liberté. Cette tendance, du reste, ne fut pas purement négative; on chercha aussi une généralité concrète; et ces recherches mal dirigées ont produit quelquefois des erreurs monstrueuses, comme le matérialisme, l'athéisme; d'autres fois des idées plus vraies, comme le système d'Helvétius, la volonté générale de Rousseau. L'unité négative absolue fut posée comme Être suprême, vis-à-vis duquel le concret fut transporté dans la nature. Mais c'est moins par ces résultats que la philosophie française est remarquable, que par l'énergie admirable, la force étonnante qu'elle déploya comme puissance du concept contre tout ce qui était admis d'autorité, contre les croyances et les institutions. Ce fut ainsi qu'elle prépara véritablement le terrain à la philosophie allemande.

c. *Philosophie allemande moderne.* La philosophie allemande a son point de départ dans Hume et Rousseau; mais la révolution qu'elle opéra fut immense. Elle résolut en effet le grand problème posé à l'esprit : l'unité de l'être et de la pensée. Kant, Fichte et Schelling sont les héros de cette grande rénovation de la philosophie. Kant posa la question, mais formellement; Fichte la résolut, mais sans pouvoir dépasser la subjectivité;

Schelling enfin conçut l'absolu et posa la vérité concrète.

Avant Kant se place logiquement, sinon historiquement, Jacobi, le dernier représentant de la philosophie de l'entendement. Pour lui, Dieu ne doit ni ne peut être démontré ; il est donné à tous par le sentiment immédiat ; il est l'être, l'essence absolue. Ce résultat est donc le même que celui de la philosophie française. Cependant Jacobi dépasse celle-ci, car son système renferme cette grande vérité : que Dieu est connu immédiatement, et l'objet qu'il pose en face de la connaissance, qui reste subjective pour lui, cet objet est infini.

Dans Kant, enfin, c'est la pensée, c'est le moi, la subjectivité qui est le principe de toute détermination ; tous les principes généraux ont leur raison dans le moi. La connaissance est analysée, et partout nous trouvons dans ce système l'idée de la pensée, qui est concept absolu en elle-même, qui contient en elle-même la différence et la réalité. Dans la critique de la raison théorique et de la raison pratique, Kant ne voit que la différence abstraite ; dans la critique du jugement, il arrive jusqu'à comprendre la différence concrète, l'identité du général et de l'individuel. Mais sa forme ne cesse d'être barbare ; le concept est mêlé à la représentation ; la pensée humaine n'est pas considérée comme absolue ; elle n'est qu'une pensée que nous individus avons ; l'effectif, c'est la chose sensible, matérielle, qui est devant nos yeux. Ces défauts, cette inconséquence du système de Kant, se rachètent d'ailleurs par une foule d'aperçus vraiment spéculatifs.

Fichte seulement compléta la pensée de Kant. Mais le système de Fichte n'aboutit qu'à un moi vide et sans contenu; ce contenu, le monde objectif ne put y être rattaché et ne fut pas expliqué. Ce contenu devait être introduit dans le moi; le moi devait se remplir. Ce fut Schelling qui combla cette lacune et posa enfin l'Idée absolue. Schelling conçut ainsi le contenu vrai et l'identifia avec la forme. La vérité était découverte; mais Schelling ne la développa pas complétement; il ne fit pas voir que l'Idée absolue, de même que les déterminations (le monde moral et naturel) qui en découlent, sont l'expression même du concept. La déduction logique manque à son système, et la forme qu'il a posée n'engendre qu'un schématisme insignifiant.

Telle est l'histoire de la philosophie. Le résultat général de ce développement est que la pensée s'est saisie comme univers. Le but et l'intérêt suprême est de réconcilier la pensée avec le fait, le monde idéel avec le monde réel; ce but est atteint. Dans la conception dernière, l'univers spirituel et l'univers matériel se pénètrent comme un seul univers, qui se voit en lui-même, qui engendre l'absolu comme totalité de ses moments, et arrive à la conscience de soi-même dans cette totalité. Ce résultat est le produit du travail séculaire de l'esprit universel; vis-à-vis de lui, les systèmes divers s'expliquent comme moments d'un même système; il n'est pas plusieurs philosophies, il n'en est qu'une qui comprend toutes les autres.

Si nous jetons un coup d'œil en arrière pour mesurer l'espace parcouru, nous verrons que l'esprit s'est conçu successivement, 1° comme être pur, immédiat (école de Milet, Éléates, etc.); 2° comme général, essence, pensée (Platon); 3° comme concept (Aristote); 4° comme concept subjectif pour soi (stoïciens, épicuriens, etc.); 5° comme totalité de la pensée (Alexandrins); 6° comme conscience de soi-même qui supprime l'opposition entre le monde réel et le monde de la pensée (Descartes et Spinosa); 7° comme moi infini (Fichte); 8° comme identité du sujet et de l'objet (Schelling).

Connaître l'unité dans la différence et la différence dans l'unité, tel est le savoir absolu, tel est le besoin philosophique de notre temps. Une nouvelle époque commence pour le monde. Le combat cesse entre la conscience finie et la conscience absolue qui semblait extérieure à la première. La conscience finie a cessé d'être finie, et la conscience absolue a conquis par là l'existence effective dont elle manquait. Voilà le point de vue de l'époque actuelle, et avec lui est close la série des phases spirituelles. Ici se termine donc l'histoire de la philosophie.

CONCLUSION.

ÉTAT PRÉSENT DE LA PHILOSOPHIE EN ALLEMAGNE.

Le système de Hegel a clos la série des doctrines philosophiques engendrées par le protestantisme allemand. Le rationalisme pur y a trouvé son terme, du moins en ce qui regarde la haute spéculation : le mouvement qui s'annonce pour l'avenir est un retour vers la tradition religieuse, plutôt qu'une continuation dans la voie poursuivie jusqu'ici. La philosophie protestante est finie; Hegel en a donné le dernier mot. Or, quel est le fruit de cette science tant vantée, quel est le résultat où a abouti ce développement qui a trouvé de si nombreux admirateurs ?

Ce résultat n'est autre que la confusion universelle. Toutes les théories, toutes les doctrines, tous les systèmes qui depuis Kant se sont élevés en Allemagne, se sont mêlés et amalgamés dans une logomachie sans nom. Les idées ont perdu leur valeur, les mots ont perdu leur sens; on se parle sans s'entendre, et c'est en vain que chacun espère faire taire les autres en criant plus fort qu'eux. Toutes choses sont remises en question; partout est la discussion et la controverse, et des brochures innombrables alimentent sans cesse cette ardeur de dispute qui s'est emparée de tous, ce combat littéraire où si souvent les personnalités remplacent les arguments théoriques, où si souvent on oublie jusqu'aux règles les plus simples des bienséances et de la politesse. De ce choc des opinions contradictoires, il résulte que nulle conviction générale ne peut se fonder, et qu'il ne reste en partage au public que le doute et l'incertitude. Ce public, ce sont les gens instruits et lettrés ; pour la masse des travailleurs et des petits bourgeois, pour le peuple proprement dit, ou bien il est croyant comme ses pères, ou bien il est incrédule à la façon du dix-huitième siècle ; les grandes questions religieuses et sociales de l'époque actuelle n'ont pas encore, comme en France, pénétré jusqu'à lui.

Sous le rapport de la confusion, de l'anarchie intellectuelle, l'Allemagne présente donc la même situation que la France ; mais en France la confusion est de celles qui précèdent des formules nouvelles, de celles qui engendrent des doctrines fécondes et durables ; en Allemagne, au contraire, elle apparaît comme résultat d'un travail qui n'a pu aboutir ; elle est le désordre qui naît de doctrines fausses et insuffisantes. Quelques points saillants qui s'élèvent du sein de ce chaos, permettent pourtant de s'y orienter et de saisir dans son ensemble la situation actuelle de la philosophie allemande.

Reconnaissons d'abord un fait général. C'est que si la philosophie nouvelle n'a pu remporter une victoire décisive, si aucun des systèmes qu'elle a formulés n'a acquis une autorité universelle, du moins elle est parvenue à faire accepter complétement son esprit et son langage, elle a su imposer ses questions et concentrer les recherches sur les points qu'elle avait posés. Sans l'étude préalable des systèmes éclos depuis Kant, et notamment de celui de Hegel, il est absolument impossible de comprendre un mot à tous les écrits philosophiques qui inondent l'Allemagne, à tous ces livres, toutes ces brochures, tous ces articles de journaux que chaque jour voit naître et mourir. Le profane chercherait vainement à se retrouver dans cette algèbre indéchiffrable, dans ce langage obscur, dans ces controverses ténébreuses qui roulent sur l'être, le non-être, le fond, les puissances, le rapport à soi, le pour soi, le comme tel, l'avant soi, la séparation de soi[1], etc., etc. La philosophie allemande en est réduite désormais à ces catégories futiles, à ces arides abstractions. C'est une guerre de mots qui rappelle le Bas-Empire. La vie et la fécondité abandonnent bien vite une science ainsi constituée; la philosophie allemande porte la mort dans son sein.

[1] Ces trois dernières catégories appartiennent au nouveau système de Schelling.

Ceci d'ailleurs ne s'applique qu'à la philosophie proprement dite. Les sciences naturelles et les théories sociales et économiques ont échappé, sinon complétement, du moins en partie, au souffle délétère de la métaphysique. La *philosophie de la nature* de Hegel peut servir d'échantillon pour toutes les théories purement philosophiques qui ont été émises sur le monde physique; or des essais de ce genre sont plutôt faits pour dégoûter à jamais les savants spéciaux de la philosophie et des philosophes, que pour modifier les hypothèses générales de la science véritable; la plupart des savants allemands l'ont senti et sont restés sourds aux sollicitations pressantes que leur a adressées l'école hegelienne. Quant à la théorie du droit et de la morale, l'influence de Kant et de Fichte, très-puissante à l'origine, fut bientôt contrebalancée par l'école historique; pour Hegel, il n'eut jamais d'autorité en cette matière; et son école, malgré l'attention qu'elle sut appeler sur elle en se mêlant à quelques controverses spéciales, et l'éclat dont la couvrit l'individualité brillante de Gans, n'exerça en somme qu'une influence très-secondaire sur cette partie de la science. Aujourd'hui c'est l'école historique qui semble maîtresse du terrain, et quoique les théories qu'elle a produites ne soient ni complètes ni satisfaisantes, du moins elles sont dans une direction scientifique acceptable et s'éloignent des stériles élaborations de la philosophie.

Ces réserves faites, jetons un coup d'œil sur les partis philosophiques de l'Allemagne.

Faut-il dire que les contrées protestantes sont la patrie de la philosophie moderne, que c'est là, sur son terrain, qu'elle déploie son activité? Le catholicisme cependant n'est pas absolument muet. Dans la Théologie, les catholiques rivalisent avec les protestants; en philosophie aussi ils ont tenté quelques essais. Malheureusement ces tentatives n'ont pas été dirigées avec assez d'intelligence. Des catholiques sincères ont fait fausse route à tel point qu'ils ont accepté les données et le langage de la philosophie protestante, qu'ils ont entrepris de soumettre les doctrines de l'Église à des formes logiques qui les contredisent absolument. C'est ainsi que Hermès, acceptant les résultats obtenus par Kant, crut nécessaire de baser la foi et les dogmes sur une démonstration préalable de l'objectivité et de la raison. Son école, dont les tendances philosophiques et politiques étaient assez conformes à celles du gouvernement prussien, fut vivement attaquée par cette partie du clergé rhénan qui puisait dans ses relations avec la Belgique une foi plus ardente et des sentiments plus démocratiques, et qui obtint du Pape la condamnation d'Hermès. — De même aussi MM. Pabst et Günther essayent actuellement de construire une philosophie prétendue catholique, qui est tout empreinte des formules de Schelling. Comme les

philosophes panthéistes, ils prétendent déduire
a priori, la création, le monde physique et spirituel, le péché originel, la rédemption, etc.;
comme eux, ils prétendent expliquer l'essence
des choses, accumulent des formules abstraites,
et nous font pénétrer dans l'être même de la nature et de l'esprit. Toutes ces tentatives sont nécessairement frappées de stérilité. Le catholicisme ne peut trouver ses armes dans le camp
ennemi; il ne peut triompher avec la logique de
ses adversaires. Il doit rompre absolument avec
cette philosophie du protestantisme et la considérer comme non avenue. Qu'il exploite les
trésors enfouis dans son propre sein! Il est assez
riche pour se passer de ces emprunts, qui semblent l'obliger vis-à-vis de l'erreur.

Le véritable centre du mouvement philosophique actuel est à Berlin. Là sont en présence les
deux partis qui seuls ont quelque avenir, celui de
Hegel et celui de Schelling. La plupart des autres
systèmes, nés de l'impulsion donnée par Kant, ont
disparu ou ne comptent que des adeptes isolés,
épars dans les villes universitaires. Un seul conserve encore la prétention de faire école. C'est
celui de Herbart, qu'on peut considérer comme
le dernier représentant en Allemagne, de l'ancienne philosophie. Herbart aussi est un disciple
de Kant, mais qui a suivi une direction tout à fait
opposée à celle de Fichte. Fichte avait attribué
au moi non-seulement les propriétés par les-

quelles nous connaissons l'objet, mais l'objet même. Herbart, plus fidèle à la dernière pensée de Kant, admit que l'objet existait réellement en dehors de nous, mais ne pouvait être connu substantiellement. Par là il se rapprochait de l'ancienne philosophie, il arrivait à comprendre que l'essence des choses est impénétrable, que l'être, inconcevable comme réalité générale, se présente toujours comme appartenant à des choses déterminées, que le monde existant ne peut être déduit à priori, etc. Mais, à côté de ces affirmations vraies, qui d'ailleurs ne peuvent servir que de point d'appui et sont peu fécondes, le système de Herbart n'offre rien de neuf ni de saillant. Toute la philosophie n'a pour but, suivant lui, que de formuler nettement les concepts qui nous sont donnés à priori et de les purger des contradictions qu'ils renferment [1]; sa théorie tout entière ne consiste qu'à résoudre ces contradictions. Cette

---

[1] La contradiction est inhérente, suivant Herbart, aux concepts fondamentaux qui servent de base à toute notre connaissance, à ceux de la *chose*, de la *causalité*, de la *matière*, du *moi*. La chose est *une*, et cependant elle se compose de propriétés *multiples*; par la causalité, la chose *change*, et pourtant elle reste la *même* chose; la matière est en même temps *continue* et composée de parties *simples*; le moi est en même temps *sujet* et *objet*. Herbart résout ces contradictions par une théorie qui rappelle celle des monades de Leibnitz; et tombant dans l'extrême opposé aux panthéistes, pour lesquels l'être n'est que mouvement et relation, il attribue à toute réalité ce caractère fixe et immuable, qui n'appartient qu'aux substances.

doctrine n'offre donc ni un intérêt assez puissant ni un ensemble assez fort pour contrebalancer l'influence des panthéistes. Herbart a quelques partisans ; mais toute l'attention est portée sur la lutte qui s'est déclarée dans le parti opposé.

Les derniers représentants du panthéisme en effet, Schelling d'un côté, l'école de Hegel de l'autre, se livrent dans ce moment un combat acharné, combat qui n'est pas purement philosophique et auquel les passions politiques et religieuses qui s'y mêlent donnent un caractère singulier d'aigreur et d'animosité. L'hostilité qui déjà, du vivant de Hegel, avait remplacé les relations d'amitié qui liaient les deux condisciples, a pris depuis quelques années des proportions toutes nouvelles : M. de Schelling est aujourd'hui le philosophe attitré du parti gouvernemental et conservateur de Prusse ; l'école de Hegel, au contraire, est en tête de l'opposition libérale et révolutionnaire. Voici les circonstances politiques et philosophiques qui ont amené ce résultat.

Hegel, par ses idées et son caractère, appartenait au parti conservateur. Nous avons vu dans la Philosophie de la Religion, comment, tout en niant le fond du Christianisme, il sut en conserver la forme. Nous avons vu aussi que son système politique ne s'élevait pas même jusqu'à la monarchie constitutionnelle, telle qu'elle est réalisée dans plusieurs états de l'Europe. Aussi Hegel jouit-il d'une grande faveur à Berlin, surtout tant que vécut le baron d'Altenstein, ministre de l'instruction publique et protecteur direct de l'école. Cependant la théorie politique de Hegel n'était pas sans hardiesse pour le pays où il vivait, et ses affirmations religieuses ne voilaient pas suffisamment le fond d'incrédulité qu'elles contenaient. Aussi quelques absolutistes quand même l'attaquèrent violemment, et de son vivant même quelques-uns de ses disciples, plus sérieusement chrétiens, se séparèrent de lui. Fichte le jeune, entre autres, tout en conservant les données générales du système, essaya d'y adapter d'une façon plus vraie les croyances chrétiennes. Mais une scission bien plus importante éclata après la mort du maître, et détermina la nouvelle direction que devait suivre la plus grande partie de l'école.

Ce fut sur la question de l'immortalité de l'âme et de la personnalité de Dieu. Un des plus anciens disciples de Hegel, M. Göschel s'était prononcé dans le sens de la croyance universelle. Mais toute la partie plus jeune et plus hardie de l'école, notamment Gans et tous les éditeurs des œuvres de Hegel[1], se décidèrent pour l'opinion contraire. Cette fraction, la plus considérable, de l'école, se rapprocha en même temps du parti libéral, qui n'était qu'un reflet du libéralisme français de la Restauration, et offrait un appui à tout ce qui

---

[1] Pour la plupart professeurs à l'université de Berlin. Parmi eux il est des professeurs de théologie.

flattait ses idées voltairiennes. Vint ensuite le livre de Strauss, qui agrandit la séparation entre les deux partis, en ajoutant aux questions déjà controversées, celle de la divinité de Jésus-Christ et de la vérité historique de la tradition chrétienne. Strauss était bien dans l'esprit de Hegel, et il démontra par une foule de passages du maître qu'il n'avait fait que développer les principes de celui-ci. Mais l'école hegelienne s'effraya de la témérité du disciple; les plus hardis n'osèrent l'avouer. Strauss lui-même, dans un des articles polémiques que souleva la critique de son livre, divisait l'école en trois côtés : un côté droit, celui de Göschel, qui admettait l'histoire de l'Evangile purement et simplement; un centre, pour qui Jésus-Christ était l'homme type; enfin un côté gauche dont les opinions ne différaient en rien des siennes propres, et qui ne le rejetait que par crainte du scandale. M. Michelet proposait dans son *Histoire de la philosophie*, à laquelle nous empruntons ces détails, une transaction entre le centre et le côté gauche; il voulait en même temps qu'on s'entendît avec Strauss, et accablait d'injures le côté droit, avec lequel toute réconciliation était désormais impossible.

Les choses en étaient à ce point, lorsqu'un professeur de Halle, connu par son fanatisme méthodiste et sa haine contre toutes les idées révolutionnaires et françaises, lança un manifeste contre l'école hegelienne (1838). C'était une accusation positive, formulée en quatre points. M. Léo reprochait à l'école hegelienne, 1º d'être athée; 2º de nier l'immortalité de l'âme; 3º de nier les bases historiques du christianisme; 4º d'être hostile à toutes les religions reconnues. Ces accusations étaient suffisamment appuyées de preuves tirées des écrits mêmes de l'école, notamment du livre de M. Michelet, dont nous venons de parler.

La brochure de M. Léo fut le signal d'une lutte littéraire, vive et acharnée. Les hegeliens se défendirent. M. Léo calomniait Hegel : le système de Hegel nier Dieu, quand le nom de Dieu s'y retrouve à chaque page! Il ne reconnaît pas la vie future, il est vrai; mais qu'est cette immortalité empreinte des conditions du temps, du fini, à côté de l'éternité véritable que donne la science? et quant au Christianisme, n'est-ce pas lui rendre service que de le dépouiller de toute cette histoire douteuse sur laquelle il se base à faux? Aux injures de M. Léo on répondit par d'autres injures; des épithètes, comme celles de chien galeux, de serpent, de bête venimeuse, etc., furent échangées; l'irritation était au comble.

Ce fut le moment où l'école de Hegel jeta le plus d'éclat, ou du moins fit le plus grand bruit. Une foule de jeunes gens s'étaient ralliés à elle, qui ne connaissaient guère du système que ses conclusions antireligieuses, mais auxquels ces notions superficielles paraissaient suffisantes pour se croire participants de la science absolue, et dont rien d'ailleurs n'égalait la morgue et l'outrecuidance. Depuis Hegel tout était dit ; les incapables n'avaient qu'à courber la tête. Tous les systèmes possibles n'étaient-ils pas prévus et classés dans le système de Hegel même? Tout ce qu'on pouvait dire hors de lui, était-il plus qu'un simple moment de l'Idée, une abstraction à laquelle s'arrêtait le malheureux qui ne pouvait saisir la vérité complète? Pour toute réponse aux objections, on se contenta donc de les classer, de leur assigner une place dans le système, et ce mode de réfutation fut considéré comme suffisant. Tous les écrits hegeliens de cette époque décèlent cet orgueil incroyable. On eût dit que le monde tout entier allait tomber aux genoux de l'école, à laquelle la victoire semblait définitivement acquise.

L'année 1840 vit s'augmenter encore cette agitation, moitié philosophique, moitié religieuse, et qui prenait peu à peu une couleur politique. L'impulsion donnée aux esprits par la menace de la guerre suspendue un moment sur l'Europe, la gallophobie favorisée par les gouvernements les promesses de 1814 renouvelées, l'avénement en Prusse d'un roi qui paraissait vouloir rompre avec les anciennes traditions réactionnaires, et dont les premiers actes en effet annoncèrent un acheminement vers un système plus libéral, tous ces faits produisirent une effervescence momentanée, dont l'école hegelienne dut se ressentir. Bientôt en effet l'ancienne gauche fut dépassée; un parti extrême se forma, s'annonçant comme la fin et l'achèvement de la doctrine de Hegel, attaquant ouvertement le Christianisme, proclamant un renouvellement total des principes politiques. Ces principes nouveaux, la censure ne permit point de les développer complétement, mais ils ne semblent être qu'un amalgame des idées de Rousseau avec les théories communistes. L'Allemagne en est donc au même point où en était la France au dix-huitième siècle et sous la restauration. Les idées progressives sont souillées par l'incrédulité religieuse. On veut établir l'égalité et la fraternité, et on rejette le Christianisme, qui seul peut leur offrir une base solide et durable. C'est le système de Hegel qui doit donner aujourd'hui cette base! Or, est-il quelque chose de plus aristocratique que ce système [1]? Est-il un despotisme plus insupportable que celui de cette raison spéculative, qui condamne l'immense majorité des hommes à une incapacité éternelle? Les affirmations politiques de Hegel même ne tendent-elles pas à immobiliser l'humanité dans une forme de

---

[1] Un professeur hegelien n'a-t-il pas dit dans un cours public fait à l'université de Berlin, vers la fin de l'année 1842 : « Oui, messieurs, l'homme véritable, c'est l'homme qui possède la raison ! c'est cet homme qui est Dieu ! mais ce journalier, ce *rusticus*, il est **plus près de la brute que de l'homme !** »

gouvernement dont l'expérience a déjà fait justice? D'ailleurs, ceux qui en Allemagne viennent d'allier si singulièrement les idées de la révolution française au panthéisme, semblent n'avoir connu ces idées que dans ce qu'elles ont de faux et d'impuissant; ils ignorent les développements qu'elles ont reçus depuis, et entraînent dans des erreurs funestes une jeunesse courageuse et dévouée.

Malheureusement la persécution donne aujourd'hui une nouvelle force à des doctrines qui, pour disparaître, n'avaient besoin que de se montrer au grand jour. Effrayé par ces tendances exagérées, blessé aussi par quelques excès juvéniles de la presse (que la censure avait laissé passer, et qui dans un état constitutionnel eussent paru tout à fait inoffensifs), le gouvernement prussien a renoncé subitement à ses velléités libérales, et s'est lancé de nouveau dans la voie réactionnaire, où l'ont suivi quelques-uns des membres de l'ancienne opposition. Aujourd'hui donc, le système qui domine en Prusse est ce que nous appellerions en France un système doctrinaire. Parmi les hommes qui le représentent, quelques-uns sont parfaitement honorables par leur caractère; quelques-uns sont des illustrations scientifiques; mais tous sont hostiles aux idées progressives; leurs espérances sont dans le passé; tout au plus s'ils désirent substituer à l'aristocratie de naissance, l'aristocratie de la bourgeoisie riche et des hommes instruits. Avant tout ils ont effroi du mouvement; ils sont conservateurs. Voilà pourquoi ils se sont si étroitement rattachés au dogme de la légitimité et à la monarchie absolue; voilà pourquoi ils se sont ralliés à l'orthodoxie luthérienne, dont quelques-uns étaient déjà des adeptes fervents. Conserver ce qui existe en religion comme en politique, tel est l'unique but de leurs efforts; dans toute activité progressive ils ne voient qu'une tendance au désordre et à l'anarchie; la moindre modification du statu quo leur semble une révolution.

M. de Schelling avait été appelé à Berlin peu avant ce retour aux errements du règne précédent. Aujourd'hui il est le philosophe officiel du parti réactionnaire. C'est de lui qu'on attend la réhabilitation du christianisme luthérien, c'est lui qui est destiné à réduire en poussière toutes les doctrines subversives. Or, d'après ce que nous connaissons du nouveau système de M. Schelling, nous croyons que ces espérances sont vaines. Il a modifié en partie sa terminologie, il est vrai; il affirme la liberté en Dieu et dans l'homme, il résout la question de l'existence du mal, il fait entrer dans sa théorie la plupart des dogmes chrétiens; mais au fond il est toujours panthéiste; le panthéisme est l'essence et le cœur de sa doctrine. Pour avoir, d'ailleurs, une opinion véritablement raisonnée sur le nouveau système de M. de Schelling, il faut attendre que l'auteur l'ait publié lui-même; jusqu'ici on ne le connaît que par des analyses des cours, analyses faites quelquefois par des ennemis, et dont aucune n'a reçu l'approbation de l'auteur. Quoi qu'il en soit, M. de Schelling est aujourd'hui le philosophe de l'orthodoxie luthérienne et de la politique stationnaire. En opposition directe avec lui, est placée l'ancienne gauche de l'école de Hegel. Cette fraction du parti hegelien, dépassée et effacée un moment par la jeunesse révolutionnaire, a reparu aussitôt qu'un silence forcé eut été imposé à celle-ci; elle s'est vue exposée elle-même aux tentatives réactionnaires. C'est entre elle et M. de Schelling qu'est la lutte aujourd'hui. Cette lutte, dont les champions sont des collègues, des professeurs d'une même université, a pour objet non-seulement un intérêt philosophique, mais aussi la faveur gouvernementale et le soin des positions individuelles, et elle se poursuit de part et d'autre avec toute la violence que peuvent engendrer l'orgueil, l'envie et la haine, exprimées dans un langage qui ne se refuse aucune insolence.

Telle est la situation que la philosophie protestante a faite à l'Allemagne savante. Il suffira de la connaître et d'en apprécier les causes pour repousser les idées qui l'ont produite, idées étrangères, dont l'importation dans notre patrie procurerait aussi peu de profit que d'honneur.

FIN.

TABLE DES MATIÈRES.

INTRODUCTION.

Chap. I. Kant, Fichte et Schelling. 1
Chap. II. Idée générale du système de Hegel. 65

LE SYSTÈME DE HEGEL.

PREMIÈRE PARTIE.

LA LOGIQUE.. 143
  I. L'Être.. 146
    a. *La Qualité.* L'être ; le quod est ; l'être pour soi.. 146
    b. *La Quantité.* La quantité pure ; le quantum ; le degré.. 169
    c. *La Mesure.* 174
  II. L'Essence... 188
    a. *L'Essence comme fond de l'existence.* La réflexion pure (identité, différence et fond) ; l'existence ; la chose... 192
    b. *Le Phénomène.* Le monde phénoménal ; le contenu et la forme ; la relation...................... 213
    c. *L'Effectivité* (possibilité, contingence et nécessité). La substance ; la cause ; l'action réciproque... 234
  III. Le Concept....................................... 259
    a. *Le Concept subjectif.* Le concept ; le jugement ; le syllogisme.. 261
    b. *L'Objet.* Le mécanisme ; le chémisme ; la téléologie. 275
    c. *L'Idée.* La vie ; la connaissance (la connaissance proprement dite et le vouloir) ; l'Idée absolue... 293

DEUXIÈME PARTIE.

LA PHILOSOPHIE DE LA NATURE. 319
    La mécanique.................................. 321
    La physique. 330
    La physique organique.......................... 343

TROISIÈME PARTIE.

LA PHILOSOPHIE DE L'ESPRIT. 357
    Chap. I. L'Anthropologie et la Psychologie........ 359
    Chap. II. La Philosophie du droit. 370
    Chap. III. La Philosophie de l'Histoire............ 420
    Chap. IV. L'Esthétique.......................... 447
    Chap. V. La Philosophie de la Religion........... 463
    Chap. VI. L'Histoire de la Philosophie............ 497

CONCLUSION.

Situation présente de la philosophie en Allemagne....... 526

FIN DE LA TABLE.

www.ingramcontent.com/pod-product-compliance
Lightning Source LLC
Chambersburg PA
CBHW070832230426
43667CB00011B/1764